大学入学共通テスト対策

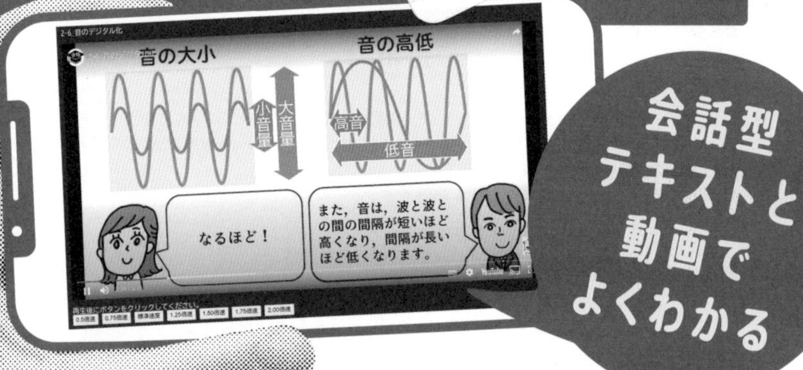

会話型テキストと動画でよくわかる

情報教育人気ユーチューバー
植垣新一 著

山梨大学教育学部准教授
稲垣俊介 監修

The Common Test for University Admissions Countermeasure

インプレス

本書購入者限定特典!!

本書購入者には，下掲の一覧表のとおり，学習をサポートする特典を，インターネットで豊富に提供しています。これらの特典（ネット提供資料）について，詳しくは，p.5〜6の説明，および入手先 Web ページの記載事項をお読みください。

▼ 特典コンテンツ（ネット提供資料）一覧

<table>
<tr><th></th><th>コンテンツ</th><th>入手先</th><th>概要・備考</th></tr>
<tr><td>1</td><td>本書第 1〜4 章の動画版</td><td rowspan="6">https://informatics1.jp</td><td>—</td></tr>
<tr><td>2</td><td>聞き流し音声</td><td>重要用語とその意味の読み上げ音声。音声ファイル形式（m4a）で提供。</td></tr>
<tr><td>3</td><td>要点チェック問題（&解説）</td><td rowspan="3">プリント可能な PDF 版と，スマホなど小画面での閲覧に適した HTML 版の 2 形式で提供。HTML 版では解説を動画でも提供。</td></tr>
<tr><td>4</td><td>章のまとめ問題（&解説）</td></tr>
<tr><td>5</td><td>総仕上げ問題（&解説）</td></tr>
<tr><td>6</td><td>本書⇔教科書対照表</td><td>HTML で提供。Excel 形式および CSV 形式に書き出し可能。</td></tr>
<tr><td>7</td><td>でる語句</td><td>https://book.impress.co.jp/books/1122101163</td><td>重要用語とその意味を確認できる暗記カード Web アプリ。「2　聞き流し音声」をアプリ化したもの。</td></tr>
</table>

※「5　総仕上げ問題」は，独立行政法人大学入試センター発表の「試作問題」（2022 年 12 月 23 日付の「一部訂正」版）です。
※「7　でる語句」のご利用には，無料の読者会員システム「CLUB Impress」への登録が必要になります。
※ 特典のご利用は，書籍をご購入いただいた方に限ります。
※ 特典の提供予定期間は，いずれも本書発売より 4 年間です。

インプレスの書籍ホームページ

書籍の新刊や正誤表など，最新情報を随時更新しております。

https://book.impress.co.jp

はじめに

超基礎から高得点へ導く　共通テスト情報Ⅰ試験対策の決定版！

高等学校の「情報」は，私たちの身の回りにある問題の発見・解決に向けて，情報と情報技術を適切かつ効果的に活用するための知識や技能を身につけ，実際に社会で活用できる力を育む，価値のある教科です。

私たちの生活において，スマートフォン等の情報機器は不可欠なものとなっており，さまざまな情報があふれています。そして，ChatGPT を含む AI（人工知能）技術が目まぐるしい速度で進化しています。一説では，シンギュラリティ（技術的特異点）といって，今のスピードで AI が進化を続けた場合，2045 年には，人工知能の性能が人類の知能を上回るともいわれています。情報Ⅰが，国立大学を受験する際の共通テストで必須科目となったのは，こうした状況への対応の重要性が社会に認知されはじめている証拠だといえるでしょう。私は，この動きの社会的意義は非常に大きいと感じています。

しかし，この科目が必須化されると，それが多くの受験生にとっての悩みの種になるだろうということは，想像に難くありません。情報Ⅰは，変化と多様性に富む現代社会を直接扱う科目であるため，教科書会社各社はそれぞれの考えから，多様な優れた教科書を世に送り出しています。また，全国の高等学校で，それぞれに価値のある多様な授業が行われています。この多様性ゆえ，「大学入学共通テスト対策」としてどんな内容を学習すればよいのかということが，受験生にとってイメージしにくいものになるだろうと考えられるのです。

そうした状況認識から，直接的な共通テスト対策となるスタンダードなパッケージが今こそ必要だと考えて，本書を執筆しました。

情報Ⅰの教科書は全部で 13 冊あります。本書は，各教科書を何度も読み返し，大学入学共通テストで出題されそうな部分を網羅した，情報Ⅰ試験対策の「決定版」です。13 教科書の内容を，わかりやすく掘り下げながら一冊の本にまとめ上げる作業においては，それぞれの教科書に込められた意図や，それぞれの教科書が重要だとしている事柄を抽出しながら，全体性のある流れを構築するという点で，非常に時間がかかりました。そうした一貫した流れの中に，共通テストに向けてのアドバイスを，たくさん盛り込んでいます。本書に加えて，本編の動画版，要点チェック問題などの豊富な特典（ネット提供資料）を活用して学習すれば，基礎以前のレベル（超基礎）から共通テストで高得点が可能なレベルまで，無理なく到達することができるでしょう。

最後に，本書執筆にあたり，企画初期段階から私に声をかけてくださった株式会社インプレスの飯田明様，監修の依頼を快諾してくださった稲垣俊介先生はじめ，非常に多くの方々にお力添えいただいたことに，心より感謝いたします。そして，この本を手に取ってくださった読者のみなさまへの感謝も述べさせていただきます。ありがとうございます。情報を，一緒に楽しく学んでいきましょう！

2023 年 12 月

情報教育ユーチューバー

植垣 新一

監修のことば

「情報」の価値と魅力を伝える，総合的かつ網羅的な一冊

私は長年，情報科の教員として教壇に立ってきました。このたび，その経験を活かし，大学入学共通テストの「情報Ⅰ」に向けた対策書を監修いたしました。みなさんが手にとったこちらの本は，同テストに向けたインプットの取り組みに最適な参考書として，自信をもっておすすめできるものとなっています。

さて，高等学校の共通教科「情報」が導入されたのは 2003 年であり，2023 年でちょうど 20 周年を迎えました。私自身も 2007 年から東京都立の高等学校で情報科の教員を務め，15 年以上にわたり，生徒たちとともに学びを深めてまいりました。

情報が大学入試教科とはいいにくい位置づけであったこれまでにも，この教科を熱心に学ぶ生徒たちは数多くいました。そんな中，「なぜ情報を学んだ成果を大学入試に生かせないのですか。せっかくがんばっているのに入試教科ではないのは残念です」という声を，しばしば耳にしました。そうした声を，情報をがんばる生徒だからこその思いなのだろうとショックを感じながら受けとめた私は，生徒たちの問いに対して深く考え，情報は入試教科になるべきだと，多くの人に思ってもらうための活動をするようになりました。そして，2022 年 1 月，ついに，「情報Ⅰ」が，国立大学受験にあたっての大学入学共通テストにおける必須科目となったのです。その瞬間は，まさに感慨深いものでした。

今回，株式会社インプレスの飯田明さんと人気ユーチューバーの植垣新一さんから，「共通テストの対策書として決定版といえるものを創りたい，そのために協力してほしい」というありがたいお誘いを受けた私は，喜んでその依頼に応じました。実は，この「決定版」という言葉に，私は強く惹(ひ)かれました。ある教科が入試教科として定着するには，その教科の意義が社会において広く認められる必要がありますが，そうした承認を得るには，その教科の全体像がわかりやすくまとめられたコンテンツが有効でしょう。一方で，「決定版」といえる学習参考書には，総合的かつ網羅的であることが求められると，私は理解しています。それゆえ，本書の刊行に携わることは，この教科，特にその第一歩と位置づけられる情報Ⅰという科目の価値を余すところなく表現し，人々の承認を得るための，大きなチャンスであると思ったのです。今みなさんが手にしている本書に，私はそうした思いを込めています。そして，「うえっち先生」こと植垣さんによる，やさしくきめ細かく丁寧な解説で，広い範囲を楽しい演出を伴いながらカバーする本書の完成を見て，私は，自らの思いが十分に結実したと感じています。

本書は，受験生のみなさんにはもちろんのこと，情報を教える先生方にとっても，共通テスト対策の参考書として定石といえる一冊になったと信じています。さらに，多くの人にとって，本書が，情報という教科に魅力を感じ，生涯にわたってこの教科を学び続けるきっかけとなることを，願っています。

2023 年 12 月
稲垣 俊介

本書の構成・使い方

大学入学共通テストにおける情報Ⅰ試験の方針と出題形式

情報Ⅰの文部科学省検定済教科書は全部で13冊ありますが，それらすべてに共通するキーワードは多くありません。また，共通テスト主催者の大学入試センターは，2023年6月発表の情報Ⅰの問題作成方針で，受験生にとって既知ではない事例や事象も含めて，**社会や身近な生活の中の問題の発見・解決に向けて考察する力を問う**方向性を示しています。

これらのことから，用語を知ってさえいれば答えられるような知識重視の問題が出題される可能性は低く，少数の教科書にのみ記載されている内容も含めて**問題を解くために必要な知識を提供したうえで，それを活用して考察させる，という形式の出題がなされる可能性が高い**といえます。このことは，プログラミングの問題も例外ではありません。「現実に存在するどの言語でプログラミングを学んだか」が，共通テストでの有利・不利につながらないように，プログラムの表記には，「共通テスト用プログラム表記」という，共通テスト専用の，いわば疑似的なプログラミング言語のようなものが採用されます。また，問題を解くのに必要となる，このプログラム表記についての説明は，問題文に添えられることとなっています。

とはいえ，共通テストの問題を解くにあたって「知っていることが前提」という扱いになる知識事項は存在しますし，情報Ⅰの試験時間は60分とされており，その時間内で多くの問題を効率よく解くことが求められます。これらのことから，**高い得点をとるには，問題文で提供されるであろうものも含めてある程度の知識を先に得ておき，それらを活用するトレーニングを日頃から行っておくことが大切**だといえます。

本書の全体構成と購入者限定特典（ネット提供資料）

前項のような認識を踏まえ，本書では，**13教科書から共通テストにおいて重要視されそうな知識事項を抽出**し，得点に必要な考察力養成の一助となるよう，**その知識事項の背景や世の中での扱われ方，実際の活用例などを紹介することを重視**して解説しています。また，プログラミングについては，第3章の半分以上をあて，特定のプログラミング言語に依拠しない**本質的な知見の提供を目指しつつ，得点力アップ効果を直接的にもたらす**ため，**「共通テスト用プログラム表記」を活用した解説**を展開しています。

さらに，**本書の第1～4章のすべてを動画化**し，著者作成・運営のWebサイト https://informatics1.jp（以下，「informatics1.jp」と表記）より，読者のみなさんに提供しています。動画版では，音声に合わせた説明文の表示が行われ，適宜，図表に動きがつけられるなどしており，本書と動画版を併用することで，知識と理解が定着しやすくなります。特に，プログラミングのセクションの動画版では，「共通テスト用プログラム表記」の実行環境「**PyPEN**」を活用し，「こう書けば，こう動く」をわかりやすく解説していますので，ぜひ視聴してみてください。

加えて，重要用語をまとめたコンテンツを，「**聞き流し音声**」および暗記カードWebアプリの「**で**

る語句」の形式で提供しています。これらは，いつでもどこでも用語の暗記学習ができるツールとして，活用してください。

以上の，本書での学習，動画版での学習，暗記学習用ツールでの学習で，共通テスト対策として必要なインプットは完成しますが，informatics1.jp では，アウトプットのため，下記の 3 つの問題コンテンツも提供しています。もちろん，**すべての問題に解説をつけています。**

- **要点チェック問題**：各セクションを終えるごとに取り組んでください。この問題により，知識・理解の確認ができます。校内定期テストの対策としても有効です。
- **章のまとめ問題**：大学入試センター発表の「サンプル問題」を参考に，難易度を共通テストレベルに設定して作成した，著者オリジナルの問題です。各章を終えるごとに，章のまとめと力試しの意図をもって取り組んでみてください。
- **総仕上げ問題**：本書全体の総仕上げにふさわしい，大学入試センター発表の「試作問題」を提供しています。実践力養成に役立ててください。

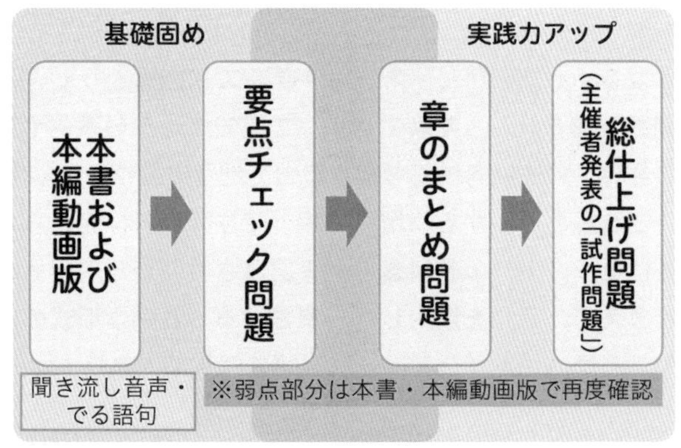

● 本書での学習の基本的な流れ

ネット提供資料入手先 Web サイト「informatics1.jp」について

ネット提供資料を利用するには，下記 URL の Web ページにアクセスし，informatics1.jp にログインしてください。提示された質問（本書をもっていれば答えられます）に対する正しい答えを入力すると，ログインできます。

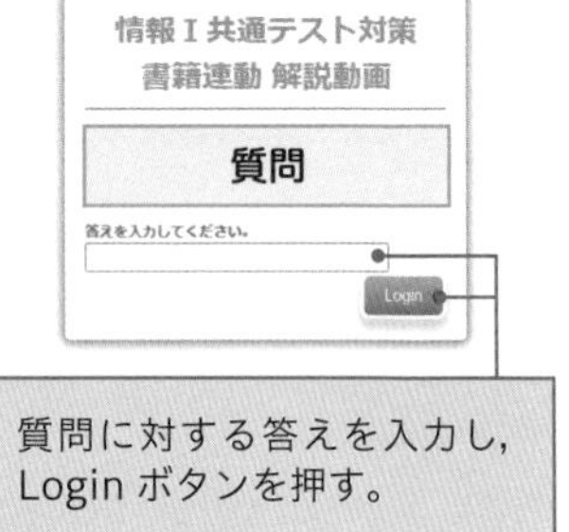

https://informatics1.jp/login

ログインするとメニュー画面に遷移しますので，利用したい資料が属する章を選択してください。

informatics1.jp の詳しい使い方については，メニュー画面から遷移できる「使い方」のページで説明しています。

※暗記カード Web アプリ「でる語句」は，https://book.impress.co.jp/books/1122101163 で提供しています。

本書⇔教科書対照表について

informatics1.jp では，全 13 教科書に対応した本書⇔教科書対照表も提供しています。この対照表は，informatics1.jp のメニュー画面から遷移できる「教科書対照表」のページで閲覧できます。また，この対照表は，Excel 形式および CSV 形式で，ダウンロードできます。

本書の紙面構成

本書は，最新の学習指導要領に合わせた４章立てとなっており，各章は，4～7ページのセクションが集まって構成されています。各セクションは，先生による説明の合間に，時折，生徒の発言が入る「会話型」で構成されています。普段の生活や学校行事などに関する話も出てきており，授業を聴いているように感じられる形式で，楽しく学習を進めることができます。

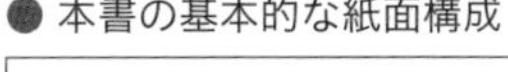

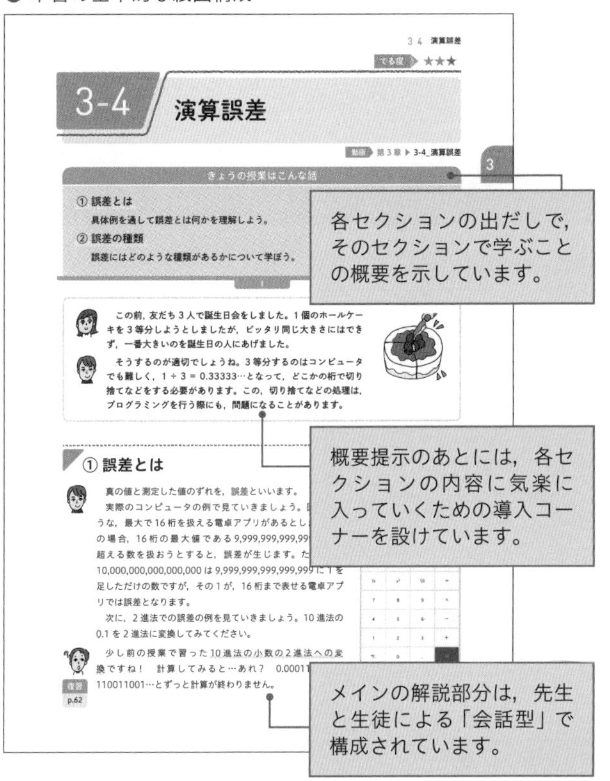

● 本書で使用しているマーク

マーク	説明	マーク	説明
でる度	各セクションが大学入学共通テストで出る可能性を，3段階で示しています。	やってみよう	そのセクションを終えたら取り組んでみるとよい問題（ネット提供資料）を示しています。
動画	そのセクションの動画版のファイル名を示しています。	ちょっと深掘り	うえっち先生が説明していることに関連して，試験に出る可能性のある，あるいは，情報Ⅰの学習者として知っておいたほうがよい，少しレア度の高い事柄を，監修者のいなっち先生が取り上げ，掘り下げて解説するコーナー。
動画で確認 ▶	動画を視聴することで特にわかりやすくなる図や表であることを示しています。		
復習 p.60	このマークのすぐ右の黄色下線部について，復習できるページを示しています。	ほっと一息	うえっち先生が説明していることに関連して，楽しく読めるこぼれ話や豆知識を，監修者のいなっち先生が紹介するコーナー。

目次

第2章 コミュニケーションと情報デザイン 53

4-9 データベース 239

4-10 データの収集・整理・可視化 246

4-11 相関関係，回帰分析，時系列分析 252

4-12 データの散らばり度合い 259

4-13 標本調査と仮説検定の考え方 266

4-14 モデル化とシミュレーション 270

4-15 シミュレーションの実践 274

第1章

情報社会の問題解決

この章のネット提供資料

https://informatics1.jp/login/index.php?n=1

- 本章の動画版
- セクションごとの要点確認→要点チェック問題 1-1～1-7
- 章の仕上げ→章のまとめ問題①
- 章の重要用語を覚える→聞き流し音声①

※「聞き流し音声①」の内容は，Webアプリ「でる語句」でも提供しています（該当用語番号：1～111）。ご利用にあたっては，下記サイトにアクセスしてください。
https://book.impress.co.jp/books/1122101163

でる度 ★★★

1-1 情報の特性と分類

動画 第1章 ▶ 1-1_情報の特性と分類

きょうの授業はこんな話

① 情報とは

情報とは何かということを，DIKW モデルとともに理解しよう。

② 情報の特性

情報の特性について，情報と「もの」を比較しながら学ぼう。

③ 情報の定義と分類

情報は受け取る人によって生命情報，社会情報，機械情報に分類できる。具体的に分類しながらどのような関係があるのかを学ぼう。

先生って昔，ケバブ屋さんをやってたんですか！? インターネット上で先生に似た人を発見しました！

あっ！ ばれてしまいましたね！ 一度 IT 業界から離れてケバブ屋を 1 年くらい経営したことがありますよ。

そうなんですね！ 先生の作ったケバブ食べてみたかったです。

① 情報とは

そのインターネット上の情報はもう昔のことなので消したいのですが，「**情報の特性**」から考えると，消すのは難しいですね。

「情報の特性」って，何ですか。

まずは，情報とは何かについて説明していきます。情報は，一般的には，人にとって意味や価値のあるもの，人が物事を判断したり，行動を起こしたりする際に必要なものと考えられています。

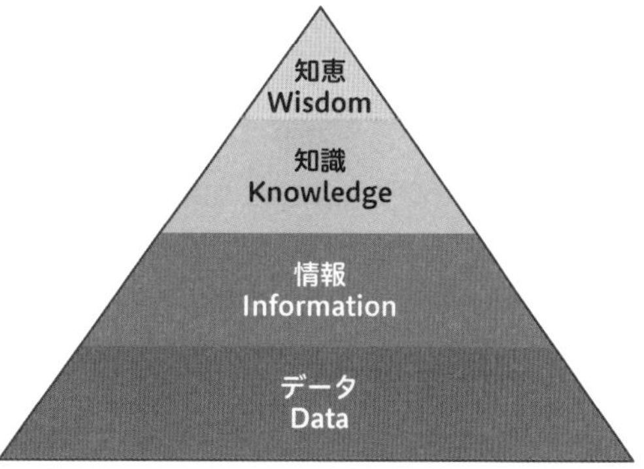

図1　DIKW モデル

情報は，**データ**（Data）→ **情報**

(Information)→**知識**(Knowledge)→**知恵**(Wisdom)の4階層に分けたピラミッド図に位置づけるとわかりやすいです。これを英語の頭文字をとって**DIKWモデル**(図1)といいます。

一番下の階層にあるデータについて考えてみましょう。たとえば，売上のデータとして「20,000」と伝えられたとします。金額かなという想像はできますが，多いのか少ないのか，また円なのかトルコリラなのかドルなのかなど，数字だけでは意味がよくわかりません。このような，**事実や事柄などを数字や文字，記号で表現したもの**を**データ**といいます。売上データのほかに，たとえば，気温，湿度，降水量などがあります。

次に，2階層目の情報について考えてみましょう。たとえば，貨幣の単位をつけて「売上2万円」としたり，さらに「きのうのケバブの売上は1万円でしたが，きょうはたくさんお客さんが来て2万円になりました！」と言ったりしたら，どうでしょう？

数字に貨幣の単位をつけたことで，ただの数字が日本円での売上金額を表すと意味が理解できるようになりました。また，データを対比させたことで，意味が深まりました。

そうですね。このように，**データを目的に応じて整理して，意味や価値を付加したもの**を，**情報**といいます（図2）。

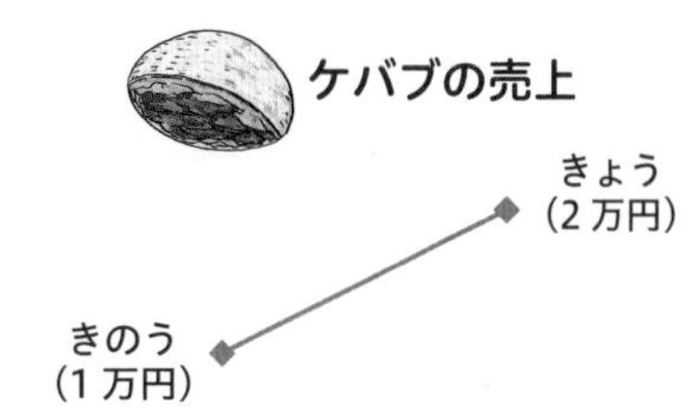

図2 売上比較（情報）

そして，3階層目の知識は，たとえば，過去の数か月間の売上データと気象庁発表の天気のデータを組み合わせて，雨の日の平均売上が1万円，晴れの日の平均売上が2万円だったら，売上は天気と関係があるのではないかと考えられますね。このように，**情報が人の役に立つ形で蓄積されているもの**を，**知識**といいます（図3）。

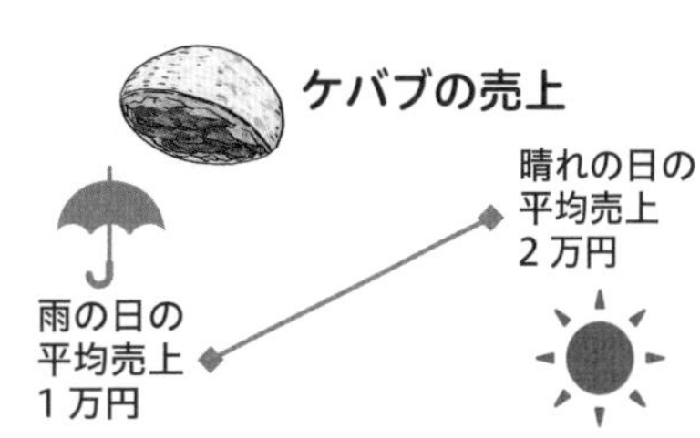

図3 天気との関係性（知識）

なるほど！　一番上の知恵はどういったものですか。

たとえば，雨の日は売上が下がることが知識としてわかったら，雨の日の売上を上げるために，雨の日に来てくれたお客さんにはケバブ大盛りを無料にするキャンペーンをやるといった，新たな戦略が考えられます。このように，**知識をもとに生み出されて価値を創造する力となるもの**を，**知恵**といいます（図4）。

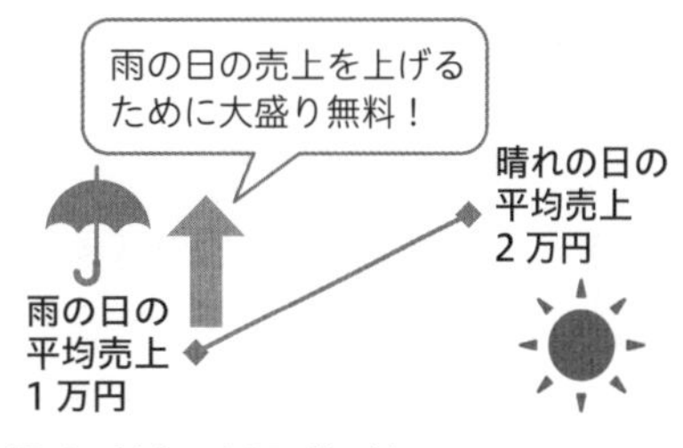

図4 情報の活用（知恵）

② 情報の特性

はじめに話した，インターネット上にある私の過去の情報は，当時，お客さんが店を盛り上げるために役立つかもしれないと考えて（意味づけをして）Facebookやブログ等を通

じて拡散してくれたものです。このような情報の特性として代表的なものに,「**消えない（残存性）**」「**複製が容易（複製性）**」「**瞬時に伝わる（伝播性）**」「**物質としての形がない**」があります。

「物質としての形がない」とかイメージしにくいですね…。

そうですよね。では，スマートフォンで撮影したケバブの写真（情報）と，実際に店舗で販売している「もの」としての「ケバブ」を例にとって，説明していきます。

「消えない（残存性）」（図5）は，たとえば，スマートフォンで撮影したデジタル写真（情報）は，メールなどを使って一度相手に送ってしまったら，相手の端末から容易には消せずに残り続けるということです。一方,「もの」としてのケバブは，お客さんの手に渡ると，まず店員の手元から消えて，お客さんが食べてしまったらこの世からも消えてしまいます。

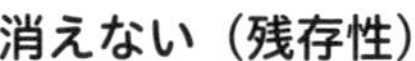

図5　残存性

「複製が容易（複製性）」（図6）は，たとえば，情報としてのケバブは，短時間で簡単に大量に複製できるということです。この「情報としてのケバブ」とは，そのケバブを説明する文章や写真などのデータを指します。

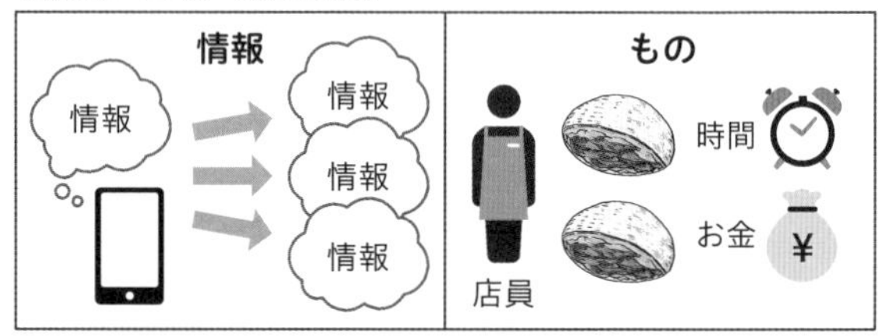

図6　複製性

「もの」としてのケバブは，複製するには調理する手間と時間と材料費がかかりますね。

「瞬時に伝わる（伝播性）」（図7）は，インターネットなどの通信手段によって，世界中の人に拡散できるということです。

図7　伝播性

一方,「もの」としてのケバブは，誰かに届ける場合，その人がいるところまで届けに行かなければならず，時間がかかります。

「物質としての形がない」（次ページの図8）は，たとえば，情報としてのケバブは写真でおいしそうと思っても実際には食べられないということです。

一方,「もの」としてのケバブは，実際に食べることができます。

なるほど！　確かに，先生のケバブ屋さん時代の情報には物質としての形がなく，瞬時に伝わり，複製が簡単だからよく拡散しますね。そして，世界中に拡散した情報を，先生が消すのは無理です。先生の情報がインターネット上に残っているのは，このような「情報の特性」があるからなんですね。

図 8　物質としての形がない

そうですね。近年ではインターネットから過去の情報を削除する権利の存在が認められるようになってきており，これを**忘れられる権利**といいます。ただ，実際は世界中に拡散された情報を削除することは困難なので，インターネット上で情報を発信するときは，それがずっと残り続けてよい情報なのかを十分に考えるようにしましょう。

ちょっと深掘り

情報の特性はほかにもある？

情報の特性について今回は代表的な 4 つの例を挙げました。しかし，学校で習った数と違うと思った人もいるでしょう。「形がない」をほかと一緒にして 3 つの特性としている教科書もあります。逆に「**情報の個別性**」と「**情報の目的性**」を加えて 6 つとしている教科書もあります。

情報の個別性は，**情報は，それを受け取る人によって価値や評価が異なるということ**です。たとえば，あるゲームの攻略情報があったとして，それは，そのゲームをやっている人には価値がありますが，やっていない人には価値がない情報となります。

情報の目的性は，**情報には発信者や受信者の意図が介在するということ**です。たとえば，セールスマンが商品の紹介をするとき，セールスマン（発信者）には「買ってほしい」という意図が存在します。お客さん（受信者）は，セールストークのすべてを信じていいのか，本当に買ってもいいのかなど，発信者側の意図を理解したうえで情報を読み取り，判断することが大切です。

③ 情報の定義と分類

先生が，ずっとケバブを例に情報の話をするから，お腹が空いてきちゃいました。

ですよね。「ケバブ」という言葉を聞いて，「食べ物」であることを知っていたから，空腹を感じたと思います。でも，「ケバブ」という言葉を知らない人は，それが食べ物であることがわからず，日本語がわからない人にとっては「ケバブ」という文字は単なる記号の羅列に思えますよね。

基礎情報学という学問の分野では，情報を**生命情報**，**社会情報**，**機械情報**に分類して図 9 のような包含関係があるとされています。

生命情報（感情）

感情など生物それぞれにとって個別の意味を持つ最も広義の情報

例：「ケバブ」という言葉を聞いて空腹感を覚え，食べたいという「感情」が生まれる。

社会情報（言葉）

言葉のコミュニケーションで得られる情報

例：「ケバブ」は，日本語が分かる人には「食べ物」を表す「言葉」として理解できる。

機械情報（文字）

意味する内容が切り離され，記号だけが独立した情報

例：「ケバブ」という「文字」は，日本語が分からない人にとってはただの記号の羅列となる。

図 9　生命情報・社会情報・機械情報の包含関係

このように，私たちはたくさんの情報に囲まれています。日常生活だけでなく社会の仕組み全体が情報によって成り立つ社会を，**情報社会**といいます。

ちょっと深掘り

新しい情報社会 Society 5.0 とは？

Society 5.0 とは，日本政府が目指すべき社会のビジョンとして掲げているものです。狩猟社会（Society 1.0），農耕社会（Society 2.0），工業社会（Society 3.0），情報社会（Society 4.0）に続く社会のことで，**超スマート社会**や**新しい情報社会**ともいいます。

Society 5.0 では，モノとインターネットがつながる IoT や人工知能（AI）などが広がり，**サイバー空間（仮想空間）**と**フィジカル空間（現実空間）**が高度に融合されたシステムによって，経済発展と社会的課題の解決の両立を目指しています。

情報 I は，そのような大きく変化する時代を生き抜くうえで必要な資質・能力を育む科目として新設されました。本書の授業も可能な限り日常生活とひもづけていますので，日々の問題解決にも役立ててもらえるとうれしいです。

やってみよう　要点チェック問題 1-1（ネット提供資料）

でる度 ★★★

1-2 メディアとコミュニケーション

動画 第1章 ▶ 1-2_メディアとコミュニケーション

きょうの授業はこんな話

① メディアの分類

メディアとは何かについて学び，日常生活で利用しているメディアがどのように分類されるかを学ぼう。

② メディアとコミュニケーション

情報通信技術の発展とともに多様化するコミュニケーション手段がどのように分類されるかを学ぼう。

③ 情報の信憑性（しんぴょうせい）とメディアリテラシー，情報モラル

さまざまな情報があふれる現在は，デマ情報も数多く存在する。情報が本当かどうか確認できる力をどのようにして身につけていくかについて学ぼう。

文化祭のクラスの出し物は，おばけやしきになりました！　たくさんの人に来てほしいです！

おばけやしき，いいですね！　たくさんの人に来てもらうには，メディアの分類を理解して，活用することが大切ですね。

① メディアの分類

メディアの分類って，具体的にどんなものなのでしょう？

メディアとは，情報を伝達するための媒体や媒介です。図1のように，メディアは大きく，表現，伝達，記録などに分類されます。

表現のためのメディア	伝達のためのメディア	記録のためのメディア

文字，音声，音楽，動画，静止画像，記号，図，表など	テレビ，新聞，ラジオ，インターネット，手紙，雑誌，電話，看板など 媒介 空気，光，電波，電線など	手帳，ノート，SD カード，USB メモリ，クラウドストレージ，SSD，ハードディスク，DVD-ROM など

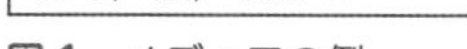

図1 メディアの例

表現のためのメディアは，画像や文字などのように，情報を表現する手段として使われるメディアです。情報の表現形式を変更すると，**失われる情報**と**つけ加わる情報**が出てくる場合があります。たとえば，動画で表現していたものを文書にすると，動きや形，色などの情報は失われます。逆に，文書で表現したものを動画にすると，形や色などの情報が加わります。

伝達のためのメディアは，インターネットやテレビなどのように，情報の伝達や通信の仲立ちとして使われるメディアです。特に，テレビ，新聞など不特定多数の生活者を対象に，多様な情報を伝達するメディアを**マスメディア**といいます。

伝達のためのメディアには，電線，電波などの，情報を送る仲立ちとしてはたらく**媒介**も含まれます。伝達のためのメディアは，**情報メディア**とよぶこともあります。また，Instagram や X（旧 Twitter）などのインターネットを活用したメディアを**ネットワークメディア**とよぶこともあります。

記録のためのメディアは，SD カードやノートなどのように，情報の記録や蓄積をするためのメディアです。記録のためのメディアは，**物理メディア**とよぶこともあります。

ところで，今回の文化祭に多くの人に来てもらうには，どのメディアを使うのがいいと思いますか。

え～っと，学校の YouTube チャンネルで周知したいから，動画を作成して，SD カードに保存して，それを YouTube にアップします！

いいですね。今話してくれたように，情報を伝えるためには複数のメディアを使い分けることが大切です。学校で X もやっているなら，それを利用するのもいいですね。

メディアの重要な役割は，**情報の流通範囲を拡大する**ことです。その役割を果たすメディアを総称して，**伝播メディア**といいます（図 2）。

復習 p.18

前回の授業で，意味する内容が切り離され，記号だけが独立した情報を**機械情報**というと説明しましたが，伝播メディアは，**機械情報を媒介する役割**を果たしています。

伝播メディア

表現のためのメディア	伝達のためのメディア	記録のためのメディア

図 2　伝播メディアの位置づけ

一方で，特定の組織や個人間でのみ通用する伝統や常識など，示されたものについて誤解を防ぎ，一様な解釈を促すメディアを，**成果メディア**といいます。

たとえば，宗教は成果メディアの一つです。仏教には，各戸の前でお経を唱えてお金や食べ物を受け取る，托鉢（たくはつ）という僧侶の修行があります。僧侶はお金や食べ物をくださいとは言いませんが，僧侶の様子・動きから，街の人はそれが托鉢であるとすぐに理解し，意志があればお布施をします。このとき，仏教（の決まりごと）に**媒介**されることによって，僧侶がしていることが托鉢であると理解され，お布施を差し出す・受け取るという成果が出ていることに注目しましょう。成果メディアは，このように，示された何か（この例では「僧侶の様子・動き」）の意味を一様に解釈するよう促す役割を果たすのです。

② メディアとコミュニケーション

文化祭は，ほかの学校がお休みの日だから，中学のときの友だちにLINEで連絡して誘ってみます。あと，親には直接話してみます。

それもいいですね！　言葉などを使って，気持ち・意見などを相手に伝えることや，相手と通じ合うことを，**コミュニケーション**といいます。情報通信ネットワークの発達によってコミュニケーションの方法が多種多様になってきました。たとえば，私たちは，文字だけの会話だと感情が伝わりにくい面があるので，親しい間柄なら「(*^ ▽ ^*)」のような**顔文字**や「🥺」のような**絵文字**を活用して効果的にコミュニケーションを行っていますね。

同期・非同期，直接・間接での分類

コミュニケーションの形態は，物事が同時に起こる**同期**，手紙のように伝える側と受け手側で情報を発信する・受け取るタイミングが違う**非同期**，また，対面で話すように直接的なもの，電話で話すように間接的なものに分類できます（表1）。

表1　同期・非同期，直接・間接での分類

	直接的コミュニケーション	間接的コミュニケーション
同期	対面での会話，同じ教室内での授業など	オンライン授業，電話など
非同期		X，LINE，手紙，電子メール，ショートメッセージサービス（SMS）など

XやLINE，SMSは，タイミングによっては同期的になる場合もあります。こうしたコミュニケーション形態の特徴としては，すぐに相手の返事が返ってくるという**即時性**や，文字で記録が残るので話の流れを振り返りやすいなどの**利便性**を備えていることが挙げられます。

発信者と受信者の人数による分類

また，コミュニケーションは，次ページの図3のように，発信者と受信者の人数によっても分類することができます。具体的には1対1の**個別型**，1対多の**マスコミ型**，多対1の**逆マスコミ型**，多対多の**会議型**があります。

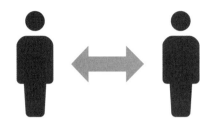

個別型（1 対 1）
友だちと2人でする会話のように,2者間で情報を共有する。

マスコミ型（1 対多）
講演会のように1人が情報を発信し,複数人に共有する。

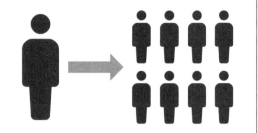

逆マスコミ型（多対 1）
アンケートのように複数人の情報を1人が受け取る。

会議型（多対多）
グループでの話し合いのように,お互いが情報を共有する。

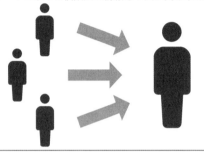

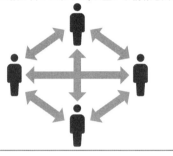

図 3　発信者と受信者の人数による分類

ちょっと深掘り

ソーシャルメディアとは？

インターネットを利用して誰でも手軽に情報を発信し，相互のやりとりができる双方向のメディアの総称を，ソーシャルメディアといいます。Instagram や X 等の SNS（Social Networking Service）も，代表的なソーシャルメディアの一つです。

《ソーシャルメディアの具体例》

種類	サービス例
SNS	X，Instagram，Facebook
ブログ ※日記などを時系列で公開できる Web ページの総称	Ameba ブログ，note
動画共有サイト	YouTube，TikTok，ニコニコ動画 ※ Web ブラウザやアプリを通じてデータを受信しながら同時に再生する**ストリーミング方式**で再生されることが多い。
メッセージアプリ	LINE，Messenger
ビデオ会議アプリ	Zoom，Microsoft Teams，Google Meet

③ 情報の信憑性とメディアリテラシー，情報モラル

2020 年 2 月ごろ，新型コロナウイルス感染症が，日本で流行しはじめました。そのころ，トイレットペーパーが品薄になったのを知っていますか。

聞いたことがあります。トイレットペーパーの材料が足りないという SNS 上の**デマ情報**が原因で買い占めが行われて，品薄になったって…。

今は SNS やブログなどインターネットを通じて多くの人が手軽に**情報発信**できるようになっていますが，その**発信された情報が必ずしも真実とは限りません**。意図的に事実とは異なる虚偽の情報を伝えるニュースを，**フェイクニュース**といいます。発信した本人は真実だと思って**拡散**した情報にも，誤りが含まれる可能性があります。ですので，手に入れた情報の正確さや信頼度である**信憑性**（しんぴょうせい）や**信頼性**を確認することが大切です。

信憑性の確認って，具体的にどうすればいいのですか。

クロスチェック（相互確認）といって，信憑性を確認したい対象の情報と，ほかの情報源から得られた情報を比較するという方法があります。また，情報の**発信源**を調べることも大切です。発信源を特定し，そこが発信しているほかの情報に対しても**クロスチェック**を行い，信憑性が確認できない場合は，その発信源からの情報の取り扱いには慎重になるべきだといえます。

実際に自分自身で見たり調べたりした結果得られた情報を，**一次情報**といいます。一方，他人が調べた結果など，他人の選別や加工，判断が加わっているかもしれない情報を，**二次情報**といいます。ある情報について，一次情報と照らし合わせたり，クロスチェックを行ったりすることなどによって，うそやまちがいを排除することを，**情報の検証**といいます。

情報をさまざまな視点で分析・評価して，情報の信憑性を正しく判断する能力や，さまざまなメディアを活用して効果的な形態で表現する能力を，**メディアリテラシー**といいます。メディアが発展して多くの情報があふれる現在においては，**私たち一人一人がメディアリテラシーを身につけることが大切**です。

なるほど！　最近は，SNS などでの発信が社会問題になることがありますね。

そうですね。批判や**誹謗中傷**（ひぼうちゅうしょう）などを含む投稿が集中することを，**炎上**といいます。また，インターネットを利用したいじめを，**ネットいじめ**といいます。

SNS などでは，実名を公開しない匿名（とくめい）や，個人を特定しにくいハンドルネーム（ニックネーム）で情報を書き込むことができます。そうすることで自由に発言しやすくなるというメリットがあります。しかし，その**匿名性**ゆえに，無責任に他人の誹謗中傷などを書き込んで社会的な問題を引き起こしてしまうこともあります。また，いったん**拡散**された情報を削除することは難しいです。

インターネット上で情報を発信するときは，**もとの情報を得た際の情報源の信憑性**を確認したうえで，他者の誹謗中傷にならないよう配慮しているかなどに注意する必要があります。

このような，人が情報を扱ううえでお互いが守るべきルールやマナーの，土台となる姿勢や考え方を，**情報モラル**といいます。

ちょっと深掘り

情報を得たときに気をつけるべき「印象操作」とは？

情報の受け手側が抱く印象が発信者側にとって好都合なものになるように，情報の出し方や内容を操作することを，**印象操作**といいます。たとえば，下掲のような人数を表すグラフが挙げられます。興味をひかれる情報を得たときには，印象操作をされていないかに注意してください。

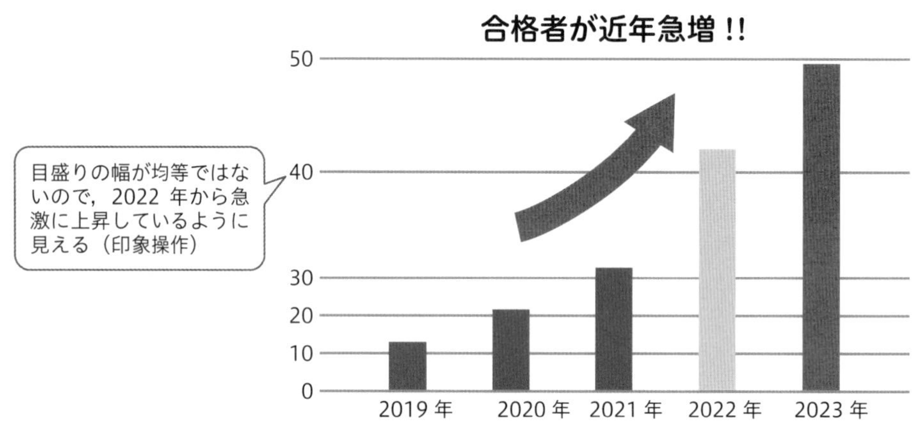

やってみよう　要点チェック問題 1-2（ネット提供資料）

でる度 ★★★

1-3 問題の発見と解決

動画 第1章 ▶ 1-3_問題の発見と解決

きょうの授業はこんな話

① 問題解決のステップ

日常生活の問題を意識しながら，問題を発見し，解決するステップについて学ぼう。

② フレームワークとは

問題解決のために便利な発想法，思考の枠組み，ツールのうち，代表的なものについて学ぼう。

③ さまざまなフレームワーク

さまざまなフレームワークの特長や用途を整理して押さえよう。

この前の情報のテスト，目標は85点だったのですが，実際は60点でした…。次はもっといい点数をとりたいです！

いい意気込みです！　では，テストの点数を上げるためにはどうしたらいいか，一緒に考えていきましょう。

① 問題解決のステップ

理想（目標）とするテストの点数が85点，しかし，現実は60点。この理想と現実のギャップを問題といいます。そして，そのギャップとの差を埋めることを問題解決といいます。現在の状態を**As-Is**，あるべき姿を**To-Be**といいます。

問題解決は，「**問題の発見（把握）→問題の定義と分析・解決の方向性の決定→解決策の提案・計画の立案→結果の予測・計画の実行→評価**」のステップで行われます。フィードバックとは，次回での改善を目指し，一連の経緯を振り返って，評価を各ステップに戻すことです。

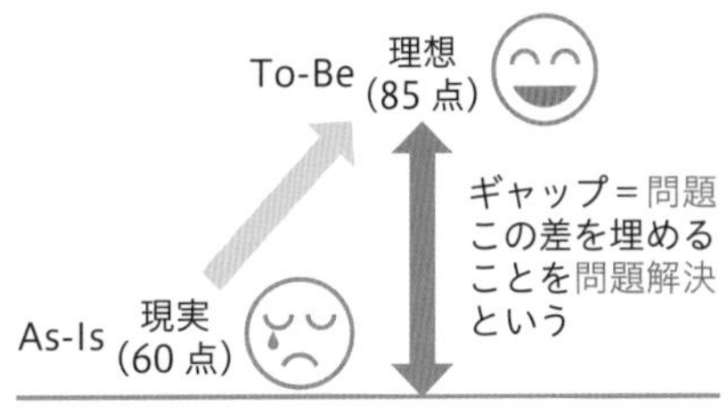

図1　問題と問題解決

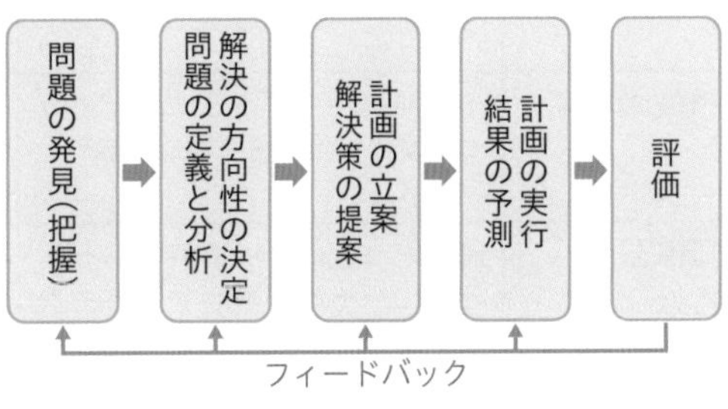

図2　問題解決の流れ

PDCA サイクル

テストの点数を上げるために，具体的にどう考えていけばいいですか。

問題解決の流れをよりわかりやすく整理し，具体的な事例に適用しやすくしたものに，PDCA サイクルがあります（図3）。PDCA サイクルは，Plan（計画），Do（実行），Check（評価），Act（改善）を繰り返すことによって，問題解決の質を継続的に高めていく手法です。

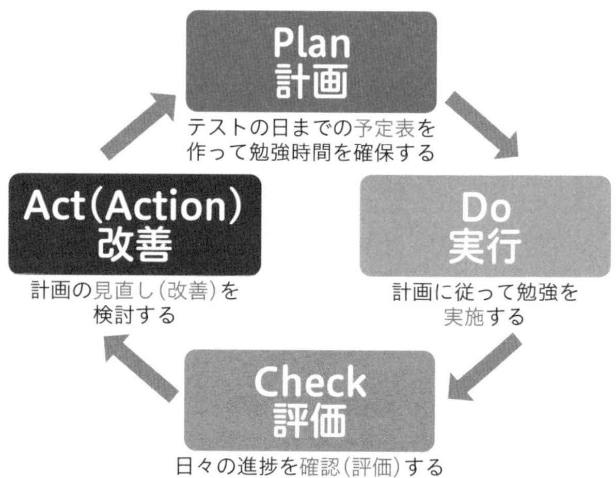

図3　PDCA サイクル

たとえば **Plan**（計画）では，**目標**を設定して，そのための勉強時間を確保する計画表を作ることなどが考えられます。ただ，勉強時間を確保するかわりに，ゲームの時間を削ることになるかもしれません。このような，一方を達成するために他方を犠牲にしなければならない関係性を，**トレードオフ**といいます。

Do（実行）では立てた計画に沿って日々の勉強を進めていくこと，**Check**（評価）では進捗を確認したり小テスト等で理解度を確認したりすることが考えられます。**Act**（改善）では，進捗が計画どおりでなかったり，理解度が低かったりした場合は計画を練り直すといったことが考えられます。この Act は **Action** ともいいます。

PDCA サイクルを実行すれば，次のテストではいい点がとれるかも！

次は 85 点を超えるといいですね！　問題解決の過程では，さまざまな**推論**を行います。**推論には，演繹的推論**（えんえきてきすいろん）**（演繹法），帰納的推論（帰納法），仮説形成**があります（表1）。

表1　推論の種類

手法	説明	例
演繹的推論	すでに明らかになっている事柄から，結論や未知の事柄を導く推論	「勉強時間を長くすれば成績が上がる」「私は最近，勉強時間が長い」という事実から，「明日のテストで私は以前よりよい点がとれる」と推測する。
帰納的推論	その前提からきっとこうだろうと一般化した事柄を導く推論	「A さんも B さんも C さんもゲームの時間を長くしたら成績が下がった」という事実から，「ゲームは成績に悪影響を及ぼす」という一般論を導く。
仮説形成	説明がつきにくい事柄があったときに，それを説明する有力な説を見つける推論	たくさん勉強したのに今回のテストの点数が下がったのは，直前に夜遅くまで勉強して睡眠不足だったからだと推測する。

② フレームワークとは

ここからは，複数人でいろいろなアイデアを出し合って問題解決をしていく手法を説明していきます。問題解決に役立つ手法，思考の枠組み，ツールを，**フレームワーク**といいます。目的に合ったフレームワークを活用することで，問題解決を効果的・効率的に進めることができます。最近の学校生活で問題に思っていることはありませんか。

こんど，新入生向けにパソコン部の部活紹介をするのですが，新入生が入部してくれるか心配です。

パソコン部にたくさんの人に来てもらうにはどうすればいいか，みんなでアイデアを出し合うことが，問題解決のために重要です。その際，アイデアを出し合う手法である，**発想法**を利用するとよいでしょう。発想法には，次の表 2 のような考え方があります。

表 2　発想法の考え方

考え方	概要
考えを膨らませる	思いついたことをどんどん言ったり書いたりして，イメージを膨らませる。
考えを絵や図で表現する	言葉だけでなく，絵や図を使って直感的にわかる表現をすることで，発想を広げたり，考えを明確にしたりする。
広げた考えをまとめる	類似した情報をグループ化したり，異なる内容を分けたりして，一度広げた考えを見直し，目的に沿ってまとめる。

なるほど！　具体的な方法を知りたいです。

今が考えを膨らませる段階（**発散思考**）なのか，膨らませた考えをまとめる段階（**収束思考**）なのかを見定め，それぞれの段階に応じた方法を使うことが大切です。

まず，考えを膨らませる方法として代表的なものに，ブレーンストーミングがあります。**ブレーンストーミング**は，アメリカのアレックス・F・オズボーンによって考案された手法です。この手法では，参加者が表 3 の 4 つのルールを守りながら，自由に意見を出し合います。それにより，新しいアイデアが生まれてくることが期待できます。

表 3　ブレーンストーミングのルール

ルール	説明
質より量	内容の良い悪いは問わず，とにかくたくさんのアイデアを出す。
制約を設けない（自由奔放）	テーマに関係しそうなことなら，どんな奇抜な発想でも受け入れる。
便乗の奨励（結合改善）	他人の意見を参考にして発想を広げることを歓迎する。
批判の禁止	批判すると相手が萎縮して発想の範囲が狭まるおそれがあるため，アイデアを出す段階では批判をしない。

他人に批判されないかと思うと意見を言いづらいですが，この方法ならいろいろなアイデアが出そうですね。

そうですね！　ブレーンストーミングでは会話で意見を出し合いますが，複数人でアイデアシート（紙）を回覧し，アイデアを引き継ぎ合いながら広げていく**ブレーンライティング**という方法もあります。

ブレーンストーミングもブレーンライティングも複数人による発想法ですが，１人でもできる発想法に，**マインドマップ**があります（図4）。マインドマップはイギリスの教育学者トニー・ブザンが提唱したもので，中心となるテーマを絵で中央に描いて，枝を伸ばしていくようにイメージを膨らませていくことで，発想を広げながら整理する思考技術です。

【マインドマップのルール】
・無地の用紙を使う
・ブランチ（枝）は曲線で
・用紙は横長で使う
・強調する
・用紙の中心から描く
・関連づける
・テーマはイメージ（絵）で描く
・独自のスタイルで
・１ブランチ＝１ワード
・ワードは単語で書く
・楽しむ

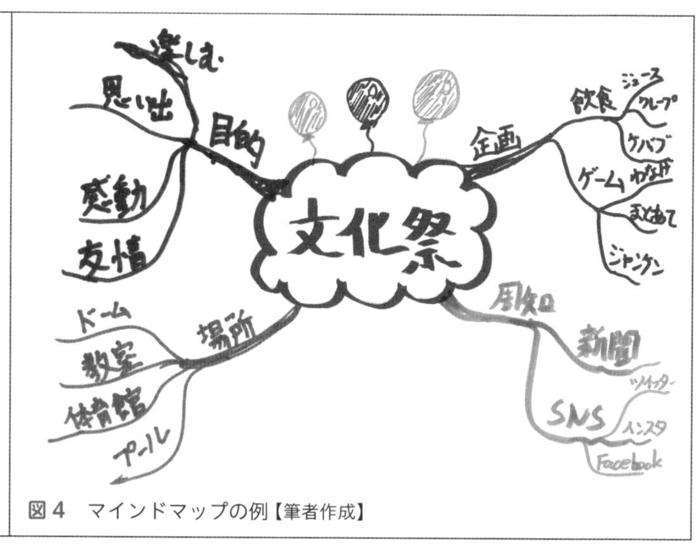

図4　マインドマップの例【筆者作成】

次に，考えをまとめる方法としては，川喜多二郎が考案した**KJ法**があります（図5）。KJ法では，ブレーンストーミングやマインドマップなどで収集されたさまざまな考えを分類・統合します。

１枚のカードに考えを１つずつ書く

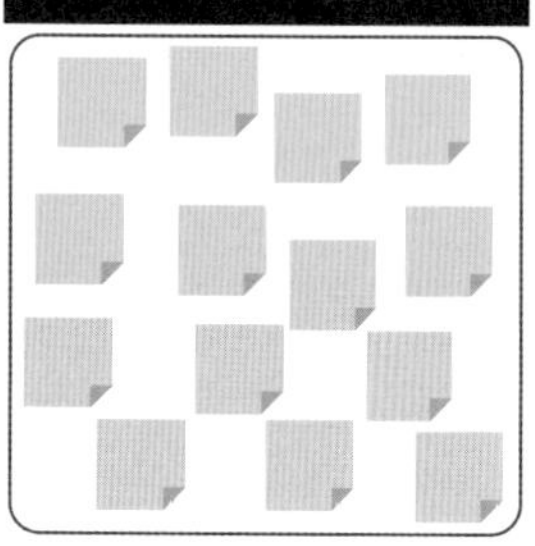

カードのグループに名前をつける

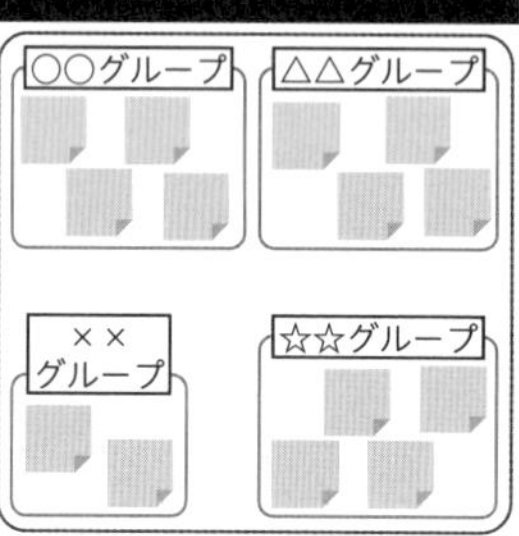

グループどうしの関係を整理する

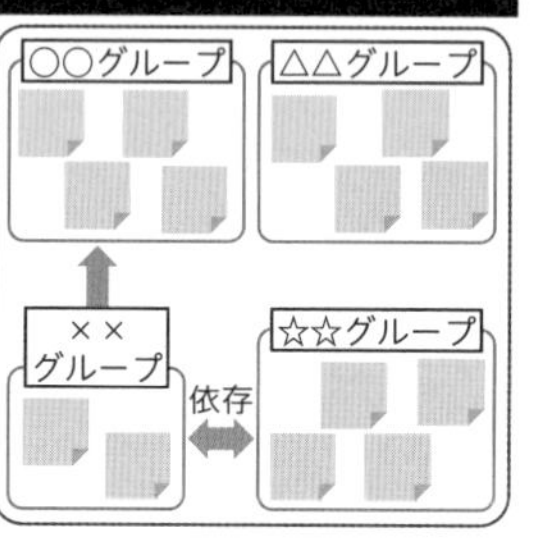

文書化してまとめる

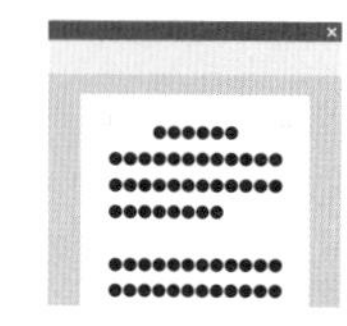

図5　KJ法の手順

なるほど！　この方法で，より多くの新入生に来てもらうにはどうしたらいいか，パソコン部で考えてみます！

ぜひそうしてみてください。発想がなかなか浮かばないときは，物事を見る枠組み（フレーム）を変えて，別の枠組みで見直す**リフレーミング**という手法を使うとよいでしょう。たとえば，ゲームを長時間やっていることは，ある視点からは「遊んでばかりいる」と見え

ますが，別の視点からは「長時間，集中力が持続する」とも解釈できます。

③ さまざまなフレームワーク

前項で紹介したもの以外にも，さまざまなフレームワークがあります。主なものをまとめて紹介します。

動画で確認

ロジックツリー

情報を構造化して分類する。

9マスブロック

まん中に記載された1つのテーマから連想する言葉を周囲のマスに記述する。

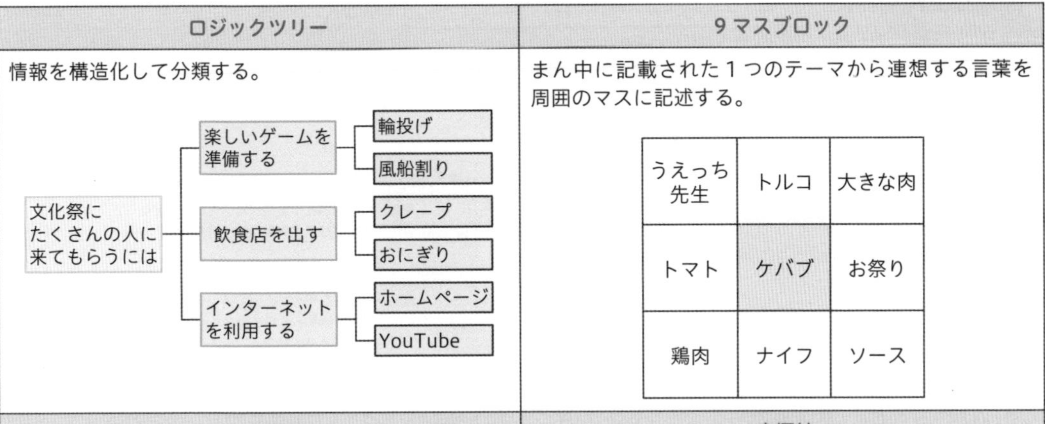

ベン図

複数の集合の関係や，集合の範囲を視覚的に図式化する。

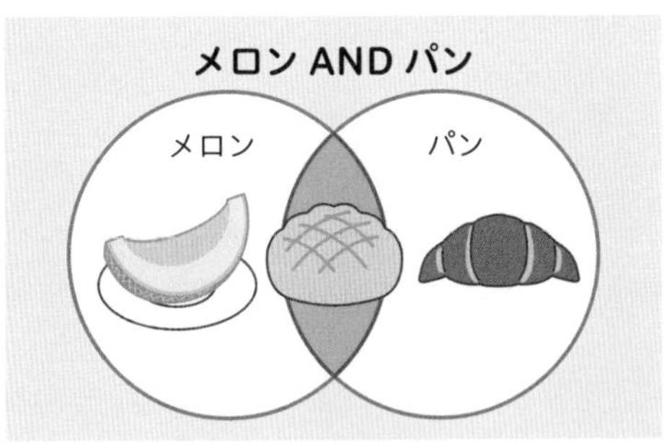

座標軸

性質を表す要素2つを縦横の軸とする座標に，複数の物事を配置する。アイデアを比較したい場合などに有効。

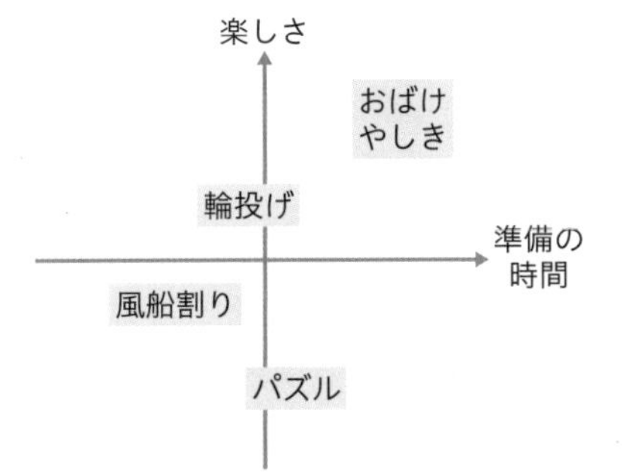

マトリックス図

物事の多数の性質や評価を整理する表。

	値段	手間	魅力	満腹感
クレープ	中	中	高	中
ジュース	低	低	低	低
ケバブ	高	高	高	高

イメージマップ

テーマを中心に書き，そこから連想されることを思いのままに書き出し，線でつなげる。

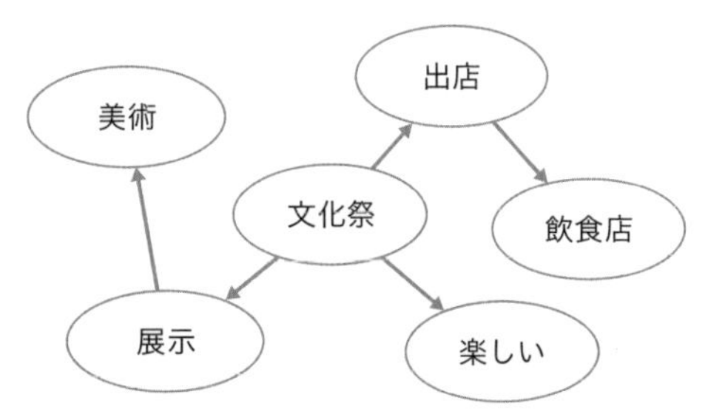

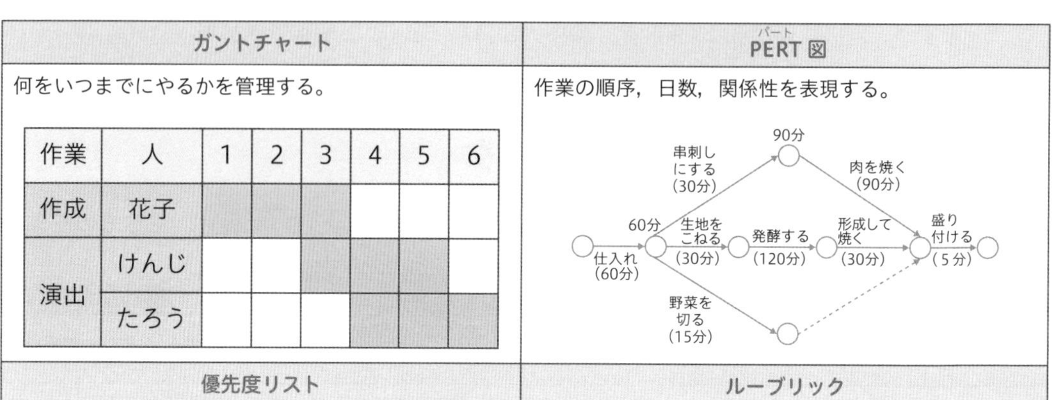

ガントチャート

何をいつまでにやるかを管理する。

作業	人	1	2	3	4	5	6
作成	花子						
演出	けんじ						
	たろう						

PERT（パート）図

作業の順序，日数，関係性を表現する。

優先度リスト

評価の基準となる要因を書き出し，各評価対象がその基準をどれくらい満たすかを点数化する。点数が高いものを購入する，点数が低いものから順に改善措置を施す，など，優先順位を決めたいときに有効。

	A店	B店	C店
味	5	3	4
値段	4	5	2
接客	5	4	3
合計点	14	12	9

ルーブリック

発表会などについて，取り組みの到達度を観点別に評価する。

評価	3点	2点	1点
内容	主張したい内容と根拠が明確でわかりやすい	主張したい内容は明確だが，根拠が不十分	主張したい内容が不明確
態度	身振り手振りを交えて聞き手に伝えている	聞き手のほうを見て伝えようとしている	聞き手のほうを見ずに話している
構成	導入・展開・まとめの構成と時間配分が適切	導入・展開・まとめの構成はできているが，時間配分が適切ではない	導入・展開・まとめの構成ができていない

特性要因図（フィッシュボーン図）

問題となっている1つの特性に対する複数の要因を，わかりやすく可視化する。

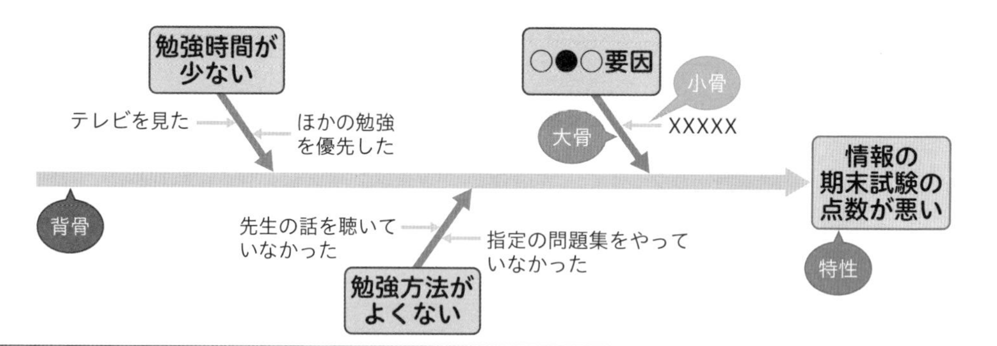

フレームワークを使う際の考え方の一つにMECE（ミーシー）があります（図6）。MECEとは，必要な要素を網羅しながらも，それらが重複しないようにする考え方です。

たとえば，ロジックツリーで情報を構造化する際に，MECEで要素に重複がないか点検することは有効です。

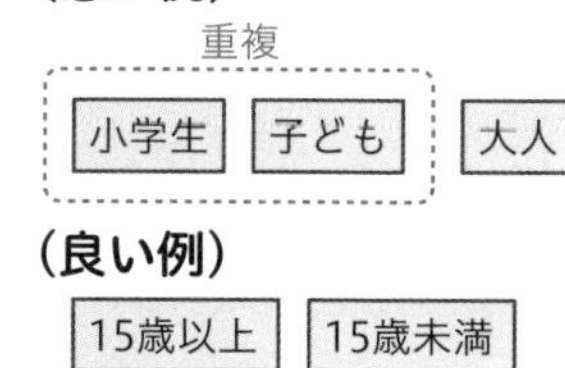

図6　MECE

たくさんあるのですね！　まずは特性要因図を使って，勉強の仕方を見直してみます。

やってみよう　要点チェック問題1-3（ネット提供資料）

でる度 ★★★

1-4 知的財産権の概要と著作権

動画 第１章 ▶ 1-4_知的財産権の概要と著作権

きょうの授業はこんな話

① 知的財産権

知的財産権の概要と構造について学ぼう。

② 著作権

一言で著作権といってもさまざまな権利に細分化される。それぞれの権利の概要について学ぼう。

③ 例外規定（著作権の制限）

著作物の「公正な利用」のため，著作者の許諾なしに著作物を使える例外規定が存在する。それらの例外規定について学ぼう。

④ クリエイティブ・コモンズ・ライセンス（CC ライセンス）

著作者自身が著作物の利用範囲に関して意思表示するためのツールである，クリエイティブ・コモンズ・ライセンスについて学ぼう。

美術の時間にキャラクターデザインをしました！　将来，私が有名になったら，高値で売れるかもしれません！

よく描けていますね！　この絵を描いた時点で著作権という権利が発生しているんですよ。

① 知的財産権

絵を描いたり，文章を書いたり，新しいデザインや機能を考えたりする活動を，**知的創作活動**といいます。その知的創作活動によって生産されたものを，**知的財産**または**無体財産**といいます。

そして，これを他人が無断で使用して利益を得ることのないように，創作者に一定期間与えられる権利を，**知的財産権**または**無体財産権**，**知的所有権**といいます。

知的財産権は大きく，**著作権**，**産業財産権**，**その他の権利**に分類されます（図１）。その他の権利には，た

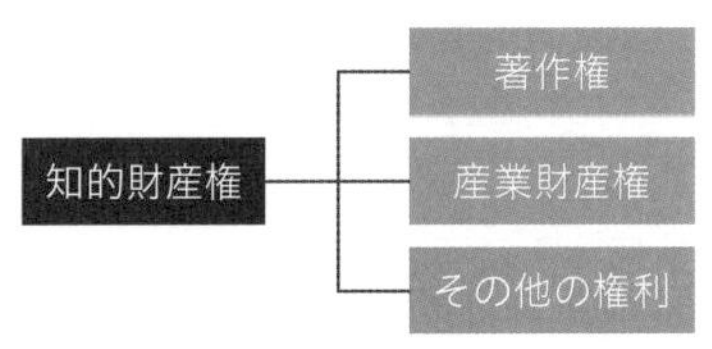

図１　知的財産権の構造

とえば，回路配置利用権（半導体集積回路図に関する権利）や育成者権（植物の新品種に関する権利）などがあります。今回は，著作権について詳しく説明していきます。

② 著作権

権利を得るためにどこかに届け出る手続きが大変そうですね。

著作権は後掲の図 2 のように細分化されますが，これらはいずれも届け出なしに，著作物が創作された時点で，自動的に著作者に付与される権利です。これを**無方式主義**といいます。

著作権法上の著作物の範囲は，**思想または感情を創作的に表現したもので，文芸・学術・美術または音楽の範囲に属するもの**とされています。そして，著作権法の目的は，その第 1 条によれば，著作物等の「公正な利用に留意しつつ，著作者等の権利の保護を図り，もって文化の発展に寄与すること」です。つまり，著作権法は，他人の著作物を利用させないようにすることばかりを考えて作られたものではなく，**不正な利用を禁止するとともに公正な利用を認める**ことで，他人の著作物の利用全般を秩序立てるものだ，といえるでしょう。

さて，ほかの人が撮った写真や作成した絵などの著作物を複製して友だちに渡したり，SNS などのメディアで公開したりするなど，他人の著作物を利用する場合は，著作者がもつ権利を保護するために，原則，著作者の許可が必要だとされています。他人の著作物を許可なく利用することは，あとで説明するいくつかの例外を除いて，著作権法違反になります。

著作権は，**著作者の権利**である**著作権**と，**伝達者の権利**である**著作隣接権**に分かれます（図 2）。一番広い意味の著作権は，著作隣接権も含みます。さらに，著作者の権利は，**著作者人格権**と**著作権（財産権）**に分けられます。一番狭い意味の著作権は，著作権（財産権）です。伝達者の権利である**著作隣接権**は，**実演家人格権**と**財産権**に分けられます。

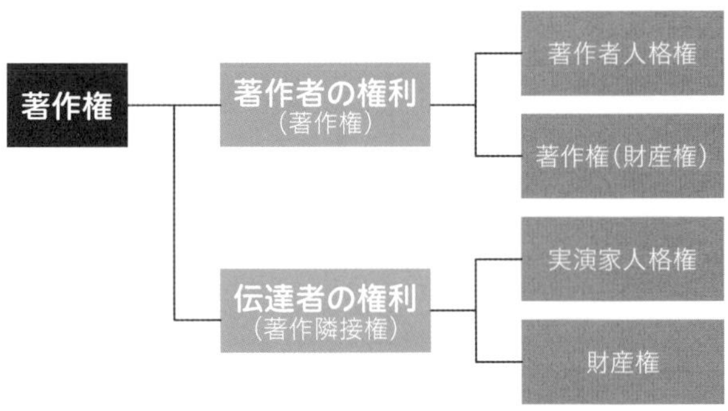

図 2　著作権の構造

それぞれについて詳しく掘り下げて見ていきます。

著作者の権利（著作権）

著作者人格権は，**譲渡したり，相続したりすることはできません。**

保護期間は著作者の生存している間のみで，著作者の死後，権利は消滅します。著作者人格権は，表１のとおり，**公表権**，**氏名表示権**，**同一性保持権**に分けられます。

表１　著作者人格権の詳細

権利名称	概要
公表権	著作物を公表するか決める権利
氏名表示権	著作物の公表にあたって，氏名を表示するかしないか，表示するなら実名にするか匿名にするかを決める権利
同一性保持権	著作物の内容などを意に反して改変されない権利

著作権（財産権）は，著作物の利用を許諾したり禁止したりするための権利で，**狭義の著作権**といわれることもあります。著作物から発生する**経済的な権利を著作者が得られるように認められている権利**です。これは，**第三者に譲渡や相続，売買することができます。** つまり，著作者（創作者）と財産権としての著作権の保有者（著作権者）が異なることもあります。著作権（財産権）は，表２のとおりに分けられます。

表２　著作権（財産権）の詳細

権利名称	概要
複製権	著作物を複製する権利
上演権・演奏権・上映権	著作物を公に上演・演奏・上映する権利
公衆送信権・公の伝達権	著作物を通信などにより，公衆に送信または送信を可能にする権利
口述権	言語の著作物を口述する権利
展示権	美術の著作物を展示する権利
頒布権	映画の著作物を頒布する権利
譲渡権・貸与権	映画以外の著作物を譲渡・貸与する権利
翻訳権・翻案権	著作物を翻訳，編曲，変形したり，作り変えたりする権利
二次的著作物の利用権	自分の著作物を原作品とする二次的著作物を利用することについて，二次的著作物の著作権者がもつものと同じ権利

たくさんありすぎてよくわからない…。

ですよね！　他人の著作物を利用するとき，何をやりたいかで対応する権利はかわってくるので，都度確認するようにしましょう。

著作権（財産権） に関連して覚えておいてほしいことに**保護期間**があります。その期間は，**著作者の死亡した翌年の１月１日から起算して70年間**と定められています。２人以上で協力して作成した**共同著作物**の場合は，最後の著作権者が亡くなってから70年間です。一部例外があって，**無名・変名の著作物，団体名義の著作物，映画の著作物の保護期間は，公**

開した翌年の 1 月 1 日から起算して 70 年間と定められています。以前は 50 年でしたが，2018 年 12 月に 70 年間に変更されました。

保護期間が過ぎたあとはどうなるのですか。

いい質問ですね！　知的財産権により保護されていた創作物は，権利の保護期間が経過すると，社会の公共財産として誰でも自由に利用できる状態（**パブリックドメイン**）となります。

伝達者の権利（著作隣接権）

次は，**伝達者の権利（著作隣接権）**について掘り下げて説明していきます。俳優や歌手などの実演家や放送事業者など，著作物を公衆に伝達する人や事業者を，**著作隣接者**といいます。**著作隣接権**は，そのような人や団体に認められている権利で，表 3 のようなものがあります。

表 3　伝達者の権利（著作隣接権）の詳細

権利名称			概要
実演家人格権	**氏名表示権**		公表時に氏名の表示の有無を決める権利
	同一性保持権		意に反して改変されない権利
財産権	**許諾権**	**録音権・録画権**	実演を録音，または録画する権利
		送信可能化権	インターネットなどを介して著作物を自動的に公衆に送信できる状態にする権利
		貸与権	著作物をその複製物の貸与により公衆に提供する権利
	報酬請求権	**商業用のレコードの二次使用料を受ける権利**	著作物を放送または有線放送で流した場合に報酬を得る権利
		貸与報酬を受ける権利	著作物を貸与した場合に金銭を得る権利

③ 例外規定（著作権の制限）

そういえば，先生が市販の問題集の一部をコピーして授業で使っていましたが，これは著作権に違反していないのですか。

いいところに気づきましたね。著作権法の目的の一つに，他人の著作物の「**公正な利用**」を認めるということがありますが，それに即して，著作権に関しては例外的な規定がたくさんあります（次ページの表 4）。これを**著作権の制限**といいます。市販の問題集の一部をコピーして高等学校の授業で使うのは，教育機関における複製等（第 35 条）で認められている権利です。

表4 著作権（財産権）の例外規定の例

例外規定の例	概要
私的使用のための複製（第30条）	家庭内で，かつ仕事以外の目的であるならば，著作物を複製，翻訳，編曲，変形，翻案することができる。
図書館等における複製（第31条）	公立図書館など政令で定められた図書館で，営利目的でない場合に，著作物の一部分を1人1部のみ複製できる。
引用（第32条）	自分自身の著作物に他人の著作物を引用して利用することができる。引用は次の要件をすべて満たす必要がある。 **・必要性があり，内容としても分量としても主従関係が明白である（自作部分が「主」，引用部分が「従」）。** **・引用した部分が明確である。** **・出典（引用文献）を明記している。**
教育機関における複製等（第35条）	教育を担任する者やその授業を受ける者（学習者）は，授業の過程で使用するために著作物を複製することができる。**ただし，著作権者の利益を不当に害することとなる場合は，この限りでない。**
試験問題としての複製等（第36条）	入学試験や採用試験などの問題として著作物を複製すること，インターネット等を利用して試験を行う際には公衆送信することができる。

④ クリエイティブ・コモンズ・ライセンス（CCライセンス）

著作権について理解できましたが，著作物を利用したい場合，著作者に許諾を得るために連絡をとること自体に手間がかかることもありそうですね。また，連絡を受ける側も，許諾申請の数が多いと大変そうです。

そうですね。例外規定に当てはまる場合を除いて，原則，許諾を得る必要がありますが，著作者が自ら利用の条件や制限について意思を表示できるものとして，**クリエイティブ・コモンズ・ライセンス（CCライセンス）**があります（次ページの表5）。CCライセンスは，国際的非営利組織である**クリエイティブ・コモンズ**が提供しているもので，作品を公開する著作者が「この条件を守れば私の作品（著作物）を自由に使ってかまいません」と意思表示をするためのツールです。表5の4つのアイコンを組み合わせて意思表示します。

なお，**ND（改変禁止）と改変することが前提のSA（継承）を同時に組み合わせることはできません。**

表 5　CC ライセンスの種類

BY（表示） **Attribution**	NC（非営利） **Noncommercial**	ND（改変禁止） **No Derivative Works**	SA（継承） **Share Alike**
著作者や作品に関する情報を表記しなければならない。	営利目的での利用を禁止する。「$」以外に「¥」などの通貨記号が使われることもある。	作品自体を改変（加工・編集）しなければ，作品の全部または一部をそのまま利用できる。	作品を改変して新しい作品を作った場合には，その新しい作品にも，もとの作品と同じライセンスをつける。

CC ライセンスの組み合わせには，図 3 のようなパターンがあります。右のものほど制限が緩いです。左側の「C」は**すべての権利を主張**するマークで，右側の「PD」は**パブリックドメイン**であることを表します。また，著作者自身が著作物の再利用を許可するという意思表示をするための契約を，オープンライセンスといいます。

全ての権利の主張　　いくつかの権利の主張　　全ての権利の放棄

図 3　クリエイティブ・コモンズ・ライセンスの組み合わせ
【出典：https://commons.wikimedia.org/wiki/File:CreativeCommonsSpectrum_ja.PNG#/media/ ファイル：CreativeCommonsSpectrum_ja.PNG（CC BY 2.1 JP）】

なるほど！　ところで，著作権法に違反したらどうなるのですか。

著作権（財産権）や著作隣接権を侵害した場合は，10 年以下の懲役，または 1,000 万円以下（法人などの場合は 3 億円以下）の罰金，あるいはその両方が科せられる可能性があります。著作権の侵害は，基本的には著作権者自身が告訴する必要があります。これを**親告罪**といいます。ただ，映画を無断で複製したもの（海賊版）等をネット配信する行為は**非親告罪**にあたるため，告訴がなくても罰せられます。

インターネットで公開されている著作物にはダウンロードできるものが多くありますが，SNS などでの利用の仕方によっては犯罪になることもあるので，注意が必要ですね！

やってみよう　**要点チェック問題 1-4（ネット提供資料）**

でる度 ★★★

1-5 産業財産権

動画 第1章 ▶ 1-5_産業財産権

きょうの授業はこんな話

① 産業財産権とは

産業財産権とは何かについて学び，特許権・実用新案権・意匠権・商標権の違いを理解しよう。

② 特許情報プラットフォーム

どのようなものが産業財産権として登録されているかについて学ぼう。

スマートフォンが古くなったから機種変更をしました！　電池のもち時間も前の機種の2倍だから，オンラインゲームを長時間できます！

新機種，いいですね！　スマートフォン一つとってみても，電池なども含めていろいろな権利が関係しているのですよ！

① 産業財産権とは

スマートフォンの権利には，具体的にどのようなものがあるのですか。

たとえば，スマートフォンの形状やデザイン，電池といった部品などは**産業財産権**という権利で守られています。**産業財産権**は，前回の授業で説明した知的財産権の一つで，産業に関する新しい技術や製品のデザインなどに関する権利です（図1）。産業財産権は，さらに**特許権**，**実用新案権**，**意匠権**，**商標権**の4つに分かれます。

復習 p.31

産業財産権は，**特許庁**に申請書類を送って審査が行われ，**登録されて初めて権利が発生**します。これを**方式主義**といいます。

このあと，4つの権利のそれぞれについて詳しく説明していきます。

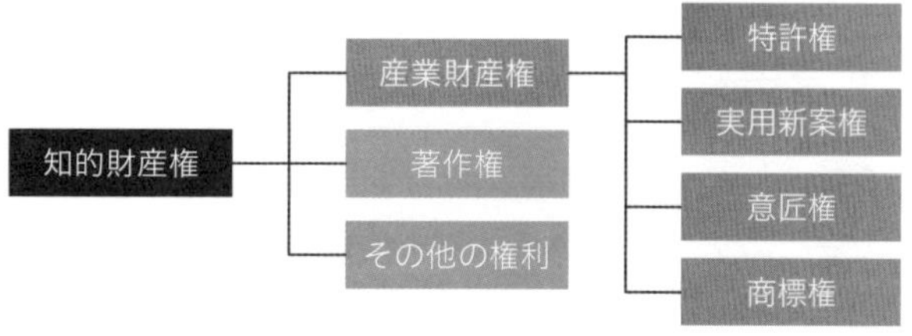

図1　産業財産権の構造

特許権

特許権は，発明を保護するために認められる権利です。物または方法の技術面のアイデアのうち高度なもので，かつライフサイクルが長いものが対象です。特許権は，**特許法**という法律で守られています。スマートフォンを例にとると，小型化・軽量化したリチウムイオン電池などが対象だといえます。

保護期間は，多くの場合，**出願から 20 年**です。特許の審査は 1 年近くかかる場合が多くありますが，その審査の期間も保護期間に含まれます。

特許を取得する意義としては，次のことが挙げられます。

- ほかの人に技術を利用してもらい，特許料で利益を得ることができる。
- 利益の追求を目的とする人に独占させないようにして，広く技術を普及させることができる。

この本でも使っている **QR コード**についても，**特許権**が取得されているって聞いたことがあります！

よく知っていますね！　QR コードは，（株）デンソーウェーブが特許を取得しています。QR コードがここまで広く普及したのは，**ライセンスフリー**といって，第三者の自由な再利用を許諾しているからです。特許権は取得していますが，**QR コード規格に沿った利用であれば特許権を行使しない**としているため，この本にも，読者向け Web サイトなどにアクセスするための QR コードを，許可なしで掲載できています。なお，「QR コード」という名称については，あとで解説する商標権も取得されていて，一般的な名称は「二次元コード」です。

図 2　QR コード

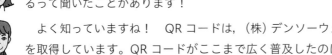

ちょっと深掘り

特許権の「存続期間延長」とは？

特許権の保護期間（存続期間）は，原則として**出願から 20 年**ですが，存続期間の延長措置制度があります。たとえば，医薬品の場合，出願後しばらくは臨床試験（治験）を行うためにすぐには販売できず，その分，権利の独占期間が短くなってしまいます。このような場合，**特許権の存続期間の延長出願**ができ，現状，**延長の上限は 5 年**とされています。つまり**保護期間は最大で 25 年**になります。

実用新案権

実用新案権は，考案（アイデア）を保護するために認められる権利です。物の形状，構造などに関するアイデアが対象です。実用新案権は，**実用新案法**という法律で守られています。たとえば，ベルトに取りつけられるようにしたスマートフォンのケースの形状や，転がらないように六角形にした鉛筆の形状を生み出した考案は，実用新案権の対象です。

保護期間は**出願から 10 年**です。実用新案権は，審査は書類審査のみで，審査官による実体審査が行われないため，平均 2～3 か月と比較的短い期間で登録されます。

意匠権

意匠権は，デザインを保護するために認められる権利です。物品の形状，模様，色彩など，ものの外観としてのデザインが対象です。意匠権は，**意匠法**という法律で守られています。たとえば，スマートフォンの場合，形状や模様，色彩も含め，メーカーはデザインに関して意匠権を取得しているのが普通です。そこでほかの人がそのデザインを模倣すると，権利侵害になります。

保護期間は**出願から 25 年**です。かつては登録から 20 年でしたが，意匠法が 2019 年に改正されたことにより，そのように決まりました。

商標権

商標権は，ブランドを保護するために認められる権利です。商品やサービスについて自他の識別力を有する文字，図形，記号，立体的形状，色彩，音，ならびにそれらの組み合わせを対象としており，ロゴも含むとされています。商標権は，**商標法**という法律で保護されています。たとえば，企業のロゴや製品名，包装に表示するマークなどが対象です。

保護期間は**登録から 10 年**ですが，これは**更新可能です。期間経過後に更新ができるのは，この商標権だけ**です。たとえば，企業イメージを決めるロゴなどで保護期間経過後もその企業が存続している場合，ほかの企業がそのロゴを使うと不利益が生じるため，更新可能としているのです。

ここまでに出てきた 4 つの権利の概要をまとめると，次の表 1 のとおりになります。

表 1　産業財産権の 4 つの権利の概要

名称	法律	概要	保護期間
特許権	特許法	主に発明（実用新案権より高度なもの）を保護	出願から 20 年（一部最大 25 年）
実用新案権	実用新案法	物の形状・構造に関する考案を保護	出願から 10 年
意匠権	意匠法	物品のデザインを保護	出願から 25 年
商標権	商標法	商品などのマーク・名称を保護	登録から 10 年（**更新可能**）

② 特許情報プラットフォーム

産業財産権の内容はわかりましたが，自分で考えたアイデアがすでに登録されていないかを知る方法って，あるのでしょうか。

いい質問ですね！　**特許情報プラットフォーム**という Web サイトでどのような特許や実用新案，意匠，商標が出願・登録されているかを調べることができます（次ページの図 3）。

簡易検索　▶ヘルプ

特許・実用新案、意匠、商標について、キーワードや番号を入力してください。検索対象は コチラをご覧ください。
分類・日付等での詳細な検索をされる場合は、メニューから各検索サービスをご利用ください。

◉ 四法全て　○ 特許・実用新案　○ 意匠　○ 商標　☑ 自動絞り込み ?

例1)人工知能　例2)2019-00012X　検索

図 3　特許情報プラットフォーム【出典：https://www.j-platpat.inpit.go.jp】

ちなみに，私が昔ケバブ屋をやっていたときに出願して商標権を取得したものも，掲載されています（図 4）。

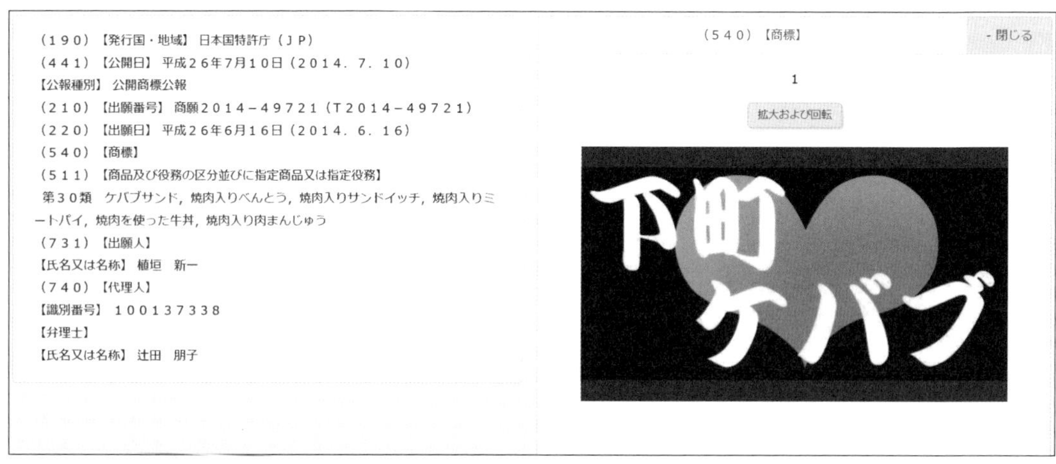
（１９０）【発行国・地域】日本国特許庁（ＪＰ）
（４４１）【公開日】平成２６年７月１０日（２０１４．７．１０）
【公報種別】公開商標公報
（２１０）【出願番号】商願２０１４－４９７２１（Ｔ２０１４－４９７２１）
（２２０）【出願日】平成２６年６月１６日（２０１４．６．１６）
（５４０）【商標】
（５１１）【商品及び役務の区分並びに指定商品又は指定役務】
第３０類　ケバブサンド，焼肉入りべんとう，焼肉入りサンドイッチ，焼肉入りミートパイ，焼肉を使った牛丼，焼肉入り肉まんじゅう
（７３１）【出願人】
【氏名又は名称】植垣　新一
（７４０）【代理人】
【識別番号】１００１３７３３８
【弁理士】
【氏名又は名称】辻田　朋子

（５４０）【商標】　- 閉じる
１
拡大および回転

図 4　図 3 の特許情報プラットフォームで，「下町　ケバブ」で商標を検索した結果

お世辞にもいいデザインとは言えないですね…。

本当は「下町ケバブ」という名称を登録したかったのですが，ありがちな名称（文字）は登録できないとのことで，申請業務を依頼した弁理士さんがロゴとして登録したらどうかと提案してくれたのに従って，急いでその場で作ったものです。残念ながら，もう店はないのですが，産業財産権を扱う授業でのネタとして使っています。

ちなみに，**弁理士**というのは知的財産に関する専門家で，知的財産権を取得したい人のために，代理で特許庁への手続きを行うことを主な仕事とする人です。

いろいろな面白い商標もあるので，みなさんも特許情報プラットフォームで調べてみてください。

やってみよう　要点チェック問題 1-5（ネット提供資料）

でる度 ★★★

1-6 個人情報とプライバシー

動画 第1章 ▶ 1-6_個人情報とプライバシー

きょうの授業はこんな話

① 個人情報保護法における個人情報の定義

個人情報保護法における個人情報の定義について学ぼう。

② プライバシー権，肖像権，パブリシティ権

日常生活に照らし合わせながら，プライバシー権，肖像権，パブリシティ権について学ぼう。

③ 個人情報とプライバシーの保護

個人情報とプライバシーを保護するための法整備などについて学ぼう。

先日，ショッピングサイトで服を購入したら，頻繁に商品案内のダイレクトメール（DM）が届くようになりました。

商品を購入するときに個人情報を提供すると，リピーター獲得のために，企業が定期的にDMを送ってくるようになることは，よくあります。

① 個人情報保護法における個人情報の定義

私が商品を購入するときに入力したのは，氏名，住所，電話番号，メールアドレスなのですが，どれが個人情報なのですか。

それらはすべて個人情報です。2003年に成立した「**個人情報の保護に関する法律**」，略して「**個人情報保護法**」では，**個人情報**を次のように定義しています。

> **生存する個人**に関する情報であって，当該情報に含まれる氏名，生年月日その他の記述などによって**特定の個人を識別できるもの（他の情報と容易に照合することができ，それによって特定の個人を識別することができることとなるものを含む。）**，または**個人識別符号**が含まれるもの。　【出典：文部科学省『高等学校情報科「情報Ⅰ」教員研修用教材』】

特に，**氏名**，**住所**，**生年月日**，**性別**の4つを，**基本四情報**といいます。上の定義で注意すべきところは，1つの項目だけでは個人を特定できなくても，**複数の項目を組み合わせる**

と個人を特定できるものも個人情報だということです。組み合わせると個人を特定できる情報の例として，表 1 のようなものがあり，非常に多くの情報が個人情報になりえます。

表 1　組み合わせると個人を特定できる情報の例

種類	例
基本的事項	氏名，住所，生年月日，性別，年齢，国籍
家庭生活関連	家族構成，婚姻歴，同居・別居の別　など
社会生活関連	勤務先，職業，職歴，学歴，成績　など
経済活動関連	年収，借金の有無，預金，納税額　など

なるほど！　ところで，**個人識別符号**って何ですか。

単体で個人を特定できる文字や符号のことを指します。例としては，マイナンバーやパスポート，運転免許証の番号，指紋や声などの身体的特徴に関するデータがあります。

個人情報の中でも，人種，信条，社会的身分，病歴，犯罪の経歴，犯罪による被害情報など，**本人に対する不当な差別や偏見が生じないように特に配慮を要する個人情報**を，**要配慮個人情報**といいます。

個人情報を取得する際は，利用目的を通知または公表する必要があります。また要配慮個人情報は，原則，**本人の同意**を得て取得することが義務化されています。第三者へ提供する場合は，要配慮個人情報に限らず本人の同意が必要です。個人情報を取得した法人が，**グループ会社や子会社にその個人情報を提供する場合も，第三者への提供**となります。

ただし，「原則」とあるように，**生命にかかわる場合や犯罪捜査などの場合は，本人の同意を得なくても個人情報の取得と第三者への提供が許される**ことがあります。

ちょっと深掘り

オプトイン方式とオプトアウト方式

今回の授業のはじめに DM の話が出ましたが，事業者が電子メールで DM のようなサービスを提供する場合には，注意が必要です。まず，利用者側がそのサービスを受け取るかどうかを選択できるようにしなければなりません。

その選択の方式には，**オプトイン方式**と**オプトアウト方式**の 2 種類があります。**オプトイン方式**は，関連する商品やサービスの広告を「ください」と明示的に意思表示した人にだけ提供する方式です。

一方，**オプトアウト方式**は，関連する商品やサービスの広告を提供することを基本として，明示的に「受け取りたくない」と意思表示した人には提供しない方式です。

《オプトイン方式の例》

今後おすすめメールマガジンを
希望する場合はチェックを入れてください
☑希望します

《オプトアウト方式の例》

今後おすすめメールマガジンを
希望しない場合はチェックを入れてください
☑希望しません

事業者から見ると，**オプトインは広告メールを提供しないことが通常，オプトアウトは広告メールを提供することが通常**になっています。現在では，あらかじめメール配信の同意を得たユーザ以外へのメール送信は，法律（特定電子メールの送信の適正化等に関する法律）で禁止されています。そのため，ユーザが受信拒否を行わない限りメールを送り続けるオプトアウト方式は，違法となります。

② プライバシー権，肖像権，パブリシティ権

テストの点数や，友だちとトラブルを起こしてしまった経験，普段の居場所など，誰にでも他人に勝手に踏み込まれたくない個人の私生活上の事柄があると思います。このような事柄を**プライバシー**といいます。そして，プライバシーの公開を制限・管理する権利を，**プライバシー権**といいます。

特に，写真や動画は，不用意に撮影すると他人のプライバシーの侵害となることがある一方，最近はスマートフォンを使って誰でも手軽に撮影ができるようになっています。それゆえ，多くの一般の人々に，他人のプライバシーやプライバシー権への配慮が求められるようになってきています。

また，写真撮影の際は，撮ろうとする対象だけでなく，カメラについている **GPS**（Global Positioning System）にも注意が必要です。その設定によっては，**ジオタグ**とよばれる，撮影された場所を示す情報（位置情報）が付加されることがあるのです（図 1）。

この位置情報は，発信者の住所などを特定する手がかりになることがあります。

さらに，位置情報が付加されていなくても，SNS などで公開した写真の背景に写っている建物や景色などから場所が特定される可能性があります。

図 1　写真に付加されたジオタグ。この例は，Google マップで表示できるものとなっている

位置情報や写り込みが，友だちのプライバシーを侵害したり，意図していないのに自分のプライバシーを明かしたりすることにつながるかもしれないのですね。

そうですね。ストーカー被害などに発展するおそれもあるので注意してください。

また，SNS での写真公開で気をつけなければならない権利は，プライバシー権のほかもう一つ，**肖像権**があります。肖像権は，本人の許可なしに顔写真などの肖像を撮影されたり，利用されたりしない権利です。友だちが写っている写真を SNS などで公開したい場合は，事前に本人の承諾をとっておく必要があります。

そういえば，YouTube の動画で，通行人が写り込んでいるところに，モザイク（ぼかし）がかかっていることがあります。

それは，情報を発信する側が肖像権を意識して，個人を特定できないように配慮している例です。

芸能人やスポーツ選手のような著名人の場合は，肖像自体に商品価値がありますので，もう一つ配慮が必要な権利が認められています。それが**パブリシティ権**です。パブリシティ権は，著名人の名前や肖像などが，他人によって勝手に宣伝等に使用されないようにする権利です。

肖像権は誰にでも認められている人格的な権利で，**パブリシティ権は有名人だけに認められている財産的な権利**だといえます。

③ 個人情報とプライバシーの保護

OECD プライバシー8 原則と個人情報保護法

OECD（経済協力開発機構）は，「**プライバシー保護と個人データの国際流通についてのガイドライン**」を，プライバシーについての勧告として公表しています。

これは，**OECD プライバシー8 原則**ともよばれています。

1. 収集制限の原則	2. データ内容の原則	3. 目的明確化の原則
4. 利用制限の原則	5. 安全保護の原則	6. 公開の原則
7. 個人参加の原則	8. 責任の原則	

日本では，この勧告を受けて法整備が行われ，2003 年に**個人情報保護法**が成立し，2005 年に全面施行されました。

個人情報保護法には，プライバシーに関する情報などを個人情報に含めている箇所もあります。

個人情報保護法は，2015 年の改正の際に「**3 年ごとの見直し規定**」が設けられて現在に至っています。

個人情報は，保護の対象というだけでなく，冒頭の DM の例のように，企業活動に生かされ，経済や文化の発展につながる可能性のある材料でもあります。このことから，2015 年の改正では，個人情報の安全な利活用を推進する目的で，本人の同意を得ずにデータの受け渡しが可能となるよう，**適切な加工を施した情報**が，**匿名加工情報**として，新たに定義されました（図 2）。

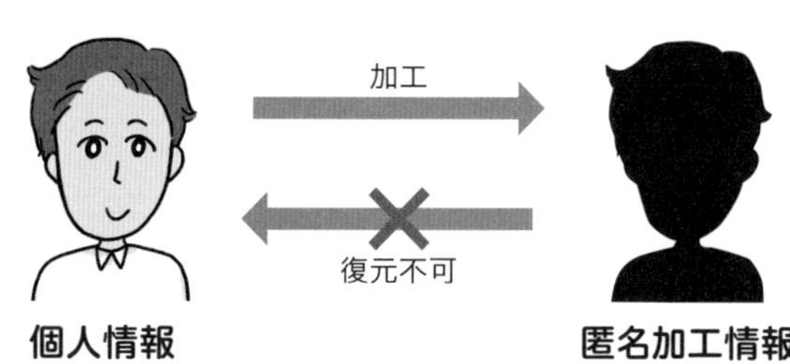

図 2　匿名加工情報

適切な加工とは，特定の個人を識別できないようにデータを加工するとともに，もとの個人情報への復元を不可能にすることです。たとえば，アンケート結果を統計の専門家に渡して利用してもらいたいけれども，その統計に必要な個人情報は年齢と性別だけという場合，ほかの個人情報をわからないようにすれば，そのアンケート結果は**匿名加工情報**になります。

ちょっと深掘り

ビッグデータとは？

「経済や文化の発展」という話が出てきたところで，近年よく話題になる「ビッグデータ」に触れておきましょう。

匿名加工情報を含め，データは，大量に多様なものが集められ，すばやく利用可能な形に分析・加工されることで，さまざまな製品やサービスに生かされます。このような，Volume（量）・Variety（多様性）・Velocity（速度）という 3 つの要素を備えているデータを，**ビッグデータ**といいます。

たとえば，ChatGPT などのデータ生成系 AI も，ビッグデータを活用したサービスの一つです。生成系 AI は，世界中のインターネットユーザがネット上に残す非常に多くの実績や履歴が集められ，分析されることで成り立っている仕組みです。

ビッグデータは，今この瞬間にも蓄積されていますので，生成系 AI はどんどん賢くなり，正確なデータを提供できるようになっています。

プライバシーマーク

プライバシーといえば…この前，お父さんの名刺を見せてもらったら，そこに，**プライバシーマーク**（図 3）というのが印刷されていた記憶があります。

それは，個人情報に対して適切な保護措置を行っている事業者に与えられるマークで，一般財団法人日本情報経済社会推進協会が制定しているものです。

図 3　プライバシーマーク
【マーク画像提供：一般財団法人日本情報経済社会推進協会（JIPDEC)】

このマークを取得することで，事業者は個人情報の保護に関して信頼を得ることができ，消費者はその事業者の個人情報の扱いが適切であることを判断できます。

また，企業や組織などでは，独自に**プライバシーポリシー**を作成し，収集した個人情報をどのように管理するかを定めていることが多いです。

なお，個人情報を取り扱う事業者は，原則として，本人からの求めに応じて個人情報の**開示・訂正・利用停止**を行わなくてはなりません。

やってみよう　**要点チェック問題 1-6（ネット提供資料）**

でる度 ★★★

1-7 情報セキュリティ

動画 第 1 章 ▶ 1-7_情報セキュリティ

きょうの授業はこんな話

① 情報セキュリティとは

情報セキュリティとは何かについて学び，その「3 要素」と「7 要素」を理解しよう。

② 情報セキュリティを脅かすもの

コンピュータウイルス（マルウェア）をはじめ，私たちの身の回りで情報セキュリティを脅かすものに，どのようなものがあるかについて学ぼう。

③ 情報セキュリティを確保するための対策と法規

情報セキュリティを確保するための組織や個人の対策，法規について学ぼう。

この前，どこかの学校で成績表や出欠記録などのファイルが見られなくなって，見たければ身代金を払うように要求されたっていうニュースを見ました！　恐ろしい！

それはランサムウェアというコンピュータウイルスの一つですね。学校だけでなく病院や企業などでも，データが見られなくなり業務が停止するといった被害が多発しています。

① 情報セキュリティとは

コンピュータウイルスによる被害を防ぐには，どうしたらいいのですか。

重要なのは，個々人が**情報セキュリティに対する意識を高めること**です。そのためには，まず，**情報セキュリティ**とは何かということについての理解が必要です。

情報セキュリティは，たとえば，ほかの人のスマートフォンやパソコンなどの情報を盗み見たり，データを書き換えたり破壊したりする不正行為や，不慮の事故に対して，個人，組織，技術という 3 つの方向から安全対策を講じることです。

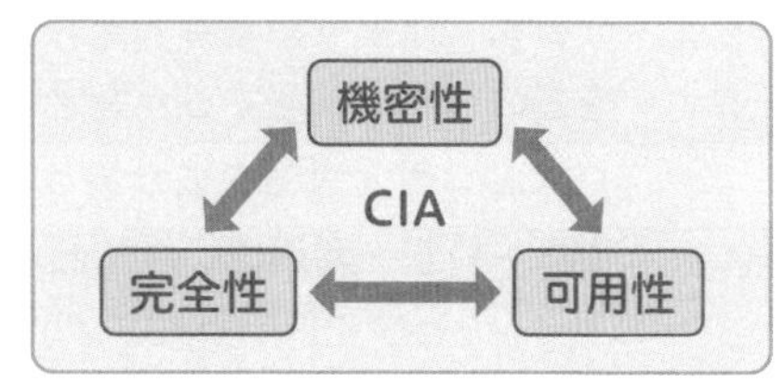

図 1　情報セキュリティの 3 要素

また，情報の**機密性（Confidentiality）・完**

全性（Integrity）・可用性（Availability）を確保することも大切です。これを**情報セキュリティの3要素**といいます（前ページの図1）。それぞれの英語の頭文字をとって，**CIA**ともよばれます。

機密性・完全性・可用性に，**責任追及性（Accountability）・真正性（Authenticity）・否認防止（Non-repudiation）・信頼性（Reliability）**を加えた7つを指して，**情報セキュリティの7要素**ということもあります（表1）。

表1　情報セキュリティの7要素

要素	概要
機密性	認められた者だけが情報にアクセスできること
完全性	内容が正しい状態が維持されていること
可用性	使いたいときにいつでも使えること
責任追及性	ある行為が，いつ，誰によって行われたかが明確であること
真正性	ユーザや情報が本物であることが明確であること
否認防止	ユーザが行った行為を事後に否定できないように，証拠を残すこと
信頼性	システムの処理が，不具合なく確実に行われること

② 情報セキュリティを脅かすもの

マルウェアとコンピュータウイルス

はじめに話した**ランサムウェア**のような情報セキュリティを脅かすものの一つに，**コンピュータウイルス**があります。

ウイルスと聞くと，風邪（かぜ）とかの病気のもとを思い浮かべますね。

病原体としてのウイルスは，「体内に入る→体内で増殖する→発症させる」という流れで病気を引き起こします。

コンピュータウイルスも，病原体としてのウイルスと同じような段階を経て症状＝被害を引き起こすので，「ウイルス」と名づけられているのです。経済産業省の「コンピュータウイルス対策基準」（https://www.meti.go.jp/policy/netsecurity/CvirusCMG.htm）では，コンピュータウイルスとは，**自己伝染機能・潜伏機能・発病機能のうち1つ以上を有するもの**とされています（表2）。

表2　コンピュータウイルスの機能

機能名称	概要
自己伝染機能	自らを複製してほかのコンピュータに伝染する機能
潜伏機能	発病まで利用者に察知されないように，特定の時刻や時間，処理回数になるまで症状を出さない機能
発病機能	ファイルの破壊や利用者の意図しない動作をする機能

なお，コンピュータウイルスは，マルウェアとよばれるものの一種です。マルウェアとは，悪意のあるソフトウェア※1の総称です。

ワームは，コンピュータウイルスのようにほかのプログラムに寄生せずに自立して存在し，ネットワークを経由して**自身を複製しながら自己拡散するマルウェア**です。ワームは虫という意味ですが，虫は１匹でも独立して生きていけますよね。

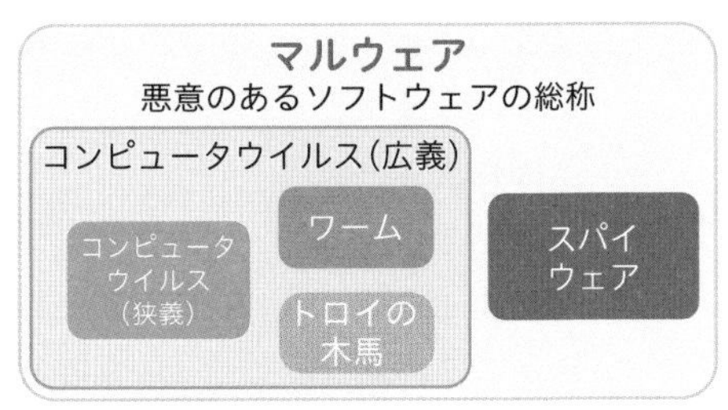

図２　マルウェアの分類

トロイの木馬は，一見便利な普通のツールソフトのように見せかけて，実際には**気づかれないように攻撃活動を行う**もので，感染に気づかずに被害が長引く可能性があります。ウイルスやワームは増殖しますが，トロイの木馬は増殖しません。

スパイウェアは，システムの情報を盗むことを目的としたマルウェアです。スパイウェアには，キーボードの操作履歴を記録して，打ち込んだ ID，パスワードなどの機密情報を入手するキーロガーや，ディスプレイに映っている画面を丸ごと取得して情報を窃取するスクリーンロガーなどがあります。

その他の代表的なマルウェアには，次の表３のようなものがあります。

表３　その他の代表的なマルウェア

名称	概要
ボット	コンピュータを外部から遠隔操作するためのコンピュータウイルス
アドウェア	ユーザの意図しない広告を表示するマルウェア

マルウェア以外の脅威

マルウェアの使用のほかにも，情報を盗む手口はたくさんあります。最近は**フィッシング**が流行っています。

フィッシング，大好きです！　海で釣った魚は刺し身で食べるのが最高！

確かに言葉の由来として魚釣りに関係してはいますが，ここでのフィッシングは，正規のメールや Web ページを装って，ユーザ ID，パスワード，クレジットカード情報等を入力させて，それらを盗み取って悪用する詐欺を指しています（図３）。

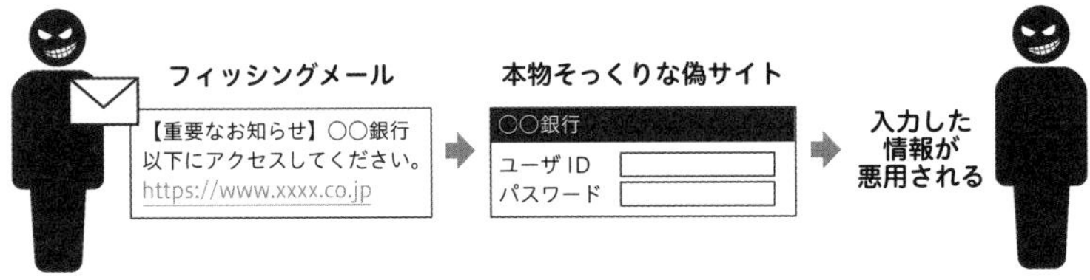

図３　フィッシング詐欺の流れ

※1　p.114 参照。

ソーシャルエンジニアリングという人間の心理につけ込む手法もあります。「信頼できる人」と思わせてパスワードを聞き出したり，盗み見たりして，日常生活の中から機密情報を入手して，コンピュータを不正利用する手法です。

ゴミ箱に捨てられていた機密情報を盗むトラッシングという手法もあります。これへの対策としては，**紙媒体の機密情報はシュレッダーにかけてから破棄する**ことが有効です。

コンピュータの誤操作や，メールの誤送信などの人為的な過失（ヒューマンエラー）によっても情報漏えいが起こりえます。技術的な対策はもちろんですが，ヒューマンエラーを防ぐための教育も大切です。

その他，次の表4のような脅威が考えられます。

表4 さまざまな脅威

名称	概要
ワンクリック詐欺	Webサイトやメールなどのボタン，リンクをクリックしただけで登録を行ったものとみなされ，料金を請求される詐欺。 ワンクリック詐欺は特殊詐欺の一種である。特殊詐欺とは，犯人が被害者と対面することなく信頼させ，指定した口座への振込などをさせて現金等をだまし取る犯罪。
架空請求	使った覚えのない有料サイトの料金を請求される詐欺。
違法サイト	違法にアップロードされた音楽や映像などのコンテンツを提供するサイト。違法と知りながらダウンロードすることは，私的利用が目的でも違法行為となる。
ネットショッピング詐欺	ショッピングサイトに表示されていた画像と商品が大きく違ったり，代金を支払ったにもかかわらず商品が届かなかったりする詐欺。 これを防ぐため，取引の安全性を保証する仲介サービスの**エスクローサービス**がある。例として，個人どうしの取引を仲介するメルカリやヤフオク！等が挙げられる。
ピギーバック	関係者しか入れないセキュリティを確保するべきエリアに，同伴者，関係者，業者を装って侵入すること。
ショルダーハッキング	パスワードなどの重要な情報を入力しているところに，後ろから近づいて肩越しにのぞき見て，機密情報を盗む手法。
廃棄データ修復	廃棄されたSDカード，携帯電話，コンピュータ，紙の資料などの情報を修復して盗む手法。
スキミング	クレジットカードやキャッシュカードなどに書き込まれている情報を抜き出し，まったく同じ情報をもつカードを複製すること。
DoS（ドス）攻撃	特定のサーバに大量の接続要求を送りつけて，サーバをダウンさせる攻撃。

③ 情報セキュリティを確保するための対策と法規

組織的な対策基準（情報セキュリティポリシー）

機密情報を扱う人は，情報漏えいなどのセキュリティ事故が起こってから慌てて対応するのではなく，はじめに説明した情報セキュリティの3要素を日ごろから意識していなければなりません。

情報の機密性，完全性，可用性を維持していくために，組織の方針や行動指針を規定したものを，**情報セキュリティポリシー**といいます。

情報セキュリティポリシーは，**基本方針**，**対策基準**，**実施手順・運用規則等**の階層構造になっています（図4）。

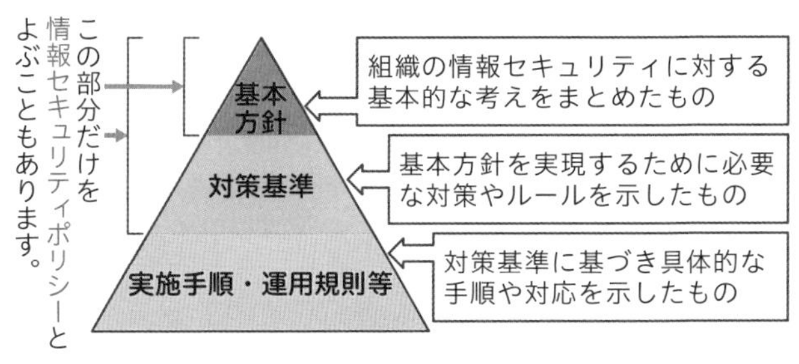
この部分だけを情報セキュリティポリシーとよぶこともあります。
基本方針
対策基準
実施手順・運用規則等
組織の情報セキュリティに対する基本的な考えをまとめたもの
基本方針を実現するために必要な対策やルールを示したもの
対策基準に基づき具体的な手順や対応を示したもの

図4　情報セキュリティポリシーの階層図

個人的な対策

個人でできる情報セキュリティの対策もたくさんあります。

マルウェアの感染経路は，Webページの閲覧や記録メディア，電子メールの添付ファイル，OS※2やソフトウェアの**セキュリティホール**などさまざまです。セキュリティホールは**脆弱性**（ぜいじゃくせい）ともいいます。

対策としては，セキュリティホールなどの問題点を修正する**セキュリティパッチ**が公開されたら，対象となっているOSやソフトウェアにすぐに適用する，**ウイルス対策ソフトウェア**の**ウイルス定義ファイル（パターンファイル）**は常に最新にしておく，不審なWebサイトや不審なメールの添付ファイルを開かない，などを心がけることが挙げられます。

情報社会を支える法規や制度

情報を盗んだりマルウェアで攻撃したりすることは，犯罪になるのですよね？

もちろんです。本人になりすましてIDやパスワードを不正に利用したり，データを改ざんしたり，権限のないコンピュータへ**不正アクセス**したりするなどといった行為を**クラッキング**といい，それを行う人を**クラッカー**といいます。そしてそのようなコンピュータ・ネットワークを利用した犯罪を，**サイバー犯罪**といいます。

また，サイバー犯罪のうち，情報システムの基盤である**情報インフラ**の大規模な破壊活動や，何らかの意図をもって社会や企業に深刻な打撃を与える悪質なものを，**サイバーテロ**といいます。

サイバー犯罪には，大きく分類して，次ページの表5のものがあります。

※2　p.115参照。

表 5 サイバー犯罪の分類

サイバー犯罪の種類	概要
不正アクセス禁止法違反	他人のコンピュータへの**不正アクセス**，**なりすまし**等
コンピュータ・電磁的記録対象犯罪，不正指令電磁的記録に関する犯罪	他人のコンピュータの**不正操作**，**データ窃盗**，**改ざん**，**破壊**等 攻撃目的でコンピュータウイルスを作成したり提供したりすることも，これに該当する。
ネットワーク利用犯罪	その他，ネットワークを介して行うさまざまな犯罪

サイバー犯罪を禁止する法律を，**不正アクセス禁止法**といいます。正式名称は，**不正アクセス行為の禁止等に関する法律**といいます。

不正アクセス禁止法は，1999 年 8 月 13 日公布，2000 年 2 月 13 日に施行された法律で，不正アクセス行為をした者には，3 年以下の懲役または百万円以下の罰金が科せられます。

また，2001 年に**高度情報通信ネットワーク社会形成基本法（IT 基本法）**が定められ，さらに，時代の変化に合わせて，情報技術の利活用を促進するための法制度など，さまざまな法律が公布・改正されています（表 6）。

表 6 さまざまな法律

法律名	概要
情報公開法	行政機関の保有する情報のいっそうの公開を図る法律
デジタル手続法	行政手続きをオンライン実施とすることを原則化した法律
電子署名法	本人の手書き署名・押印がある文書と同様の法的効力を電子署名がもつことなどを定めた，インターネットでの契約を促進する法律
官民データ活用促進基本法	国および地方公共団体，民間企業が保有するデータの活用を促進するための基本理念を定めた法律
映画盗撮防止法	映画館での作品の録画や録音を禁じる法律
プロバイダ責任制限法	インターネットへの接続仲介を行うプロバイダ等の損害賠償責任の制限や，発信者情報の開示請求および発信者情報の開示命令に関する裁判手続きについて定めた法律
出会い系サイト規制法	出会い系サイトの運営者や書き込みについての規則を定めた法律
リベンジポルノ防止法	（元）配偶者や（元）交際相手などの性的な写真や動画をインターネットで公開するリベンジポルノを罰する法律
青少年インターネット環境整備法	青少年が安全に安心してインターネットを利用できる環境の整備等に関する法律
特定電子メール法	迷惑メールを規制する法律
特定商取引法	訪問販売や，インターネットを介したものも含む通信販売，ネットオークションなどの取引において，トラブルを防ぐための規定を定めた法律
電子消費者契約法	インターネットショッピング等の電子商取引における操作ミスなどから消費者を守る法律
預金者保護法	スキミングや盗難の被害にあった場合における，被害者に対する補償を定めた法律

やってみよう **要点チェック問題 1-7，章のまとめ問題①（ともにネット提供資料）**

Note

第2章

コミュニケーションと情報デザイン

この章のネット提供資料

https://informatics1.jp/login/index.php?n=2

- 本章の動画版
- セクションごとの要点確認→要点チェック問題 2-1～2-11
- 章の仕上げ→章のまとめ問題②
- 章の重要用語を覚える→聞き流し音声②

※「聞き流し音声②」の内容は，Web アプリ「でる語句」でも提供しています（該当用語番号：112～186）。ご利用にあたっては，下記サイトにアクセスしてください。
https://book.impress.co.jp/books/1122101163

でる度 ★★★

2-1 アナログとデジタル

動画 第2章 ▶ 2-1_アナログとデジタル

きょうの授業はこんな話

① アナログとデジタル

アナログとデジタルの違いについて学び，身の回りのものがアナログなのかデジタルなのか区別できるようになろう。

② デジタルの表現（2進法）と情報量の単位

コンピュータの世界ではどのようにデータを保持しているかについて学ぼう。

③ デジタルデータの特徴

アナログデータをデジタル化することのメリットやデメリットについて学ぼう。

暑い！　かき氷食べたい！　気温は…，えっ！　35度！？

確かにきょうは暑いですね。そちらのアナログ温度計は，だいたい35度くらいですが，こちらのデジタル温度計だと34.9度と，正確な温度がわかりますね。

① アナログとデジタル

温度計だけでなく，時計もデジタルとアナログがありますけど，具体的にどう違うのですか。

温度計の液柱の長さや時計の針の位置のように，区切りなく細かく測れるような**連続して変化する量**を，**アナログ量（連続量）**といいます。アナログ量で表現されていることを**アナログ**といい，アナログで表されたデータを**アナログデータ**といいます。

一方，**とびとびの値しかとらないような量**を**デジタル量（離散量）**といいます。デジタル量で表現されていることを**デジタル**といい，デジタルで表されたデータを**デジタルデータ**といいます。たとえば，小数点以下第1位まで表示できるデジタル温度計の場合，34.0 → 34.1 → 34.2…と0.1間隔で表現できますが，その0.1の間を細かく表現することはできず，データの数は**有限個**です。一方，アナログデータは，数値で表現しようとすると，**無限個**のデータが存在します。

最近は，スマートフォンやタブレットなどの電子機器が普及し，アナログデータを，コンピュータが扱えるデジタルデータに変換して扱うものが多くなってきています。アナログデータをデジタルデータに変換することを，**A/D変換**または**デジタル化**といいます。一方，デジタルデータをアナログデータに変換することを，**D/A変換**または**アナログ化**といいます（図1）。

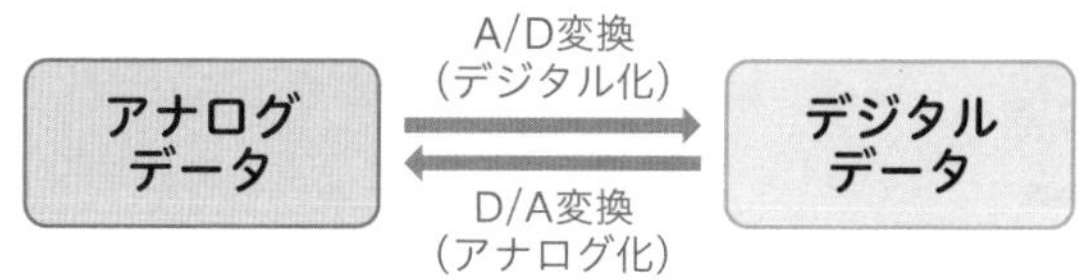

図1　アナログ↔デジタル変換

② デジタルの表現（2進法）と情報量の単位

コンピュータの世界では，たとえば，電圧「低」が「0」，電圧「高」が「1」のように，**一対の2つの状態について，それぞれに「0」と「1」の数値を対応させて**処理しています（表1）。

表1　2つの状態と0と1の対応例

数値	電圧	電流	磁気	DVD
0	低	流れない	S極	光が反射する
1	高	流れる	N極	光が反射しない

そして，「0」と「1」の2つの組み合わせで数を表現する方法を**2進法**といいます。また，2進法で表した数値を**2進数**ということがあります。一方，私たちが普段使っている0から9までの10個の数字の組み合わせで数を表現する方法は，**10進法**です。10進法と2進法の変換方法は，次回の授業で詳しく説明します。

10進法では，「10」を「じゅう」と読みますが，2進法では「イチ・ゼロ」と数字を1桁ずつそのまま読みます。

表1のとおり，2進法では2つの状態を区別できます。何個の状態を区別できるかは，**情報量**という数値で表します。その最小単位が**ビット（bit）**であり，2つの状態の区別は1ビットでできます。1ビットは2進法の1桁に相当します。

うーん，情報量のイメージが浮かびません。

より身近な例で考えてみましょう。たとえば，スマートフォンの電源オフの状態を「0」，オンの状態を「1」とひもづけて2つの状態を区別できます。これは，「0か1」の1ビット，つまり2進法1桁で区別していることになります。

次に，情報量を2ビットに増やしたらどうなるか考えてみましょう。2ビットは2進法2桁に相当しており，区別できる状態の数は，2つの「0」と2つの「1」の組み合わせの数となります。そしてその組み合わせの数は，**「00」「01」「10」「11」の4つ**です。したがって，情報量2ビットでは4つの状態を区別できるといえます。たとえば，春を「00」，夏を「01」，秋を「10」，冬を「11」というようにひもづければ，四季を区別できるということです。なお，この「00」「01」のようなビットの並び方を，**ビットパターン**といいます。

では，3ビットだといくつの状態を区別できるでしょうか。

3 ビットだから 2 進法 3 桁ですよね。組み合わせが多くてよくわかりません。

実は，組み合わせを全部書き出さなくても簡単に求めることができます。先ほど説明したように，2 進法 1 桁（1 ビット）で区別できるのは「0 か 1」の 2 つです。2 ビットになると 2 つの各桁が 2 つに区別されます。これは，1 桁目が「0」のときと 1 桁目が「1」のときのそれぞれにおいて，2 桁目は「0」と「1」の 2 つの場合があるということです。これを数式で表すと $2 \times 2 = 2^2$ となり，4 つの状態を区別できるということになります。

3 ビットでも同じように考えます。2 桁目までで区別できる 4 つ（2 × 2 個）の状態のそれぞれにおいて，3 桁目は「0」と「1」の 2 つがありうるのですから，$(2 \times 2) \times 2 = 2^3$ で，8 つの状態を区別できるということになります。さらに，4 ビットでも同様に，3 桁目までで区別できる 8 つ（2 × 2 × 2 個）の状態のそれぞれにおいて，4 桁目は「0」と「1」の 2 つがありうるのですから，$(2 \times 2 \times 2) \times 2 = 2^4$ で，16 個の状態を区別できるということになります。

ここまでをまとめると，区別できる状態の数は，1 ビットの場合は 2 つ（2^1 個），2 ビットの場合は 2^2 個，3 ビットの場合は 2^3 個，4 ビットの場合は 2^4 個であり，**n ビットの場合は 2^n 個の状態**を表すことができるとわかります（表 2）。

表 2　ビット数と区別できる状態の数の関係

1 ビット	2 ビット	3 ビット	4 ビット	5 ビット	6 ビット	n ビット
2^1	2^2	2^3	2^4	2^5	2^6	2^n
2 個	4 個	8 個	16 個	32 個	64 個	2^n 個

また，**8 ビットをひとまとまりにしたものを，1 バイト**（記号：B）といいます（図 2）。

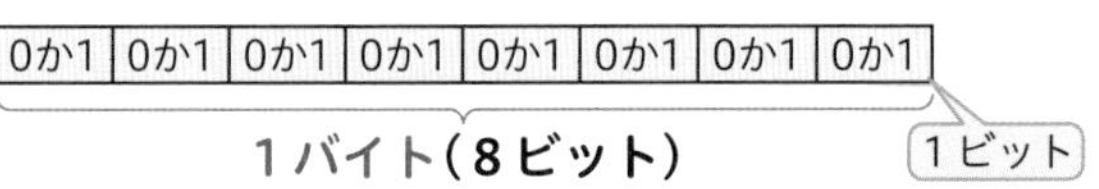

図 2　バイトとビットの対応

これよりも大きな情報量の単位は，2 の 10 乗である 1,024 ごとに呼び名が変わります。バイト（B）の 1 つ上の単位は**キロバイト**（**KB**）で，1B の 1,024 倍が 1KB ということになります（表 3）。

単位の頭につける記号を**接頭辞**（**接頭語**）といいます。たとえば KB なら K が接頭辞です。

表 3　情報量の単位

単位	読み方	量的関係
bit	**ビット**	**情報量の最小単位**
B（byte）	**バイト**	**1B ＝ 8bit**
KB	**キロバイト**	**1KB ＝ 1024B**
MB	**メガバイト**	**1MB ＝ 1024KB**
GB	**ギガバイト**	**1GB ＝ 1024MB**
TB	テラバイト	1TB ＝ 1024GB
PB	ペタバイト	1PB ＝ 1024TB
EB	エクサバイト	1EB ＝ 1024PB

重さの場合は 1kg ＝ 1000g，距離の場合は 1km ＝ 1000m と 1,000 倍ごとなのに，なぜ情報量は 1,024 倍ごとなのですか。

コンピュータは，2進法で動作するので，2の10乗を基準にしたほうが扱いやすいからです。10進法を基準にした国際単位系（SI）では，kgやkmといったように1,000（10^3）倍ごとに接頭辞が用いられているため，それと区別するために情報量の1,024（2^{10}）倍の場合は，KBと大文字にしています。

また，国際電気標準会議がSIとは別に定めている情報量を表す単位として，表4のように表記する方法もあります。

大学入学共通テストなどの試験では，バイトからキロバイトなど別単位への変換をやりやすくするために，Kを小文字にして，1kBを1,000Bとして計算するよう書かれていることもありうるので，注意して問題文を読んでください。

表4　国際電気標準会議が定める情報量の単位

単位	読み方	量的関係
KiB	キビバイト	1KiB = 1024B
MiB	メビバイト	1MiB = 1024KiB
GiB	ギビバイト	1GiB = 1024MiB
TiB	テビバイト	1TiB = 1024GiB
PiB	ペビバイト	1PiB = 1024TiB
EiB	エクスビバイト	1EiB = 1024PiB

③ デジタルデータの特徴

デジタルデータには，大きく分けて，以下の3つの利点があります。

デジタルデータの利点1：情報の失われにくさ（ノイズに強い）

信号の乱れや雑音をノイズといいます。音などのアナログ信号は連続した波の形の波形を描きますが，ノイズが入ると，図3（アナログ）のように波の形が乱れます。これを修復することは容易ではありません。これに対してデジタル波形は，図3（デジタル）のように**0と1の領域が明確なので，多少のノイズが加わっても修復がしやすい**です。このような特徴があることで，デジタルデータは複製や伝送をしても劣化しにくくなっています。なお，この0と1の境界線を**しきい値**といいます。

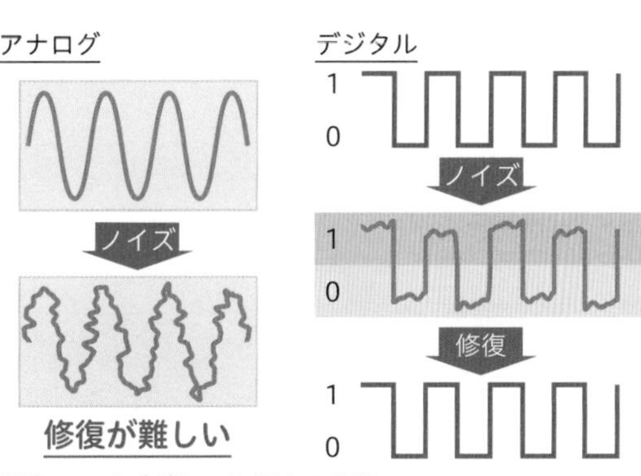

図3　ノイズが入った場合の修復

デジタルデータの利点 2：情報の加工・統合のしやすさ

デジタルデータは修正や編集などの加工や統合が容易です。デジタルデータには，文章・音声・画像などさまざまありますが，それらは，編集ソフトを使って，つなげる・カットするなどのように，編集することができます。また，文章・音声・画像を統合し，動画とすることもできます。

デジタルデータの利点 3：情報の記録や通信のしやすさ

デジタルデータは数値という普遍的な形式で表されたものであるため，文章・画像・音声・動画などさまざまなデータを同じメディアに記録することができます。また，ネットワークを介してデータを送ることも容易にできます。

デジタルデータの欠点

デジタルデータの欠点は何かあるのでしょうか。

デジタルデータは離散値なので，アナログデータをデジタル化すると，もとのデータの一部が失われてしまうことがあります。たとえば，最小単位が 0.1 度のデジタル温度計の場合，29.93 度は 29.9 度となり 0.03 度の差が失われてしまいます。このように A/D 変換で失われるデータを，**変換誤差**といいます。

なるほど！

やってみよう 要点チェック問題 2-1（ネット提供資料）

でる度 ★★★

2-2 デジタルデータの表現

動画 第２章 ▶ 2-2_デジタルデータの表現

きょうの授業はこんな話

① *n* 進法の考え方

10 進法，2 進法，16 進法の考え方の違いについて学ぼう。

② 基数変換のやり方

10 進法から 2 進法への変換など，コンピュータが扱える形に変換する方法や，2 進法を人が扱いやすい 10 進法や 16 進法に変換する方法について学ぼう。

きょうは学校の購買のパンの特売日で，普段 180 円の大好きなメロンパンが 123 円で手に入りました！

安く手に入ってよかったですね！　123 円は，100 円玉が 1 枚，10 円玉が 2 枚，1 円玉が 3 枚ですね。

はい。おつりなしで支払ったのですが，それがどうしたのですか。

① *n* 進法の考え方

メロンパンの値段のように，私たちは，日常生活で 0 から 9 までの 10 個の数字を組み合わせて使っています。9 の次の整数は，1 桁増えて 10 です。

1　2　3

1×10^2　2×10^1　3×10^0

図 1　10 進法での数の表現

このような，1 つの桁の数を 10 個の数または記号で表現する方法を，**10 進法**といいます。また，10 進法で表記された数値を **10 進数**ということがあります。メロンパンの特売価格の 123 という数字を各桁に分解すると 100 が 1 つ，10 が 2 つ，1 が 3 つとなります。これを数式で表すと，図 1 のようになります。ある整数の 0 乗は 1 なので，10 の 0 乗も 1 です。

各桁の 10 の累乗の部分に注目すると，10^0（1）→ 10^1（10）→ 10^2（100）と 10 倍ずつになっています。この倍数を**重み**といいます。言い換えると，1 の位には 1 の重みがあり，10 の位は 10 の重み，100 の位は 100 の重みがあるということです。位が上がるごとに重みが 10 倍になります。このように，位が上がるごとに重みが何倍になるかを表す値を**基数**

といい，10 進法の場合，基数は 10 です。

しかし，前回の授業で説明したように，コンピュータの世界は 0 と 1 の 2 つの数の組み合わせで成り立っています。つまり，1 つの桁を 2 つの数字で表現しているので，**2 進法**が使われているということです。

そこで，私たちが普段使っている 10 進法をコンピュータが理解できる 2 進法に変換する方法などを，これから学びます。今回からしばらくは数学の授業のような内容が続き，苦手な人には理解しにくいかもしれませんが，1 つずつ丁寧に説明しますので，がんばってついてきてください。

では，今回は 2 進法での数の表現を見ていきましょう。2 進法で表される 101 という数を各桁に分解すると，図 2 のようになります。

1　0　1

1×2^2　0×2^1　1×2^0

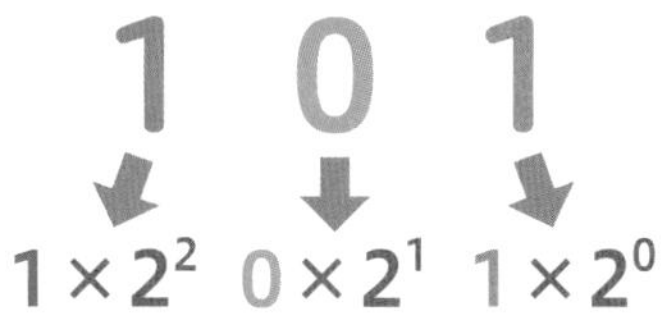

図 2　2 進法での数の表現

$2^0 = 1$，$2^1 = 2$，$2^2 = 4$ ですから，重みは **1 → 2 → 4** と桁が上がるごとに **2 倍**になっていっています。つまり，**2 進法の基数は 2** です。

2 進法では桁ごとに数をそのまま読みます。たとえば，101 は「**イチ・ゼロ・イチ**」です。また，コンピュータの世界では，2 進法の桁数がビット数にあたるため，表したいビット数に応じて，左側に 0 を補って 2 進法の値を表記します。たとえば，111 を 4 ビットで表したいときは，0111 とします。

101 だけを見たら，2 進法でも「ひゃくいち」と読んでしまいそうです。

いいところに気づきましたね。提示している数字が何進法のものなのかを表記する方法として代表的なものに，表 1 の①と②があります。本書では，必要に応じて②の表記法を使っていきます。

表 1　*n* 進法の表記法

	① *n* 進法の数値をカッコで囲み，その右下に *n* を付記	② *n* 進法の数値の右下に（*n*）を付記
	例	例
n 進法	$(10)_n$	$10_{(n)}$
2 進法	$(1010)_2$	$1010_{(2)}$
10 進法	$(10)_{10}$	$10_{(10)}$
16 進法	$(A)_{16}$	$A_{(16)}$

16 進法では，数字以外にアルファベットも使うのですか。

16 進法では，1 桁で 16 個の値を表す必要があります。しかし，数字は 0〜9 までの 10 個しかないので，9 を超えた場合は A〜F のアルファベットを使います。このアルファベットは，a〜f の小文字であっても表す値は同じです。

F の次は 16 個の値を 1 桁で表したあとなので，1 桁増えて 10 となります。10 進法と 16 進法の対応関係は，次ページの表 2 のとおりです。

表2　10進法と16進法の関係

10進法	0	1	2	3	4	5	6	7	8	9	10	11	12	13	14	15	16
16進法	0	1	2	3	4	5	6	7	8	9	**A**	**B**	**C**	**D**	**E**	**F**	**10**

② 基数変換のやり方

n 進法の値の基数を別の基数に変換することを，**基数変換**といいます。もう少し簡単にいうと，2進法から10進法への変換などのように，別の n 進法に変換することです。

10進法から2進法への変換

まずは，10進法を2進法に変換する方法について説明していきます。たとえば，10進法の123を2進法に変換するには，図3のように，10進法の数値を，商が2（変換後の基数）よりも小さくなるまで2で割り算していき，その結果の余りの数を下から上に並べることで求められます。この，割り算を繰り返し実行する計算を，**すだれ算**といいます。

動画で確認

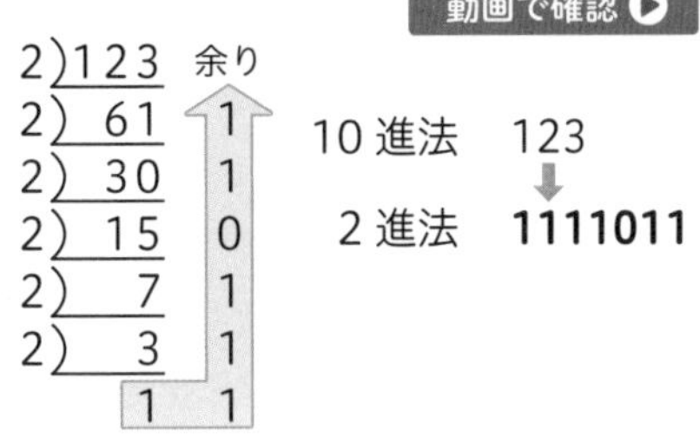

図3　123(10) の2進法変換

この割り算の商は「基数（ここでは2）の累乗がもとの数に何個入るか」を表しており，余りと最後の1が各桁の値になります。図3の下のほうの「÷ 2」ほど，もとの数（123）を基数のより大きな累乗（一番下の「÷ 2」は 2^6）で割ったことになるので，桁は，下から順に左→右と並べるのです。

2進法から10進法への変換

2進法から10進法へは，**桁ごとに重みを掛けた値をすべて足し合わせる**ことで変換できます。たとえば，2進法の1001を10進法に変換すると，図4のように9となります。

1　0　0　1

1×2^3　0×2^2　0×2^1　1×2^0

$8 + 0 + 0 + 1 = 9_{(10)}$

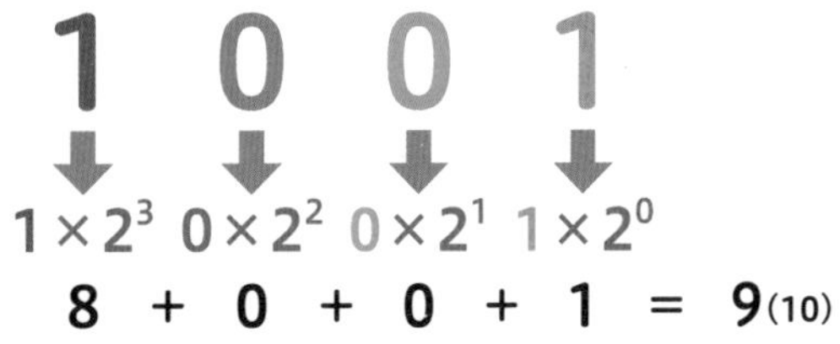

図4　1001(2) の10進法変換

桁の値が0の場合，重みに関係なく掛け算の結果は必ず0になるので，1の部分だけ計算対象にするほうが，早く計算できます。

逆に，10進法の9を2進法に変換する場合，すだれ算とは異なるもう1つの方法として，10進法に変換したのと逆の方法で9を8 + 0 + 0 + 1というように分解して，$1 \times 2^3 + 0 \times 2^2 + 0 \times 2^1 + 1 \times 2^0 \rightarrow 1001_{(2)}$ とする方法もあります。

このやり方を**位取り基数法**といいます。今回の9のように数が比較的小さい場合は，位取り基数法のほうがすだれ算よりも早く求められることもあります。

10 進法（小数）から 2 進法への変換

次に，10 進法の小数を 2 進法に変換する方法を見ていきましょう。その変換をするには，図 5 のように，もとの数に 2 を掛けていき，整数部を控えて，上から下に並べます。ある時点で控えた整数部が 1 だったときは，次の 2 を掛ける計算では，掛けられる数の整数部を 0 にします。

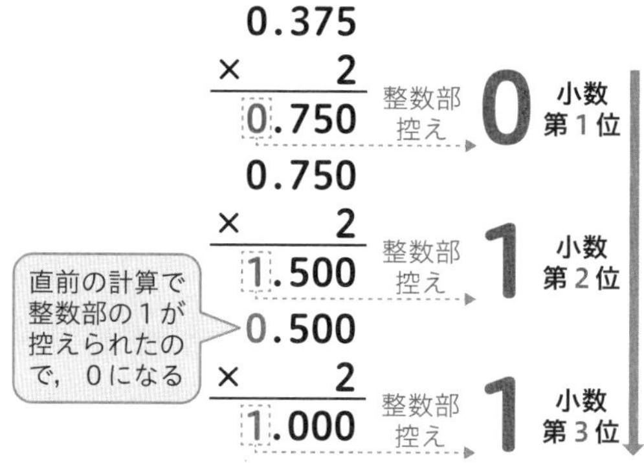

図 5　0.375(10) の 2 進法変換

これはもとの 10 進法の数の整数部が 0 のパターンですが，たとえば，123.375 のように整数部が 0 ではない場合は，整数部はすだれ算または位取り基数法で，小数部は図 5 の方法で，別々に 2 進法への変換を行います。そして，それぞれの結果をくっつければ，変換が完了します。たとえば，10 進法の 123.375 を 2 進法に変換すると，整数部の 123 は図 3 のすだれ算より 1111011(2) となり，図 5 の 0.375 の変換結果の 0.011(2) とあわせ，1111011.011(2) となります。

2 進法から 16 進法への変換

2 進法の値を 16 進法で表す場合は，**下の位から 4 桁ごとに区切り，10 進法に変換してから，16 進法に変換**します。最上位が 4 桁に満たなければ，足りない桁数だけ 0 を補填（ほてん）して，4 桁にすればよいのです。たとえば，図 6 のように 2 進法の 1011110001 を 16 進法にすると，2F1 となります。

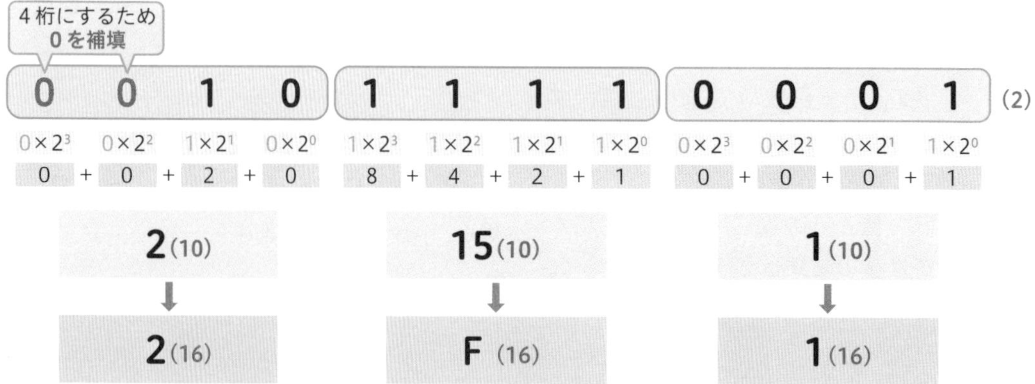

図 6　001011110001(2) の 16 進法変換

16 進法はどういった場合に使われるのですか。

16進法が使われる代表例としては，4章で説明する情報通信ネットワークの技術の一つである「IPv6 アドレス」があります。このIPv6アドレスは，コンピュータの内部で処理されるだけでなく，人間のエンジニアに読まれるものでもあります。

2進法で4桁の場合，16進法では1桁で表すことができます（表3）。桁数が増えるほど**2進法は人の目ではわかりづらくなりますが，16進法は2進法の4分の1の桁数で表現できる分，人にとってわかりやすい**というメリットがあります。また，16進法は4ビットごとに処理できて，2進法との関係が単純であり，コンピュータにとっては10進法より扱いやすいです。つまり，人にとってもコンピュータにとってもわかりやすいということで，両者に扱われる技術では，16進法が使われることが多くあるのです。

表3 2進法と16進法の関係

10進法	2進法	16進法
0	0000	0
1	0001	1
2	0010	2
3	0011	3
4	0100	4
5	0101	5
6	0110	6
7	0111	7
8	1000	8

10進法	2進法	16進法
9	1001	9
10	1010	A
11	1011	B
12	1100	C
13	1101	D
14	1110	E
15	1111	F
16	10000	10

16進法から10進法への変換

16進法から10進法へは，ほかのn進法から10進法へ変換する場合と同じく，桁ごとに重みを掛けた値をすべて足し合わせることで変換できます。重みを掛ける際，各桁は10進法にする必要があります。

たとえば，$C8_{(16)}$を10進法に変換する場合は，Cと8というそれぞれの桁に重みを掛けますが，このとき，アルファベットのCは変換先である10進法の値の12に変換しておきます。そして，それぞれの桁の計算結果を足し合わせれば，図7のとおり変換が完了します。

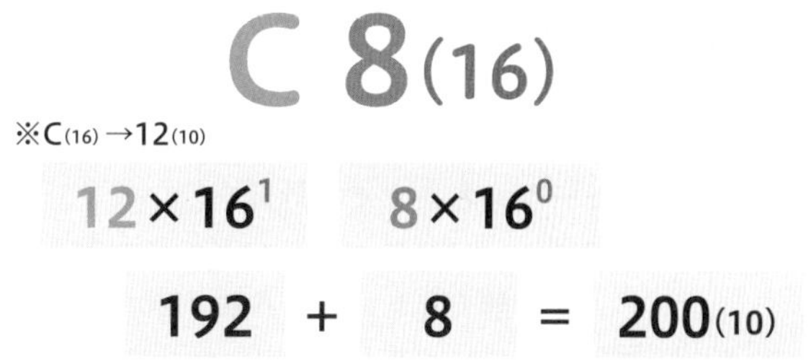

$$C\,8_{(16)}$$

※$C_{(16)} \rightarrow 12_{(10)}$

$$12 \times 16^1 \qquad 8 \times 16^0$$

$$192 + 8 = 200_{(10)}$$

図7 $C8_{(16)}$の10進法変換

この基数変換がわかっていると，このあとの授業で行う音や画像のデジタル化の理解がスムーズになるので，問題を解くなどして慣れておいてください。

わかりました！　要点チェック問題をやってみます。

やってみよう **要点チェック問題 2-2（ネット提供資料）**

でる度 ★★★

2-3 補数を使った減算と整数の表現

動画 第2章 ▶ 2-3_補数を使った減算と整数の表現

きょうの授業はこんな話

① 2進法の加算と減算

2進法でどのように加算や減算を行うかについて学ぼう。

② 10の補数と2の補数

補数とは何かについて学び，10の補数や2の補数を求められるようになろう。

③ 補数を使った負の数の表し方

コンピュータの0と1だけの世界で，どのように負の数（マイナス）の符号を表すかについて学ぼう。

④ 補数を使った減算

コンピュータの世界では補数を使って減算を加算で表現している。補数を使った減算の方法を学ぼう。

きょうの授業って，足し算・引き算ですか！　小学校レベルから教えてくれるなんて先生やさしすぎる。

人間は頭の中で計算以外のことも行いますが，コンピュータがその内部で行うことのすべては計算です。そして，人間が行う計算に小学算数から高等数学まであるように，コンピュータもさまざまな計算を行います。

今回は，コンピュータがどのようなものであるかをもう少しよく理解するために，その内部で行われている初歩的な計算を学んでいきましょう。

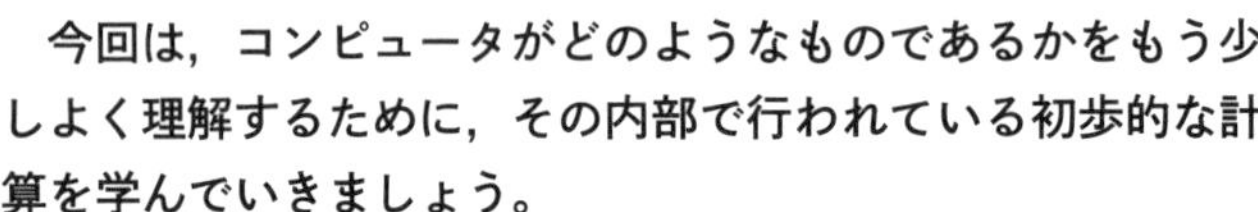

① 2進法の加算と減算

コンピュータにとって最も初歩的な計算は，2進法での加算と減算です。2進法1桁（1ビット）の加算は，たとえば，**1 + 0 = 1**(2)，**1 + 1 = 10**(2) となります。2進法4桁（4ビット）の加算，たとえば，0101 + 0100の場合は，図1のように3桁目で繰り上がりが発生し，1001(2) となります。

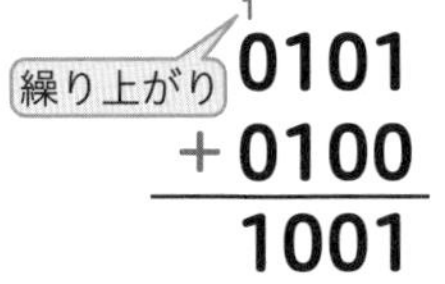

図1　2進法の加算

逆に，2 進法 1 桁（1 ビット）の減算は，たとえば，**1 − 0 = 1**(2)，**1 − 1 = 0**(2) となります。2 進法 4 桁（4 ビット）の減算，たとえば，0101 − 0100 の場合は，図 2 のように 0001(2) となります。

0101
− 0100
0001

図 2　2 進法の減算

② 10 の補数と 2 の補数

コンピュータの内部では，**加算器**とよばれる電子回路を使って加算を行っています。単純に考えると，減算を行うには，加算器とは別に「減算器」というものが必要だと思われそうですが，実は，**コンピュータは加算器で減算を行っている**ので，減算器は必要ではなく，**電子回路を簡略化できている**のです。

減算を加算で行うためには，**補数**というものを使います。

補数とは，**足すと 1 桁増える最も小さな数**です。といっても意味がわからないと思うので，まずは 10 進法の具体的な例で説明します。

たとえば，9 という数字の場合，1 桁増やすためには 1 を足します。この 1 が 9 に対する補数となります。2 でも 11 となり 1 桁増えますが，補数は最も小さな数なので，1 となります。97 の場合，1 桁増やすためには 3 を足します。この 3 が 97 に対する補数です。10 進法での補数を **10 の補数**といいます（図 3）。

図 3　10 の補数

では，2 進法の場合で考えていきましょう。2 進法の 1 の場合，1 を足すと 10 となり，1 桁増えます。つまり，1 に対する補数は 1 です。10 の場合は 10 を足すと 100 となり，1 桁増えます。つまり，10 に対する補数は 10 です。このような 2 進法での補数を，**2 の補数**といいます（図 4）。

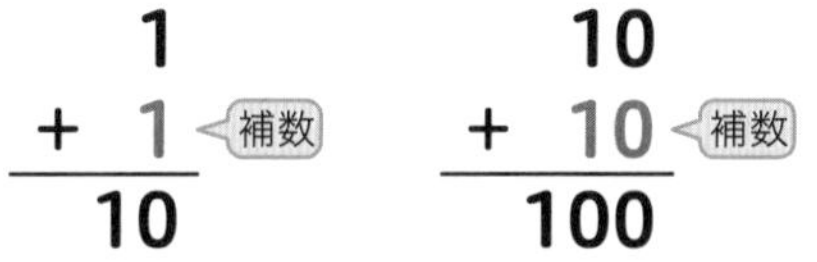

1
+ 1 ＜補数
10

10
+ 10 ＜補数
100

図 4　2 の補数

では，4 ビットで表された 0100(2) に対する補数は何でしょうか。

う〜ん，2 進法の補数は桁数が多くなるとよくわかりません。

簡単に 2 の補数を求める方法があります。2 の補数は，図 5 のように 0 と 1 を反転して，1 を足すと求めることができるのです。0100(2) の 0 と 1 を反転させると 1011(2) となり，それに 1 を足すと 1100(2) となります。これが 0100(2) に対する補数です。

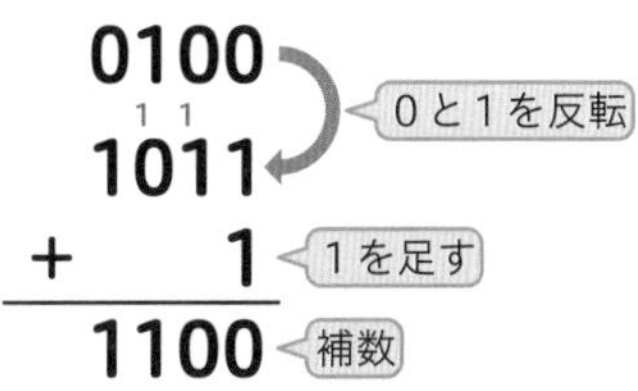

図 5　2 の補数の求め方

念のため，検算してみましょう。4 ビットで表された 0100(2) に 1100(2) を足すと，1 桁増えて 5 ビットの 10000(2) となりますので，補数を求める計算が正しかったとわかります。

③ 補数を使った負の数の表し方

2進法の数の各桁は，0か1にしかなりません。ということは，どこかの桁を＋－の符号表現にあてて，＋と－を0と1に置き換えて表すことに決めてしまえば，正負両方の値を，符号を使わずに数字だけで表現できることになります。

実際のところ，コンピュータの世界では，先頭1ビットで＋－を表し，0の場合は正の数，1の場合は負の数を表すと決まっています。この先頭1ビットを**符号ビット**といいます。そして，ある正の数と同じ絶対値の負の数（10進法における，3に対する－3など）は，その正の数に対する補数を使って表します。

たとえば，使える桁数を4ビットに限って，先頭1ビットを符号ビットとし，10進法の正の数1を2進法で表すと，**0**001となります。このうち符号ビットを除いた001に対する補数は111ですから，これに－の符号ビットにあたる1を先頭に追加すると，**1**111となります。これが，－1(10)を2進法4桁（4ビット）に変換した値です（表1）。

なお，すでに説明したとおり，2進法のある数とそれに対する補数を足し合わせると，必ず桁上がりの1が発生しますので，それと正負の符号ビットどうしの和（0＋1）の1を足すと，さらに桁上がりします。したがって，上の例ではいったん符号ビットを外して説明しましたが，符号ビットをつけたままでも，ある正の数と同じ絶対値の負の数は，その正の数に対する補数だといえます。

逆に，補数で表されている2進法の負の数を10進法へ変換するときの方法としては，2の補数を求めたのと逆の手順をたどる方法と，最上位ビットを10進法に変換した値を負の数として計算する方法があります。

動画で確認

表1　補数を使った負の数の表現

10進法	2進法（4ビット）
－8	1000
－7	1001
－6	1010
－5	1011
－4	1100
－3	1101
－2	1110
－1	1111
0	0000
1	0001
2	0010
3	0011
4	0100
5	0101
6	0110
7	0111

(1)2の補数を求めたのと逆の手順をたどる

2の補数は，0と1を反転して，1を足すという手順で求めました。10進法に変換するには，これの逆の手順をたどります。つまり，1を引いてから0と1を反転して，最後にマイナスの符号をつけるという手順です。たとえば，2の補数である1001(2)の場合は，1を引くと1000(2)で，その0と1を反転すると0111(2)となります。0111(2)は，10進法では7です。もとの数が負の数ですから，これにマイナスの符号をつけて－7(10)となります。

(2) 最上位ビットの数を負の数として計算する

4ビットの場合，一番左の4ビット目を－8，3ビット目を4，2ビット目を2，1ビット目を1として考えます。

たとえば，$1001_{(2)}$ は，－ 8 × 1 ＋ 4 × 0 ＋ 2 × 0 ＋ 1 × 1 という計算により，$-7_{(10)}$ となります。一方，$0111_{(2)}$ は，－ 8 × 0 ＋ 4 × 1 ＋ 2 × 1 ＋ 1 × 1 という計算により，$7_{(10)}$ となります。

－ 8 から 7 までの数を 2 進法 4 ビットで表すと，前ページの表 1 のようになります。

補数を用いた n ビットの 2 進法で表現できる 10 進法の整数の範囲は，$-\mathbf{2^{n-1}}$〜$\mathbf{2^{n-1}-1}$ です。これに当てはめると，たとえば，5 ビットで表現できる 10 進法の整数の範囲は，$-2^{5-1}=-16$ から $2^{5-1}-1=15$ の範囲となります。

④ 補数を使った減算

では，コンピュータの世界で行われる 2 進法の減算を，補数を使った加算で行う方法を，詳しく説明します。

先に答えをいってしまえば，その方法は「**引かれる数に，引く数に対する補数を足し，桁あふれしたビットは無視する（切り捨てる）**」というものです。

この様子は，10 進法の例でいえば，5 － 4 を，5 ＋（10 － 4）－ 10 と計算しているのと同じになります。10 － 4 の部分が「引く数に対する補数」に該当し，最後の－ 10 が「桁あふれしたビットは無視」に該当しています。

これを 2 進法にすると，$5_{(10)}$ は $0101_{(2)}$，$4_{(10)}$ は $0100_{(2)}$，$4_{(10)}$ に対する補数は $1100_{(2)}$ ですから，図 6 のようになります。

0101 ＋ 1100 を計算すると $10001_{(2)}$ となり，**5 桁目の桁あふれ部分を無視すると $\mathbf{0001_{(2)}}$** なので，通常の減算の結果と一致します。

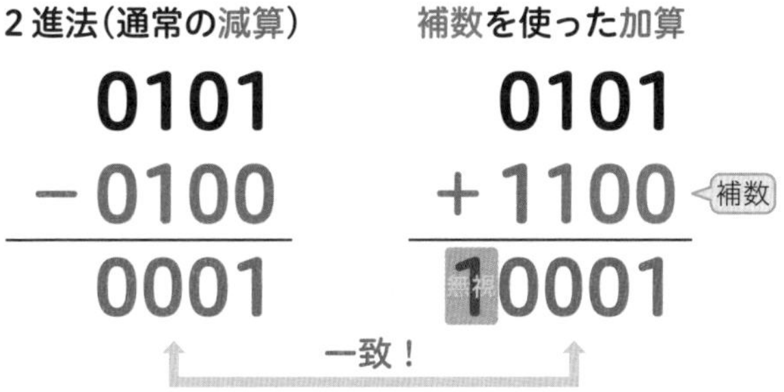

2 進法（通常の減算）	補数を使った加算
0101	0101
－ 0100	＋ 1100（補数）
0001	10001（先頭の 1 は無視）

一致！

図 6　補数を使った加算

初歩的な計算のわりにはとても難しかったです。要点チェック問題を解いて慣れようと思います。

そうですね。2 進法の計算は，慣れれば難しくないですよ。

やってみよう　要点チェック問題 2-3（ネット提供資料）

でる度 ★★★

2-4 浮動小数点数

動画 第2章 ▶ 2-4_浮動小数点数

きょうの授業はこんな話

① 浮動小数点数とは

浮動小数点数とは何かについて学び，仮数，基数，指数を使って数多くの桁を表現する方法を理解しよう。

② 2進法での浮動小数点数の表し方（IEEE754形式）

コンピュータ内部で限られた領域を有効活用するためにどのような工夫がされているか，国際規格のIEEE754形式を通して学ぼう。

先生から出された宿題の0.000000001 × 0.000000001をWindowsの電卓アプリで解いたら，「1.e − 18」って変な値になりました。

eという文字が入って変な値に見えると思いますが，実はちゃんと計算できているのですよ。

これが答えなんですね。1.e − 18はどういう意味なのでしょうか。

① 浮動小数点数とは

まず大前提として，**コンピュータで処理できる桁数は有限**だ，ということを覚えておきましょう。みなさんが勉強するときにも，一度に記憶できる量には限界があると思います。それと同じように，コンピュータも一度に処理できるデータ量には限界があります。そのため，限られたコンピュータの記憶領域を有効に活用して多くのデータを処理するために，さまざまな工夫がなされています。

今回の宿題の，0.000000001 × 0.000000001の計算の答えは，普通に書くと$0.000000000000000001_{(10)}$となります。電卓の表示桁数には限りがあるのですが，小数点以下第10位までしか表示できない場合，どう表現すればよいでしょうか。このような問題を解決するために用いられるのが，符号，仮数，基数，指数です（図1）。

復習 p.59

符号　仮数　基数　指数

$+\ 1.34 \times 10^{3}$

図1　符号・仮数・基数・指数

たとえば，－0.00123という数は，小数点を順番に右にずらしていき，次のような式で表現することもできます。

-0.0123×10^{-1}

-0.123×10^{-2}

-1.23×10^{-3}

同様に，$0.000000000000000001_{(10)}$をこの形にすると，$+1 \times 10^{-18}$になります。電卓アプリで表示される「e ± n」は10のべき乗を表します。eは基数10，± nは指数です。よって，計算アプリに「1.e － 18」と表示されたなら，この「－ 18」は指数を表し，「1.e － 18」は$+1 \times 10^{-18}$という意味になります。

このように，小数点の位置を固定せずに，数字を符号，仮数，基数，指数の組み合わせで表現したものを，**浮動小数点数**といいます。

なるほど。本来なら桁数オーバーのエラーとなるのに，浮動小数点数を使うことで，計算できるようにしているのですね。

そのとおりです。上の例では，小数点を右にずらして，小さな数を扱いましたが，逆に，左にずらして非常に大きな数を扱うことも可能です。

近年，大学では，「データサイエンス」という学問が注目されています。このデータサイエンスの高度な計算では，とても小さな数・とても大きな数のどちらも扱い，その際には浮動小数点数に関する知識・理解が必須となります。また，データサイエンスは，ほかの多くの学問に生かされうるものです。そのため，浮動小数点数に関する基礎事項は，大学入学共通テストで出題対象となる可能性があります。

これから学んでいく浮動小数点数の計算は，とてもややこしく感じると思います。しかし，一気にマスターしなくても大丈夫です。まずはひととおりのことをここで学んでおいて，そのあと問題に取り組んでいく中で，わからないことに出くわすたびに，今回の授業を振り返るようにしましょう。

② 2進法での浮動小数点数の表し方（IEEE754形式）

先ほどはわかりやすいように浮動小数点数の表し方を10進法で説明しましたが，実際のコンピュータの中では2進法が使われるので，ここからは2進法での表し方を説明していきます。

2進法の**基数は2**です。2進法で－0.00001011という数の整数部が1になるまで小数点を右にずらしていくと，次のようになります。

$-0.0001011 \times \mathbf{2}^{-1}$

$-0.001011 \times \mathbf{2}^{-2}$

$-0.01011 \times \mathbf{2}^{-3}$

$-0.1011 \times \mathbf{2}^{-4}$

$-1.011 \times \mathbf{2}^{-5}$

IEEE754 形式

今求めた，$-1.011 \times \mathbf{2}^{-5}$ の符号部は記号，基数部と指数部は 10 進法のままとなっています。コンピュータの世界では，符号部も指数部も含めて全体を 2 進法で表す必要があります。ただ，コンピュータの世界では 2 進法ということは決まっているので，基数部の 2 については記憶しておく必要がありません。すると，残る符号部，仮数部，指数部をそれぞれどう表現するかが問題になりますが，それについてはさまざまな規格があります。今回は，米国電子学会の IEEE（アイトリプルイー）が定めた国際規格の **IEEE754** の **32 ビット形式**で説明していきます。

これは，**符号部 1 ビット**，**仮数部 23 ビット**，**指数部 8 ビット**の**合計 32 ビット**で浮動小数点数を表す形式です。この形式では，2 進法の浮動小数点数は図 2 のように表現するよう規定されています。この形式の各マス目に 0 か 1 の数字を入れて，浮動小数点数を表すのです。

S　E：指数部（8ビット）　M：仮数部（23ビット）

図 2　IEEE754（32 ビット）

この 32 ビットにする前の段階で，処理対象の数値を次の図 3 の形式に変換する必要があります。

S：符号部　M：仮数部　E：指数部

$$(-1)^{S} \times 1.M \times 2^{E-127}$$

図 3　IEEE754（32 ビット）の式

この式，わけがわかりません。

2 進法の浮動小数点数を図 2 の形式に落とし込むための，公式のようなものだと捉えてください。この式を使ってどのように図 2 のマス目に数を入れていくか，順を追って説明していきます。

復習 p.66

まず，S の符号部については 0 か 1 どちらかの数字が入ります。補数を使った正の数，負の数の表し方と同様に，**正の数なら 0，負の数なら 1** とします。実際，S を 0 にすると $(-1)^{0} = 1$ となって正，1 にすると $(-1)^{1} = -1$ となって負となります。今回の -1.011×2^{-5} はもともと -0.00001011 であり，負の数なので，S は 1 となります（図 4）。

1

S　E：指数部（8ビット）　M：仮数部（23ビット）

図 4　符号部穴埋め

次に，1.M の部分を見ていきます。この部分には -1.011×2^{-5} の 1.011 の部分が対応し，そのうち**仮数部 M の部分は 011 が対応**します。1. と整数部の数と小数点の位置を決めておくことで，コンピュータはこの部分を記憶しなくてよくなり，その分多く記憶できるようになります。M は小数点以下を表すので，次ページの図 5 のように 011 を**左詰め**にして，ほかの桁は 0 で埋めます。

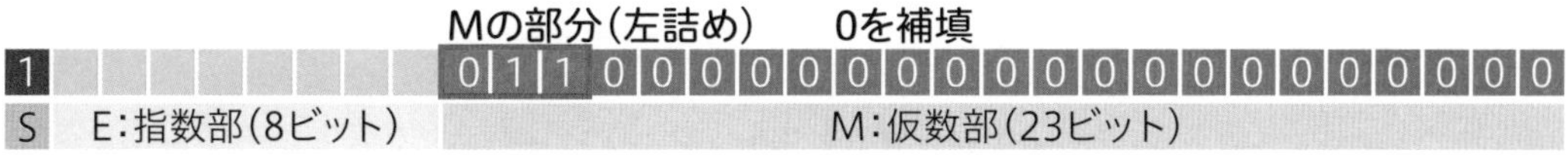

Mの部分（左詰め）　0を補填

1									0	1	1	0	0	0	0	0	0	0	0	0	0	0	0	0	0	0	0	0	0	0	0	0
S	E:指数部(8ビット)								M:仮数部(23ビット)																							

図5　仮数部穴埋め

最後の指数部のEは少しややこしいところです。指数部は8ビットなので256個の数を表すことができます。指数には正の数と負の数があるので，コンピュータに負の数を記録するには補数を意識する必要があります。

復習 p.66

指数部のEは，実際の指数に127をプラスしたものです。この＋127をバイアスといいます。バイアスは「かさ上げ」という意味で，このバイアスを用いることで，－127から＋128までを，表1のように**0**から**255**の正の数で表すことができ，負の数，つまり**補数を意識しなくてよくなります。**

表1　バイアスを加味した指数表記

実際の指数	バイアス	バイアスを加えた指数	2進法表記
－127	＋127	**0**	00000000
∫		∫	∫
0	＋127	127	01111111
∫		∫	∫
128	＋127	**255**	11111111

指数部のEは実際の指数に127を足した値なので，実際の指数を表現する場合は，Eから127を引く必要があります。これにより，実際の指数は，E－127という表記になります。

今回例に挙げている-1.011×2^{-5}の指数は－5なので，コンピュータで記憶する指数部のEは，バイアスの127をプラスする計算－5＋127で求めることができます。つまり，Eは122です。実際の指数に戻す場合はE－127の式に当てはめればよく，122－127＝－5となります。

ここまででS（符号部）・E（指数部）・M（仮数部）がそろい，次の式となりました。

$$(-1)^{1} \times 1.\mathbf{011} \times 2^{\mathbf{122}-127}$$

Eの122は10進法なので，これを2進法（ビット列）に変換すると**1111010**となります。図6のように指数部（8ビット）を**右詰め**にして**先頭の空いた桁に0を補填**（ほてん）すると**0**1111010となります。コンピュータ内部では値が存在しない部分は詰められるので，空いたところに0を補填して全体を32ビットにすることで，指数部と仮数部の桁の境目がはっきりわかるようにしています。

なお，指数部と仮数部で右詰め，左詰めと詰める方向が違うのが，みなさんにとって混乱しやすい点だと思います。これは，仮数部Mは小数点以下を表しているので，小数点が一番左についているイメージで左詰め，それ以外（ここでは指数部E）は右詰め，と覚えるとよいでしょう。

Eを2進法変換して右詰め（0を補填）

1	0	1	1	1	1	0	1	0	0	1	1	0	0	0	0	0	0	0	0	0	0	0	0	0	0	0	0	0	0	0	0	0
S	E:指数部(8ビット)								M:仮数部(23ビット)																							

図6　指数部穴埋め

これまで説明した内容をまとめると，図 7 のような対応関係となります。

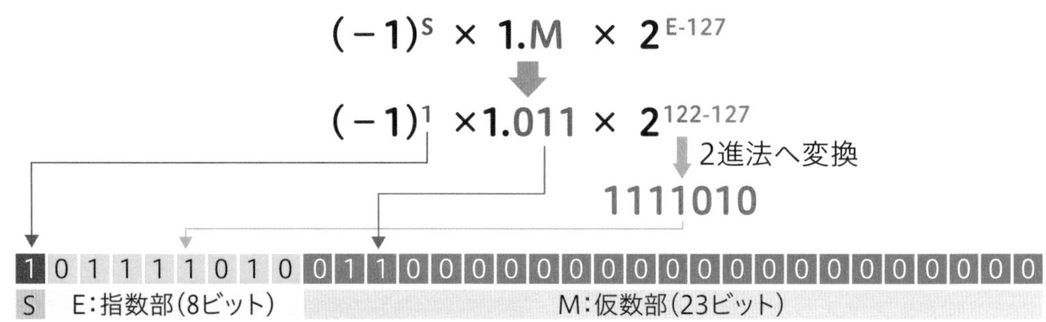

図 7　-1.011×2^{-5} を IEEE754（32 ビット）形式で表した結果

以上が，IEEE754（32 ビット）形式の求め方です。

とても難しいですね。

浮動小数点数は人間にとっては確かに難しいものですね。大学入学共通テストで出題される場合は，その場でも理解できるように公式などについて問題文に説明がつくとは思いますが，計算が苦手な人は後回しにするのがよいでしょう。

ちょっと深掘り

固定小数点数とは？

1011.1101

小数点の位置は固定

今回は浮動小数点数の表し方について説明しましたが，**固定小数点数**という表し方もあります。浮動小数点数は，表現される仮数部に対して小数点の位置が移動する方式でした。これに対して，**固定小数点数**は，あらかじめ小数点がどの位置にくるかを決めておく方式です。

固定小数点数は，小数点の位置が決まっているので，浮動小数点数に比べて表現できる値の範囲は狭いです。たとえば，有効桁数を整数部 3 桁，小数部 3 桁とした場合，0.00011 という数字は 0.000 となってしまい，小数第 4 位以降は表現できません。一方，浮動小数点数の場合は小数点の位置をずらすことで 1.1×2^{-4} と表すことができます。

しかし，固定小数点数は小数点をずらして指数を計算する処理がない分，浮動小数点数に比べて，コンピュータは速く処理することができます。そのため，高速性が重要な用途で，扱う値の幅が決まっている計算をコンピュータにさせる際に，固定小数点数が使われることがあります。

やってみよう　要点チェック問題 2-4（ネット提供資料）

でる度 ★★★

2-5 文字のデジタル表現

動画 第２章 ▶ 2-5_文字のデジタル表現

きょうの授業はこんな話

① 文字コード体系とは

文字コードについて学び，文字や記号がどのように２進法の値に変換されるのかについて学ぼう。

② さまざまな文字コード体系

文字コード体系にはさまざまな種類がある。代表的な文字コード体系についての特徴を理解しよう。

この前，文章を書いたテキストファイルを開いたら，わけのわからない文字になってしまいました！

それは文字化けという現象ですね。文字コード体系を変えて開くとちゃんと表示されますよ。

文字コード体系って何ですか。

① 文字コード体系とは

コンピュータ内部では，文字（記号を含む）も０と１に変換されて扱われます。そして，各文字を２進法でどのように表すか決めたものを**文字コード**，文字コードを一覧化したものを**文字コード表**といいます。また，文字と文字コードの対応関係を**文字コード体系**といい，文字データを数字に変換するときの規則を**エンコーディング方式**といいます。たとえば，A を 100 0001，B を 100 0010 などと変換して対応づけします。この対応を定める文字コード体系は，何種類もあります。

文字コード体系の一つである**ASCII（アスキー）コード**は**７ビット**で文字を表します。７ビットなので２の７乗で，**128 個**の文字が表せます。

次ページの図１は ASCII コードの表ですが，これの見方を説明していきます。たとえば，A という文字の場合は，列は上側の 100，行は左側の 0001 が対応します。したがって，**A の文字コードは 100 0001** というビット列になります。ASCII コードでは，文字自体は7ビットで表現しますが，先頭1ビットにデータの誤りを検査するのに使うための**パリティビット**という符号を付加するので，**合計ビット数は8ビット**です。パリティビットについては「4-6　安全を守るセキュリティ技術」で解説します。

上の桁

	2進法	000	001	010	011	100	101	110	111
2進法	16進法	0	1	2	3	4	5	6	7
0000	0	NUL	DLE	(空白)	0	@	P	`	p
0001	1	SOH	DC1	!	1	A	Q	a	q
0010	2	STX	DC2	"	2	B	R	b	r
0011	3	ETX	DC3	#	3	C	S	c	s
0100	4	EOT	DC4	$	4	D	T	d	t
0101	5	ENQ	NAK	%	5	E	U	e	u
0110	6	ACK	SYN	&	6	F	V	f	v
0111	7	BEL	ETB	'	7	G	W	g	w
1000	8	BS	CAN	(	8	H	X	h	x
1001	9	HT	EM	)	9	I	Y	i	y
1010	A	LF	SUB	*	:	J	Z	j	z
1011	B	VT	ESC	+	;	K	[	k	{
1100	C	FF	FS	,	<	L	\	l	|
1101	D	CR	GS	-	=	M	]	m	}
1110	E	SO	RS	.	>	N	^	n	~
1111	F	SI	US	/	?	O	_	o	DEL

下の桁

図1　ASCIIコードの表

000や001の行などにあるNULやDLEといった文字は何ですか。

それらは**制御文字**といって，画面にそのまま表示されるものではなく，文字データを扱う際，改行などを制御する特別な文字です。たとえば，LFは次の行に移りなさいという改行の指示を出す制御文字です。上のASCIIコード表を採用しているコンピュータで「改行」が入力されると，000 1010という指示に変換されて，実際に作成中の文書で改行処理が実行されます。制御文字は**制御コード**ともいいます。

② さまざまな文字コード体系

ASCIIコード以外にも，さまざまな文字コード体系が存在します。ASCIIコードは英語圏で開発された古いものなので，日本語は表現できません。そこで，ASCIIコードをベースに**JIS8ビットコード（JIS X0201）**が日本で開発されました。

JIS8ビットコードは，半角英数字や半角カタカナ，半角記号などを1バイト，つまり**8ビット**のコードにしたものになります。日本語の半角カタカナなどを表すために，図2の赤枠部分がASCIIコードに対して加えられています。

上の桁

	2進法	0000	0001	0010	0011	0100	0101	0110	0111	1000	1001	1010	1011	1100	1101	1110	1111
2進法	16進法	0	1	2	3	4	5	6	7	8	9	A	B	C	D	E	F
0000	0	NUL	DLE	(空白)	0	@	P	`	p				ｰ	ﾀ	ﾐ		
0001	1	SOH	DC1	!	1	A	Q	a	q			｡	ｱ	ﾁ	ﾑ		
0010	2	STX	DC2	"	2	B	R	b	r			｢	ｲ	ﾂ	ﾒ		
0011	3	ETX	DC3	#	3	C	S	c	s			｣	ｳ	ﾃ	ﾓ		
0100	4	EOT	DC4	$	4	D	T	d	t			､	ｴ	ﾄ	ﾔ		
0101	5	ENQ	NAK	%	5	E	U	e	u			･	ｵ	ﾅ	ﾕ		
0110	6	ACK	SYN	&	6	F	V	f	v			ｦ	ｶ	ﾆ	ﾖ		
0111	7	BEL	ETB	'	7	G	W	g	w	未定義	未定義	ｧ	ｷ	ﾇ	ﾗ	未定義	未定義
1000	8	BS	CAN	(	8	H	X	h	x			ｨ	ｸ	ﾈ	ﾘ		
1001	9	HT	EM	)	9	I	Y	i	y			ｩ	ｹ	ﾉ	ﾙ		
1010	A	LF	SUB	*	:	J	Z	j	z			ｪ	ｺ	ﾊ	ﾚ		
1011	B	VT	ESC	+	;	K	[	k	{			ｫ	ｻ	ﾋ	ﾛ		
1100	C	FF	FS	,	<	L	\	l	|			ｬ	ｼ	ﾌ	ﾜ		
1101	D	CR	GS	-	=	M	]	m	}			ｭ	ｽ	ﾍ	ﾝ		
1110	E	SO	RS	.	>	N	^	n	~			ｮ	ｾ	ﾎ	ﾞ		
1111	F	SI	US	/	?	O	_	o	DEL			ｯ	ｿ	ﾏ	ﾟ		

下の桁

図2　JIS8ビットコード（JIS X0201）の表

ASCIIコードは7ビットで128個，JIS8ビットコードは8ビットなので，2の8乗で256個の文字を表せるってことですね。でも，日本語の漢字とかを表すには足りません。

いいところに気づきましたね。英語圏ではアルファベットや数字が表現できれば意思疎通できますが，日本語には，ひらがな，カタカナ，漢字などがあり，漢字は約 5 万文字あるといわれています。とても **8 ビットでは足りません**。さらに，同じカタカナでも全角の「ア」と半角の「ｱ」が存在し，それぞれ別の文字コードの割り振りが必要です。そのような日本語に対応した文字コード体系として，**シフト JIS コード**，**EUC-JP**，**Unicode**（ユニコード）などが存在します。

シフト JIS コード（S-JIS コード）

シフト JIS コードは，ひらがなやカタカナ，漢字の全角文字を表現するために日本で開発された文字コード体系です。先ほどの JIS8 ビットコードは 8 ビットでしたが，シフト JIS コードは **16 ビット**，つまり 2 バイトに拡張され，65,536（2^{16}）個の文字を表現できるようになったものです。シフト JIS コードは，**S-JIS コード**ともよばれます。

EUC-JP

EUC-JP は，UNIX という OS（「3-1　コンピュータの構成要素」で解説）でよく使われる日本語の文字コード体系です。日本語 1 文字を **16 ビットまたは 24 ビット**（2 バイトまたは 3 バイト）で表現します。OS とは，コンピュータ全体を制御するソフトウェアです。

Unicode

Unicode は**世界中の文字に対して番号が割り当てられて**いて，1 バイト以上の可変長で表現するため，より多くの文字を扱うことが可能になっています。**可変長**とは，ビット数が固定されておらず変更可能ということです。はじめは上限が 2 バイトでしたが，世界中の文字を表すには 2 バイトでは足りず，3 バイト，4 バイトというように拡張されてきました。文字コードの割り当て方の違いによって，**UTF-8**，**UTF-16**，**UTF-32** などの方式に分かれます。

いろんな種類の文字コード体系があることはわかりましたが，文字化けと文字コード体系の関係が，いまいちわかりません。

同じ文字でも，文字コード体系が異なれば，コード番号（文字コード）が異なります。2 進法ですと桁数が多くなるので，ここでは見やすいように 16 進法で説明していきます。

たとえば，「垣」について，Unicode（UTF-8）では，文字コードを 16 進法で表すと e5 9e a3 となります（図 3）。一方，シフト JIS コードでは 8a 5f です。シフト JIS コードで，e5 9e は「蝙」に対応し，a3 は“｣”に対応します。そのため，Unicode（UTF-8）で保存した「垣」という漢字をシフト JIS コードを指定して表示させると“蝙｣”

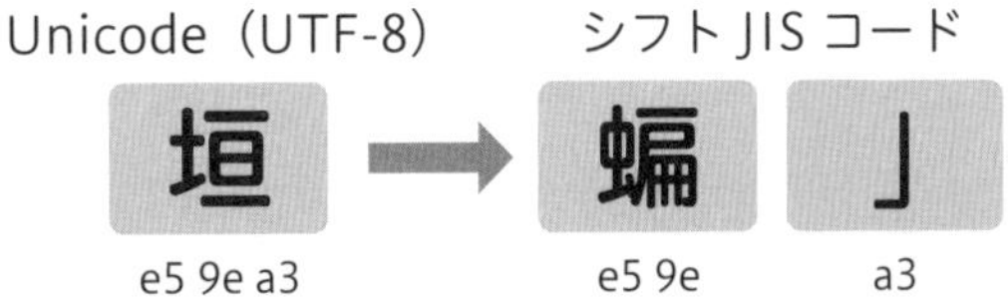

Unicode（UTF-8）　→　シフト JIS コード

垣 → 蝙 ｣

e5 9e a3　　e5 9e　a3

図 3　文字化けの原因

になってしまいます。

　最近は，コンピュータ側で文字コード体系を自動的に判別して，文字化けが起こらないようにしてくれますが，文字化けが起きた場合は，きょうの授業で説明した文字コード体系の違いを思い出してください。

　なるほど！　文書が文字化けしたら，文字コード体系が変わってしまった可能性を疑えばいいのですね！

ちょっと深掘り

文字化けを起こしやすい「機種依存文字」とは？

　LINEなどでメッセージを送るとき，「🥺」「🖤」のような**絵文字**を使っている人は多いと思います。この絵文字にも文字コードが割り振られています。しかし，LINE以外のアプリで表示するとうまく表示されず，文字化けを起こす可能性があります。

　このような，指定の環境でのみ使用でき，ほかの環境で使用すると文字化けを起こす可能性のある文字を，**機種依存文字**または**環境依存文字**といいます。「①」「②」などの丸付き文字，「Ⅰ」「Ⅱ」などのローマ数字，「㌢」「㍍」などの単位，「℡」「㈱」などの省略文字も，機種依存文字です。

　最近は，絵文字がUnicodeに含まれるようになり，異なる機種や携帯電話事業者の間で送受信しても，文字化けが起きにくくなっています。

やってみよう　要点チェック問題2-5（ネット提供資料）

でる度 ★★★

2-6 音のデジタル化

動画 第２章 ▶ 2-6_音のデジタル化

きょうの授業はこんな話

① 音のデジタル化とは

私たちが口から発している言葉など「音」の性質について学び，それらをコンピュータで扱える形（デジタルデータ）に変換する方法を理解しよう。

② デジタル音声のデータ量の計算

スマートフォンなどに音のデータ（デジタルデータ）を入れる際に，どのような音のデータがどれくらいの容量になるか，計算できるようになろう。

③ 標本化定理（アナログデータへの変換を意識したデジタル化）

デジタル音声を再生する場合は，アナログデータに戻す必要がある。そのことを意識して，デジタル化の際に注意すべきことを学ぼう。

この前，文化祭の打上げで友だちとカラオケ大会をしました！　やっぱりアニソンを歌うのは最高です！　こんど，先生にも聴いてもらいたいです！

ぜひ聴かせてください。歌声はスマートフォンなどに録音できますね。

今回は，音声がスマートフォンで扱えるデジタルデータにどのように変換されるのか，説明しますね。

① 音のデジタル化とは

デジタルデータに変換するというのは，前に習ったように，コンピュータが扱える**0と1の形に変換する**ことですか。

はい，そのとおりです。まずは「音」の性質を確認しましょう。

音には「**波**」の性質があって，友だちとの会話などで相手に「声（音）」が届くのは，空気が**振動**してそれが相手の耳に伝わるからです。この音の波が「**音波**」です。

あっ！　糸電話で遠くの人に声が届くのも，糸が振動して相手側にその振動の波が届いているからでしたよね（次ページの図１）。

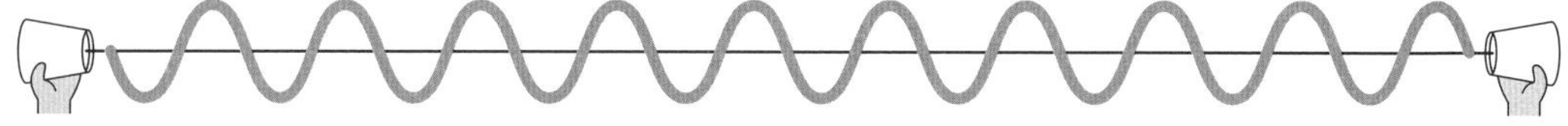

図1　糸電話で振動が伝わる様子

そうですね。糸の途中を手でつまむと，そこで波が伝わるのが遮られて，相手に音が伝わらなくなります。

この連続した波，つまり「音」は，**アナログの波形**であり，アナログ信号に変換することができます。

たとえば，マイクロフォン（略して「マイク」）の中には空気の振動をキャッチする部分があって，そこでキャッチされた振動，つまり空気の圧力の変化は，マイクの中の装置によって**電圧**に変換されます。この電圧は**アナログ信号**です。

音にも，大きい音や小さい音，高い音や低い音がありますが，その違いは波形からわかるのでしょうか。

いい質問ですね！　**音は，波の振幅が大きいほど大きな音，振幅が小さいほど小さな音となります**（図2）。

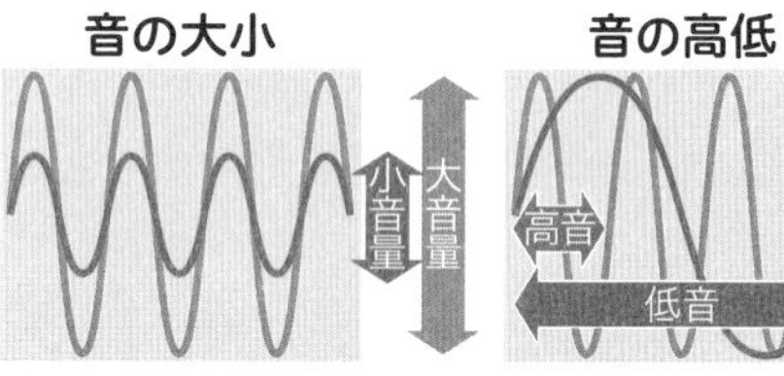

図2　音の大小と高低

工事現場などで，今の騒音を数値で表示していることがありますが，音の大きさは**デシベル（dB）**という単位で表します。

また，**音は，波と波との間の間隔が短いほど高くなり，間隔が長いほど低くなります。**

なるほど！

1個の波の伝わる時間を**周期**といいます（図3）。図3の波は1秒間に2回波打っているので，**周期は0.5秒**です。

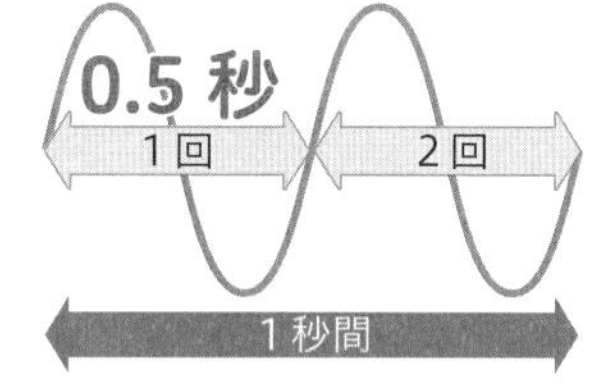

図3　波の周期

1秒間に繰り返される波の回数を**周波数**といいます（図4）。この周波数が大きいほど波の間隔は狭くなるので，先ほどの説明のとおり，高い音になります。

周波数の単位には，**Hz（ヘルツ）**を用います。たとえば，図4の波は1秒間に5回波打っているので，5Hzです。

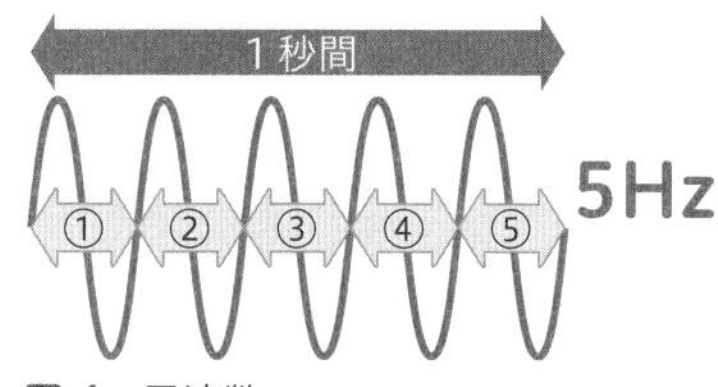

図4　周波数

人間が耳で聞くことができる周波数には個人差がありますが，20～20,000Hzといわれています。

このアナログの波形を，これからデジタル化していくんですね。

音は，「**標本化**」→「**量子化**」→「**符号化**」の大きく3つの段階でデジタル化されます。アナログデータは，この3つの段階を経て**0**と**1**で表すことができるようになります。以下，

それぞれについて説明していきます。

標本化（サンプリング）

標本化は，音のアナログ波形を**一定の時間間隔で区切り**，その時間ごとの電圧を**標本**として抽出する処理です。標本化は**サンプリング**ともいいます。

といっても，言葉だけではイメージしにくいですね。実際にやっていきましょう。図5は，ある音声の1秒間のアナログ波形です。

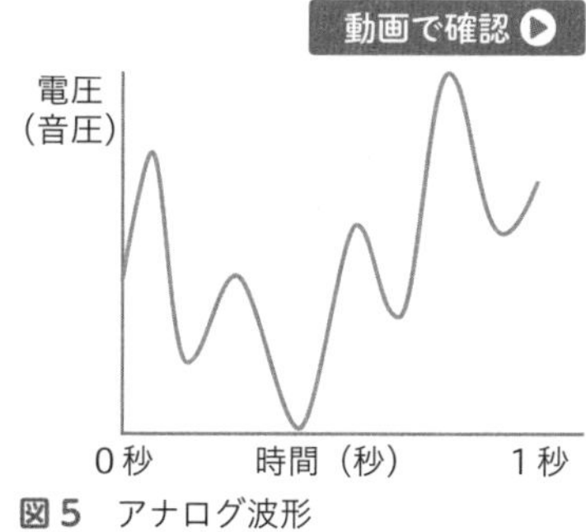

図5　アナログ波形

縦軸は**電圧**を表し，横軸は**時間**で右端を1秒とします。

次にこのアナログ波形を，図6のように一定間隔で区切ります。

そして区切った線と波の重なる部分に点を打っていきます。この点を**標本点**といいます。**標本化は標本点を打つこと**だ，ともいえます。

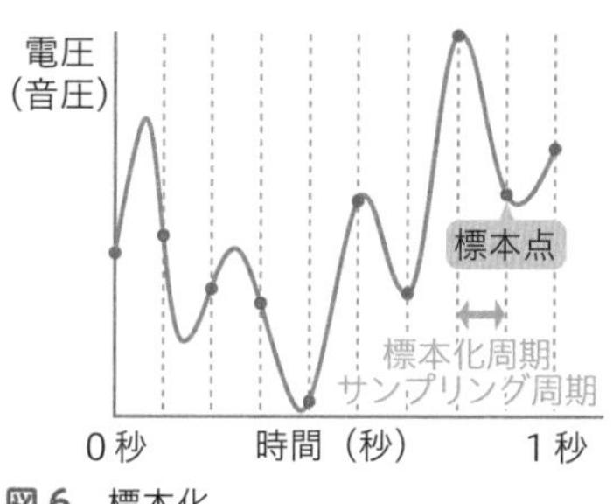

図6　標本化

また，標本化を行う時間間隔（図6における一定間隔の時間の区切り）を**標本化周期**または**サンプリング周期**といいます。

そして，1秒あたりの標本化の回数を，**標本化周波数**または**サンプリング周波数**といいます。周波数の一種ですから，単位にはHz（ヘルツ）が用いられます。

今回のアナログ波形の周波数は1秒間に4回波打っているので4Hzですが，標本化周波数は，1秒間に10回標本化している，つまり標本点の数が10個なので，10Hzということでしょうか。

そのとおり！　アナログ波形の周波数も標本化周波数も同じ「Hz」の単位を使うから混同しがちですが，今話してくれたように違いを押さえておくことが重要です。一般的な音楽CDの場合，標本化周波数は44,100Hzです。これは，**1秒間に44,100回の標本化をしている**，という意味になります。

通常は，**標本化周波数の値が大きいほど，もとのアナログ波形とのずれが小さくなるため，音質がよくなります。**

量子化

量子化は電圧を何段階で表現するかを定めて，標本化したデータをその段階数に当てはめ，整数値に置き換える処理です。

この説明ではイメージしにくいでしょうから，例を用いて説明しましょう（図7）。今回は，0から7までの8段階で量子化を行う

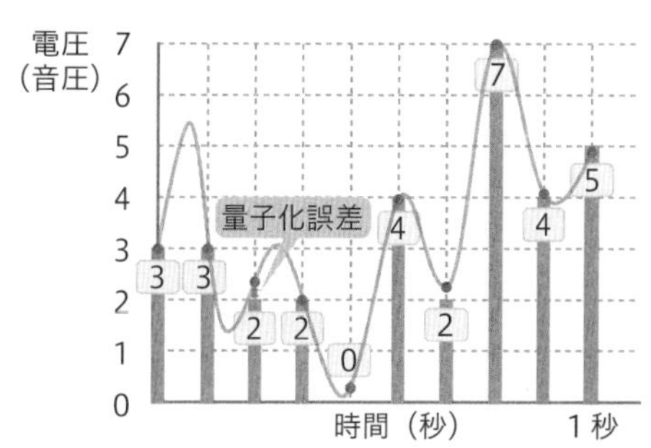

図7　量子化

こととします。先ほど標本化した値（標本点）を，この8段階の最も近い値に割り当てていきます。この作業が量子化です。

標本点を近い段階の値に割り当てるというのは，標本化した値を整数値にするということです。その際に切り捨てや切り上げを行う必要があるのですが，そこで生じる誤差を**量子化誤差**といいます。また，量子化の際に区切る段階数を2進法の何ビット（何桁）で表すかを示した値を，**量子化ビット数**といいます。

復習 p.56

図7で区切った段階数は，10進法でいうと0〜7の8段階ですが，ビット基準だと2進法なので，000〜111の3桁で8段階を表すことになります。よって，この場合の量子化ビット数は3ということになります。8段階の場合は，2の3乗で表すことができるので，指数部の3が量子化ビット数になる，というわけです。

符号化（コード化）

符号化は，先ほど量子化した値を順番に**2進法**に変換していく作業で，**コード化**ともいいます。

量子化によって10進法で表した音のレベルを，2進法に変換します。

図8の例の場合は10進法で0から7なので，2進法3ビットでは000から111までで表されます。

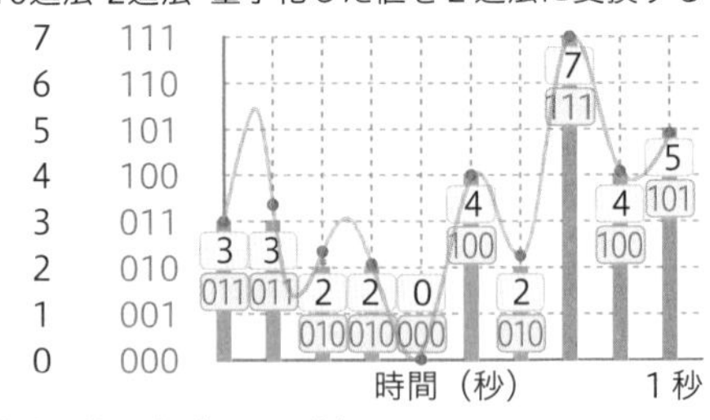

図8　符号化（コード化）

このときの桁数は量子化ビット数の桁数に合わせます。今回の量子化ビット数は3ビットなので3桁で表します。**仮に1だとしても001と表す**ようにします。

ここまでで行った「標本化→量子化→符号化」の処理によってアナログ信号をデジタル信号に変換する方式を，**PCM方式**もしくは**パルス符号変調方式**といいます。

ちょっと深掘り

CDより高音質な「ハイレゾ」とは？

CDの標本化周波数は44,100Hz，量子化ビット数は16ビット（65,536段階）です。一般的な音楽ダウンロードサイトの音源となると，その標本化周波数および量子化ビット数はCDの値よりも小さく，つまり若干音質が劣ることが多くなっています。

このような量子化ビット数（≒音質）が一般的である一方，「音楽は少しでもよい音質で聴きたい」という要望は，普遍的なものとして存在し続けています。

そうした要望に応えるのが「ハイレゾ」です。これは，従来のCDを超える情報量をもつ高音質音源です。たとえば，標本化周波数96,000Hz，量子化ビット数24ビット（16,777,216段階）の音源はハイレゾ音源の一つで，より原音に近い高音質な音源となっています。

② デジタル音声のデータ量の計算

スマートフォンで音楽を聴くことができるのは，アナログの音楽が，今説明されたようなやり方でデジタル化されているからなんですね。

はい。標本化周波数や量子化ビット数を増やすと，原音の波形に近くなり音質がよくなりますが，その分データ量が大きくなり，コンピュータの限られた保存領域を圧迫してしまいます。

というわけで，音を扱うとき，どのくらいのデータ量になるか知りたくなることがよくありますので，その計算方法を紹介しましょう。

1 秒間のデータ量は，

標本化周波数（Hz）×量子化ビット数

で求めることができます。

先ほどデジタル化したデータの場合は，標本化周波数が 10Hz，量子化ビット数が 3 ビットだったので，1 秒あたり **10Hz × 3 ビット**で **30 ビット**ですね。

そのとおり！　同じ音声データが 5 分続くとしたら，30 ビット× 300 秒で 9,000 ビットとなります。

データを記録する媒体の容量は，バイトの単位で表すことが多く，8 ビットが 1 バイトなので，この場合は **9000 ビット÷ 8 ビット**で，**1,125 バイト**必要だといえます。

ただし，これは**モノラル**方式で録音した場合の容量であって，**ステレオ**方式だと容量がもっと必要になります。

聞いたことがあります！　確か，ステレオのほうが音に立体感があったような…。

ステレオは 2 つの音の信号を同時に扱う方式です。ステレオで録音された場合，左右のスピーカーで別々の音の信号を出すことが可能で，立体感・臨場感が得られます。一方，モノラルは左右で同じ音となります。

この音の信号の数をチャンネル（ch）といいます。**モノラルは 1ch** で，1 つの音の信号で再生する方式です。**ステレオは 2ch** で，異なる 2 つの音の信号で再生する方式です。**ステレオ（2ch）のデータ量はモノラル（1ch）の 2 倍**です。

③ 標本化定理
（アナログデータへの変換を意識したデジタル化）

デジタル化された音声データを，みんなの耳で聞くことのできる連続した波に戻すには，デジタルデータをもう一度アナログデータに戻す必要があります。

もとのアナログ波形に戻すことを前提として，標本化の際に注意しなければならないのが，標本化周波数です。アナログ信号をデジタル信号に変換する時点で，そのアナログ波形の最大周波数の 2 倍を超える標本化周波数で標本化しておかなければなりません。これを，**標本化定理**または**サンプリング定理**といいます。

イメージが湧きません…。

確かに難しく感じますよね。では，図で見ていきましょう。

たとえば，図9のアナログ波形（実線）は，1秒間で2回波打っている（2周期）から2Hzです。1つの波の周期に1つだけ標本点を打った場合，この例だと1秒間に2つの標本点を打っているので標本化周波数も2Hzになります。しかし，このデジタル信号をアナログ信号に戻そうとすると，点線のようにもとの波形とは異なるものになってしまいます。

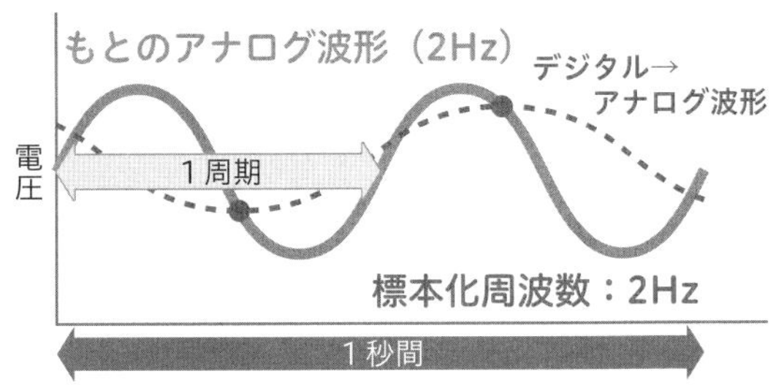

図9　標本化周波数 2Hz

これに対して標本化定理は，もとのアナログ波形の周波数2Hzの2倍より高い値，つまり4Hzより高い標本化周波数で標本化すれば，もとのアナログ波形に近い波形に戻せるということを意味しています。たとえば，図10のように1つの波の周期に3つの標本点を打てば，もとのアナログ波形に戻せるということなのです。

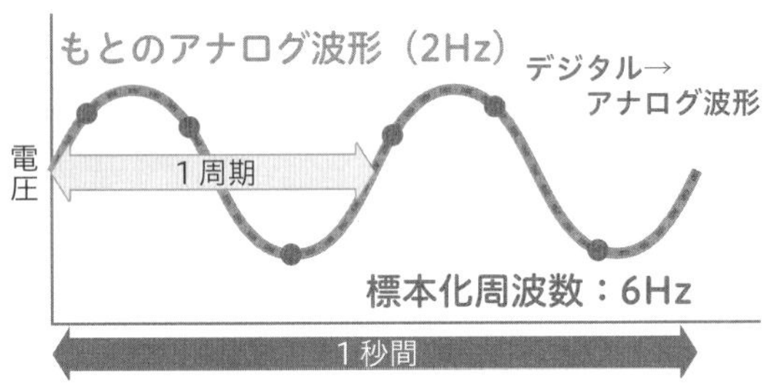

図10　標本化周波数 6Hz

標本化定理は非常に難しい定理なので，高校情報Ⅰの段階では，「もとのアナログ波形に戻すために，もとのアナログ波形の周波数の**2倍より高い標本化周波数**で標本化を行う必要がある」ということだけを覚えておけばよいでしょう。

なるほど！　音のデジタル化とデータ量の計算方法について，理解できました！

やってみよう　要点チェック問題 2-6（ネット提供資料）

でる度 ★★★

2-7 画像のデジタル化

動画 第2章 ▶ 2-7_画像のデジタル化

きょうの授業はこんな話

① 画像のデジタル化の手順

画像はどのような手順でコンピュータが扱える形式に変換されるのかを学ぼう。

② 画像の表現方法

カラー画像の仕組みと表現方法について学ぼう。

③ ラスタ形式の画像のデータ量の求め方

デジタル化した画像のデータ量がどれくらいになるか，計算できるようになろう。

④ 動画の表現方法とデータ量

動画が動く画像をどのように表現しているかについて学び，データ量を計算できるようになろう。

宿題で絵を鉛筆で描いてくるように言われたので，おにぎりを描いてみました！

いいですね！　コンピュータが扱えるデジタル画像とはどのようなものかを学ぶのに，ピッタリのできばえです！

それ，褒められてるんでしょうか…？

① 画像のデジタル化の手順

スマートフォンで撮影した写真や手描きの絵をコンピュータで扱うには，0と1で表されるデジタルデータに変換しなければなりません。音のデジタル化と同じように，**標本化（サンプリング）→量子化→符号化（コード化）**の順で行います。

復習 p.78

動画で確認

標本化（サンプリング）

標本化では，まず，アナログ画像を，図1のようにマス目に区切ります。

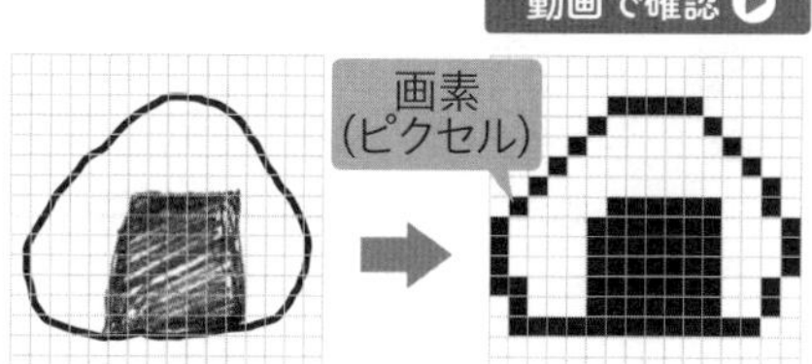

図1　標本化

一つ一つのマス目は**画素**または**ピクセル**とよばれるもので，画像を構成する最小単位です。

1つの画素の中は一様にしか色づけできません。したがって，白と黒で描かれた絵をマス目に区切り，それぞれのマス目に色をつけるとしたら，割合的に黒が多いマス目は一様に黒く色づけされた画素に，割合的に白が多いマス目は一様に白く色づけされた画素になります。

この処理が，画像のデジタル化作業における標本化です。図1の左側は標本化前の画像，右側が標本化後の画像です。

ギザギザになってしまいましたね。

今回は横16画素，縦16画素と大きく区切ったので，画像が粗く見えると思います。この画素の区切りの細かさを**解像度**といいます。図2のように，解像度が高い（画素の区切りが細かい）ほど，画像が鮮明かつ滑らかになります。

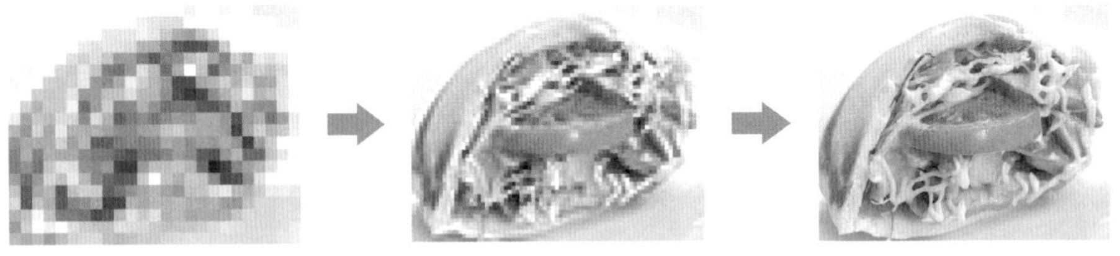

図2　解像度による画像の違い

コンピュータのディスプレイ（画面）では，解像度を横の画素数×縦の画素数の**総画素数**で表現します。図3のように横16画素，縦16画素の場合は，16 × 16で総画素数は256画素になります。また，ディスプレイの画素の細かさを画面解像度といい，1インチ（2.54cm）あたりの画素数で表します。その単位には，**ppi**（pixels per inch）を使います。

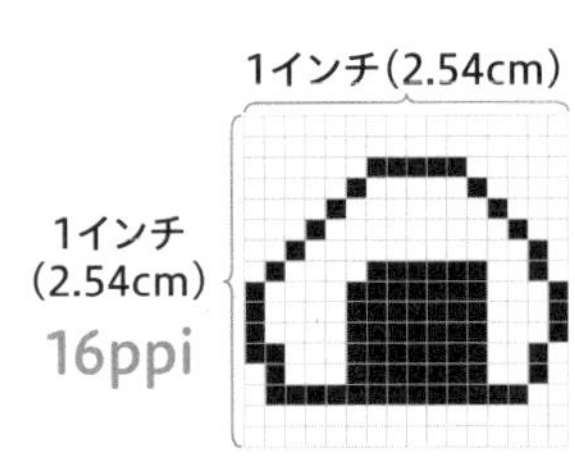

図3　ppiの表現

なお，プリンタなどで紙に印刷された画像の場合，画像解像度は，1インチあたりの点（ドット）の数である**dpi**（dots per inch）という単位で表します。

なるほど。解像度を高くすればギザギザの画像ではなくなるのですね。

量子化

量子化は，各画素の色に数値を割り当てる処理です。今回のおにぎりの絵の場合，白と黒の2つの色だけで表現するので，白の画素を0，黒の画素を1として割り当てていきます。この段階では，この0と1は10進法の値です。

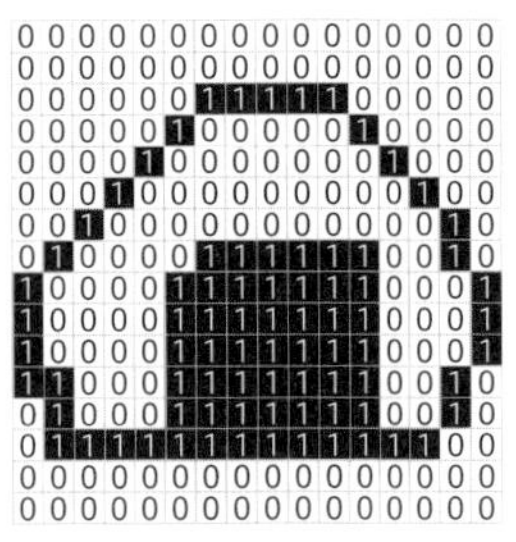

図4　量子化

符号化（コード化）

符号化では，量子化で割り当てた数値を 2 進法に変換します（図 5）。今回は 0 と 1 だけなので 2 進法でも 0 と 1 になり，2 進法 1 桁つまり 1 ビットで表現することができます。

仮に量子化で 0〜3 の 4 段階に区切った（4 種類の色を表現する）場合は，$0_{(10)}$ は $00_{(2)}$，$1_{(10)}$ は $01_{(2)}$，$2_{(10)}$ は $10_{(2)}$，$3_{(10)}$ は $11_{(2)}$ に変換されます。このように，4 種類の色を表現するには 2 ビットが必要です。

```
0 0 0 0 0 0 0 0 0 0 0 0 0 0 0 0
0 0 0 0 0 0 0 0 0 0 0 0 0 0 0 0
0 0 0 0 0 0 1 1 1 1 1 0 0 0 0 0
0 0 0 0 0 1 0 0 0 0 0 1 0 0 0 0
0 0 0 0 1 0 0 0 0 0 0 0 1 0 0 0
0 0 0 1 0 0 0 0 0 0 0 0 0 1 0 0
0 0 1 0 0 0 0 0 0 0 0 0 0 0 1 0
0 1 0 0 0 0 1 1 1 1 1 1 0 0 1 0
1 0 0 0 0 1 1 1 1 1 1 1 0 0 0 1
1 0 0 0 0 1 1 1 1 1 1 1 0 0 0 1
1 0 0 0 0 1 1 1 1 1 1 1 0 0 0 1
1 1 0 0 0 1 1 1 1 1 1 1 0 0 1 0
0 1 0 0 0 1 1 1 1 1 1 1 0 0 1 0
0 1 1 1 1 1 1 1 1 1 1 1 1 1 0 0
0 0 0 0 0 0 0 0 0 0 0 0 0 0 0 0
0 0 0 0 0 0 0 0 0 0 0 0 0 0 0 0
```

図 5 符号化

② 画像の表現方法

加法混色と減法混色

ここまでは白と黒の 2 色を例にとって説明してきましたが，カラー画像はどう表現されるのでしょうか。まずは色の表現の仕組みを説明します。色を表す方法には，加法混色と減法混色という方法があります。

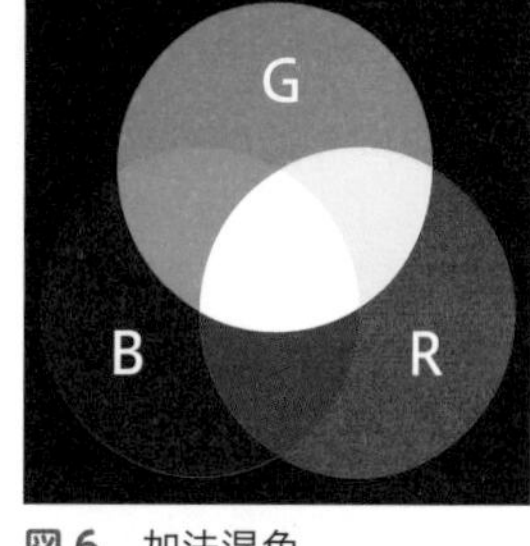

図 6 加法混色

加法混色では，図 6 のように，赤（**R**ed），緑（**G**reen），青（**B**lue）の**光の三原色**の組み合わせによってさまざまな色を表現します。

みなさんが使っている，スマートフォンやテレビなどのディスプレイでは，この加法混色が採用されています。この色の表現は，赤・緑・青それぞれの頭文字をとって **RGB カラー**ともよばれます。**加法混色では，それぞれの色の光を混ぜると明るさが増し，白色に近づきます。**

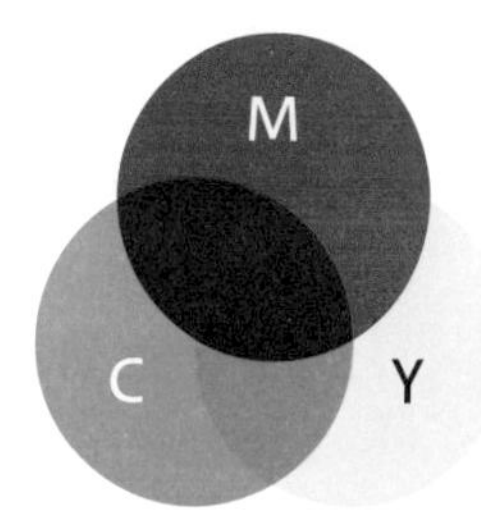

図 7 減法混色

一方，**減法混色**では，図 7 のように，シアン（**C**yan），マゼンタ（**M**agenta），イエロー（**Y**ellow）の**色の三原色**の組み合わせによってさまざまな色を表現します。

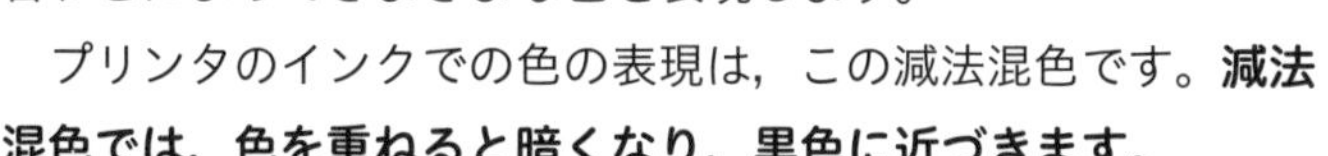

プリンタのインクでの色の表現は，この減法混色です。**減法混色では，色を重ねると暗くなり，黒色に近づきます。**

なお，プリンタのインクはこの 3 つの色に加えて，輪郭線を表す Key Plate（キープレート）として，黒色が用意されていることが多いです。

階調・グラデーション

色を表す方法はわかりましたが，スマートフォンは，具体的にはどのように赤・緑・青の色を組み合わせて表示しているのですか。

スマートフォンの画像の場合，**1 つの画素は，赤・緑・青（RGB）の 3 つの点が 1 セットとなってできています**（次ページの図 8）。それぞれの点を**ドット**といいますが，ドットは

非常に小さく，隣り合っているので，1 つの画素において「色を掛け合わせた」のとほぼ同じ表現が可能となります。そのうえ，RGB それぞれの光の表現可能な明るさ（つまり，色の濃さ）は多数あるのが普通で，それらを掛け合わせた表現ができるのですから，1 画素で表現できる色は膨大な数となります。

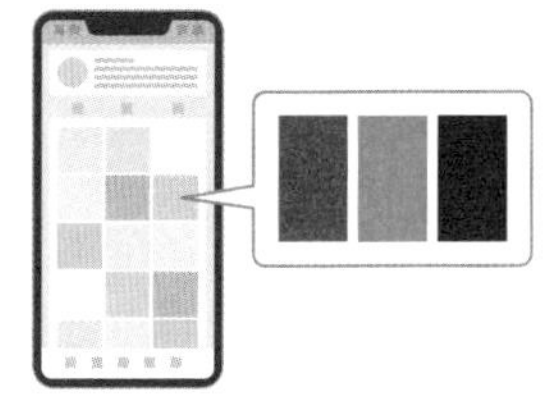

図 8　ディスプレイの 1 画素

では，実際のところ，1 画素において，どのくらい多くの色を表現できるのでしょうか。

光の明るさが変化する段階数を**階調**といいます。たとえば，図 9 のように RGB がそれぞれ 256 段階で変化していると，256 階調と表現されます。

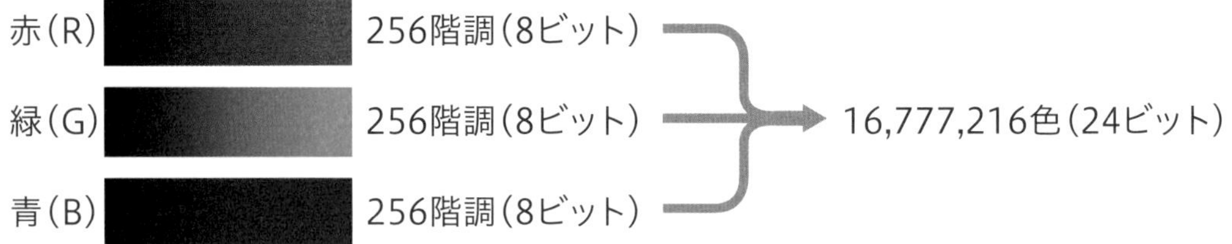

図 9　256 階調の表現

256 段階は **2 の 8 乗**階調なので，**8 ビット**で表すことができます。RGB がそれぞれ 8 ビットなので，1 画素では**合計 24 ビット**の光の明るさのデータを割り当てることができます。つまり，図 9 のように，RGB のそれぞれで 256 階調の表現が可能だとした場合，$256 \times 256 \times 256 = 2^{24} = 16777216$ 色まで表現できます。

このような画像を **24 ビットフルカラー**といいます。

図 10 は，RGB それぞれを 256 階調（24 ビットフルカラー）で表現したものと，4 階調で表現したものの比較です。

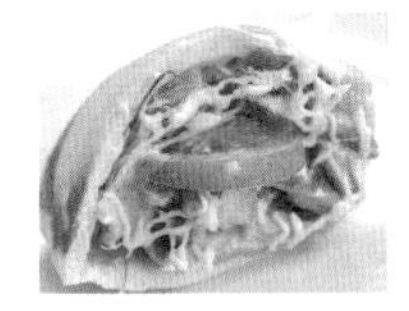

図 10　階調表現の比較

また，RGB のカラー画像以外には，**2 値画像**や**グレースケール画像**があります。

2 値画像（図 11）は，白と黒の 2 つだけで表現される画像で，白黒しか必要のない FAX（ファクシミリ）などに用いられます。

グレースケール画像（図 12）は，明るさの情報を白から黒までの階調で表現したものです。

図 11　2 値画像

図 12　グレースケール画像

グレー（灰色）を極限まで明るくしたら白，極限まで暗くしたら黒になりますから，白と黒は，グレーという 1 つの色の階調の両極端だと考えられます。そして，**グレーの両極端でしか表現しないものが 2 値画像で，両極端だけでなくさまざまな階調で表現したものがグレースケール画像**である，とも言えます。

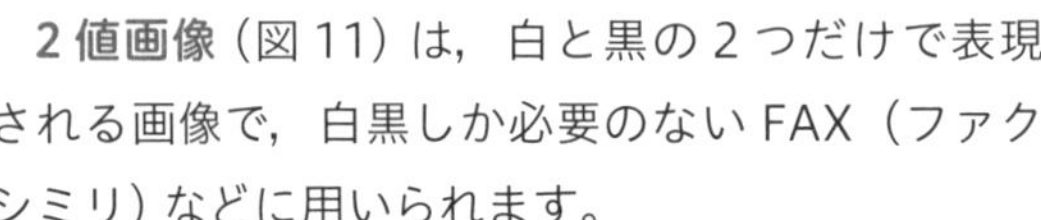

ラスタ形式とベクタ形式

コンピュータで扱う画像データは，**ラスタ形式**と**ベクタ形式**に分けられます。

ラスタ形式は，色情報をもった点で画像を表現したデータで，今回の授業で見てきたおにぎりやケバブの画像はこれに該当します。**ラスタデータ**や**ビットマップデータ**ともいいます。ラスタ形式の画像を処理するソフトウェアは，**ペイント系ソフトウェア**といいます。ラスタ形式の画像を拡大すると，図13のようにギザギザが現れます。このギザギザを**ジャギー**といいます。

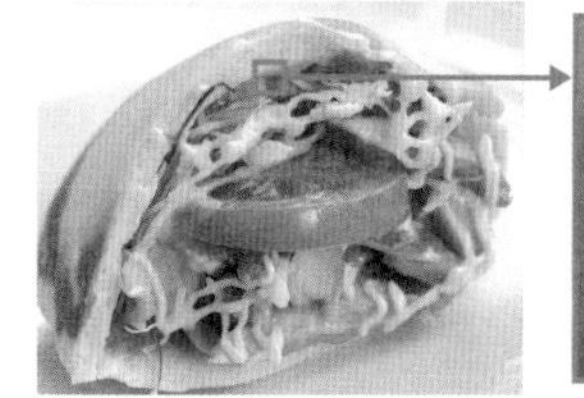

図13　ラスタ形式（ジャギー）

点の集合で表現されているために，拡大すると画質が落ちますし，変形は基本的にできませんが，写真や風景画などを扱うのに適しています。

ベクタ形式は，図面などを作成するのに適しています。図14のように座標のデータをもち，座標どうしを結ぶ線や面を随時計算によって描画するので，拡大・縮小・変形しても画質は維持されます。

ベクタ形式は，**ベクタデータ**や**ベクトル形式**ともいいます。ベクタ形式の画像を処理するソフトウェアは，**ドロー系ソフトウェア**といいます。

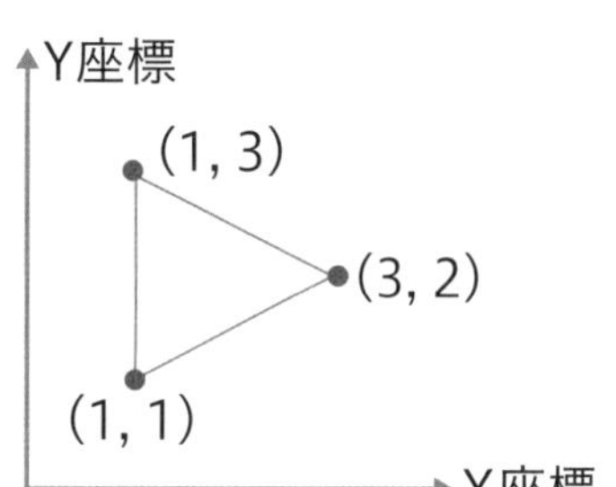

図14　3つの座標を結んで三角形を描画しているベクタ形式のイメージ

③ ラスタ形式の画像のデータ量の求め方

ラスタ形式の画像のデータ量は，**総画素数×1画素あたりのデータ量（ビット）**で求めることができます。白と黒だけで描かれたおにぎりの1画素あたりのデータ量は，0か1の**1ビット**です。図15のとおり，総画素数が16×16＝256画素なので，そのデータ量は，256画素×1ビットで，256ビットとなります。

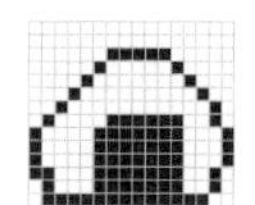

図15　画像のデータ量の計算

もし，このおにぎりの画像が24ビットフルカラーなら，1画素あたりのデータ量は，24ビットになります。そのため，画像全体のデータ量は256画素×24ビット＝6144ビットとなります。

実際はデータ量を少なくするためにさまざまな工夫がなされますが，それは「2-8　データの圧縮」で詳しく説明します。

④ 動画の表現方法とデータ量

最後に，動画についても触れておきましょう。動画とは，いわばパラパラ漫画のようにたくさんの静止画像をすばやく切り替えることによる表現です。動画を構成している 1 枚 1 枚の画像を**フレーム**といいます。1 秒あたりのフレームの数を**フレームレート**といい，単位を **fps**（frames per second）で表します。たとえば，図 16 のように **4fps** とあった場合，**1 秒間に 4 枚の静止画像が使われている**という意味になります。

動画で確認

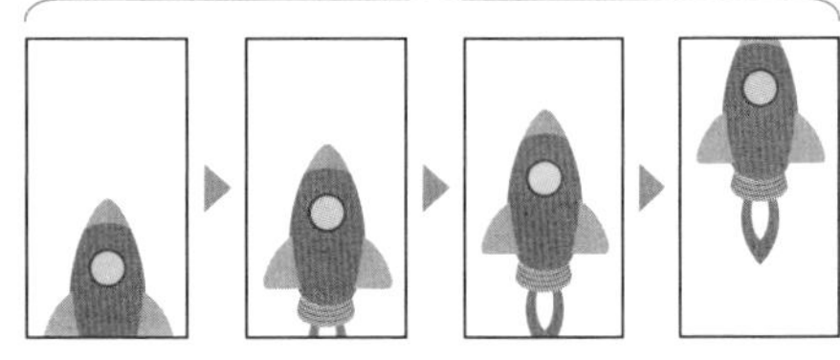

図 16　動画の表現

動画は，このフレームレートが高いほど動きが滑らかになります。テレビや YouTube などの動画の多くは約 24～30fps です。

1 秒あたりの動画のデータ量は，**1 フレームあたりのデータ量（静止画 1 枚の容量）× フレームレート（fps）**で求めることができます。たとえば，図 16 の画像 1 枚あたりのデータ量を 100 ビットとした場合，1 秒あたりのデータ量は 100 ビット × 4fps ＝ 400 ビットとなります。

大学入学共通テストでは，ビットではなくバイトの単位での計算を求められることが多くあります。それに合わせるなら，8 ビットが 1 バイトなので，図 16 の 1 秒あたりのデータ量は，400 ビット ÷ 8 ビット ＝ 50 バイトとなります。

いろいろ覚えることが多かったので，要点チェック問題で画像と動画のデータ量を，実際に計算してみたいと思います。

ちょっと深掘り

高画質な 4K や 8K とは？

テレビや YouTube などで動画を観るなら，よりよい画質で観たいですよね。この授業で解説されたとおり，解像度を高くすればするほど，画質が上がり，現実に近づきます。

「～K」という画質についての表現が，ときどき話題になりますが，2K（フル HD）は 1920 × 1080 ＝約 200 万画素であるのに対し，**4K** は 3840 × 2160 ＝約 800 万画素です。**8K** は 7680 × 4320 ＝約 3300 万画素にもなります。

解像度が高くなると，その分データ量が増えますが，近年はインターネットの高速化に伴い，4K 以上の高い画質で動画を配信するサービスが増えてきました。

やってみよう　要点チェック問題 2-7（ネット提供資料）

でる度 ★★★

2-8 データの圧縮

動画 第２章 ▶ 2-8_データの圧縮

きょうの授業はこんな話

① データの圧縮とは

データの圧縮とは何かということと，可逆圧縮と非可逆圧縮の違いについて学ぼう。

② ランレングス圧縮とハフマン符号化

可逆圧縮のランレングス圧縮とハフマン符号化が，どのようにデータを圧縮しているかについて学ぼう。

③ 画像・音声・動画のファイル形式の種類と特徴

画像・音声・動画のファイル形式の種類や，それぞれの特徴を理解しよう。

圧縮といえば，冬の布団をしまうときの圧縮袋ですね。押入れのスペースが空いて便利ですよ。

そうですね。最近では衣類の圧縮袋もあって，旅行のときに荷物がかさばらず便利です。コンピュータの世界でも，同じようにデータの圧縮を行うことができます。

① データの圧縮とは

決められた方法に従ってデータ量を小さくする処理を，**圧縮**といいます。

反対に，圧縮したデータをもとに戻すことを，**展開**といいます。**解凍**や**復元**や**伸張**ともいいます（図１）。

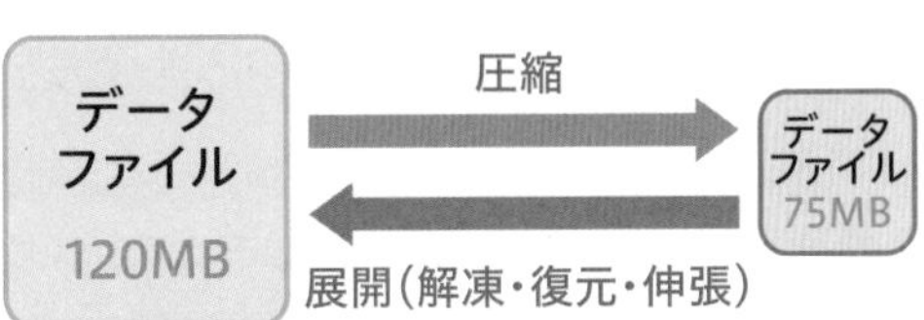

図１　圧縮と展開のイメージ

データの圧縮を行うことに，何かメリットがあるのですか。

まず，コンピュータにおいて限られているデータの保存容量を，有効利用できることが挙げられます。空き容量が増えると，それはほかのデータを扱える余地となります。また，最近は音楽や動画などのデータはインターネットからダウンロードすることが多いですが，データを圧縮することでダウンロード時間を短くできます。

圧縮の方式には，大きく分けて**可逆圧縮**と**非可逆圧縮**があります。

可逆圧縮は，圧縮する前の状態に完全に戻すことができる方式です。文書ファイルなどは，圧縮したものを完全にもとに戻す必要があります。完全にもとに戻らないと，文書の一部が欠損して意味不明なものになる可能性があるからです。

非可逆圧縮は，圧縮する前の状態に完全には戻せないかわりに，効率よく圧縮できる方式です。画像，音声，動画などのファイルは，完全にもとに戻す必要がない場合があります。たとえば，音声の場合，人間の耳には聞こえない微弱な音をカットしてデータ量を減らしても，多くの場合において問題にはなりません。

② ランレングス圧縮とハフマン符号化

基本的な可逆圧縮の手法に，**ランレングス圧縮**と**ハフマン符号化**があります。

ランレングス圧縮

ランレングス圧縮は，データの並び方に注目し，連続して同じデータが現れる場合に，「**データの値×連続数**」というデータに置き換えることで圧縮する手法です。たとえば，「AAAAABBBCC」という文字はAが5個，Bが3個，Cが2個連続しているので「A5B3C2」となります。圧縮前が**10**文字だったのに対して圧縮後は**6**文字になりました。仮に1文字1バイトとした場合，10バイトから6バイトに圧縮できたことになります。

データがどれくらい圧縮されたかを示す値を**圧縮率**といい，以下の式で表すことができます。

圧縮率（%）＝圧縮後のデータ量÷もとのデータ量×100

今回の場合は，6÷10×100で，圧縮率は**60%**となります。仮に10バイトから4バイトへ圧縮できた場合は，圧縮率は**40%**となります。数値だけ見たら60%のほうが大きく圧縮できている（小さな圧縮後データが得られている）ように思えるかもしれませんが，**圧縮率は，圧縮している幅が大きいほど小さな数値で表されます。**

では，「ABCDE」という文字をランレングス圧縮で圧縮したら，圧縮率はどうなるでしょう？

「A1B1C1D1E1」になるので，1文字1バイトとした場合5バイトから10バイトになりますね。10÷5×100で，圧縮率は200%ですか。圧縮したにもかかわらず，大きくなってしまっていますね。

ランレングス圧縮では，異なるデータが続く場合に，圧縮後のほうがデータ量が大きくなる可能性があります。図2のリンゴの画像は，赤と白のデータが連続しています。このように同じデータが続くものに適しているのが，ランレングス圧縮です。

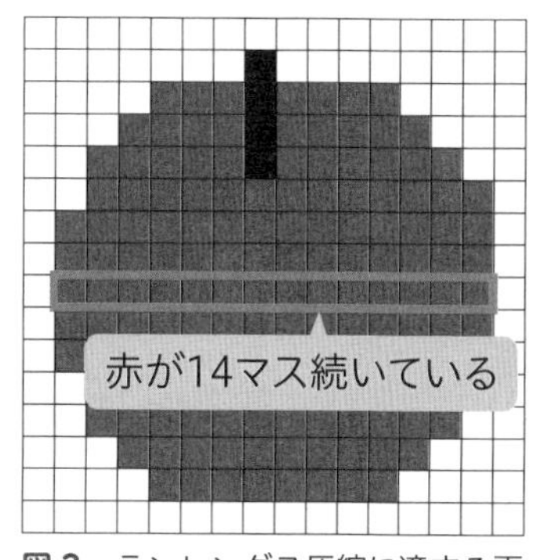

図2　ランレングス圧縮に適する画像のイメージ

ハフマン符号化

ハフマン符号化は，**出現頻度の高いデータに対しては短いビット列を割り当て，出現頻度の低いデータに対しては長いビット列を割り当てる**圧縮法です。

たとえば，表 1 のように各文字に 4 ビットの符号が割り当てられている文字列「ADBCAABBDB」があったとします。圧縮前は 1 文字 4 ビットなので 10 文字なら合計 40 ビットになります。

ハフマン符号化は，ハフマン木という木構造を作成し，出現頻度が高いものには短い符号を割り振ります（図 3，表 2）。

表 1　圧縮前の文字と符号の対応

文字	符号
A	1000
B	1100
C	1110
D	1111

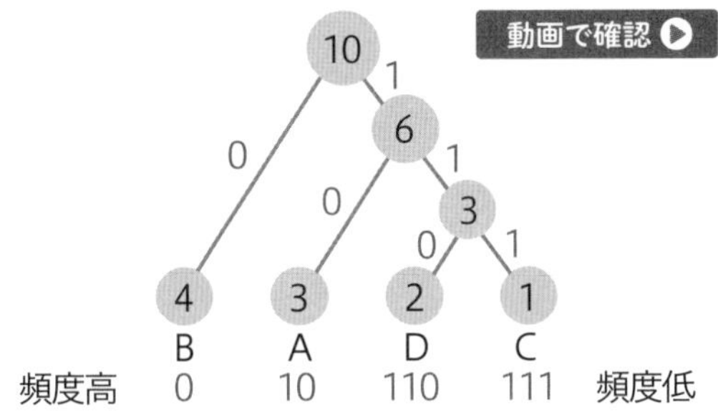

図 3　ハフマン木

表 2　各文字の出現頻度と符号

文字	出現回数	符号
B	4	**0**
A	3	**10**
D	2	**110**
C	1	**111**

この対応表をもとにすると，表 3 のような対応関係となり，1 × 4 ＋ 2 × 3 ＋ 3 × 2 ＋ 3 × 1 ＝ **19 ビット**で表現できます。この式の 1 × 4 の 1，2 × 3 の 2 などは，符号の桁数（ビット列の長さ）です。

表 3　各文字のハフマン符号での表現

A	D	B	C	A	A	B	B	D	B
10	110	0	111	10	10	0	0	110	0

③ 画像・音声・動画のファイル形式の種類と特徴

画像・音声・動画はファイルが大きくなりがちで，ほとんどのものは圧縮されています。それぞれのファイル形式の種類と特徴について，代表的なものを見ていきます（表4，表5）。なお，拡張子とは，ファイルの種類や形式を示すために，ファイル名の最後に「.」から続けて表記する文字列です。

画像のファイル形式と特徴

表4　主な画像ファイル形式

形式名	拡張子	特徴
JPEG（ジェイペグ）	.jpg .jpeg	デジタルカメラで一般的に使われている画像ファイル形式。見た目に影響しない情報を取り除く方法で**非可逆圧縮**した形式。
GIF（ジフ）	.gif	色や白黒階調の種類を最大256通りで表現し，同じ色やパターンが続いている部分を**可逆圧縮**した形式。
PNG（ピング）	.png	256色を扱える形式と，フルカラー（約1,677万色）を扱える形式のどちらにも対応可能な**可逆圧縮**の形式。
BMP	.bmp	Windowsにおける標準的な画像ファイル形式，**非圧縮**のため画質の劣化がない。
TIFF（ティフ）	.tiff .tif	タイル状の小さな区画に分割されて処理される形式。**基本的に非圧縮**だが，可逆圧縮，非可逆圧縮のいずれにも対応。高画質なため，その分画像のデータ量は大きくなる。
SVG	.svg	ベクタ形式で画像を扱うことで拡大・縮小・変形しても画質を維持できる，**可逆圧縮**の形式。

音声のファイル形式と特徴

表5　主な音声ファイル形式

形式名	拡張子	特徴
WAVE（ウェイブ）	.wav	Microsoftが開発したWindows用の音声ファイル形式。**非圧縮**のためデータサイズは大きいが，高音質。
AIFF（アイフ）	.aiff	Appleが開発したmacOSの音声ファイル形式。**非圧縮**のためデータサイズは大きいが，高音質。
MP3（エムピースリー）	.mp3	人間の耳に聞こえない音声をカットすることで，WAVE形式の約10分の1までに**非可逆圧縮**した形式。
AAC	.aac	WAVE形式の約10分の1までに非可逆圧縮した形式。MP3の後継にあたるファイル形式で，MP3形式より若干ファイルサイズは大きいが，音質はよい。
WMA	.wma	MP3形式よりも高圧縮・高音質で，WAVE形式の約20分の1までに**非可逆圧縮**した形式。
MIDI（ミディ）	.midi	音そのものではなく，音程，音色，長さ，テンポなどの情報を記録したファイル形式。ファイルサイズがMP3の約100分の1と小さく，ダウンロード時間を短縮できるため，インターネットで多く利用されている。

動画のファイル形式と特徴

動画ファイルは，音声と動く画像から成り立っています。この音声と動く画像のデータのそれぞれを**コーデック**といいます。専門的な言い方をすれば，圧縮技術を含むデータの符号化の技術がコーデックです。音声のコーデックには，先ほど説明したMP3やWAVEなどがあります。動く画像のコーデックとして代表的な形式に，H.264やMPEG-4などがあります。

図4　コーデックとコンテナのイメージ

そして，これらの動く画像だけのファイルと音声だけのファイルの両方を格納する箱のようなものを，**コンテナ**といいます。

一般的に，動画ファイルといわれているものは，音声と動く画像が合わさったもので，このコンテナを指しています（図4）。箱（コンテナ）の中に，さまざまな規格の動画や画像や音声などのコーデックが入れられているイメージです（表6）。

表6　主な動画ファイル形式

形式名	拡張子	特徴
AVI	.avi	Windows標準の動画ファイル形式。さまざまなコーデックが利用できるなど，汎用性が高い。
MOV	.mov	macOS標準の動画ファイル形式。一部のデジタルビデオカメラの記録形式として採用されている。
MPEG（エムペグ）**（MPG）**	.mpeg .mpg	DVDやテレビのデジタル放送などで利用されている動画ファイル形式。
MP4（エムピーフォー）	.mp4	高画質で，圧縮率も高く，現在広く普及している動画ファイル形式。

いろんなファイル形式や圧縮形式があるんですね。

そうですね。圧縮形式は，このほかにも，文書ファイルや音声ファイルなど複数のファイルを１つにまとめて圧縮する**ZIP**（ジップ）や**RAR**（ラー）などがあります。それぞれに特徴があるので，目的に合ったファイル形式を利用するようにしてください。

やってみよう　要点チェック問題2-8（ネット提供資料）

でる度 ▶ ★★★

2-9 情報デザインと表現方法

動画 ▶ 第 2 章 ▶ 2-9_情報デザインと表現方法

きょうの授業はこんな話

① 情報デザインと視覚的な表現の工夫

情報デザインとは何かについて学び，配色やフォントを工夫することによって相手に伝わるデザインができることを知ろう。

② 情報の抽象化・可視化・構造化

情報デザインで重要な抽象化・可視化・構造化について学び，身の回りの情報がどのようにデザインされているか，確認しよう。

③ 究極の 5 つの帽子掛け

情報を整理して表現する方法の 1 つである「究極の 5 つの帽子掛け」について学び，実際の Web ページでどのように使われているか，確認しよう。

こんどの文化祭に向けて，おばけやしきの看板デザインをしているのですが，なぜか文字が見づらいです。

おばけやしき

情報デザインを意識して，補色を使ったりフォントを工夫したりすれば，こんなふうに見やすくなりますよ。

おばけやしき

すごい！　確かに見やすくなりましたが，「情報デザイン」って普通の「デザイン」と何が違うのですか。

① 情報デザインと視覚的な表現の工夫

デザインは，見た目を美しく，魅力的にすることだけでなく，スムーズな動き，連動性，使い勝手のよさを実現するなどの達成すべき目的に向けて，モノづくりや仕組みづくりの中で行われる工夫や設計全般を指す概念です。

情報デザインはデザインの一種で，**情報を視覚化し，社会の中にあるさまざまな情報を受け手にわかりやすく伝えたり，ものの操作性を高めたりするための表現方法や技術**です。

情報デザインでは**視覚的な表現を工夫する**ことが大切で，たとえば，先ほどのおばけやしきの看板作成では，配色やフォントを工夫しました。情報デザインでは，**誰が見ても意図が正しく同じように伝わる**ことが重要視されます。

配色の工夫

色は**色相**（色合い），**彩度**（鮮やかさ），**明度**（明るさ）の3つの要素から成り立っています。これを**色の三要素**といいます（図1）。

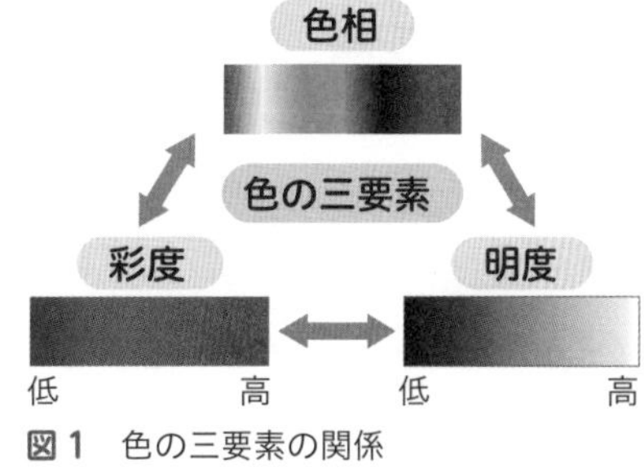

図1 色の三要素の関係

色相は赤，青，黄，緑などの基本的な色の種類を示すものです。**彩度**は，色の鮮やかさの度合いを示すものです。彩度が高い色は明瞭，鮮明で，彩度が低い色はくすんで見えます。**明度**は，色の明るさや暗さの度合いを示すものです。明度が高い色は明るく，明度が低い色は暗く見えます。

彩度の有無によって，色は**有彩色**と**無彩色**に分けられます（図2）。わずかでも彩度があれば，**有彩色**です。一方，**無彩色**は白・灰・黒のことで，彩度をもっていません。無彩色のうち明度が最も低い状態が**黒**，高い状態が**白**です。

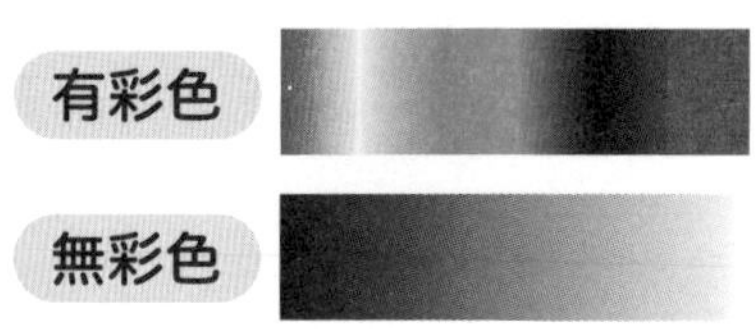

図2 有彩色と無彩色

色相の関係を表した図を**色相環**といい，色相環において向かい合った色を**補色**といいます（図3）。はじめのおばけやしきの看板のように，補色を組み合わせて使うと文字がくっきり見やすくなる傾向があります。

色相環で隣り合った色を**類似色**といいます。また，同じ色相で，明度と彩度のいずれか一方，もしくは両方が異なる色を，**同系色**といいます。類似色や同系色を一緒に使うと，まとまりのある印象になります。

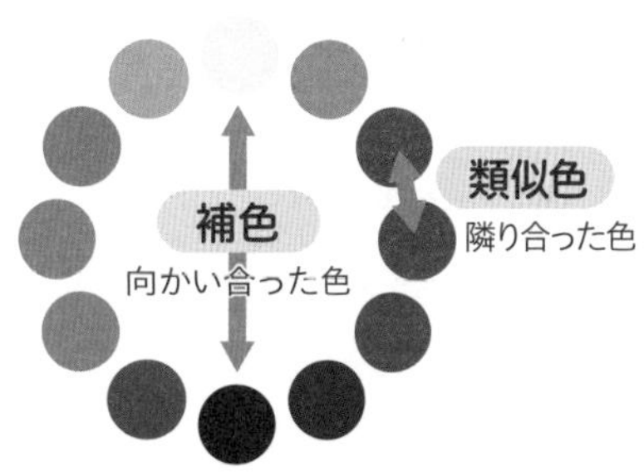

図3 色相環

色の三要素については，それぞれの要素を自分の手元でちょっとずつ変えながら，どんな色になるかを見てみたいです。そうすればよくわかるような気がします。

そうですね。Microsoft の PowerPoint や Word などでは，図4のように，色合い（色相），鮮やかさ（彩度），明るさ（明度）を自分で変更できますよ。もちろん，変更と同時に，色がどのように変化するかも見ることができます。

ただし，色の見え方や感じ方は人によって異

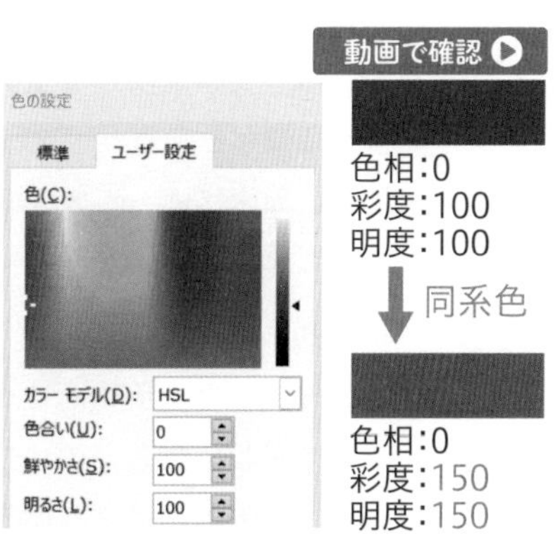

図4 PowerPoint での色設定

なりますし，中には色覚に障がいをもった人たちもいます。また，ディスプレイの設定や部屋の明るさなどにより，色の違いがわかりづらくなることもあります。そのため，**色だけに頼らずわかりやすさを実現する工夫**も大切です。このような工夫を**カラーバリアフリー**または**色覚バリアフリー**といいます（図5）。

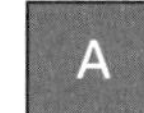

図5　カラーバリアフリーの例

フォントの工夫

文字のデザインを**フォント**といいます（図6）。文字のサイズ（フォントサイズ）が同じでも，太いフォントのほうが，文字が目立ちやすくなります。また，フォントの種類によって受け手に与える印象も異なるため，目的に合ったフォントを選択することが大切です。

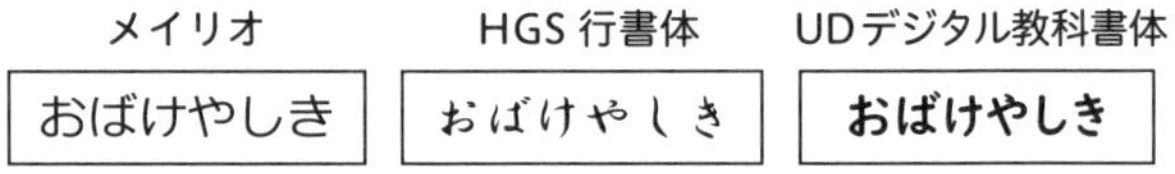

メイリオ	HGS 行書体	UDデジタル教科書体
おばけやしき	おばけやしき	**おばけやしき**

図6　フォントの例

② 情報の抽象化・可視化・構造化

情報デザインの方法には大きく**情報の抽象化，可視化，構造化**があります。

情報の抽象化

情報の抽象化は，大量の情報の中から大事なところだけを取り出すことです。抽象化の例として，**ピクトグラム**や**アイコン**，ダイヤグラムなどがあります（図7）。**ピクトグラム**は，伝えたい情報を抽象化し，文字を用いずに単純な構図で表した視覚記号です。**アイコン**は，物事を簡単な絵柄で記号化して表現したものです。ダイヤグラムは，列車やバス・航空機などの運行・運航計画を表現した線図です。

非常口
ピクトグラム

フォルダ
アイコン

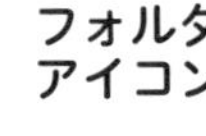

図7　情報の抽象化の例

また，抽象化は，図形に限らず文字でも行われており，たとえば，「Social Networking Service」を「SNS」と短縮して表すのもその一つです。

ピクトグラムって，2021年の東京オリンピックの開会式で，各競技のピクトグラムを人が再現して有名になったやつですね！

そうですね。東京でのオリンピックは1964年にも開催されていて，各競技のピクトグラムは，そのときに，どの国の人でもひと目でわかる絵文字を作りたいという思いで作成されたものです。

情報の可視化

情報の可視化は，情報を視覚的に表現し，その特徴や傾向を把握しやすくすることです。可視化の例としては，表やグラフ，インフォグラフィックスなどがあります（図 8）。**インフォグラフィックス**は，図やイラストなどを用いることによって情報を視覚的・直感的にわかりやすく伝える方法の一つです。

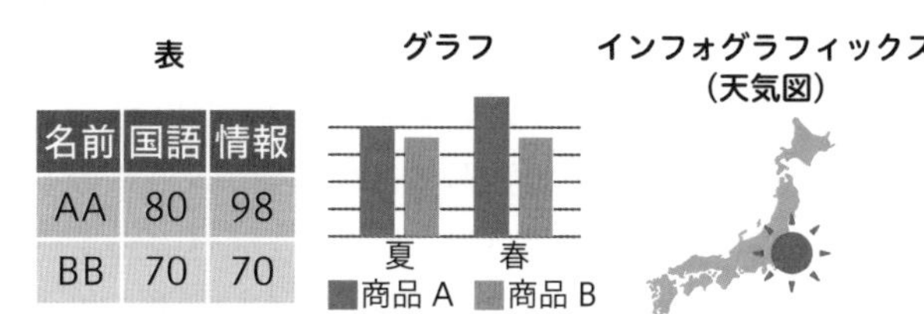

名前	国語	情報
AA	80	98
BB	70	70

図 8　情報の可視化の例

情報の構造化

情報の構造化とは，要素どうしの関係性をわかりやすく整理して，結びつけていくことです。たとえば，レポートや論文などの文章は，読み手が理解しやすいように，内容のまとまりごとに分けて構造化します（図 9）。

ソーシャルエンジニアリングは，人間心理に付け込む手法で，日常生活の中から人為的に機密情報を入手してコンピュータを不正利用する手法のこと。トラッシングは，実際のごみ箱の中身をあさって機密情報を入手する。機密情報はシュレッダーへ。ヒューマンエラーは，コンピュータの誤操作，メールの誤送信など人為的な過失のこと。

→

◆ソーシャルエンジニアリング
人間心理に付け込む手法で，日常生活の中から人為的に機密情報を入手してコンピュータを不正利用する手法のこと。

◆トラッシング
実際のごみ箱の中身をあさって機密情報を入手すること。機密情報はシュレッダーへ。

◆ヒューマンエラー
コンピュータの誤操作，メールの誤送信など人為的な過失のこと。

図 9　文章を構造化した例

また，整理された情報どうしの結びつきについては，**図的表現**を用いて，並列，順序，分岐，階層などの構造をわかりやすく示すことができます（図 10）。

構造化を行う場合，文字や写真，図表などの配置である**レイアウト**を，ユーザにとって見やすくすることも大切です。

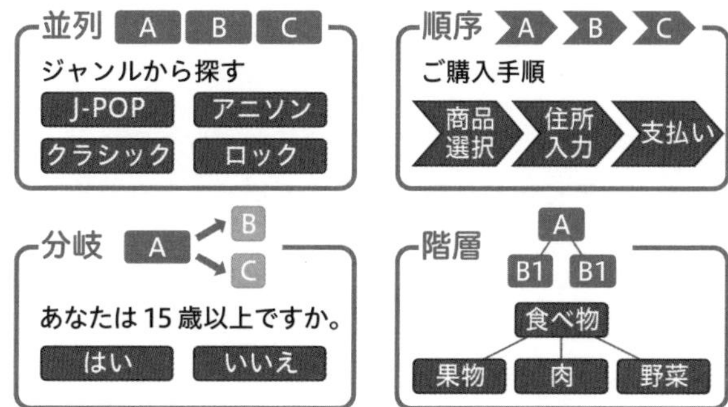

図 10　図的表現の例

③ 究極の 5 つの帽子掛け

ここまで話してきたように，情報を整理して表現する方法はたくさんあります。そのうち特に覚えておきたい具体的な方法として，アメリカのリチャード・ソール・ワーマンが提唱する「**究極の 5 つの帽子掛け**」を紹介します。

これは，情報は無限に存在するが，表 1 の 5 つの基準で整理・分類が可能だとするものです。英語の頭文字をとって **LATCH**（ラッチ）ともよばれています。「5 つの帽子掛け」という名前は，この 5 つの基準を，いくつかの種類の帽子がかけられる帽子掛けに見立てたことからきています。

表 1　究極の 5 つの帽子掛け

基準	概要	例
場所（Location）	物理的な位置を基準にする。	地図，学校の案内図，路線図，座席表
アルファベット（Alphabet）	言語的な順番を基準にする（日本語なら五十音が該当する）。	辞書，辞典，電話帳，名簿
時間（Time）	時刻の前後関係を基準にする。	歴史の年表，テレビの番組表，スケジュール表
カテゴリー（Category）	物事の差異により区別された領域を基準にする。	動物・植物の分類，食べ物の分類，本の分類
階層（Hierarchy）	大小や高低など，数量的な変化を基準にする。	価格の安い順，ファイルサイズの大きい順，距離の近い順

ここで問題です。右の図 11 のような飲食店の紹介には，「究極の 5 つの帽子掛け」のどれが用いられているでしょうか。

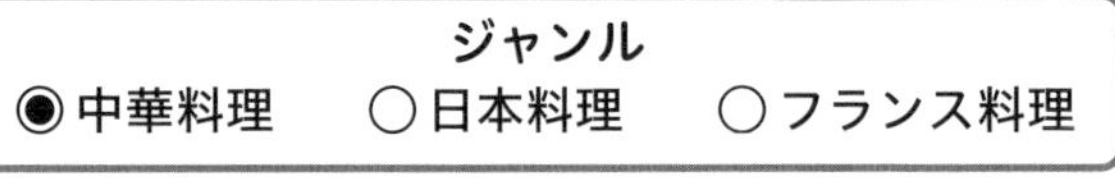

順位	店名	点数	評価コメント	所在地
1	C 店	99 点	…	大分県大分市
2	A 店	97 点	…	長野県上田市
3	B 店	87 点	…	宮崎県日南市
4	E 店	88 点	…	青森県八戸市
5	F 店	87 点	…	京都府宇治市

図 11　飲食店の紹介

まず，ジャンル別に料理店を紹介しているので，**カテゴリー**が該当しますね。あとは，順位で並べているので，**階層**も該当しますね。

そのとおり！　1 つの基準だけでなく，必要に応じて複数の基準を組み合わせることで，相手に伝わりやすい情報デザインとなります。

やってみよう　要点チェック問題 2-9（ネット提供資料）

でる度 ★★★

2-10 ユニバーサルデザインと情報デザインの流れ

動画 第2章 ▶ 2-10_ユニバーサルデザインと情報デザインの流れ

きょうの授業はこんな話

① ユニバーサルデザイン

身の回りのものに着目し，ユニバーサルデザインとは何かということについて学ぼう。

② ユーザ目線のデザインの工夫

スマートフォンやWebページなどに，ユーザに配慮したどのような工夫がなされているかについて学ぼう。

③ 情報デザインの流れ

デザイン思考に沿ったコンテンツ制作の流れについて学ぼう。

④ プレゼンテーション

自分自身の意思やアイデアを効率よく伝える情報伝達の方法について学ぼう。

この前，おじいちゃんのスマートフォンを見せてもらいました。すごくボタンが大きくてちょっとびっくり。でも，操作しやすいそうです。

スマートフォンには，使いやすくなるようにさまざまな工夫が施されています。ユニバーサルデザインの製品が普及しているということですね。

ユニバーサルデザインって何ですか？

① ユニバーサルデザイン

ユニバーサルデザイン（UD）は，**すべての人のためのデザイン**という意味で，年齢，性別，国籍などの違い，能力や障がいなどによらず，**誰もが利用できるように設計されたデザイン**です。たとえば，シャンプーのボトルにギザギザがついていてリンスとの違いがわかるようにしてあるのも，ユニバーサルデザインの一つとして2000年にJIS規格（日本産業規格）となり，2011年にISO（国際標準化機構）でも規格化されました。Webページの場合は，文字やボタンを大きくしたり，文字を読み上げたりする機能などが挙げられます。

お年寄りや車いすの人のために段差にスロープをつけたり，手すりをつけたりするバリアフリーとは違うのですか。

いい質問ですね！　**バリアフリー**は，高齢者や障がい者が社会生活を送るうえで，障壁となるものを取り除くことを目的とする考え方です。つまり，対象となる人は一部の人です。一方，ユニバーサルデザインは，**すべての人にとって使いやすいものとなるように設計すること**です。

ユニバーサルデザインの考え方をより浸透させる目的で，**ユニバーサルデザインの7原則**というものがまとめられています（表1）。すべての原則を満たすことが必要とされるわけではありませんが，一般的には，この7つの原則に配慮して設計された製品や設備などが，ユニバーサルデザイン対応のものとされています。

表1　ユニバーサルデザインの7原則

原則	概要
公平性	障がいの有無などに関係なく，誰でも公平に操作できること
自由度	使う人の能力や好みに合わせて，使い方を選ぶことができること
単純性	使い方が簡単で，操作方法が直感的にわかること
明確さ	その製品や設備の使い方にかかわる情報などが，ユーザにとって理解しやすいこと
安全性	事故の心配がなく安全であること
体への負担の少なさ	無理な姿勢をとることなく，かつ少ない力で使用できること
空間性	操作するボタンやスイッチなどの大きさやスペースが十分に確保され，ユーザが操作しやすいこと

また，使いやすさの尺度に，**アクセシビリティ**と**ユーザビリティ**があります。

アクセシビリティは，さまざまな人たちが使えるかどうかの尺度で，Webサイトや，スマートフォンなどの機器で，目的のものやサービスに迷わずにたどり着けるアクセスのしやすさのことをいいます。

ユーザビリティは，ものやサービスが，ユーザにとって使いやすいか，わかりやすいかという尺度です。

② ユーザの目線のデザインの工夫

Webページやアプリなどを誰もが利用しやすいものにするには，人間が直接操作する機器の工夫や，表示する画面のデザインが重要になってきます。タッチパネル，キーボード，マウス，画面など，ユーザとコンピュータの間の入出力手段を**ユーザインタフェース**（UI）といいます。

製品やサービスの制作を行うときには，ユーザインタフェースだけでなく，**ユーザエクスペリエンス**（UX）についても考える必要があります。**ユーザエクスペリエンス**とは，サービスや製品を通じてユーザが得られる体験です。たとえば，ショッピングサイトで欲しい商品が見つけやすかった，商品説明がとてもわかりやすいと感じた，操作や入力を迷うことがなかったなどの体験は，どれもユーザエクスペリエンスの一部です。

お客さんの体験全般がよくなるように工夫して作るってことなんですね。

そうですね。

よりよい情報デザインをするには，あるものをユーザがどのように理解するか，想定しておくことが大切です。あるものに対して実施可能な操作や行為を**アフォーダンス**といいます。たとえば，ドアについては一般的に，押す・引く・スライドさせるといったアフォーダンスが存在します。それにドアノブがついていれば，ドアノブをひねって押すか引くかの操作が思い浮かびます。逆に，スライドさせるという操作はあまり思い浮かばないでしょう。

このドアノブのように，どのような操作をすればいいかのサインとなるものを，**シグニファイア**といいます（図 1）。スマートフォン用の Web ページにおいてスクリーン上にボタンアイコンを配置することでタップするように促したり，パソコン用の Web ページにおいてマウスカーソルを指の形にすることでクリックを促したりすることなどが挙げられます。

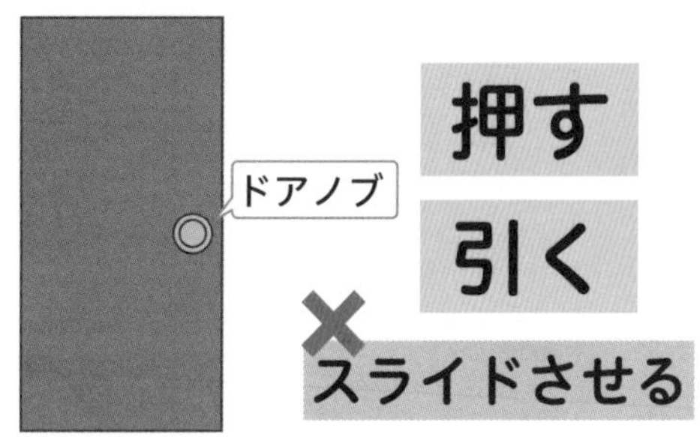

図 1　シグニファイアの例

ちょっと深掘り

ユーザインタフェースの変化

現在のスマートフォンやパソコンは，画面上にアイコン（絵）が並んでいて直感的に指やマウスなどで操作しやすくなっています。このように，視覚的に操作法を理解できるユーザインタフェースを，**GUI**（Graphical User Interface）といいます。

一方，初期のコンピュータは，キーボードから命令を打ち込むことで情報をコンピュータに伝達し，コンピュータは文字で情報を表示していました。これを **CUI**（Character User Interface）といいます。この CUI は，大量の情報を処理したりすばやく命令したりすることに向いています。そのため，大量の情報を扱うシステム開発の現場などでは，今でも右のような画面の CUI を使ってコンピュータを操作することが多くあります。

```
C:\>dir
 ドライブ C のボリューム ラベルがありません。
 ボリューム シリアル番号は 66E0-5222 です

 C:\ のディレクトリ

2023/06/09 金  13:32    <DIR>          cygwin64
2023/03/09 木  14:13    <DIR>          Fujitsu
2023/03/09 木  13:59    <DIR>          My Cloud Public
2022/05/07 土  14:24    <DIR>          PerfLogs
2023/05/13 土  19:43    <DIR>          pleiades
2023/09/02 土  19:28    <DIR>          Program Files
2023/08/19 土  18:06    <DIR>          Program Files (x86)
2023/03/11 土  12:30    <DIR>          Users
2023/08/09 水  08:40    <DIR>          Windows
               0 個のファイル                   0 バイト
               9 個のディレクトリ  654,230,560,768 バイトの空き領域
```

最近は，人工知能（AI）の発展により，話し言葉での指示や身振り手振りで機器を操作するユーザインタフェースも普及しています。これを **NUI**（Natural User Interface）といいます。

③ 情報デザインの流れ

Web ページやポスターなど，情報をデザインしたコンテンツの設計については，デザイン思考という考え方があります。**コンテンツ**とは，文章，画像，音声，動画などの形式で表現される情報や知識です。

デザイン思考は，ユーザの考え方や行動を分析し，試行錯誤しながらコンテンツを形にしていくものです。デザイン思考によるコンテンツ制作の流れは，一般的に，「共感→定義→発想→試作→検証」の順となります（表 2）。

表 2　デザイン思考に沿ったコンテンツ制作の流れ

手順名	概要
共感	問題やニーズなどをユーザの視点で分析し，理解する。ユーザの考え方に共感することを目的とする。
定義	「共感」で発見した問題やニーズなどに対して，自分たちが取り組むべき課題や目的を明確にする。
発想	ブレーンストーミングなどの発想法を用いて，課題解決や目的達成のためのアイデアを出す。
試作	「発想」をベースに簡易な試作品（プロトタイプ）を作成する。
検証	ユーザに対してプロトタイプを提示して利用してもらい，アンケートやインタビューなどで評価してもらう。

復習 p.27

「共感」のところに「ユーザの視点で分析し，理解する」とありますが，具体的にはどうすればいいのですか。

それには**ペルソナ手法**が有効です。これは，コンテンツやサービスを考えるときに，その典型的ユーザ（ペルソナ）1 人を想定し，その人の視点で問題やニーズなどを分析・理解する手法です（図 2）。

山田 太郎（15 歳）
・趣味はオンラインゲーム
・パソコンは家族と共有のものがある
・たまにタイピングの練習をしている
・知的好奇心が強い
・おとなしい性格で少し人見知り
・共通の趣味をもった友達が欲しいと思っている

図 2　ペルソナの例（パソコン部への入部を検討する典型的な新高校 1 年生）

④ プレゼンテーション

コンテンツ制作を進める中では，意思やアイデアをほかの人に伝える**プレゼンテーション**がよく行われます。プレゼンテーションでは，一般的に，多くの人に対して，絵や図などの視覚情報を駆使して説明します。

プレゼンテーションの前には，日時，目的，話すことの概要や順序などを書いた**プランニングシート**を作成しておくとよいでしょう。

プレゼンテーションの本番では，話す順序が大切です。内容を論理的に伝えて理解を促す方法として，**頭括式（演繹型）**，**尾括式（帰納型）**，**双括式**があります（表 3）。

表 3 プレゼンテーションの主な構成方法

頭括式	尾括式	双括式
結論 → 理由	理由 → 結論	結論 → 理由 → 結論
プレゼンテーションの冒頭で結論を述べ，そのあとに理由や根拠を説明していく構成方法。はじめに聴衆の興味を引きつけることが期待できる。	プレゼンテーションの最後に結論を述べる構成方法。 説明した内容を最後に総合的にまとめることで，聴衆に主張や提案が明確に伝わることが期待できる。	頭括式と尾括式の両方を取り入れた構成方法。 頭括式と尾括式のメリットを盛り込んだものだが，その分プレゼンテーションが長くなってしまうことがある。

プレゼンテーションの目的や発表時間などによって，これらの方式を適切に使い分けるようにしましょう。

やってみよう 要点チェック問題 2-10（ネット提供資料）

でる度 ★★★

2-11 Web ページと情報デザイン

動画 第 2 章 ▶ 2-11_Web ページと情報デザイン

きょうの授業はこんな話

① Web ページと Web サイトの構造

Web ページと Web サイトの違いを理解し，代表的な構造について学ぼう。

② HTML の基礎

Web ページ作成の基礎となる HTML について，概要を学ぼう。

③ スタイルシート（CSS）の基礎

Web ページをデザインするための CSS の役割について学ぼう。

文化祭にたくさんの人に来てもらうため，SNS での呼びかけのほかに，Web ページを作ったらどうかというアイデアが出ました。でも，どうやって作るのかわかりません。

Web ページを作るのはいい案ですね。きょうの授業では Web ページ作成の基礎を学びましょう。

① Web ページと Web サイトの構造

Web ページは，文章，画像，音声，動画などのさまざまな要素が組み合わされた，インターネット上の文書です（図 1）。Web ページを閲覧するソフトウェアを，**Web ブラウザ**といいます。Web ページのデータは，インターネット上のデータのありかを示す **URL**（Uniform Resource Locator）を指定することで，取得できます。URL については「4-4　DNS の仕組み」で詳しく説明します。

また，複数の Web ページがまとまりをなして構成している全体を **Web サイト**といいます。1 つの Web サイトを構成する Web ページどうしは，**ハイパーリンク**（リンク）というひもづけ機能によってひもづけられています。ハイパーリンクの機能をもつ文書を，

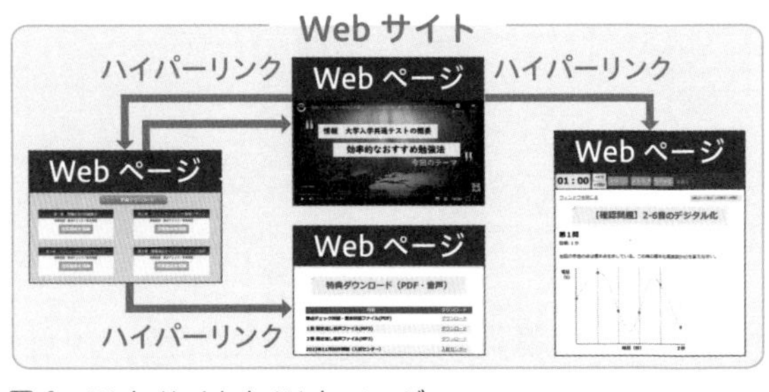

図 1　Web サイトと Web ページ

ハイパーテキストといいます。

Webページの多くは，わかりやすく効果的に情報を提供するために，図2のような構成になっています。

図2 Webページの構成例【文部科学省ホームページ（https://www.mext.go.jp）を加工して作成】

Webサイト全体の構造は，ページをどのように配置するかで決まります。代表的な構造に，直線的構造，階層構造，網状構造があります（表1）。

表1 Webサイトの構造

直線的構造	階層構造	網状構造
「入力→確認→登録完了」などのように，閲覧者に順を追ってページを進んでほしい場合に有効な構造	カテゴリー分けしたものを階層でたどっていく構造	ページを相互に行き来できる，ページ間の移動が自由な構造
Webページ — Webページ — Webページ	Webページ（最上位）の下に Webページ ×3，さらにその下に Webページ ×2 と Webページ ×1	Webページ ×5 が相互に接続

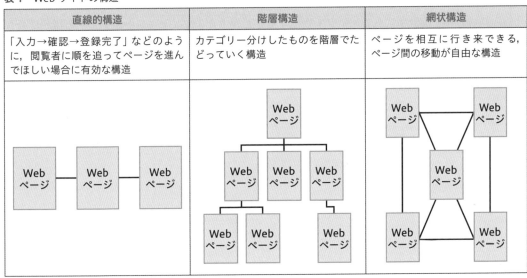

② HTMLの基礎

Webページの作成には，**HTML**（HyperText Markup Language）という，構造を定義するための言語を使います。情報の意味づけや分類をする文字列である**タグ**を使って，情報をどのように表示させるかを決めていきます（表2）。このことを**マークアップ**といいます。基本的には，開始タグ<…>と終了タグ</…>をセットで使いますが，終了タグがないものもあります。

表2　基本的なタグ

タグ	内容
`<!DOCTYPE html>`	あとに続く記述が，HTMLのバージョンの一つであるHTML5の形式で作ったドキュメント（文書）であることを宣言する。
`<html>~</html>`	「～」がHTML文書であることを宣言する。
`<head>~</head>`	「～」がWebページのタイトルや構造などを示していることを意味する。デザインの情報を定義するスタイルシート（このあと説明）やプログラミング言語のJavaScriptを記述することも可能。
`<body>~</body>`	「～」がWebページとしてWebブラウザに表示される内容であることを意味する。
`<title>~</title>`	「～」が，Webブラウザのウィンドウ上部にある「タブ」とよばれる部分に表示するタイトルであることを意味する。
`<hn>~</hn>`	nには1から6までの数字が入り，「～」が見出しであることを意味する。nの数字が小さいほど扱いが大きな見出しと認識され，文字が大きくなる。
`<a>~</a>`	「～」が画面に表示されるリンク先の名称であることを意味する。リンク先のWebページのURLを指定するには，先頭の`<a>`タグの中にリンク先の補足情報を与える役割のhref属性を追加して，`<a href="リンク先URL">`と記述する。画面に表示されるリンク先の名称をユーザがクリックまたはタップすることで，指定されたリンク先のURLに遷移する。
` `	改行を意味する。

HTMLはテキストエディタで編集することができます。テキストエディタとは，簡易な文書作成などに使用されるソフトウェアです。拡張子を「.html」や「.htm」とすることで，Webブラウザで開いたときにタグの部分の命令が実行され，その命令に従って整形された状態で表示されます。

表 3　HTML の基本構造

動画で確認

HTML	Web ブラウザでの表示結果

```
<!DOCTYPE html>
<html>
  <head>
    <title> ○○高校文化祭 </title>
  </head>
  <body>
    <h1> 文化祭 </h1>
    ○月○日に文化祭を開催します！
    <br><br>
      <a href="https://www.xxxx.
ed.jp"> ○○高校公式 Web サイトへ </a>
  </body>
</html>
```


<head> タグなどが右に引っこんでいるのは，**インデント**（字下げ）といって HTML の構造をわかりやすくするための処理です（表 3）。一般的には，半角スペース 2～8 個またはタブ（Tab）1 つが，1 つのインデントとして使われ，行のはじめに入力されます。インデント処理があってもなくても，ブラウザでの表示結果は変わりません。

文字だけの Web ページは寂しいのですが，画像はどうすれば入れられるのでしょうか。

Web ページに表示させたい画像は，HTML ファイルとは別に用意しておきます。HTML ファイルの <body> タグの中に「<img src="画像ファイル名">」を記述することで，画像ファイルを呼び出すことができます。

③ スタイルシート（CSS）の基礎

HTML は基本的に構造を定義するもので，HTML で作ったものに，色や表示位置など，さまざまなデザイン的な調整を施すためには，**スタイルシート**が使われます。スタイルシートは CSS（Cascading Style Sheets）ともよばれます。

スタイルシートは，HTML 内に直接記述する方法もありますが，HTML ファイルとは別のファイルに切り出すことができ，複数の HTML 文書でスタイルを共有できます（図 3）。こうすることで，Web サイト全体のデザインに統一感をもたせることが効率的にでき

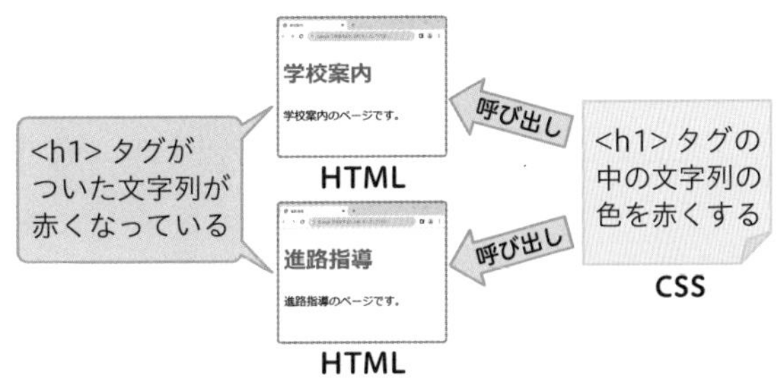

図 3　スタイルシートの呼び出しのイメージ

ます。また，デザインの修正作業も，一括して行えるようになり，効率化されます。

　また，最近は，パソコンだけでなくスマートフォンやタブレットなどさまざまな端末でWeb ページを見るようになったため，どの端末からでも見やすい Web ページを作る必要があります。CSS を用いることで，1 つの HTML のままで画面サイズによって表示の様態（文字の大きさやレイアウトなど）を変更することができます。これを**レスポンシブデザイン**といいます（図 4）。

図 4　レスポンシブデザインの例【出典：文部科学省ホームページ（https://www.mext.go.jp/)】

　HTML や CSS の概要は何となくわかりましたが，それを使って文化祭の Web ページを作れるようになるまでには，まだ時間がかかりそうです。

　HTML や CSS の知識がなくても容易に Web ページを作る方法があります。**CMS**（Contents Management System）といって，特別な知識がなくても，ブラウザ上でテキストや画像，レイアウト情報などを入力すると，自動で Web ページを作成してくれるシステムです。

動画で確認

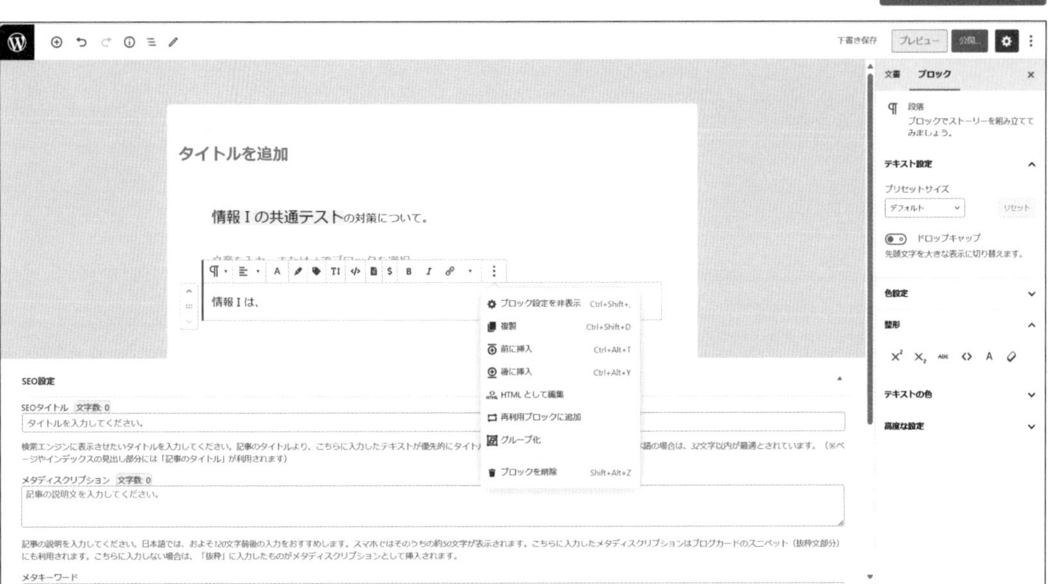

図 5　CMS の一つである WordPress の Web ページ作成画面

代表的な CMS に WordPress があります（図 5）。CMS は，初期の導入は少し難易度が高いですが，それができてしまえば，以降は容易に Web ページを作成することができます。

ちょっと深掘り

SEO 対策とは？

知らないことを調べるとき，Google などの検索エンジンに調べたいキーワードを入力し，検索結果を上から見ていくことが多いと思います。このため，Web サイトで情報を発信する人が，自分の Web サイトが検索結果の上位に表示されてほしいと思うのは，自然なことです。

検索サイトで上位に表示されるための工夫を，**SEO 対策（検索エンジン最適化）**といいます。たとえば，検索されやすいキーワードをタイトルに入れたりする対策などが挙げられます。作成した Web ページを多くの人に見てもらうために，SEO 対策も意識しましょう。

やってみよう　要点チェック問題 2-11，章のまとめ問題②（ともにネット提供資料）

Note

第3章

コンピュータとプログラミング

この章のネット提供資料

https://informatics1.jp/login/index.php?n=3

- 本章の動画版
- セクションごとの要点確認→要点チェック問題 3-1～3-15
- 章の仕上げ→章のまとめ問題③
- 章の重要用語を覚える→聞き流し音声③

※「聞き流し音声③」の内容は，Web アプリ「でる語句」でも提供しています（該当用語番号：187～251）。ご利用にあたっては，下記サイトにアクセスしてください。
https://book.impress.co.jp/books/1122101163

でる度 ★★★

3-1 コンピュータの構成要素

動画 第 3 章 ▶ 3-1_コンピュータの構成要素

きょうの授業はこんな話

① ハードウェアの構成

普段使っているパソコンやスマートフォンなどのコンピュータがどのような機器で構成されていて，どのようにデータを受け渡しているかについて学ぼう。

② ソフトウェアの種類

基本ソフトウェアと応用ソフトウェアの違いについて学ぼう。

③ キャッシュメモリ

キャッシュメモリについて学び，実際にキャッシュメモリを用いた場合にどのくらいコンピュータが高速化されるかの計算方法を学ぼう。

家のパソコンが新しくなりました！　せっかく買ったので，サクサク使いこなせるようになりたいです。

いいですね！　どんなソフトウェアが入っていますか。

ええっと…，ソフトウェア…。その言葉，よく聞きますが，ちゃんと理解できていません。

きょうの授業でしっかりわかりますよ。ついてきてください。

① ハードウェアの構成

コンピュータの世界で物理的に存在するものを，ハードウェアといいます。「触ることができるもの」と考えてもよいでしょう。コンピュータは，本体だけでなく，キーボードやマウス，ディスプレイ，プリンタなどさまざまな周辺装置に接続した状態で使いますが，それらはすべてハードウェアです。

コンピュータのハードウェアは，大きく**入力装置・記憶装置・制御装置・演算装置・出力装置**の 5 つに分類され，これらは五大装置とよばれています。

このうち，制御装置と演算装置を合わせて，**CPU**（Central Processing Unit）といいます。CPU は，中央演算処理装置や中央処理装置ともいいます。コンピュータの頭脳にあたる部分です。

表 1 コンピュータの五大装置

装置名称		役割
入力装置		本体にデータを入力するための装置。 例：キーボード，マウス
記憶装置	**主記憶装置**	コンピュータが動作するために必要なデータやプログラム（命令）を一時的に記憶する装置。コンピュータの電源を切ると，記憶した内容は消えてしまうが，補助記憶装置よりも高速に処理できる。**メインメモリ**または**メモリ**ともよばれる。CPU の作業場所でもあるため，主記憶装置の容量が大きいと CPU が複数の処理を同時に行いやすい。
	補助記憶装置	データやプログラム（命令）を長期にわたって記憶する装置。コンピュータの電源を切っても内容が破棄されることはないが，主記憶装置よりも処理に時間がかかる。**ストレージ**ともよばれる。 例：ハードディスク，SSD，SD カード，DVD また，ハードディスクは磁気で，SSD，SD カード，USB メモリなどは電気で，データの書き込みや消去を行う。電気でデータの書き込みや消去を行う記憶装置を，**フラッシュメモリ**という。
制御装置	**中央処理装置（CPU）**	プログラムの命令を解釈して，コンピュータ全体を制御する装置。
演算装置		四則演算などの計算やデータの演算処理を行う装置。
出力装置		コンピュータのデータや処理結果を出力するための装置。 例：ディスプレイ，プリンタ，スピーカー

なお，これらのハードウェアどうしを接続するための規格や形式を，**インタフェース**といいます。例として，USB メモリの USB や，映像や音声の接続規格でテレビなどに使われている HDMI，無線イヤホンなどに使われている Bluetooth があります。

たくさんあるので，それぞれの関係がよくわかりません。

それでは，どのようにデータや命令が受け渡されるのかを見ていきましょう。図 1 は，それぞれの装置と，データの流れと制御（命令）の流れを示しています。

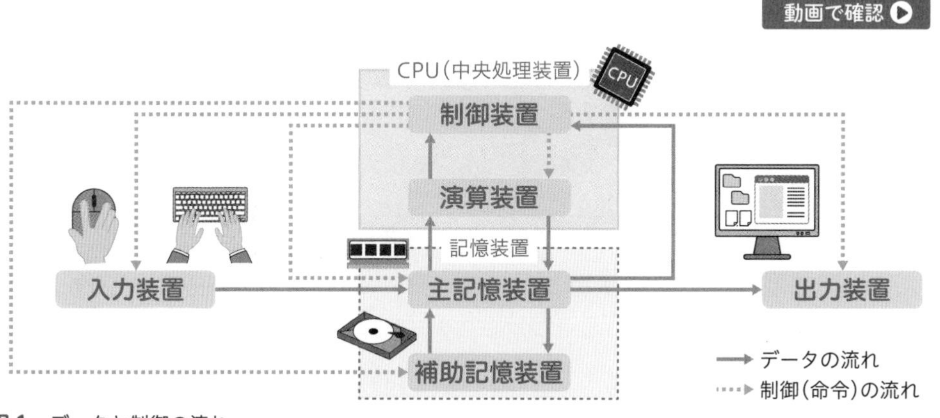

図 1 データと制御の流れ

キーボードやマウスなどの入力装置から入力されたデータは，記憶装置に送られます。さらに，記憶装置からデータを受け取った演算装置は計算を行い，その結果を，記憶装置を経由して，ディスプレイなどの出力装置に送ります。

このとき，記憶装置内部では，必要に応じて主記憶装置と補助記憶装置の間でデータのやりとりが発生しますが，それについては「3-2　CPUの命令実行手順とレジスタ」で解説します。

また，制御装置は，演算装置や主記憶装置からデータを受け取って，その内容をもとに，各装置で構成される全体を制御する指揮者のような役割を果たします。

これらの五大装置の間をつなぐデータの経路を，**バス**といいます。

スマートフォンやタブレットもコンピュータですよね？　それらは，出力装置のディスプレイだけでできているように見えるのですが，ほかの装置はどうなっているのですか。

スマートフォンやタブレットには，画面を見ながら指で操作ができる入力装置の機能と出力装置の機能の両方を備えた，**タッチパネル**という装置が使われています。また，記憶装置やCPUは，とても小さく作られていて，内蔵されています。さらに，必要に応じて，キーボードやプリンタなどを接続することもできます。

② ソフトウェアの種類

物理的に存在するハードウェアに対して，**ソフトウェア**は，知識やアイデア，技術など，物理的には存在しないものを指します。コンピュータでは，ハードウェア上で動作するプログラムやデータなどが，ソフトウェアです。

コンピュータのソフトウェアは大きく，**基本ソフトウェア**と**応用ソフトウェア**に分けられます。

表2　基本ソフトウェアと応用ソフトウェア

種類	説明
基本ソフトウェア	ハードウェアと応用ソフトウェアとを仲介する**オペレーティングシステム（OS）**や，コンピュータに対する命令（プログラム）をコンピュータが処理できる形の機械語に変換する**言語プロセッサ**などのこと。 例として，Windows，macOS，UNIX，Android，iOS，などがある。 周辺装置を動作させるための**デバイスドライバ**というプログラムをOSに追加することで，さまざまな周辺装置に対応できるようになる。
応用ソフトウェア	基本ソフトウェア上で動作する，特定の作業に用いるソフトウェアの総称。**アプリケーションソフトウェア**や**アプリ**ともよばれる。 例として，表計算ソフト，文書作成ソフト，Webブラウザ，画像処理ソフト，ゲームなどがある。

スマートフォンをもっている人の多くは，iPhone（iOS）派とAndroid派に分かれますが，基本ソフトウェアのオペレーティングシステムが違うということなんですね。

そうです。iPhoneで使われているiOSはApple社が開発したOSで，AndroidはGoogle社が開発したOSです。

どのOSも，図2のように，ハードウェアと応用ソフトウェアを仲介します。

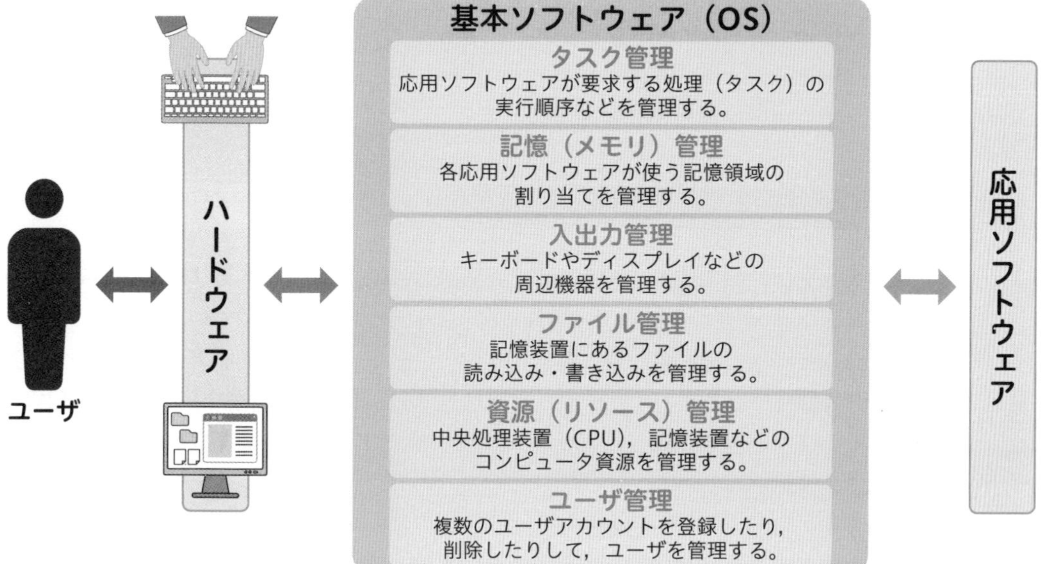

図2　基本ソフトウェア（OS）の管理機能

③ キャッシュメモリ

先ほどの図1のとおり，CPUは主記憶装置からデータを取得し，演算・制御を行っています。つまり，主記憶装置のデータを早く読み書きできるほど，コンピュータの動作速度は速くなるといえます。しかし，主記憶装置の動作速度はCPUほど高速ではありません。そこで，CPUと主記憶装置の間に，主記憶装置より高速な**キャッシュメモリ**が配置されています。

図3　キャッシュメモリ

この仕組みにおいて，CPUは，アクセスする頻度の高いデータや命令を，キャッシュメモリに一時的に保存します。キャッシュメモリにデータや命令が存在する場合は，CPUがそれらをキャッシュメモリから取得するので，処理が高速化されます。

このとき，CPUが処理の対象とするデータがキャッシュメモリに入っている確率を，**ヒット率**といいます。

う～ん，全然イメージできません…。

では，具体的に見ていきましょう。図4のように主記憶装置にはデータ A，B，C，D，E があり，キャッシュメモリにはデータ A，B，C，D があったとします。キャッシュメモリにはないデータ E も，CPU の処理の対象です。

図 4　ヒット率と平均アクセス時間

図 4 に「ナノ秒」とありますが，1 ナノ秒は 10 億分の 1 秒です。

この場合，主記憶装置の 5 つのデータのうち 4 つがキャッシュメモリにあるので，ヒット率は **4 ÷ 5 × 100** という計算で，**80%**となります。

キャッシュメモリと主記憶装置にあるデータへの，CPU の平均的なアクセス時間を，**実効アクセス時間**といいます。キャッシュメモリへアクセスする時間を 20 ナノ秒，主記憶装置へアクセスする時間を 100 ナノ秒とした場合の実効アクセス時間を求めるには，次のようにします。

① **「キャッシュメモリへのアクセス時間×ヒット率」を求める**
　20 ナノ秒× 0.8 = 16 ナノ秒
② **「主記憶装置へのアクセス時間×（1 －ヒット率）」を求める**
　100 ナノ秒×（1 － 0.8）= 20 ナノ秒
③ **①と②を足す**
　16 ナノ秒＋ 20 ナノ秒 = 36 ナノ秒

この 36 ナノ秒が，実効アクセス時間です。キャッシュメモリがなければ 100 ナノ秒だったところ，キャッシュメモリを用いたことで約 3 倍の処理速度になった，と解釈できます。

キャッシュメモリに全部のデータをもてば，主記憶装置はいらないのではないでしょうか。

いいところに気づきましたね。キャッシュメモリは複数重ねて設置することもできて，CPU に近いほうから **1 次キャッシュメモリ**，**2 次キャッシュメモリ**といいます。また，CPU にキャッシュメモリが内蔵されているものもあります。

確かに，すべてのデータをそれらのキャッシュメモリにもてるのが理想ですが，キャッシュメモリで扱えるデータ量は主記憶装置に比べて小さく，扱えるデータ量が大きいキャッシュメモリは高価です。そのため，現状では，キャッシュメモリは，主記憶装置と組み合わせて用いられるのが一般的です。

やってみよう　要点チェック問題 3-1（ネット提供資料）

でる度 ★★★

3-2 CPU の命令実行手順とレジスタ

動画 第 3 章 ▶ 3-2_CPU の命令実行手順とレジスタ

きょうの授業はこんな話

① プログラムの実行手順の概要

プログラム（命令）がどのような順番で実行されるか，概要を学ぼう。

② レジスタの種類と役割

CPU の一時記憶領域であるレジスタの種類について学び，どのように加算処理が行われるかを理解しよう。

文化祭の準備をしましたが，ものを運ぶ人や組み立てる人，指示する人など役割分担したら，効率的に作業できました。

役割分担は大切ですね。コンピュータの世界でも，それぞれの装置が連携しながら処理を行っています。具体的にどのように連携しながら計算をしているか，説明していきますね。

① プログラムの実行手順の概要

今回は，コンピュータが内部で命令やデータを処理する仕組みについて説明します。「人間がプログラムを書くなどしてコンピュータにやらせること」ではないので，コンピュータを使っていてもあまり意識することのない内容です。このあと詳しく説明する「READ」「ADD」「WRITE」「STOP」の各命令は，人がコンピュータを操作しているときに，コンピュータが勝手に実行してくれるものですし，「番地の割り振り」も，みなさんが学校で習う Python などのプログラミング言語でプログラムを書いているときに，コンピュータの中で自動的に行われます。

しかし，今回の内容は，これからの時代をつくっていくみなさんが，コンピュータとよりよく付き合うための前提となる知識・理解だといえます。少し退屈かもしれませんが，根気よく学習を進めていきましょう。

さて，まずは SSD やハードディスクなどの**補助記憶装置**に記憶されているプログラム（命令）やデータがどう動くか見てみましょう（次ページの図 1）。それらは，CPU が命令を実行するときに，高速な**主記憶装置**に格納されます。

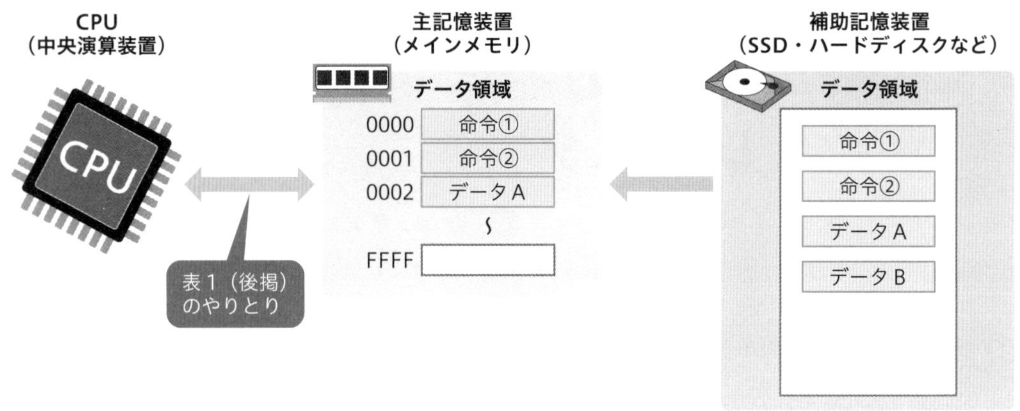

図１　命令実行の概要

必要なプログラムやデータが主記憶装置に格納されたら，プログラムは表１の順序で実行されます。多くの場合，人間から見た「1 つの動作」はコンピュータの中では複数の処理に分解されますから，ちょっとした動作をするだけでも，その過程で，コンピュータ内部では表１のような処理が何度も繰り返されるのが普通です。

表１　プログラムの実行手順　　動画で確認

順序	処理名称	説明
1	命令の取り出し（命令フェッチ）	CPU の制御装置が主記憶装置から命令を取り出す。
2	命令の解読	制御装置が取り出した命令を，同じ CPU にある演算装置が解読する。
3	対象データの読み出し	命令内に記述がある主記憶装置の番地（アドレス）から，必要なデータを制御装置が取り出す。
4	命令の実行	CPU が命令を実行する。

復習 p.115

前回，主記憶装置より高速なキャッシュメモリを取り上げましたが，ここでは，話を簡単にするために，キャッシュメモリは使われていないものとして説明します。

主記憶装置は，**番地**や**アドレス**とよばれる領域に区切られています。その名のとおり，命令やデータが格納されている住所のようなものです。命令の取り出しの際には，この番地が参照されます。今回は，16 進法で表される 4 桁の 0000～FFFF の番地があるものとします。

② レジスタの種類と役割

CPU は常に主記憶装置の中身を参照しながら処理を行うのですか。CPU が記憶はできず，処理だけをするものだとしたら，そうなると思うのですが…？

いい質問ですね！　実は，CPU にはデータを一時的に記憶する**レジスタ**という領域があります。このレジスタにはいくつか種類があり，CPU の基本構成を示した次ページの図２の中の，**命令レジスタ**，**汎用レジスタ**，**プログラムカウンタ**がレジスタです。

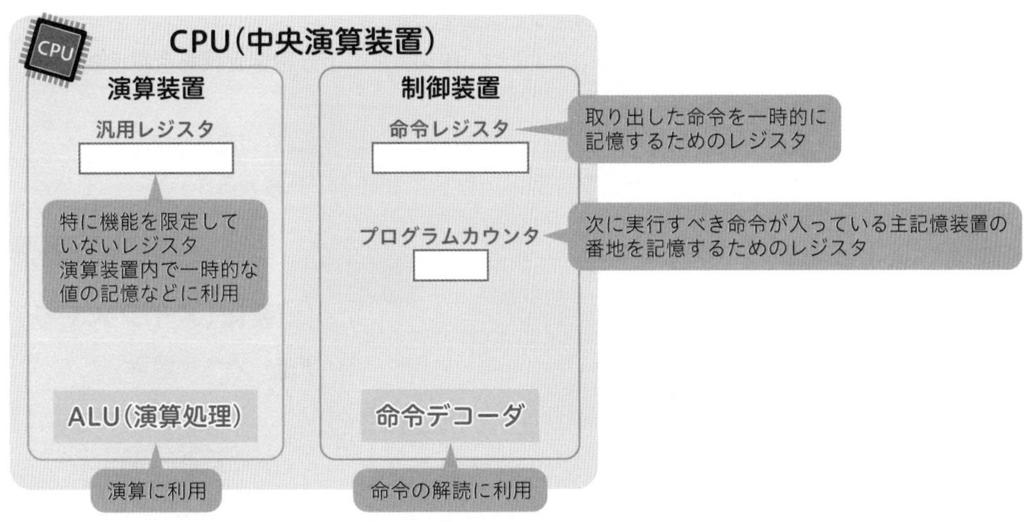

図 2 CPU 内部の基本構成

具体例として加算の処理が行われる様子を取り上げ，それを通して，各レジスタのはたらきを見ていきましょう。この処理にかかわる命令は READ，ADD，WRITE，STOP の 4 つです（表 2）。

表 2 命令一覧

命令	内容
READ "番地"	主記憶装置における該当する番地のデータを読み取り，CPU の汎用レジスタに書き込む。
ADD "番地"	READ の処理によって CPU の汎用レジスタに格納された値と，主記憶装置の指定された番地の値を加算する。
WRITE "番地"	汎用レジスタの値を，主記憶装置の指定された番地に書き込む。
STOP	プログラムを停止する。

たとえば，2 + 7 の式は，人間には 1 つの式として認識されますが，コンピュータの世界では，「2」と「7」と「加算を行うための命令」に分解して認識・管理されます。ほかにもさまざまなデータが存在しているので，一つ一つの命令やデータがどこにあるかを管理するために，番地が用いられます。

それでは，以下で，READ，ADD，WRITE，STOP の各命令の伝送の様子を，少し詳しく説明します。

READ 命令実行

READ 命令は次のように実行されます。順番の丸数字は次ページの図 3 と一致しています。

① プログラムカウンタで指定された主記憶装置上の番地を，制御装置が参照する。
② 制御装置が，①で参照したところに記憶されている READ 命令を取り出し，命令レジスタが記憶する。

③ 命令レジスタの命令が，命令デコーダに読み込まれる。
④ 命令デコーダが，読み込んだ命令において READ するよう指定された主記憶装置上の番地にあるデータを読み込む。
⑤ 命令デコーダが読み込んだデータを，演算装置の汎用レジスタが記憶する。
⑥ プログラムカウンタの番地が，次に読み込むべき番地に切り替わる。

動画で確認

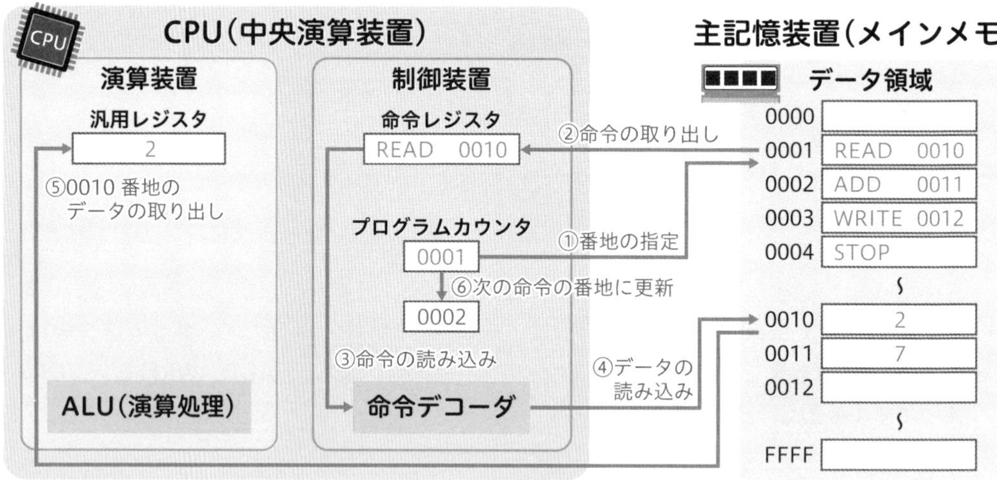

図3 READ 命令（0001 番地）実行

ADD 命令実行

ADD 命令は次のように実行されます。順番の丸数字は次ページの図 4 と一致しています。

① プログラムカウンタで指定された主記憶装置上の番地を，制御装置が参照する。
② 制御装置が，①で参照したところに記憶されている ADD 命令を取り出し，命令レジスタが記憶する。
③ 命令レジスタの命令が，命令デコーダに読み込まれる。
④ 命令デコーダが，読み込んだ命令において ADD するよう指定された主記憶装置上の番地にあるデータを読み込む。
⑤ 汎用レジスタに記憶されている 2 と読み込んだデータの 7 とを，ALU が加算する。
⑥ 汎用レジスタの値が，⑤の加算結果に更新される。
⑦ プログラムカウンタの番地が，次に読み込むべき番地に切り替わる。

動画で確認

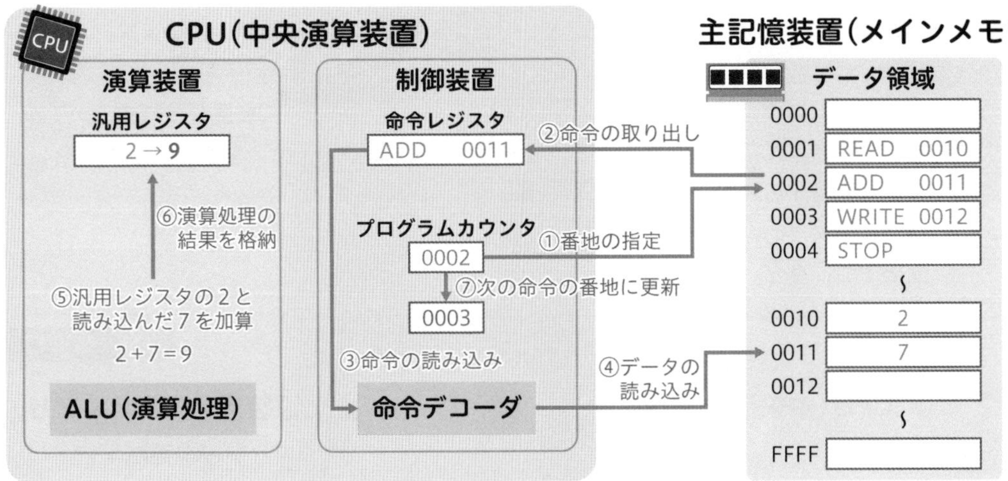

図4 ADD命令(0002番地)実行

WRITE命令実行

WRITE命令は次のように実行されます。順番の丸数字は図5と一致しています。

① プログラムカウンタで指定された主記憶装置上の番地を，制御装置が参照する。
② 制御装置が，①で参照したところに記憶されているWRITE命令を取り出し，命令レジスタが記憶する。
③ 命令レジスタの命令が，命令デコーダに読み込まれる。
④ 命令デコーダが，汎用レジスタのデータを読み込む。
⑤ 汎用レジスタに記憶されているデータを，WRITE命令で指定された番地に書き込む。
⑥ プログラムカウンタの番地が次に読み込むべき番地に切り替わる。

動画で確認

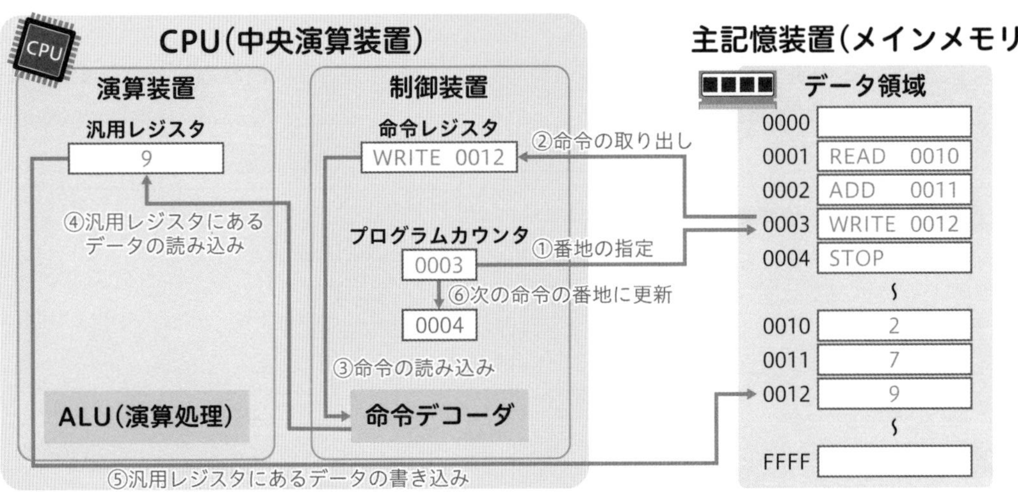

図5 WRITE命令(0003番地)実行

STOP命令実行

STOP命令は次のように実行されます。順番の丸数字は図6と一致しています。

① プログラムカウンタで指定された主記憶装置上の番地を，制御装置が参照する。
② 制御装置が，①で参照したところに記憶されているSTOP命令を取り出し，命令レジスタが記憶する。
③ 命令レジスタの命令が，命令デコーダに読み込まれる。
④ 命令デコーダが，STOP命令に従って処理を停止（終了）する。

動画で確認

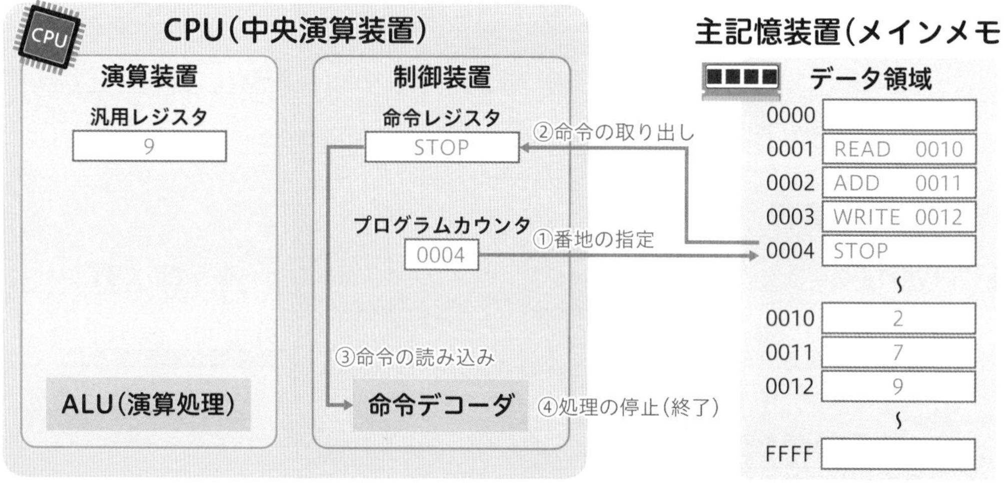

図6　STOP命令（0004番地）実行

簡単な足し算をするだけでも，かなり複雑ですね…。

人間にとっては複雑ですが，コンピュータ内部では，ほんの一瞬でさまざまな命令が処理されます。

なお，このような，命令を記憶装置に格納し，それを順番に読み込んで実行するコンピュータを，**ノイマン型**といいます。

やってみよう　要点チェック問題3-2（ネット提供資料）

でる度 ★★★

3-3 CPU の性能

動画 第 3 章 ▶ 3-3_CPU の性能

きょうの授業はこんな話

① クロック周波数

クロック周波数とは何かということを理解したうえで，CPU が 1 秒間に実行できる命令数の計算方法を学ぼう。

② ビット数とコア数

CPU の性能を決めるビット数とコア数について学ぼう。

こんど，家のパソコンを買う予定で，パソコン販売の Web サイトを見ていますが，一体どれがいいのかいまいちわかりません。

ソフトウェアはあとから足せるので，パソコンを選ぶときに最初に注目したいのは，本体の性能だといえます。

パソコン本体の性能を決めるものの一つに，CPU の処理能力があります。今回は，カタログに載っている CPU の性能について理解できるようになる授業です。

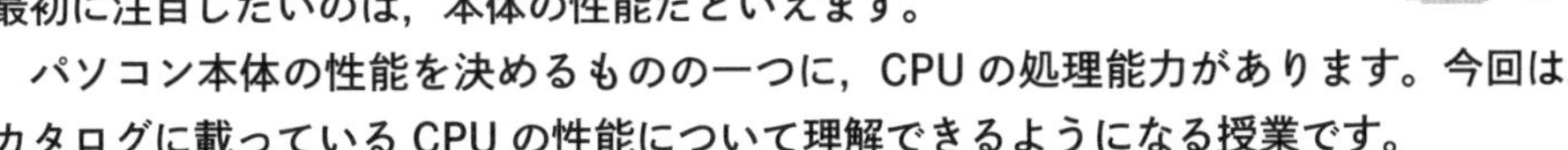

① クロック周波数

CPU の性能の一つの指標として**クロック周波数**というものがあります。コンピュータ内部にはいろんな装置が入っていて，それらは，**クロック信号**（図 1）とよばれる周期的な信号に合わせて動作します。

クロック信号を生成する回路を，**クロックジェネレータ**といいます。クロックジェネレータは，水晶を震わせてクロック信号を作り出し，CPU は，そのクロック信号に合わせて動作します。クロックジェネレータは，CPU を構成する要素の一つでもあります。

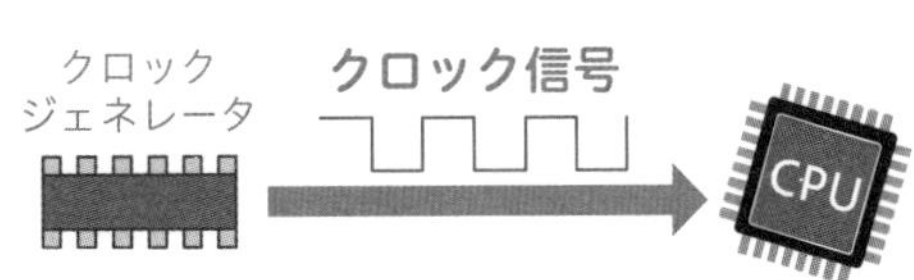

図 1　クロック信号

クロックジェネレータが 1 秒間に発するクロック信号の数を，**クロック周波数**といいます。単位は **Hz**（ヘルツ）です。この波長の山と谷の 1 つの周期を 1 クロックといいます。

たとえば，次ページの図 2 のように 1 秒間に 1 クロックの場合は **1Hz**，1 秒間に 3 クロックの場合は**3Hz**となります。

実際のクロック周波数はもっと大きな値になります。たとえば，クロック周波数が**1GHz**の場合は，1秒間に**10億回**クロック信号が発生するという意味になります。一般的に，**クロック周波数の値が大きいほど性能のよいCPU**だといえます。

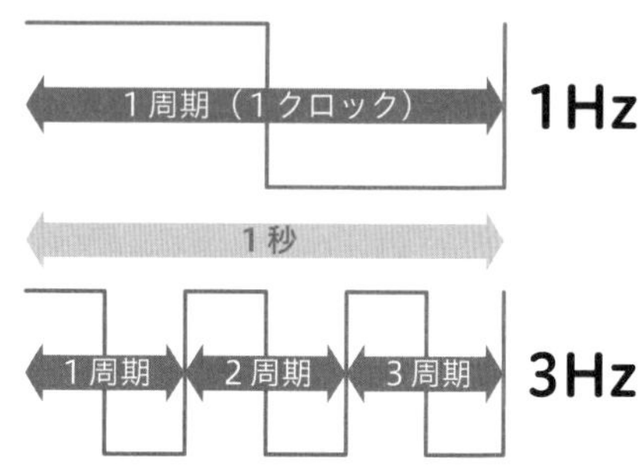

図２　クロック周波数

また，1命令あたり何クロック必要かという指標に，**CPI**（Clock cycles Per Instruction）があります。たとえば，1命令に8クロック必要ならば，図3のように**8CPI**となります。

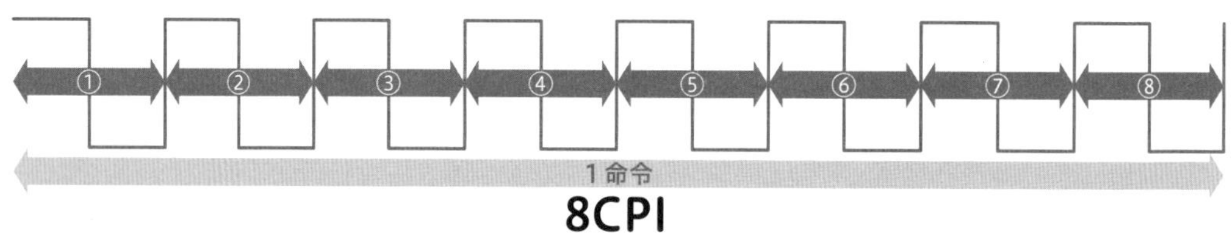

図３　CPI

大学入学共通テストでは，単位時間にどれくらいの命令を処理できるかを問われる可能性があります。たとえば，クロック周波数が1GHzで，10CPIの場合は1秒あたりいくつ命令を実行できるか，というような問題です。

いろんな用語が出てきて，まだ頭が整理できていません…。

では，一緒に解いていきましょう。まず，クロック周波数1GHzで，1秒あたり10億回のクロック信号が発生するというのは，すでに説明したとおりです。これに合わせてCPUが動作します。また，10CPIは，1命令あたり10クロック必要だということです。

以上より，1秒あたりの処理可能な命令数は，10億÷10で求めることができます。つまり，1億命令です。次のような計算式になると覚えておきましょう。

1秒あたりの命令実行数＝クロック周波数（Hz）÷1命令あたりのクロック数（CPI）

また，CPUが1秒間に実行できる命令数を表す指標に，**MIPS**（ミップス）（Million Instructions Per Second）があります。たとえば，1MIPSのCPUは100万個の命令を，20MIPSのCPUは2,000万個の命令を，1秒間に実行できます。先ほどの，1秒あたり1億命令処理できると算出されたCPUは，100MIPSということになります。

② ビット数とコア数

CPU の性能は，**ビット数**や**コア数**（表 1）によっても変わってきます。

ビット数については，一度に処理するデータ量の違いによって，16 ビット CPU，32 ビット CPU，64 ビット CPU などに分類されます。ビット数が大きいものほど処理能力が高い CPU といえます。

CPU の中で実際に処理を行っている部分を，**コア**（図 4）といいます。1 つの CPU で複数のコアをもっているものがあり，これを**マルチコア CPU** といいます。これに対して 1 つしかコアがないものを，**シングルコア CPU** といいます。一般的に，コア数が多いほど複数の処理を並行して実行できるので，性能が高い CPU になります。

なお，マルチコア CPU は，コアの個数によって名称が異なります。

表 1 CPU の代表的なコア数と名称

コア数	名称
1 コア	シングルコア
2 コア	デュアルコア
3 コア	トリプルコア
4 コア	クアッドコア
6 コア	ヘキサコア
8 コア	オクタコア
10 コア	デカコア
12 コア	ドデカコア

シングルコア CPU

クアッドコア CPU

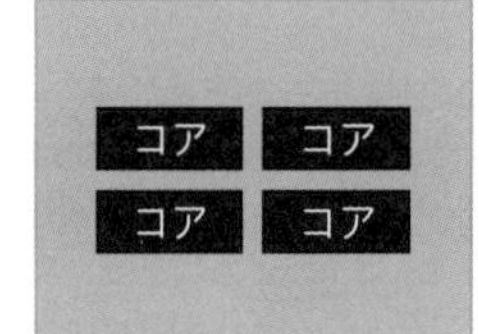

図 4 CPU コアのイメージ

なるほど。クロック周波数やビット数，コア数の大きいものが性能が高いので，先生のオススメのパソコンというわけですね？

実は，そうとは限りません。確かにコア数などが大きいほど高性能になりますが，その分値段も高くなります。コンピュータを利用する目的が文書作成やインターネット利用程度なら，性能が低くても十分に動きます。3D アニメーション制作などを行いたい場合は，高性能なほうがいいです。

というわけで，まずはパソコンを買って自分自身が何をしたいかを考えて，そのうえで価格と性能を見て選ぶのがよいでしょう。

最後に，実際にパソコン販売サイトなどで見られる，CPU の性能に関する記載を確認していきましょう。

Intel Core i7-1260P (12 コア /16 スレッド / 最大 4.7GHz)

これは Intel（インテル）という会社の Core i7-1260P という名前の CPU です。

あっ！　「インテル入ってる」っていうキャッチコピーを，テレビCMで聞いたことがあります。

Intelは世界最大手のCPUメーカーです。カッコ内に書かれている性能が具体的に何を意味しているのか，順番に見ていきましょう。

まず，「12コア」とあるので，1つのCPUの中に処理を行うコアが12個あるということです。

「スレッド」というのは，道路の車線数のようなものです。「1スレッド＝1車線」「2スレッド＝2車線」で，その上を命令やデータが自動車のように走る（伝送される），というイメージです。車線数が多くなるほど多くの車が並走できて，渋滞が起こりにくくなりますよね。今回は「16スレッド」なので16車線ある道路をイメージしてください。

「最大4.7GHz」の部分は，クロック周波数を示しています。1秒間に47億回ものクロック信号が発生し，それに合わせてCPUが動作することを意味しています。

CPUの性能の見方がわかりました。今回習った内容を頭に入れて，もう一度パソコン販売サイトを見てみます。

ちょっと深掘り

グラフィックボード，GPUとは？

これまでの説明にあったとおり，CPUは主に演算（計算）やコンピュータ全体の制御をする装置です。しかし，処理した結果をディスプレイに表示する能力はありません。表示するには別の装置が必要になります。その装置を**グラフィックボード**（グラフィックカード）といいます。

グラフィックボードは，コンピュータの主要な部品が装着された基板に搭載されることが多いですが，最近はCPUに内蔵されているものも増えています。そして，このグラフィックボードに搭載されている，画像描画のための演算装置を，**GPU**（Graphics Processing Unit）といいます。

高度な動画制作や3Dゲームなどをしたいならば，CPUだけでなくグラフィックボードも高性能なパソコンを選ぶとよいでしょう。

やってみよう　要点チェック問題3-3（ネット提供資料）

でる度 ★★★

3-4 演算誤差

動画 第３章 ▶ 3-4_演算誤差

きょうの授業はこんな話

① 誤差とは

具体例を通して誤差とは何かを理解しよう。

② 誤差の種類

誤差にはどのような種類があるかについて学ぼう。

この前，友だち３人で誕生日会をしました。１個のホールケーキを３等分しようとしましたが，ピッタリ同じ大きさにはできず，一番大きいのを誕生日の人にあげました。

そうするのが適切でしょうね。３等分するのはコンピュータでも難しく，1 ÷ 3 = 0.33333…となって，どこかの桁で切り捨てなどをする必要があります。この，切り捨てなどの処理は，プログラミングを行う際にも，問題になることがあります。

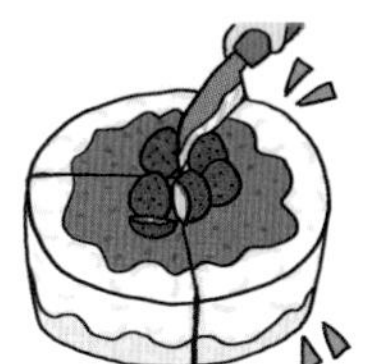

① 誤差とは

真の値と測定した値のずれを，誤差といいます。

実際のコンピュータの例で見ていきましょう。図１のような，最大で16桁を扱える電卓アプリがあるとします。この場合，16桁の最大値である9,999,999,999,999,999を超える数を扱おうとすると，誤差が生じます。たとえば，10,000,000,000,000,000は9,999,999,999,999,999に１を足しただけの数ですが，その１が，16桁まで表せる電卓アプリでは誤差となります。

次に，２進法での誤差の例を見ていきましょう。10進法の0.1を２進法に変換してみてください。

図１ Windows 11に付属の電卓アプリ（最大16桁）

少し前の授業で習った10進法の小数の２進法への変換ですね！　計算してみると…あれ？　0.00011001100110011001…とずっと計算が終わりません。

復習 p.62

そのように永久に続く小数を**無限小数**といい，その中でも001100110011…のように同じ数字の列が繰り返されるものを，**循環小数**といいます。無限小数は，どこかの桁で打ち切らないと，コンピュータが扱えるデータの容量を超えてしまいます。

ところで，10進法の0.29 － 0.28の計算結果は何になるでしょうか。

0.01ですね。簡単です！

正解です！　しかし，Pythonなどのプログラミング言語で，この計算をするよう命令をすると，「0.009999999999999953」のように「0.01」とならないことがあります。これには，コンピュータの世界では0と1の2進法でデータが扱われることが関係しています。

0.29を2進法で表すと，0.0100101000…と無限小数になります。0.28も同じように無限小数になります。そこで，やむを得ず，2進法に変換する計算をどこかの桁で打ち切ることになり，その時点で誤差が発生します。以上の手順を経た2進法での計算結果を10進法に戻すと，0.29 － 0.28を10進法のままで計算した場合の答えである0.01からずれてしまうのです。

誤差が出ないように命令するにはどうすればいいのですか。

0.28と0.29を2進法に変換する前に，それぞれに100を掛けておく方法があります。そのうえで2進法に変換すれば，どちらも有限の値となり，誤差は発生しません。そして，計算結果を10進法に戻してから100で割れば，正しい計算結果が得られます。

誤差は，多くの場合，「ほんのわずかな差」という扱いですが，深刻な問題につながることがあります。たとえば，地球外のどこかに探査ロケットを発射することを考えてみてください。発射角度にほんのわずかでも誤差が生じたら，移動距離が長い分，ロケットの到達位置は，目指す場所から大きく外れてしまいます。

このように，許容できる誤差の範囲は，コンピュータで何を行うかによって大きく変わってきます。

② 誤差の種類

誤差は，いくつかに分類されます。ここでは，誤差の種類としてどのようなものがあるか，具体的に説明していきます。

桁あふれ誤差

演算結果がコンピュータの扱える最大値や最小値を超えることによって生じる誤差を，**桁あふれ誤差**といいます。桁あふれ誤差のイメージは次ページの図2のとおりです。

図 2　桁あふれ誤差

中学数学の復習ですが，この図の絶対値というのは，0 からの距離を表す値です。簡単にいうと，数字のプラス・マイナスの符号をとって残った部分のことで，たとえば，－ 5 の絶対値は 5 です。そして，桁あふれ誤差の中で絶対値基準で表現できる範囲の最大値を超えてしまうことを**オーバーフロー**，同範囲の最小値を下回って 0 に近づいてしまうことを**アンダーフロー**といいます。

では，桁あふれ誤差の具体例を見ていきましょう。たとえば，5 桁まで表示できる電卓アプリがあるとします。この電卓アプリでは，99,999 よりも演算結果が大きい場合の誤差が，オーバーフローの桁あふれ誤差に該当します。逆に，0.000012…のように小さすぎて，小数点以下が 5 桁以上（整数部の 0 と合わせて 6 桁以上）になる場合の誤差は，アンダーフローの桁あふれ誤差に該当します。

情報落ち

絶対値の大きな値と絶対値の小さな値の加減算を行ったときに，絶対値の小さな値が計算結果に反映されず生じる誤差を，情報落ちといいます。

全然イメージが湧きません…。

$$
\begin{array}{r}
0.1234 \times 10^{4} \\
+0.000000005678 \times 10^{4} \\
\hline
0.123400005678 \times 10^{4}
\end{array}
$$

有効桁数 4 桁
情報落ち

図 3　情報落ち

たとえば，小数点以下の有効桁数を 4 桁として，絶対値の大きな値 0.1234×10^4 と絶対値の小さな値 0.5678×10^{-4} の加算を行うことを考えてみましょう。計算を行うには，小数点の位置と指数の値を合わせる必要がありますので－ 4 乗の部分を 4 乗に合わせると，$0.5678 \times 10^{-4} = 0.000000005678 \times 10^4$ で，図 3 のような計算となります。

有効桁数は 4 桁なので，00005678 の部分ははみ出てしまい，なかったことにされてしまいます。情報落ちとは，このように，計算の過程で情報が消えてしまうことによって生じる誤差だ，ともいえます。

打切り誤差

計算処理を，完了まで待たずに途中で打ち切ることによって生じる誤差を，打切り誤差といいます。円周率は数字で表すとどのようになるか，覚えていますか。

3.1415926535…とずっと続くのですよね。小学校では 3.14 だと習いました。

そうです。この円周率のような永遠に続く計算を，定めた規則に従って途中で打ち切ることで生じる誤差が，打切り誤差です。つまり，小学生が習う円周率の 3.14 は，打切り誤差を許容した値だということです。

丸め誤差

表現できる桁数を超えてしまったために，最小桁より小さい部分について四捨五入や切り捨て，切り上げを行う操作を**丸め**といいます。丸めによって生じる誤差を，**丸め誤差**といいます。

この丸め誤差は理解しやすいと思います。たとえば，0.123456…の例で，小数点以下 4 桁で表すために，小数第 5 位について丸め処理をした結果は次のとおりです。

四捨五入：0.1235　　切り上げ：0.1235　　切り捨て：0.1234

桁落ち

絶対値がほぼ等しく，かつ丸め誤差をもつ数値どうしの差を求めたときに，信用できない桁が発生することによって生じる誤差を，**桁落ち**（図 4）といいます。

復習 p.68

たとえば，0.554987 の小数第 4 位を四捨五入した値 0.555 に 10^7 を掛けた値（0.555×10^7）と，0.5544321 の小数第 4 位を四捨五入した値 0.554 に 10^7 を掛けた値（0.554×10^7）の差を求めると 0.001×10^7 となります。浮動小数点数の授業で説明したとおり，コンピュータの処理領域を節約するには，小数点の位置をずらすことが有効です。今回の計算では，コンピュータは，小数点の位置を自動で右にずらして 0.1×10^5 とします。この処理を**正規化**といいます。そして，小数点以下の有効桁数を 3 桁として計算しているので，0 が自動で付加されて 0.100×10^5 となります。しかし，0.100 の 00 の部分は機械的に自動で付加されたものであり，これらの桁がもともと 0 だったという保証はありません。これが桁落ちです。

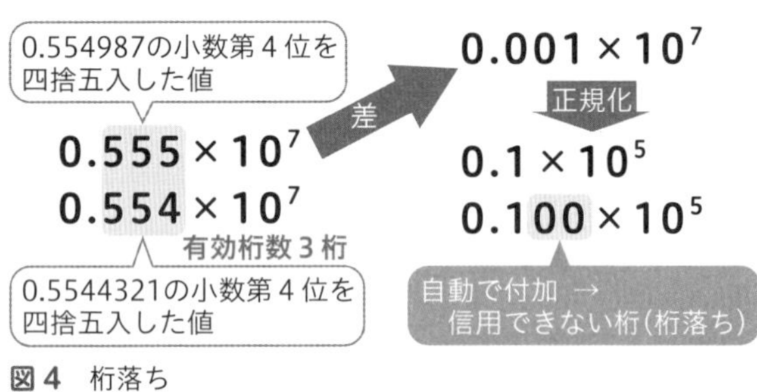

図 4　桁落ち

よくわかりました！　この授業の冒頭で話題にしたケーキを 3 等分するときの誤差は，打切り誤差にあたるのですね！

そのとおりです！

やってみよう　要点チェック問題 3-4（ネット提供資料）

でる度 ★★★

3-5 論理演算の仕組み

動画 第 3 章 ▶ 3-5_論理演算の仕組み

きょうの授業はこんな話

① 論理演算と論理回路

コンピュータの論理演算の基本となる AND 回路・OR 回路・NOT 回路の基本論理回路がどのようなものかを学ぼう。

② 半加算回路と全加算回路

基本論理回路を組み合わせた半加算回路と全加算回路の仕組みについて学ぼう。

③ さまざまな論理回路

基本論理回路を複数組み合わせて 1 つの MIL 記号にした NAND 回路・NOR 回路・XOR 回路について学ぼう。

近所の商店街が，週末の夜はイルミネーションを灯すことにしたようで，すごくきれいです。

イルミネーションの電球の「点いたり消えたり」は，電気が流れる (1)・流れない (0) で決まるものなので，コンピュータで制御できます。

今回は，コンピュータが 0 と 1 でどのように制御を行っているのかを，簡単な具体例で見ていくことにしましょう。

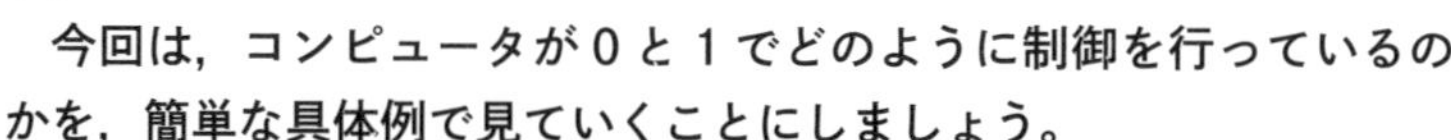

① 論理演算と論理回路

論理演算とは，**1 を真 (True)**，**0 を偽 (False)** とみなして 1 と 0 の 2 つだけで行う演算です。真 (True) は，その条件が成立していることをいいます。たとえば，2 より大きいという条件があった場合，3 は真となります。一方，2 より小さいという条件があった場合，3 は偽となります。この真と偽の 2 つの値を**真偽値**といいます。

論理演算を行う電気が流れる回路を**論理回路**といいます。論理回路は **AND（アンド）回路**，**OR（オア）回路**，**NOT（ノット）回路**の 3 種類の組み合わせでさまざまな演算を行っています。

この 3 つの回路をまとめて**基本論理回路**といいます。

言葉だけでは頭がついていきません…。

そうですね。確かに難しいと思います。CPUの演算装置がやっている論理演算と，その演算を行う回路のあり方に関する知識のうち基本的な事柄は，これから大学生となるみなさんが，コンピュータとよりよく付き合うために重要です。

イメージできるように，以下で，図示しながら説明していきます。

AND回路（論理積回路）

AND回路は，2つの条件のどちらも満たすときに1（真）になる回路で，論理積回路ともいいます。視覚的に理解しやすいように，電球の回路図とベン図を使って説明していきます。

復習 p.29

スイッチAとB，電球Yがあった場合，**スイッチがONの状態を1（真），OFFの状態を0（偽）**とします。**電球Yが点灯している状態を1（真），消灯している状態を0（偽）**とします。

AND回路は，電球の回路では，スイッチAとBが**直列**につながれた回路として表現できます。スイッチA・BのいずれにもONとOFFの2つの状態があるので，スイッチの状態の組み合わせは全部で4通りです。

表1　直列回路と電球

A:OFF (0) B:OFF (0)	A:ON (1) B:OFF (0)	A:OFF (0) B:ON (1)	A:ON (1) B:ON (1)
Y: 消灯 (0)	Y: 消灯 (0)	Y: 消灯 (0)	Y: 点灯 (1)

表1のとおり，AとBが両方1（真）のときだけ，電球Yが点灯するとわかります。これをベン図で表すと，図1のとおり，**AとBが重なっている領域だけが1（真）**となります。言葉でいうと，「**A AND B**」「**AかつB**」の領域です。

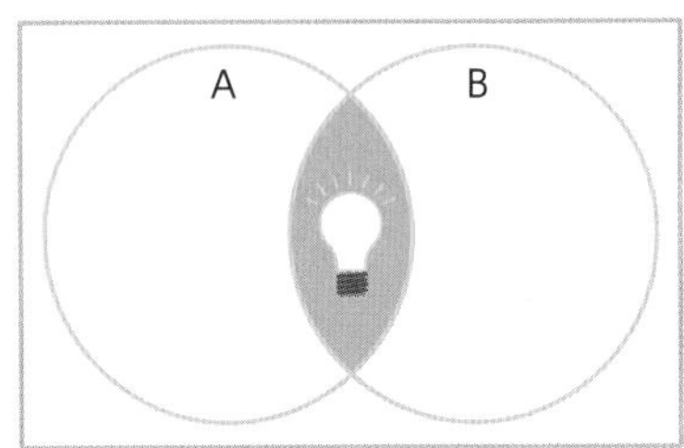

図1　AND回路のベン図

すべての入力の組み合わせとそれに対する出力結果を示す表を，真理値表といいます。AND回路の真理値表は表2のようになります。

表2　AND回路の真理値表

入力		出力
A	B	Y
0	0	0
0	1	0
1	0	0
1	1	**1**

入力が両方とも1（真）のときだけ出力も1（真），と覚えればよさそうですね。

そのとおりです。大学入学共通テストでは，真理値表を丸暗記しているかを問われることはないでしょうが，本番での時間の節約のため，覚えられるなら覚えておいたほうがよいでしょう。

論理「積」回路とあるように，入力の値を掛け合わせればいい，と覚えておく手もあります。入力Aを0，Bを1とした場合，0×1で0となります。一方，両方1の場合は1×1で1となります。

なお，論理回路は**論理式**という式でも表すことができます。論理積の場合は，**A・B＝Y**となります。「・」は積を意味しています。

論理回路を表す記号にはいくつか種類がありますが，アメリカ規格協会が制定したANSI（アンシー）規格の**MIL（ミル）記号**が一般的です。AND回路は図2のような記号で，**左から中央の図形に向かって伸びる線が入力（A・B），中央の図形から右に向かって伸びる線が出力（Y）**を表します。入力と出力は真理値表の値と一致します。

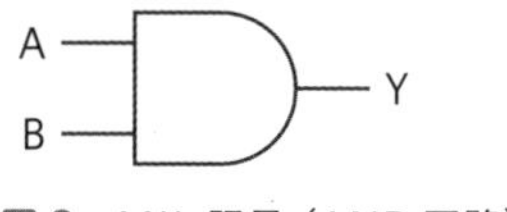

図2　MIL記号（AND回路）

OR回路（論理和回路）

OR回路は，2つの条件のどちらか一方を満たせば1（真）になる回路で，**論理和回路**ともいいます。これは，電球の回路では，スイッチAとBが**並列**につながれた回路として表現できます。表3のように，**AかBのどちらかがON（1）のときに電球Yが点灯（1）する回路です。**

表3　並列回路と電球

A:OFF (0) B:OFF (0)	A:ON (1) B:OFF (0)	A:OFF (0) B:ON (1)	A:ON (1) B:ON (1)
Y: 消灯 (0)	Y: 点灯 (1)	Y: 点灯 (1)	Y: 点灯 (1)

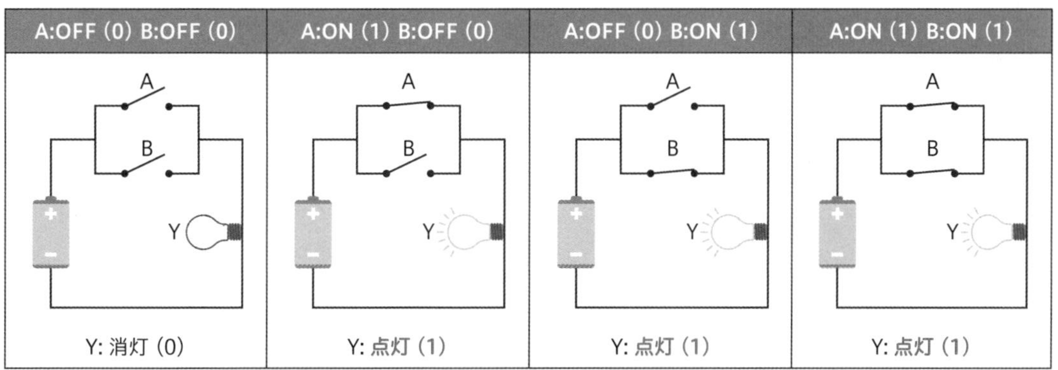

これをベン図で表すと，図3のとおり，**AとBの領域が両方とも1（真）**，AでもBでもない領域が0（偽）となります。言葉でいうと，1（真）は「**A OR B**」「**AまたはB**」の領域です。

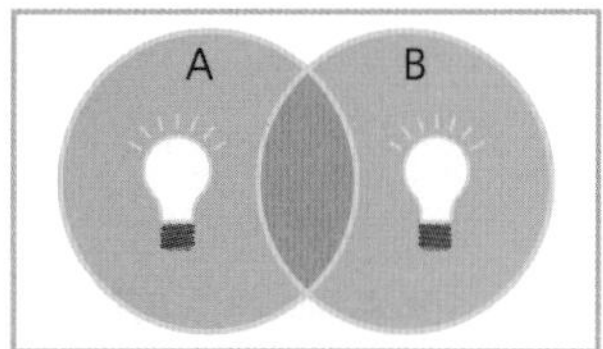

図3　OR回路のベン図

表4　OR回路の真理値表

入力		出力
A	B	Y
0	0	0
0	1	1
1	0	1
1	1	1

OR回路の真理値表は表4のようになります。**AかBのどちらか一方が1（真）なら，出力も1（真）**と覚えるとよいでしょう。

また，OR回路も論理式で表すことができます。論理「和」回路とあるように，**A＋B＝Y**となります。「＋」はORを意味しています。MIL記号では，図4のように表されます。

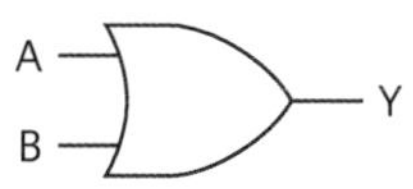

図4　MIL記号(OR回路)

NOT回路（否定回路）

NOT回路は，ある**入力が1（真）ならば出力が0（偽）**となる回路です。一方，**入力が0（偽）ならば出力は1（真）**となります。真理値表は表5のとおりです。とてもシンプルですね。

ベン図で表すと図5のとおりで，MIL記号は図6のとおりです。論理式は，入力の上に否定を表すマクロン（¯）という記号をつけて，$\overline{A}$ = Yのように表します。

表5　NOT回路の真理値表

入力	出力
A	Y
0	1
1	0

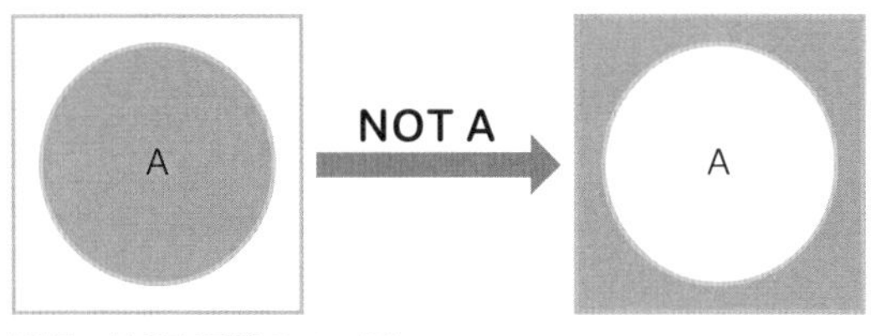

図5　NOT回路のベン図

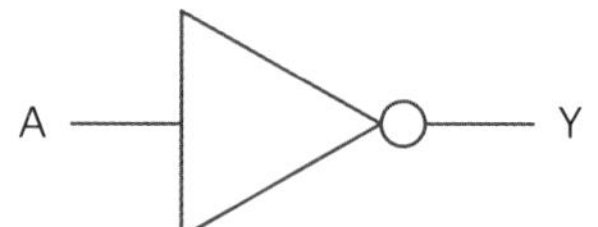

図6　MIL記号（NOT回路）

② 半加算回路と全加算回路

AND，OR，NOTの回路を組み合わせて使うこともありますか。

あります。といいますか，実際には組み合わせて使うことのほうが多いです。その代表的な具体例に，半加算回路があります。

半加算回路は，2進法1桁の足し算を行える**加算回路**で，**半加算器**ともいいます。2進法の1桁の足し算は4パターンあって，0 + 0 = 0，0 + 1 = 1，1 + 0 = 1，1 + 1 = 10となります。

この計算ができる半加算回路は，図7のとおりです。AとBが入力，Sが計算結果の1桁目，Cが計算結果の2桁目で，計算式にすると**A + B = CS**となります。なお，Sは「合計」を意味するSumの，Cは「桁上げ」を意味するCarryの頭文字です。

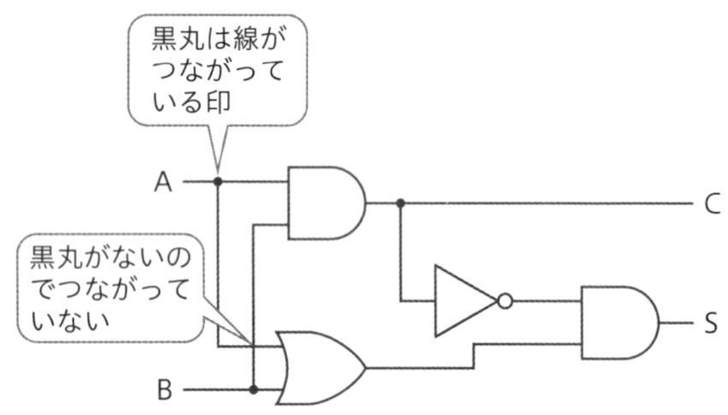

図7　半加算回路

うわっ！　いきなり複雑になりましたね。

MIL 記号の意味や回路の形についても，真理値表と同様に，本番での時間の節約のため，余裕があれば覚える，というくらいの扱いでかまいません。

真理値表は表 6 のようになり，先ほどの 2 進法 1 桁の足し算のパターンと一致します。

表 6 半加算回路の真理値表

入力		出力	
A	B	C	S
0	0	0	0
0	1	0	1
1	0	0	1
1	1	**1**	**0**

具体的にどのような流れで計算が行われるのですか。

たとえば，1 + 1 のパターンにおける各回路記号の入出力は図 8 のようになります。

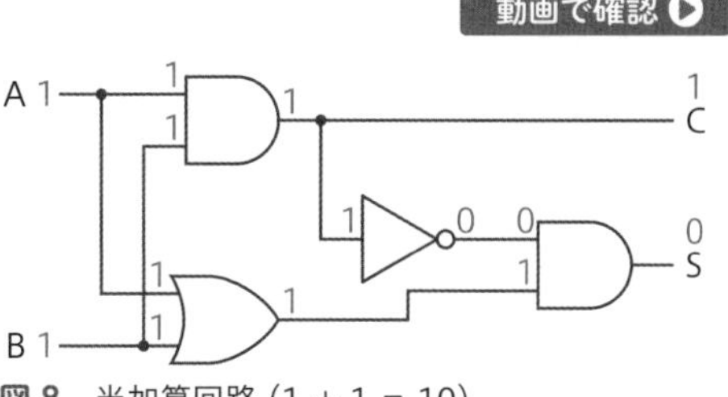

図 8 半加算回路（1 + 1 = 10）

この半加算回路の欠点は，下位の桁からの桁上げを考慮した計算ができないということです。たとえば，桁数を増やして 01 + 11 とした場合，1 桁目は 1 + 1 = 10 と計算でき，ここまでの計算なら半加算回路だけで対応できます。

しかし，次の 2 桁目は，図 9 のように 1 桁目からの桁上げ分も加えて 1 + 0 + 1 を行う必要がありますが，入力は A と B の 2 つしかないので，**半加算回路 1 つだけでは，桁上げ分の足し算ができません。**

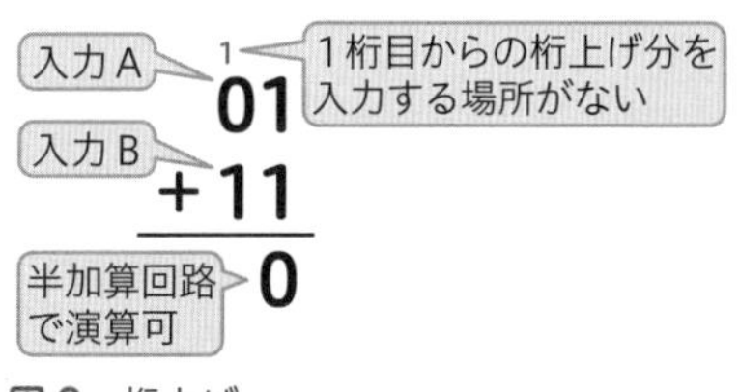

図 9 桁上げ

この問題を解決するのが全加算回路です。**全加算回路**は，下位からの桁上げ，上位への桁上げをともに考慮した加算回路で，半加算回路を 2 つ組み合わせたものです。**全加算器**ともいいます。

図 10 は全加算回路です。この回路は，別の回路で出ている 1 桁目の計算結果のうちの桁上げ部分を，C in のところで受け取る仕組みになっています。

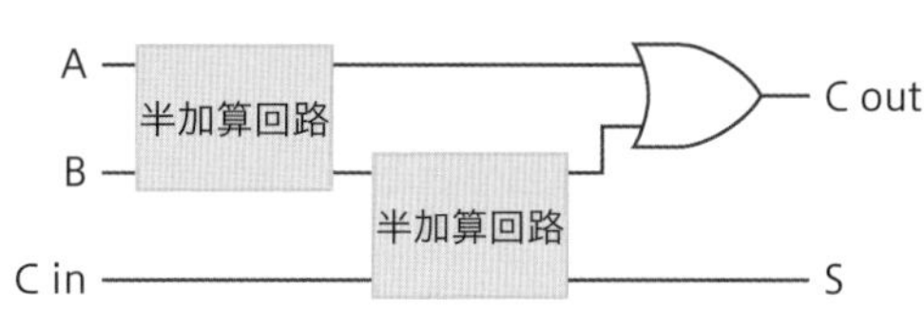

図 10 全加算回路

半加算回路の部分には先ほどの図 7 の回路が入ります。ここでは，例として図 9 の 2 桁目の計算を用い，入力 A を 0，入力 B を 1，C in で受け取る値を 1 として，この回路に流してみましょう。すると，図 11 のように，上位への桁上げを表す C out は 1，S は 0 となり，桁上げ分を含めた加算を正しく行えたことがわかります。

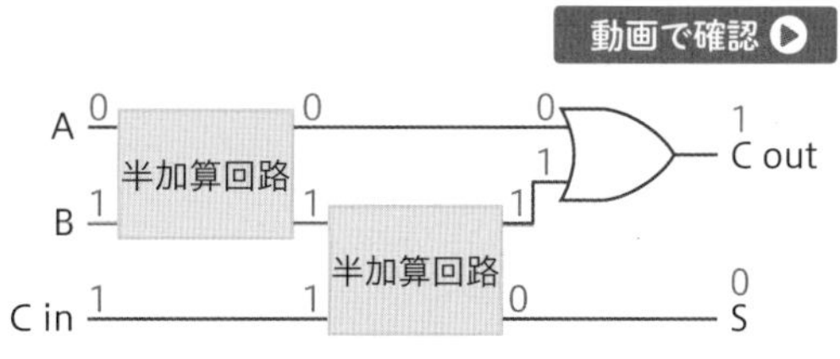

図 11 全加算回路（0 + 1 + 1 = 10）

③ さまざまな論理回路

AND 回路，OR 回路，NOT 回路を組み合わせることで，さまざまな回路図を作成できますが，それらの組み合わせを 1 つの回路図で表したものに**否定論理積回路（NAND（ナンド）回路）**，**否定論理和回路（NOR（ノア）回路）**，**排他的論理和回路（EOR（イーオア）回路または XOR（エックスオア）回路）**があります。

否定論理積回路（NAND 回路）

否定論理積回路は，論理積（AND）回路と否定（NOT）回路を組み合わせた論理回路です。NAND 回路ともいいます。**AND 回路の結果を反転させたものが出力となる**ため，**入力が両方とも 1 のときだけ出力は 0，それ以外のときの出力は 1** となります（表 7）。

NAND 回路の MIL 記号は図 12 の左側のようになりますが，この 2 つの MIL 記号の組み合わせは，右側のように 1 つの記号で表すこともできます。これは，NOT 回路の三角形を省略したもので，AND 回路の否定を意味します。

図 12 の左側の NOT 回路の三角形は，入力値をそのまま出力するという意味で，三角形についている丸印は 1 と 0 を反転させるという意味なので，このように三角形を省略しても，全体の意味は変わらないのです。

表 7　NAND 回路の真理値表

入力		出力
A	B	Y
0	0	1
0	1	1
1	0	1
1	1	0

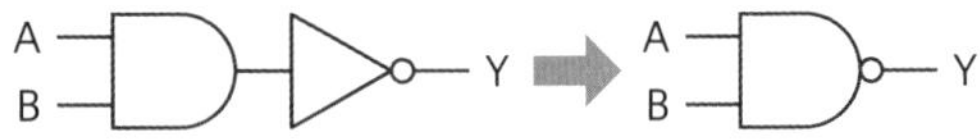

図 12　NAND 回路

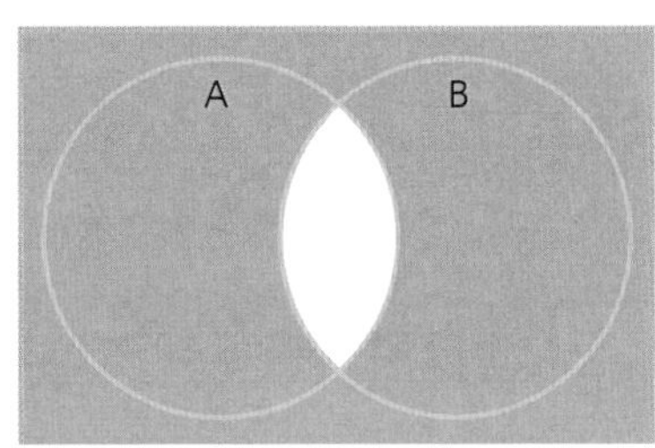

図 13　NAND 回路のベン図

否定論理和回路（NOR 回路）

否定論理和回路は，論理和（OR）回路と否定（NOT）回路を組み合わせた論理回路です。NOR 回路ともいいます。**OR 回路の結果を反転させたものが出力となる**ため，**いずれか一方でも入力が 1 ならば出力は 0，入力が両方とも 0 のときだけ出力は 1** となります（表 8）。

NOR 回路の MIL 記号は図 14 の左側のようになりますが，右側のように 1 つの記号で表すこともできます。これは，

表 8　NOR 回路の真理値表

入力		出力
A	B	Y
0	0	1
0	1	0
1	0	0
1	1	0

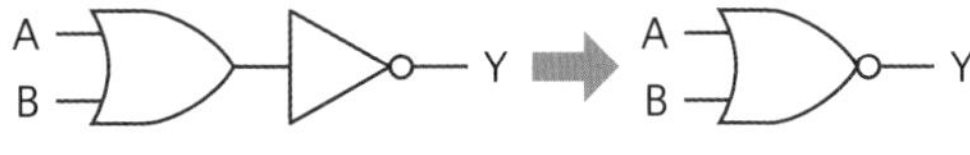

図 14　NOR 回路

図12と同様にNOT回路の三角形の部分を省略した形で，OR回路の否定を意味します。

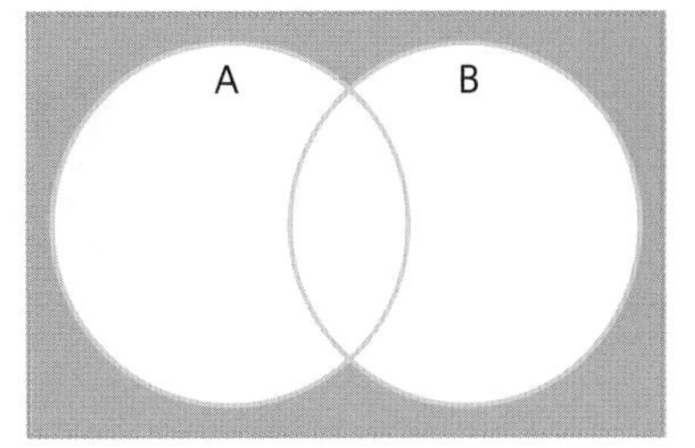

図15　NOR回路のベン図

排他的論理和回路（EOR回路またはXOR回路）

排他的論理和回路は，表9のように，**2つの入力のうち片方だけが1のときに1となる論理回路です。EOR回路**または**XOR回路**ともいいます。

XOR回路のMIL記号は図16の左側のようになりますが，右側のように1つの記号で表すこともできます。これは，孤の部分だけで，左側のMIL記号のOR回路以外をすべて表している形です。

表9　XOR回路の真理値表

入力		出力
A	B	Y
0	0	0
0	1	1
1	0	1
1	1	0

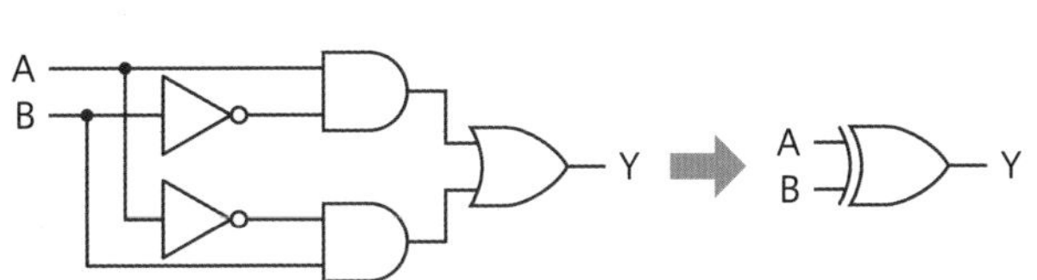

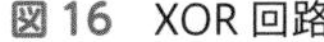
図16　XOR回路

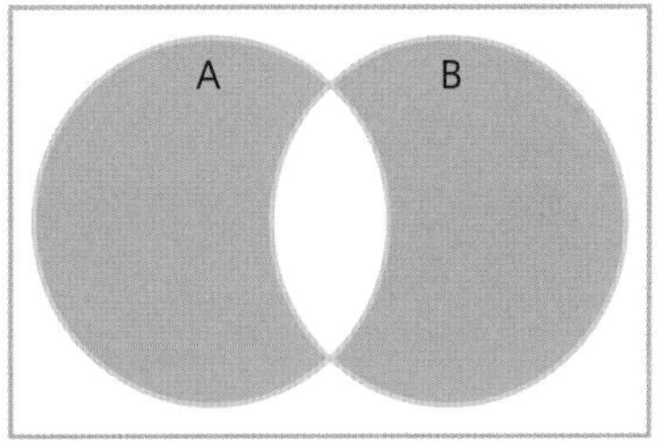

図17　XOR回路のベン図

XOR回路は，かなり難しいですね…。

そうですね。論理回路に関する大学入学共通テストの問題としては，実際に入力値を当てはめて各回路の出力結果がどうなるかを考えさせる問題などがありえます。その対策としては，学習を進める中で複雑な回路図に出くわすたびに，値を当てはめて真理値表を作ってみる，というような習慣をつけるとよいでしょう。

やってみよう　要点チェック問題3-5（ネット提供資料）

でる度 ★★★

3-6 アルゴリズムとプログラミング

動画 第3章 ▶ 3-6_アルゴリズムとプログラミング

きょうの授業はこんな話

① アルゴリズムとフローチャート

アルゴリズムをわかりやすく図示するフローチャートについて学ぼう。

② さまざまなアルゴリズムの表現方法

アクティビティ図と状態遷移図について学ぼう。

③ プログラミング言語

プログラミング言語の概要について学び，プログラミングの流れを理解しよう。

きのうは家で野菜炒めを作りました！　野菜を切って，炒めて盛り付けるだけなので簡単でした！

自分で料理をするなんて偉いですね！　これから習うプログラミングでは，料理のように手順が大切になるんですよ。

ついにプログラミングに入るんですね！　楽しみです！

① アルゴリズムとフローチャート

やりたいことを実現したり問題を解決したりするための方法や手順を，**アルゴリズム**といいます。野菜炒めを作る手順もアルゴリズムです。

アルゴリズムを視覚的にわかりやすく表現した図に**フローチャート**があります。フローチャートは**流れ図**ともいいます。たとえば，野菜炒めを作る手順をフローチャートで表すと，図1のようになります。

このような，上から下へ記述された順に処理を実行する構造を，**順次構造**といいます。

プログラミングは，手順，つまりアルゴリズムを，コンピュータの動作として実現する作業だといえますが，実際のプログラムを書き始める前に，どのような手順を実現するのかを考え，まと

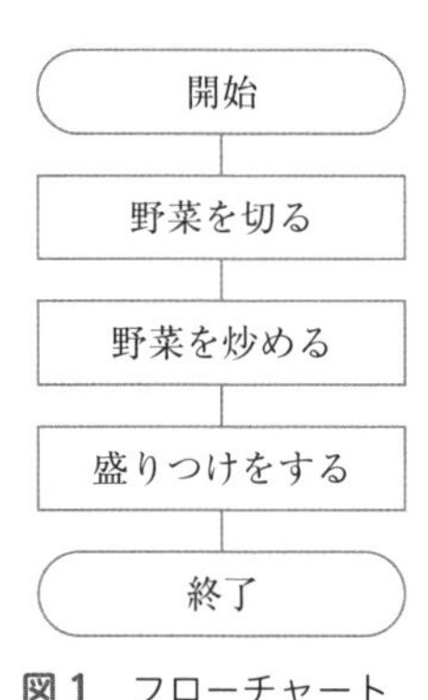

図1　フローチャート（順次構造）

めなければなりません。この作業を「**設計**」といいます。そして，設計を目に見えるように文書で表現したものが，**設計書**や**設計図**です。フローチャートは，そのような設計書や設計図の一部として書かれるものです。

フローチャートで用いられる主な記号は表1のとおりです。

表1 フローチャートで用いられる主な記号（JIS X 0121）

名称	記号	内容	名称	記号	内容
端子		処理の開始と終了	線		データや制御の流れ（直線や矢印）
処理		演算などの処理	データ		データの入出力
判断		条件による分岐	表示		画面などに表示
ループ端		ループの始まり	手操作入力		キーボードなどからの入力
		ループの終わり	定義済処理		すでに定義されている機能（関数）の呼び出し
結合子		1つのフローチャートを途中で分けて描きたいときに，分け目で使用する記号	並列処理		2つ以上の同時操作

記号は具体的にどう使うかわからないし，こんなに覚えるのは大変そう…。

フローチャートの記号については，次回からのプログラミングの授業で扱っていきます。これらの記号が出てくるたびに意味と使い方を説明するので，今は覚えなくて大丈夫です。プログラミングの授業（今回以降の第3章の残り）が終わるころには，重要なものは自然と頭に入っているはずですよ。

② さまざまなアルゴリズムの表現方法

フローチャート以外にも，さまざまなアルゴリズムの表現方法があります。ここでは，代表的なものとして**アクティビティ図**と**状態遷移図**について説明します。これらもまた，設計書や設計図の一部になりえます。

アクティビティ図

アクティビティ図もフローチャートと同じく，一連の処理の流れを表現するための図です。フローチャートとの違いは，アクティビティ図は誰がどんな処理（アクティビティ）をするのかを表現することです。たとえば，人が自動販売機でジュースを買うときの流れをアクティビティ図で表すと，図2のようになります。実際は，お金の計算やおつりの返却などがありますが，ここでは簡単にするために省略しています。

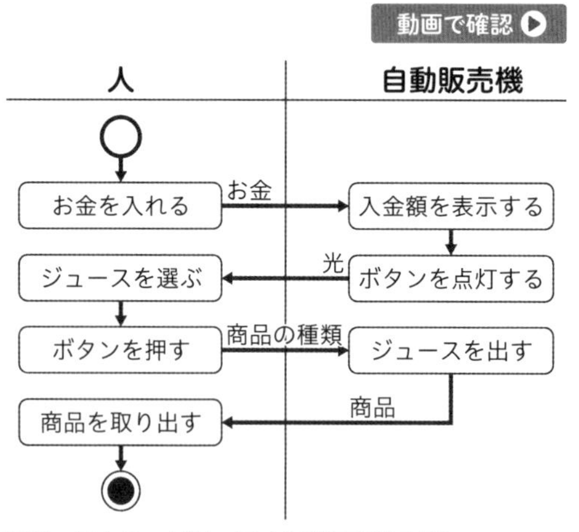

図2　アクティビティ図（自動販売機の例）

表2　アクティビティ図で用いられる主な記号

記号	内容
○	開始
◉	終了
▭	処理（命令）
◇	条件分岐
→	データや制御の流れ

状態遷移図

状態遷移図は，対象となるものの状態の移り変わり（遷移）を表現するための図です。たとえば，自動ドアは人が近づけば開き，遠ざかれば閉じます。それを状態遷移図で表したのが，図3です。

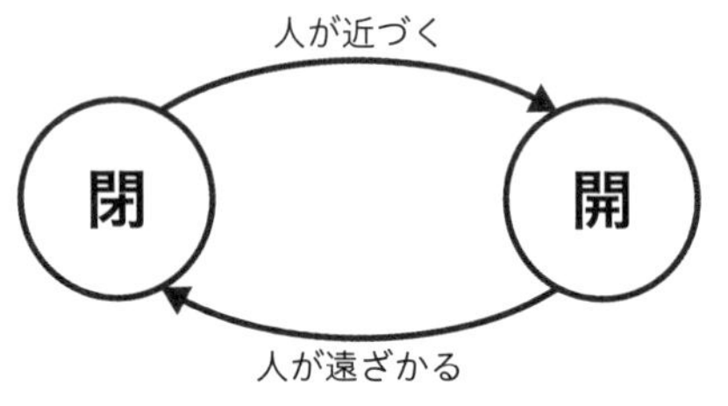

図3　状態遷移図（自動ドアの例）

表3　状態遷移図で用いられる主な記号

記号	内容
○	状態
→	状態の移り変わり

③ プログラミング言語

アルゴリズムをコンピュータが実行できる形式で表したもの，つまりコンピュータに命令する言語を用いて表したものを，**プログラム**といいます。プログラムは，**ソースコード**や**コード**ともいいます。また，プログラムを作成することを**プログラミング**といいます。

コンピュータに対して動作手順などを適切に指示するための，人工的に構成された言語体系が，**プログラミング言語**です。プログラミング言語は**プログラム言語**ともいいます。プログラミング言語には，さまざまな種類があります。

私が学校で習うプログラミング言語は何ですか。

高校の情報Ⅰで扱われるプログラミング言語は，主に，Python（パイソン），JavaScript（ジャバスクリプト），VBA，Scratch（スクラッチ）の中から，各学校により選択されます。本書は大学入学共通テストの対策の授業ですから，実際に共通テストで採用される「**共通テスト用プログラム表記**」という疑似コード（疑似的なプログラミング言語）を使って解説していきます。この言語は，学校でどの言語を習っていても理解しやすいものとなっています。詳しくは次回以降で説明していきます。

これまでの授業で説明したように，コンピュータの世界では，演算に0と1を使います。この0と1のビット列からなる命令を，**機械語**または**バイナリコード**といいます。機械語は，人間が目で見て理解することは難しいため，人間にも理解しやすい表現で記述できるプログラミング言語で記述します。プログラミング言語で書かれたプログラムは，**コンパイラ**や**インタプリタ**というツール（道具）によって機械語に変換されます。

図4 プログラミング言語と機械語の関係

プログラミング言語は，表4のとおり，表現方法や変換方法によって，さまざまに分類できます。

表4 プログラミング言語の分類例

分類方法	種類	特徴	言語の例
記述の方法による分類	**低級言語**	CPUが直接実行できる，人間には理解が難しい言語	機械語
	高級言語	人間が理解できる形式で記述される言語	Python，VBA，JavaScript，Scratch
表現方法による分類	**テキストプログラミング言語**	文字で表現する言語	Python，VBA，JavaScript
	ビジュアルプログラミング言語	ブロックなど図形で表現する言語	Scratch
変換方式による分類	**コンパイラ型言語**	低級言語を一括して機械語に変換してから実行する言語	Java，C言語
	インタプリタ型言語	低級言語を1行ずつ機械語に変換しながら実行する言語	Python，VBA，JavaScript，Scratch
方法論による分類	**手続き型言語**	処理手順を実行する順番に記述する言語	C言語，Fortran
	オブジェクト指向型言語	オブジェクトという部品を組み合わせてプログラムを作っていく言語	JavaScript，Python，Java

先ほど，プログラミングはプログラムを作成することだと説明しました。この意味のプログラミングは，図 5 の「記述」にあたります。記述は**コーディング**ともいいます。

しかし，「プログラミング」という言葉で，もっと広い範囲の作業を指すこともあります。広い意味のプログラミングとは，図 5 の作業全体です。

設計
日本語で行う
フローチャートなどを用いる

記述
プログラミング言語で行う

テスト
コンピュータ上で動かし，
実行結果の検証を行う

図 5　広義のプログラミングの流れ

テストを進める中で不具合（**バグ**）が見つかったら，修正しなければなりません。この修正作業を**デバッグ**といいます。不具合がないか探す作業を含めてデバッグとよぶこともあります。

テストとデバッグはよく似ていますが，テストは「正しく動くか確認する」作業で，デバッグは「正しく動かない部分を探し，見つかったら修正する」作業だと考えればよいでしょう。

とはいえ，テストとデバッグは，「不具合がないプログラムを作る」という点では共通しています。作業の流れとしては，テストして問題が見つかったらデバッグを行い，修正されたことを再テストで確認する，となります。

言葉だけだと，なかなかイメージしにくいですね。

今はざっくりと，「プログラミングとは何をすることか」が理解できれば大丈夫です。次回以降で，実際にプログラミングを行いながら，詳しく説明していきます。

はい！　プログラミング楽しみです！

やってみよう　要点チェック問題 3-6（ネット提供資料）

でる度 ★★★

3-7 共通テスト用プログラム表記とプログラミングの基本

動画 第３章 ▶ 3-7_共通テスト用プログラム表記とプログラミングの基本

きょうの授業はこんな話

① **共通テスト用プログラム表記と PyPEN**

大学入学共通テスト用の疑似コードの「共通テスト用プログラム表記」と，実行環境の PyPEN の概要について学ぼう。

② **プログラムの基本構造**

プログラムの基本構造について学び，順次構造のプログラミングをしてみよう。

③ **算術演算子**

算術演算子を用いたプログラムについて学ぼう。

④ **変数**

変数とは何かについて学び，その具体的な使い方を理解しよう。

先日，共通テストの情報Ⅰのプログラミング問題を，ちょっと見てみました。ソースコードに漢字やひらがなやローマ字で書かれた日本語が多く，イメージしていた英語中心のプログラミング言語と，雰囲気が大きく違うのですが…。

大学入学共通テストのプログラミングの問題で使われるのは「共通テスト用プログラム表記」という，いわば疑似的なプログラミング言語のようなものです。

① 共通テスト用プログラム表記と PyPEN

高校の情報Ⅰで扱うプログラミング言語には，主に Python，JavaScript，VBA，Scratch があり，どの言語を授業で習うかは各学校で異なります。

こうした状況で，大学入学共通テストで特定の言語に特化した出題をすると，ほかの言語でプログラミングを習った人が不利になります。このことに配慮して，共通テストでは，特定の言語に関する知識を前提としない，「**共通テスト用プログラム表記**」が使われます。

この共通テスト用プログラム表記は，いわゆる疑似コードです。**疑似コード**とは，実際のプログラミング言語のソースコードに近い書き方でアルゴリズムを表すものです。**何か特定のプログラミング言語を習ったことがあれば，容易に習得できるコード体系**になっています。

例として「3 + 1」の足し算をする共通テスト用プログラム表記のプログラム（ソースコード）を示すと，右のとおりです。

(1)	表示する("足し算")
(2)	kazu = 3 + 1
(3)	表示する(kazu)

「疑似」ということは，共通テスト用プログラム表記は実際に動かすことはできないのですか。

共通テスト用プログラム表記を動かせるツールは，いくつか存在します。

本書のネット提供資料のWebサイトにある，本編の動画版では，共通テスト用プログラム表記実行ツールの一つである**PyPEN**（パイペン）（図1）を使って，実際に動かして解説しています。さらに，同Webサイトでは，Webブラウザ上で動くPyPENも提供していますので，動画を観ながらあわせて実践してもらえるとうれしいです。

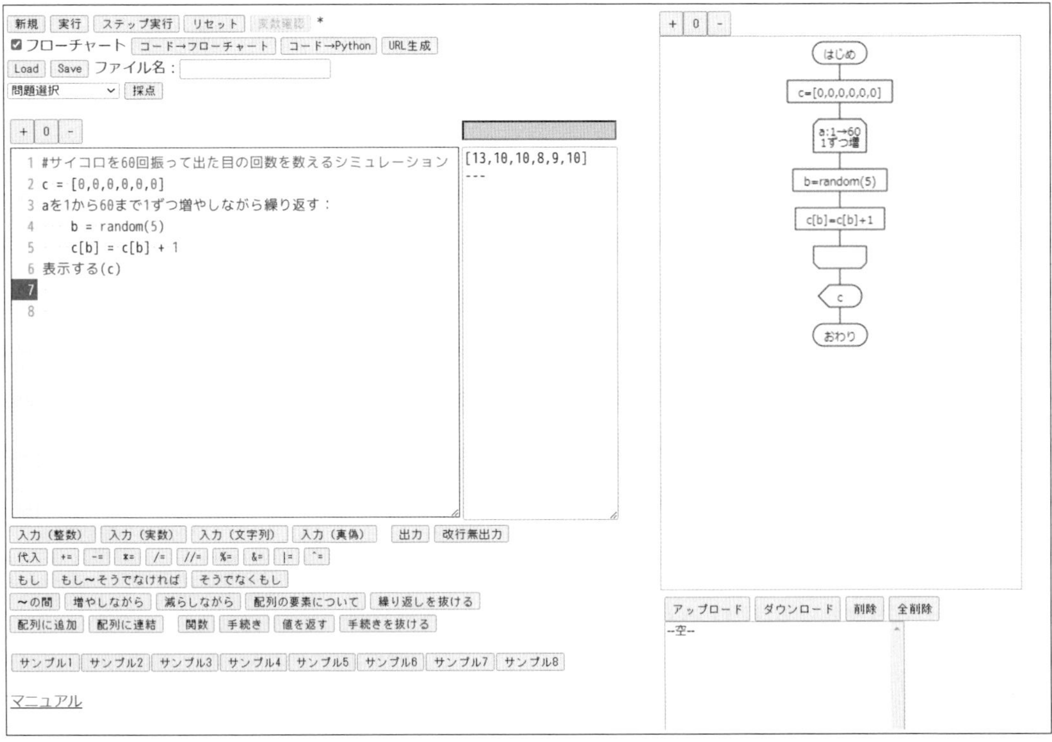

図1　PyPEN【https://informatics1.jp/PyPEN】※1

ただし，実際に試験で題材となるソースコードは，一部の処理が省略されていて，そのままでは動かないことがあります。これをあらかじめ知っておくことで，プログラミングの力がついたみなさんが，本番の試験中に「このコードは実際には動かないのでは？」と思うようなことがあっても，気にしないで解き進めるようにしてください。

※1　動画解説では著者がPyPENの一部を改良したものを利用している。開発者によるPyPEN提供Webサイトはhttps://watayan.net/prog/pypen.html

ほっと一息

実際のプログラミング言語で作る喜びを！

おそらく，多くの高校の授業では，Python などの実際のプログラミング言語によって，プログラミングの実習が行われていることでしょう。しかし，大学入学共通テストの対策書である本書では，共通テスト用プログラム表記でプログラミングを説明します。

共通テスト用プログラム表記を動かせる環境があるなら，学校の授業もはじめからそれでやればいいのに…と思われた人もいるかもしれませんね。

プログラミングの実践では，試行錯誤し，動いたときに喜びや楽しさを感じることができます。そうするうちに，どんどん高度なプログラミングができるようになっていきます。YouTube や Instagram などのインターネット上のサービスも，学校で習う Python や JavaScript などで作られています。一方，共通テスト用プログラム表記でできることは，実際のプログラミング言語に比べたらほんのわずかです。さらに学びたいと思っても，共通テスト用プログラム表記では限界があります。

情報科を教える立場にある者としては，まずは学校で習う実際のプログラミング言語で，作る喜びを味わい，やりたいことの実現を楽しんでもらいたいです。そのうえで，本書を通して大学入学共通テストの対策を行い，志望校に合格してほしいと願っています。

② プログラムの基本構造

どんなプログラムでも，処理の流れは，**順次**，**分岐**，**反復**の 3 つの構造の組み合わせで構成されています。分岐は**選択**ともいいます。この 3 つの処理の流れをまとめて，制御構造（表 1）といいます。

表 1　制御構造

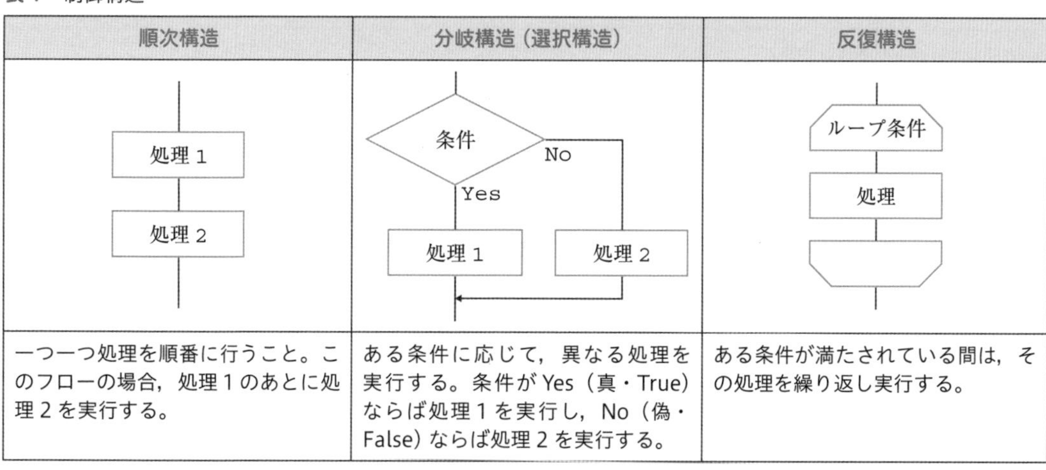

順次構造	分岐構造（選択構造）	反復構造
一つ一つ処理を順番に行うこと。このフローの場合，処理 1 のあとに処理 2 を実行する。	ある条件に応じて，異なる処理を実行する。条件が Yes（真・True）ならば処理 1 を実行し，No（偽・False）ならば処理 2 を実行する。	ある条件が満たされている間は，その処理を繰り返し実行する。

分岐構造と反復構造に関しては，次回以降で詳しく扱うこととし，ここでは順次構造について説明します。

たとえば，「おはよう」「こんにちは」「こんばんは」と順番に表示するフローチャートと対応するプログラムは表2のとおりです。

表2　あいさつプログラム（順次）　動画で確認

フローチャート	プログラム（共通テスト用プログラム表記）	実行結果
開始 「おはよう」を表示する（表示 画面出力処理記号） 「こんにちは」を表示する 「こんばんは」を表示する 終了	表示する（"おはよう"） 表示する（"こんにちは"） 表示する（"こんばんは"）	おはよう こんにちは こんばんは

「表示する（"XXXX"）」は，カッコ内の文字を表示しなさいという命令です。文字列をそのまま表示したい場合は，表示したい文字をダブルクォーテーション（"）で囲まないとエラーになってしまいます。

③ 算術演算子

プログラムで四則演算（加減乗除）などの算術的な計算を行うための記号を，**算術演算子**といいます。共通テスト用プログラム表記では表3のような算術演算子が使われます。

表3　算術演算子（共通テスト用プログラム表記）

演算子	説明	計算例	計算結果
+	加算（足し算）	7 + 2	9
-	減算（引き算）	7 - 2	5
*	乗算（掛け算）	7 * 2	14
/	除算（割り算）	7 / 2	3.5
%	除算した余り	7 % 2	1
÷	商の整数部分	7 ÷ 2	3
**	べき乗 「a ** n」は「aのn乗」という意味	7 ** 2	49

掛け算が，「×」（掛ける）ではなく「*」（アスタリスク）なのには違和感がありますね。

これは，初期の大型計算機には「×」の記号がなく，「*」で代用したことによるのだそうです。

数値を表示したい場合は，文字列とは異なり，ダブルクォーテーションで囲む必要はありません。たとえば，123 という数字を表示したい場合は，「**表示する (123)**」となります。また，計算式も同様で，1 + 1 の計算結果を表示したい場合は，「表示する (1 + 1)」とすると，計算結果の 2 が表示されます。一方，ダブルクォーテーションで囲んで「表示する ("1 + 1")」とすると，「1 + 1」という計算式が，文字列としてそのまま表示されます。

④ 変数

変数とは，数値や文字列などのいろいろなデータ（値）を一時的に保管できる箱のようなものです。ある値を箱に入れると，その後，その値を必要な場所で使うことができます。また，箱の中身を別の値に変更することもできます。たとえば，長方形の面積を表す式として，5cm × 3cm という式を用意した場合には，15cm² という答えしか出ませんが，「縦」という変数と「横」という変数を使って「縦×横」という式を用意すると，それぞれの変数に入れる値に応じて，いろいろな長方形の面積を求めることができるのです。

箱に具体的な値を入れることを，**代入**といいます。また，変数に最初に代入したデータを**初期値**といい，変数に初期値を代入したり，初期値に戻したりすることを，**初期化**といいます。

変数を用意したり代入したりすることは，プログラムでは，具体的にどのように行うのですか。

動画で確認

「変数名 = データ」と記述します。たとえば，「tate」という変数（箱）に「5」という値を代入（格納）したいなら，「tate = 5」です。= (イコール) は，数学では「同じ」という意味ですが，プログラムの世界では，代入（図 2）を意味しており，**代入演算子**とよばれます。

図 2 代入のイメージ

代入したデータを使った処理を行うプログラムは，どうなるのでしょうか。

変数名を使って記述します。例として，長方形の面積の計算式「縦 (tate) ×横 (yoko)」の計算結果を表示するプログラムを見てもらいましょう。

動画で確認

行	プログラム	説明
(1)	**tate = 5**	変数 tate に 5 を代入
(2)	**yoko = 3**	変数 yoko に 3 を代入
(3)	**kekka = tate * yoko**	「tate * yoko」を計算し，結果を変数 kekka に代入
(4)	**表示する (kekka)**	変数 kekka の中身の値を表示

実行結果：15

この (3) 行目が，代入したデータを使った計算を行っているプログラムです。また，(3) 行目の計算結果は，「kekka」という変数に代入される値でもあります。それを使って (4) 行目の表示の処理を行っています。

なお，このように変数への代入が複数行で連続する場合，共通テスト用プログラム表記では，カンマを使って「tate = 5,yoko = 10」のように，変数の宣言を1行で表現することもあります[※2]。

さて，ここで，実行結果が15と数字だけの表示になるのは寂しいので，(4)行目に手を加えて，何の数字かわかる表示にしてみましょう。

「表示する()」のカッコの中では，カンマで変数や文字列を結合することができます。たとえば，(4)行目を「表示する(**"面積は",kekka,"平方センチメートルです。"**)」とすると，「面積は15平方センチメートルです。」と，各文字列と変数の中身が結合されて表示されます。

変数には文字列を代入することもできるんですよね？　具体的にはどうすればいいですか。

「変数名 = データ」の「データ」をダブルクォーテーションで囲んで表記します。たとえば，「name」という変数（箱）に「ガッキー」という文字列を代入（格納）したい場合は，「name = "ガッキー"」と記述します。

代入処理済みの変数nameの中身を表示したいときは，「表示する(**name**)」と記述します。そうすると，実行結果として「ガッキー」という表示がなされます。このように，**代入済みの値を使うときは，変数名は，文字列であってもダブルクォーテーションで囲みません**。「表示する("name")」とすると，変数の中身ではなく「name」という文字列が表示されてしまいます。

また，**変数名では大文字と小文字が区別される**ので，「name」と「NAME」は別の変数となります。

一度変数に代入したデータを変更したいときは，どうすればいいですか。

はじめに代入したのと同じ方法で新たなデータを代入すれば，更新できます。たとえば，変数nameに入っている「うえっち先生」というデータを「いなっち先生」に変更したい場合は，次のようになります。

行	プログラム	説明
(1)	name = "うえっち先生"	変数nameに「うえっち先生」を代入
(2)	**name = "いなっち先生"**	変数nameを「いなっち先生」に更新
(3)	表示する(name)	変数nameに格納されている最新の値を表示

実行結果：いなっち先生

最後に，文字列を結合するプログラムの書き方も押さえておきましょう。次のプログラムを実行すると，どうなるでしょうか。

※2　PyPENはこの記述に未対応（2023年11月現在）。また，本書では原則としてこのような表記を行っていない。

行	プログラム	説明
(1)	moji = "情報"	変数 moji に「情報」を代入
(2)	kazu = 1	変数 kazu に 1 を代入
(3)	name = moji + kazu	「情報」と 1 が結合されて「情報 1」となる
(4)	表示する (name)	変数 name に格納されている値を表示

実行結果：情報 1

「情報」という文字と 1 という数字が結合された結果が表示されましたね。「+」の演算子には，「数字＋文字列」や「文字列＋文字列」のように，文字列が含まれる場合には，値を結合する役割があります。先ほど，「表示する ()」のカッコの中で結合にカンマを使いましたが，その場合以外は「+」で結合するのが一般的です。

なるほど！　変数について理解できました。

コメントとコーディング規約

実際のプログラマの仕事は，チームで行うことが多いです。その場合，1 つのソースコードを複数人で編集したり，確認したりします。そのため，ソースコードは，書く人本人だけでなく，ほかの人にも見やすく，わかりやすいものにしなければなりません。この必要性に対応するべく行われることに，**コーディング規約**の設定や，プログラムへの**コメント**づけがあります。

Python などのプログラミングでは，「menseki␣=␣5␣*␣3」のように，演算子の左右を半角スペースで少し空けることがあります。実は，この半角スペースは，あってもなくてもプログラムの動作に影響しません。では，何のためにこの半角スペースを入れているかというと，**可読性を上げるため**です。プログラミングを行うチームによっては，そうした工夫をみんなで共有し，ルール化することもあります。そのような，チームで決めたソースコードを書くうえでのルールを，コーディング規約というのです。

共通テスト用プログラム表記にも，すべての演算子の前後に半角スペースを入れるコーディング規約が適用されています。

また，本書では，プログラムについての説明を，プログラム本体と分けて入れていますが，共通テスト用プログラム表記では，プログラム中に説明を記述したいとき，「tate = 5 #変数tateに5を代入」のように「#」のあとに入れることもあります。「#」以降の文字列は，あくまでソースコードについての説明文であり，プログラムの動作に影響しないとされています。このような，プログラムをわかりやすくするためにプログラム中に入れる説明文を，コメントといいます。

やってみよう　要点チェック問題 3-7（ネット提供資料）

でる度 ★★★

3-8 分岐処理プログラム

動画 第3章 ▶ 3-8_分岐処理プログラム

きょうの授業はこんな話

① 分岐構造（選択構造）と比較演算子

条件に当てはまるか否かで処理を分けるプログラミングについて学ぼう。

② 複数の条件分岐

2つ以上の条件によって処理を分けるプログラミングについて学ぼう。

③ 論理演算子

論理演算子について学び，複数の条件を1行で記述したり，条件を否定形にしたりする方法を理解しよう。

こんどの中間テストで平均80点以上とったら，お小遣いを100円アップしてくれることになりました！

いいですね！　では，テスト勉強をがんばりましょう。今話してくれたお小遣いアップの条件は，「分岐構造」の学習のために，ちょうどよい例です。

① 分岐構造（選択構造）と比較演算子

条件によって処理を選択して実行する構造を，**分岐構造**または**選択構造**といいます。フローチャートで表すと，図1のようになります。この場合は，条件を満たせば処理1を実行し，満たさなければ処理2を実行します。

テストの点数が80点以上なら「100円アップ」を表示して，そうでなければ「アップなし」を表示する処理は，図2のようになります。この例では「tensuu = 90」で90を代入しているので「100円アップ」

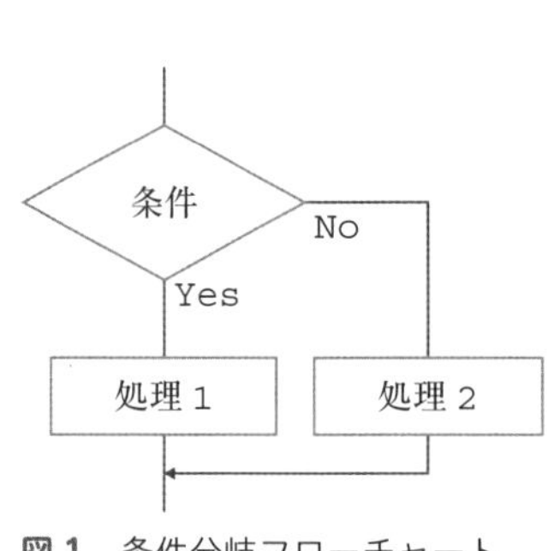

図1　条件分岐フローチャート

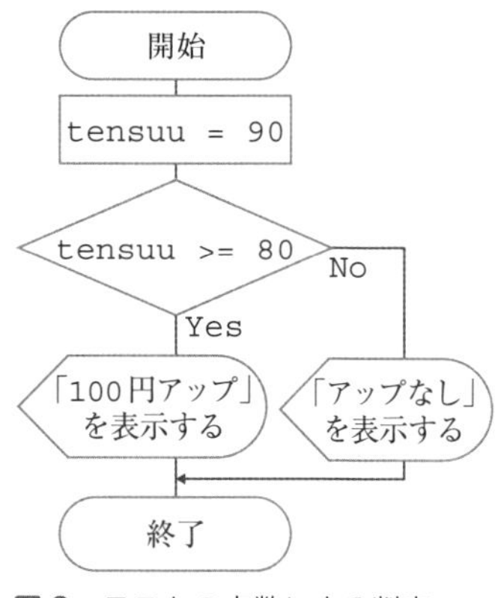

図2　テストの点数による判定

が表示されます。

条件のところで使われている「>=」の記号が「以上」を意味しているのですか。

そのとおりです。数学では「≧」という記号で習ったと思いますが，共通テスト用プログラム表記では「>=」と表現します。このような値の大小関係を示す演算子を，**比較演算子**といい，表1のようなものがあります。

表1 比較演算子（共通テスト用プログラム表記）

演算子	読み	意味	条件式例	説明
==	ダブルイコール	等しい	x == 80	**xの値が80ならば真**
!=	ノットイコール	等しくない	x != 80	**xの値が80でなければ真**
>	大なり	超過	x > 80	**xが80より大きければ真**
>=	大なりイコール	以上	x >= 80	**xが80以上ならば真**
<	小なり	未満	x < 80	**xが80未満ならば真**
<=	小なりイコール	以下	x <= 80	**xが80以下ならば真**

条件が成立することを真（True）といい，フローチャートではYesにあたります。条件が成立しないことを偽（False）といい，フローチャートではNoにあたります。

図1のフローチャートを共通テスト用プログラム表記で表現すると，次のようになります。

行	プログラム	説明
(1)	**もし〈条件〉ならば：**	条件を判定
(2)	**｜〈処理1〉**	〈処理1〉には具体的な処理内容が入る (1) 行目の条件がYes（真・True）の場合に実行
(3)	**そうでなければ：**	
(4)	**⎿〈処理2〉**	〈処理2〉には具体的な処理内容が入る (1) 行目の条件がNo（偽・False）の場合に実行

ここでは，日本語の「もし〜ならば」を「もし〈条件〉ならば：」と表記する，ということを (1) 行目で示しています。

処理1と処理2のところに「|」と「⎿」の記号があり，その行頭が少し引っこんでいますが，これは処理のまとまり（制御範囲）を表しています。ここでは，「|」は条件分岐文の処理が続いていることを，「⎿」は条件分岐文の終わりを，それぞれ意味しています。行頭の引っこみはHTMLのところで紹介した**インデント**です。

復習 p.107

Pythonなどのプログラミング言語では，インデントで制御範囲を表すことになっているのですが，HTMLとは異なり，インデントの有無によって結果が変わります。適切にインデントを入れないとプログラムは意図したとおりに動きません。共通テスト用プログラム表記でも，同じ規則が採用されています。

さて，図2のフローチャートを共通テスト用プログラム表記で表現すると，次のようになります。

動画で確認

行	プログラム	説明
(1)	tensuu = 90	変数 tensuu に 90 を代入
(2)	もし **tensuu >= 80** ならば：	「tensuu」が 80 以上なので真
(3)	｜ 表示する ("100 円アップ")	真なので「100 円アップ」と表示
(4)	そうでなければ：	
(5)	⌊ 表示する ("アップなし")	(2) 行目が偽の場合の処理なので，今回は実行されない

実行結果：100 円アップ

「そうでなければ：」の処理は必須ではなく，たとえば，今回のプログラムで「100 円アップ」の表示の処理だけがあればよい場合は，次のようになります。

動画で確認

行	プログラム	説明
(1)	tensuu = 90	変数 tensuu に 90 を代入
(2)	もし **tensuu >= 80** ならば：	「tensuu」が 80 以上なので真
(3)	⌊ 表示する ("100 円アップ")	真なので「100 円アップ」と表示

実行結果：100 円アップ

この場合は，「tensuu」の値を 70 とすると，何も表示されません。

また，(1) 行目で 90 を固定で代入していますが，ユーザがキーボードなどで外部から入力した値を代入する場合は，「tensuu = 【外部からの入力】」と記述します。

② 複数の条件分岐

分岐構造を複数組み合わせることで，3 通り以上の処理を発生させることができます。

たとえば，図 3 のフローチャートは条件 1 と条件 2 を組み合わせたものとなっています。このフローチャートでは，条件 1 が真 (True) ならば処理 1 を実行し，偽 (False) ならば条件 2 の判定を行います。条件 2 が真 (True) ならば処理 2 を実行し，偽 (False) ならば処理 3 を実行します。

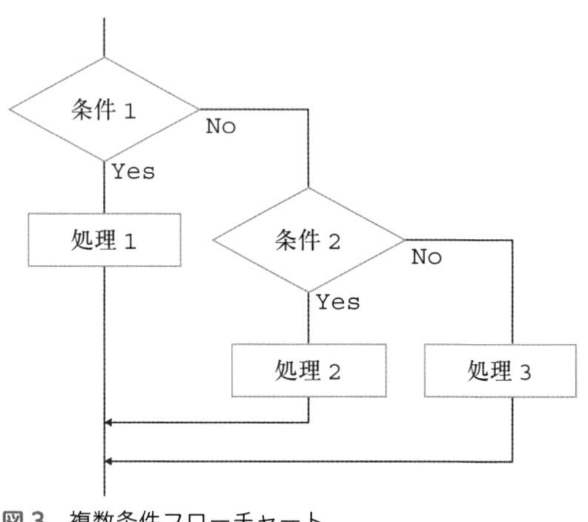

図 3　複数条件フローチャート

具体的な例で説明してほしいです。

では，先ほどのテストの点数の判定に，90点以上なら「200円アップ」と表示する処理を加えてみましょう。フローチャートは図4のようになります。

続いて，共通テスト用プログラム表記で表現していきます。まずは，図3のフローチャートを表現してみましょう。次のようになります。

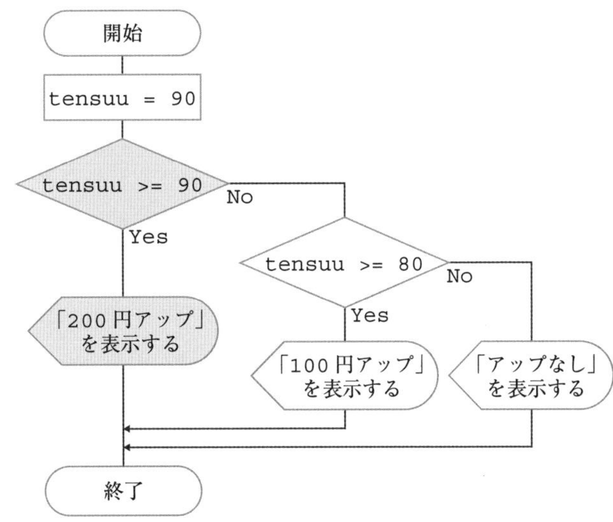

図4 複数条件による点数の判定

行	プログラム	説明
(1)	**もし〈条件1〉ならば：**	条件1を判定
(2)	**｜〈処理1〉**	条件1が真の場合に処理1を実行
(3)	**そうでなくもし〈条件2〉ならば：**	(1) 行目の条件が偽の場合に条件2を判定
(4)	**｜〈処理2〉**	条件2が真の場合に処理2を実行
(5)	**そうでなければ：**	
(6)	**⎿〈処理3〉**	すべての条件に当てはまらない場合に処理3を実行

そして，図4のフローチャートを共通テスト用プログラム表記で表現すると，次のようになります。

動画で確認

行	プログラム	説明
(1)	tensuu = 90	変数 tensuu に 90 を代入
(2)	**もし tensuu >= 90 ならば：**	「tensuu」が 90 以上なので真
(3)	**｜表示する("200円アップ")**	真なので「200円アップ」と表示
(4)	**そうでなくもし tensuu >= 80 ならば：**	はじめの条件が真の場合は，この判定まで来ない
(5)	**｜表示する("100円アップ")**	(4) 行目の判定で真ならば，「100円アップ」と表示
(6)	**そうでなければ：**	
(7)	**⎿ 表示する("アップなし")**	すべての条件に当てはまらない場合には,「アップなし」と表示

仮に (1) 行目の「tensuu」の値を 85 にすれば，(2) 行目の判定で偽，(4) 行目の判定で真となり，「100円アップ」と表示されます。(1) 行目の「tensuu」の値を 79 にした場合はいずれの条件でも偽となり，(7) 行目の処理が実行されて，「アップなし」と表示されます。

③ 論理演算子

ここまで，条件は1行に1つだけでしたが，**論理演算子**（表2）を使うことで，1行で複数の条件を判定することや，条件を否定形にすることができます。

表2 論理演算子（共通テスト用プログラム表記）

演算子	意味
and	かつ
or	または
not	ではない

and（かつ）の使い方

「〈条件式1〉**and**〈条件式2〉」は，条件式1と条件式2の結果が**いずれも真である場合に真**とし，それ以外の場合は偽とする記述です。

たとえば，「tensuu >= 20 **and** tensuu <=50」なら，変数tensuuが20以上50以下のときに真となります。

or（または）の使い方

「〈条件式1〉**or**〈条件式2〉」は，条件式1と条件式2の結果の**いずれか一方もしくは両方が真の場合に真**とし，それ以外の場合は偽とする記述です。

たとえば，「tensuu == 100 **or** tensuu == 90」なら，変数tensuuが100または90のときに真となります。

not（ではない）の使い方

「**not**(〈条件式1〉)」は，条件式1の結果が真ならば偽とし，偽ならば真とする記述です。

たとえば，「**not**(tensuu >= 90)」なら，変数tensuuが90以上のときに**偽**となります。

notはわかりやすいですが，複数条件ってややこしいですね。

これからの授業で複数の条件式を使ったプログラミングをやっていくので，徐々に慣れていけばいいですよ。

やってみよう 要点チェック問題3-8（ネット提供資料）

でる度 ★★★

3-9 反復処理プログラム

動画 第3章 ▶ 3-9_反復処理プログラム

きょうの授業はこんな話

① 反復構造（繰り返し構造）

繰り返し処理のプログラミングの方法について学ぼう。

② 順次・分岐・反復の組み合わせ

順次・分岐・反復を組み合わせた，複雑なプログラミングの方法について学ぼう。

宿題の1から10までを表示するプログラムについてですが,「表示する（1）」「表示する（2）」…とカッコ内の値を1ずつ増やしながら10行書くのは，なんだか非効率な気がしました。

今までの知識だと1つずつ表示の処理を記述することになりますね。でも，今回説明する反復処理を使えば，1からどんな大きな数までの表示でも，2行のプログラムで済ませられます。

① 反復構造（繰り返し構造）

反復構造とは，ある条件が満たされている間は同じ動作やパターンが繰り返される構造です。繰り返し処理のことを**ループ**ともいいます。フローチャートで表すと図1のとおりで，ループ端の間に繰り返したい処理が入ります。

図1のフローチャートを共通テスト用プログラム表記で表すと，次のようになります。

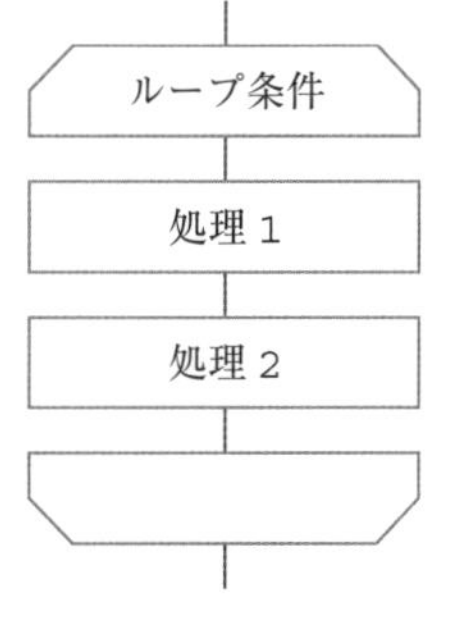

図1 反復構造フローチャート

行	プログラム	説明
(1)	〈条件〉の間繰り返す：	繰り返し条件を判定
(2)	｜〈処理1〉	条件が真の間，処理1を繰り返し実行
(3)	⎿〈処理2〉	条件が真の間，処理2を繰り返し実行

共通テスト用プログラム表記での反復構造の記述方法には，大きく**条件繰り返し文**と**順次繰り返し文**があります。

条件繰り返し文

条件繰り返し文は，条件が成り立つ間，ある処理を繰り返し実行するプログラムです。たとえば，1 から 10 までを順番に表示するプログラムのフローチャートは，図 2 のようになります。

このフローチャートは，変数 i の値が 10 以下の間，i の値を表示したあと，i の値に 1 を足す処理を繰り返すものです。たとえば，1 ループ目では，変数 i の値である 1 を表示したあと，i の値に 1 を足し，2 を代入します。2 ループ目では，i の値である 2 を表示したあと，i の値に 1 を足し，3 を代入します。

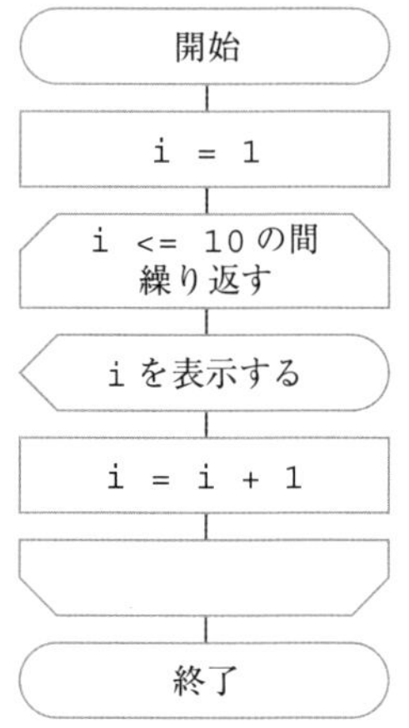

図 2　条件繰り返し文のフローチャート

図 2 のフローチャートを共通テスト用プログラム表記で表すと，次のようになります。

動画で確認

行	プログラム	説明
(1)	i = 1	変数 i に 1 を代入
(2)	**i <= 10 の間繰り返す：**	i が 10 以下の間，次の処理を繰り返す
(3)	｜ **表示する(i)**	変数 i の値を表示
(4)	⎿ **i = i + 1**	**変数 i の値に 1 を足し，i の値を更新**

このプログラムは，(2) 行目の条件式の結果が「真」の間，つまり変数 i の値が 10 以下の間，(3) 行目と (4) 行目の処理を繰り返すものです。(4) 行目の処理で i の値が 1 → 2 → 3 と増えていき，10 の表示後に 1 が足されて 11 になったら，(2) 行目の判定で「偽」となり，ループを抜け，動作が終了します。

順次繰り返し文

順次繰り返し文は，変数宣言と値の更新を繰り返し条件の中で行い，決められた値になるまで繰り返し処理を行うものです。

たとえば，1 から 10 までを順番に表示するプログラムを，順次繰り返し文のフローチャートで表すと，図 3 のようになります。

この「i ＝ 1,2,……,10」の部分では，変数 i の初期値 1 と終了値 10 を設定しつつ，それを 1 → 2…→ 10 と更新していくことを宣言しています。そして，ループ端との間に「i

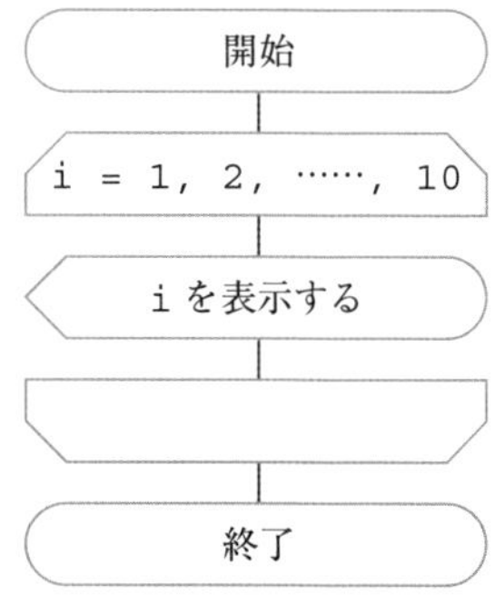

図 3　順次繰り返し文のフローチャート

を表示する」があるので，i の値が更新されるたびに，それが 10 になるまで表示され続けます。

図 3 のフローチャートを共通テスト用プログラム表記で表すと，次のようになります。

動画で確認

行	プログラム
(1)	**iを1から10まで1ずつ増やしながら繰り返す：**
(2)	└ **表示する(i)**

ここまでは具体的な数値で見てきましたが，一般的なプログラムの構造を共通テスト用プログラム表記で表現すると，次のようになります。

行	プログラム
(1)	**〈変数〉を〈初期値〉から〈終了値〉まで〈増分〉ずつ増やしながら繰り返す：**
(2)	｜**〈処理1〉**
(3)	└ **〈処理2〉**

順次繰り返し文は，次の流れで処理が実行されます。

① 〈変数〉に〈初期値〉を代入する。
② 〈変数〉の値が〈終了値〉よりも小さければ③へ，大きければ，繰り返しを終了する。
③ 〈処理〉を実行し，〈変数〉の値に〈増分〉を加え，②に戻る。

条件繰り返し文に比べて，かなりシンプルですね。

そうですね。変数の初期値設定，終了値設定，カウントアップ処理が (1) 行目にまとまっているので，シンプルになります。

なお，カウントアップとは逆の，10 から 1 まで 1 ずつ減らすカウントダウン処理をしたい場合は，「増やしながら」を「減らしながら」にします。

動画で確認

行	プログラム
(1)	iを10から1まで1ずつ**減らしながら**繰り返す：
(2)	└ 表示する(i)

3 コンピュータとプログラミング

② 順次・分岐・反復の組み合わせ

すでに学んだ順次構造・分岐構造と今回の反復構造は，よく組み合わせて使われます。そうした組み合わせによって，たとえば，1から10までを，偶数か奇数かの判定とともに表示するプログラムを作ることができます。このプログラムをフローチャートで表すと，図4のようになります。

「i % 2 == 0」の判定処理は，ある整数を2で割った余りが0か1かで，その整数が偶数であるか奇数であるかを判定できることを利用したものです。

これを共通テスト用プログラム表記で表すと，次のようになります。

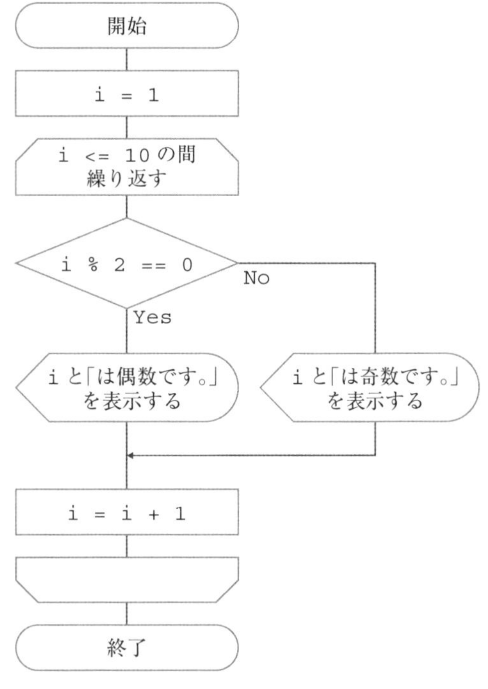

図4　順次・分岐・反復フローチャート

動画で確認

プログラム

```
i = 1
i <= 10 の間繰り返す：
 | もし i % 2 == 0 ならば：
 |  | 表示する(i,"は偶数です。")
 | そうでなければ：
 |  └ 表示する(i,"は奇数です。")
 └ i = i + 1
```

やってみよう　要点チェック問題3-9（ネット提供資料）

でる度 ★★★

3-10 配列とプログラム

動画 第3章 ▶ 3-10_配列とプログラム

きょうの授業はこんな話

① 配列とは（一次元配列）

配列とはどのようなものかを理解したうえで，一次元配列のプログラミングについて学ぼう。

② 二次元配列

野球の試合のスコアボードを例に，二次元配列のプログラミングについて学ぼう。

この前，観に行った野球の試合で，応援していたチームが逆転サヨナラ勝ちしました！　序盤から点のとり合いで，手に汗握っちゃいました！

白熱した試合で応援しているチームが勝つと，うれしいですよね！

ところで，プログラムの世界では，配列というデータ構造を利用することで，野球のスコアボードのような得点の記録や表現が，やりやすくなります。今回は，その配列について学んでいきましょう。

① 配列とは（一次元配列）

配列は，データの数が多い場合に複数の値を1つの名前で管理するデータ構造です。配列の名前を**配列名**といいます。配列は**リスト**とよぶこともあります。

今回は，共通テスト用プログラム表記でのプログラミングで，野球のある試合のスコアを記録し，任意の回の得点を表示できる仕組みを作りながら，説明を進めていきます。なお，この試合は，通常のプロ野球や高校野球と同様に，「1回表，1回裏，2回表，2回裏…」という順で，「9回裏」まで行われたものとします。

まずは，片方のチームの得点の様子を例にとり，配列の基本を学びましょう。

これまでに習った変数の考え方では，回ごとに「tokuten1 = 2」「tokuten2 = 0」…というように，変数名を変えながら9回分定義しなければなりません。しかし，配列を用いることで，「Tokuten」という配列に9個の値を保持することができます。

配列名：Tokuten

2	0	1	4	0	1	2	1	2

図1　1チーム分の得点の様子を配列で表現したイメージ

前ページの図1は一例で，1回から順に「2点，0点，1点，4点，0点…」と得点していった様子を表すイメージ図です。

共通テスト用プログラム表記には，配列名の1文字目だけを大文字にするという決まりがあります。つまり，**変数名の1文字目だけが大文字だったら，それは配列**だということです。そして，配列の中の各変数を要素といいます。

要素の順番を表す数字を添字（そえじ）といい，**要素番号**や**インデックス**ともよばれます。添字は基本的に0から始まります。

配列名：Tokuten

添字	0	1	2	3	4	5	6	7	8
要素	2	0	1	4	0	1	2	1	2

図2　1チーム分の得点の様子を表す配列に，添字を追加

図2の場合ですと，1回裏の得点（要素）は添字0のところにある2，2回裏の得点（要素）は添字1のところにある0ということになります。

添字が1からではなく0から始まるというのは，野球の「1回」から始まる回の数え方と一致しなくて，ややこしいですね。

そうですね。多くのプログラミング言語では，添字は0から始まりますが，例外もあります。2024年まで実施される数学選択科目の情報関係基礎の問題では，これまでに添字が1から始まっていたこともあり，問題で提示された内容から読み取る必要がありました。2023年11月現在で最新の共通テスト用プログラム表記の説明資料には，「特に説明がない場合，配列の要素を指定する添字は0から始まる」と明記されていますので，基本的には0始まりと考えて問題ないでしょうが，試験本番では，添字の開始番号を0以外とする注意書きがないか，よく確認してください。

では，配列を共通テスト用プログラム表記でどのように扱うかについて，説明していきます。

配列を変数として宣言し，それに要素を代入するには，次のように記述します。

行	プログラム
(1)	**配列名 = [要素1,要素2,要素3,……,要素n]**

今回の野球のTokuten配列の場合は，次のようになります。

行	プログラム
(1)	**Tokuten = [2,0,1,4,0,1,2,1,2]**

ある回に何点とったかを見たい場合には，どうすればよいのでしょうか。

特定の要素は「**配列名 [添字]**」で参照することができます。たとえば，今扱っている例で添字3の要素を表示したい場合は「表示する（**Tokuten[3]**）」とします。そうすると，

実行結果は4となります。

要素が数値の場合は計算もできます。たとえば，添字3の要素と添字7の要素を足し算して，その結果を変数goukeiに代入する場合は「goukei = Tokuten[3] + Tokuten[7]」と記述すればよいのです。

なお，スコアボードの話から脱線しますが，配列には文字列を代入することもできます。文字列を扱う場合は，ダブルクォーテーションでくくります。

行	プログラム
(1)	Name = ["ダブルガッキー","うえっち先生","いなっち先生"]

取り出し方は数値の場合と同じで，「表示する（**Name[0]**）」とすると，「ダブルガッキー」と表示されます。

また，特定の要素の値を更新したい場合は，「**配列名[添字] = 値**」とします。たとえば，添字1の要素の「うえっち先生」を「植垣先生」に変更したい場合は，「**Name[1] = "植垣先生"**」と記述します。

② 二次元配列

野球の試合は2つのチームでやりますが，ここまででは1チーム分の得点しか記録できていませんね。

Tokuten配列で，2チーム分の得点の様子を記録・表示することもできます。

ここまでで紹介した，要素を1つの添字で指定する配列を，**一次元配列**といいますが，行と列の2つの添字で要素を指定する，**二次元配列**という配列もあります。

たとえば，配列名を「A」とし，行に0～2，列に0～3の添字を指定することにした場合の二次元配列のイメージを表すと，図3のようになります。

この配列イメージにおいて，各要素は「**配列名[行の添字][列の添字]**」と表されています。

配列名：A

添字	0	1	2	3
0	A[0][0]	A[0][1]	A[0][2]	A[0][3]
1	A[1][0]	A[1][1]	A[1][2]	A[1][3]
2	A[2][0]	A[2][1]	A[2][2]	A[2][3]

図3　二次元配列のイメージ

以上を踏まえ，白組と紅組の2つのチームが図4のように得点した例を使って，具体的に説明していきます。

白組	3	1	4	0	1	2	1	0	0
紅組	2	0	1	4	0	1	2	1	2

図4　最終的に表現したいスコアボードのイメージ

まず，縦，横の添字は，次ページの図5のようになります。

配列名：Tokuten

添字	0	1	2	3	4	5	6	7	8
0	3	1	4	0	1	2	1	0	0
1	2	0	1	4	0	1	2	1	2

図5　二次元配列で表現したスコアボード

共通テスト用プログラム表記で二次元配列を宣言し，要素を代入する場合は，次のように記述します。

「**配列名 = [[1行目の要素をカンマ区切り],[2行目の要素をカンマ区切り]…]**」

今回のTokuten配列に上の両チームの得点を代入すると，次のようになります。

行	プログラム
(1)	Tokuten = [[3,1,4,0,1,2,1,0,0],[2,0,1,4,0,1,2,1,2]]

特定の要素を参照する場合は，「**配列名[行の添字][列の添字]**」を指定します。たとえば，第2行第4列の要素を表示したい場合は，図6のように指定します。

これは「4回裏」の紅組の得点を表示したことになります。今回は添字が0から始まる例で説明していますので，「4回」の添字が3になっていることに注意してください。

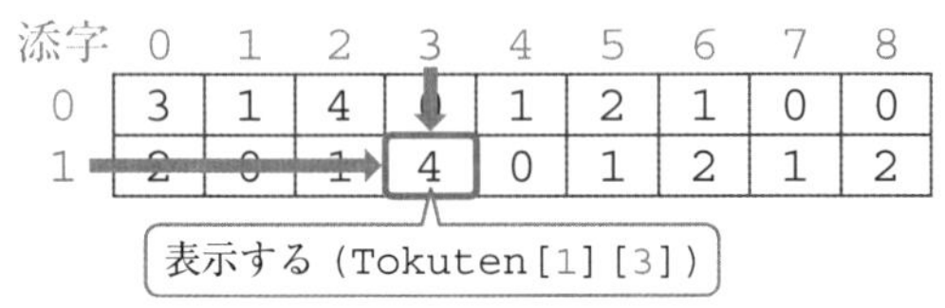

図6　二次元配列における特定要素の参照

大学入学共通テストでは，配列をテーマとしてどんな問題が出るのでしょうか。

与えられたプログラムから図5のようなイメージを作る思考力や想像力があるかどうかを試す問題が考えられます。

また，共通テストを含む大学入試問題では，添字が変数に置き換えられることがありそうです。たとえば，次のようなプログラムを提示し，実行結果として何が表示されるかを問う，という問題です。

行	プログラム
(1)	Tokuten = [[3,1,4,0,1,2,1,0,0],[2,0,1,4,0,1,2,1,2]]
(2)	i = 1, j = 3
(3)	表示する(Tokuten[**i**][**j**])

(3) 行目が図6と同じ位置の「Tokuten[1][3]」を表示する記述となっていますので，表示されるのは4ですが，この問題で試されているのは，iとjが添字を表す変数であることに気づく力です。

やってみよう　**要点チェック問題3-10（ネット提供資料）**

でる度 ★★★

3-11 関数とプログラム

動画 第3章 ▶ 3-11_関数とプログラム

きょうの授業はこんな話

① 関数の概要

プログラムの中で関数を用いることのメリットなど，関数の概要について学ぼう。

② 関数のプログラミング

関数を使って BMI を計算するプログラムを作成しながら，関数のプログラミング方法を学ぼう。

③ 大学入学共通テストに出る関数

大学入学共通テストではどのような関数が出るか，例を確認しよう。

先日の身体測定の結果で，BMI が 22.5 でした。BMI は太っているかやせているかの判定に使うものらしく，目安として，25 以上は肥満体型で，18.5 未満はやせ体型のようです。

22.5 ならちょうどいい体型ということでしょうね。

BMI は，体重（kg）÷身長（m）^{2} で求めることができます。今回は，体重と身長から BMI を計算して表示する機能を，プログラミングで作っていきましょう！

① 関数の概要

プログラムの世界では，ひとまとまりの処理に名前をつけたものを，関数といいます。

関数は，プログラム本体とは別に書いておき，本体が必要とするところで都度呼び出す，という使われ方をします。これを「**関数の呼び出し**」といいます。

たとえば，ある人が身長と体重を 1 か月に 1 回測定した結果が 1 年分あり，そのデータから 1 年の BMI の推移を表示するプログラムを書くとしましょう。これを特に工夫することなく書くと，BMI を求めるための「体重（kg）÷身長（m）^{2}」の処理を行うプログラムを，12 回書かなければならなくなります。

こうした重複を**冗長性**といいます。冗長性のあるプログラムは，「見にくい」「何度も書いたところに誤りがあった場合，同じ修正を何度もしなければならなくなる」といった理由で，一般的には嫌われます。そこで，冗長性を排除することを考えます。このときに有効なのが関数です。

プログラム本体が関数を呼び出すときには，その関数に値を引き渡します。たとえば，BMIを求めるには，図1のように，関数に体重と身長の値を引き渡すのです。この引き渡す値を**引数**（ひきすう）といい，関数による計算結果（この例ではBMI）を，**戻り値**または**返り値**といいます。

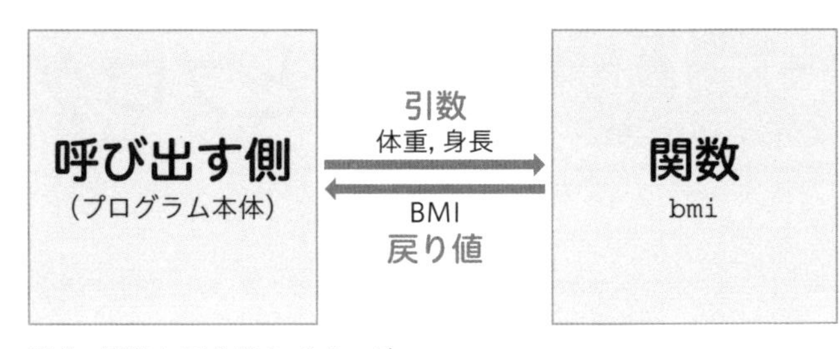

図1　引数と戻り値のイメージ

関数は今までのプログラミングの授業でも利用していました。たとえば，「表示する（"ダブルガッキー"）」という命令も関数の一つです。この場合，カッコ内の値が引数となります。このような，プログラミング言語にあらかじめ用意された関数を**組み込み関数**といいます。一方，今回のBMIの計算のようにユーザが独自に作成する関数を**ユーザ定義関数**といいます。今回の授業で扱うのは，このユーザ定義関数です。

ユーザ定義関数をフローチャートで表すときは，図2のように，呼び出す側では関数の記号の中に関数名だけを表記して，関数の定義や戻り値の処理は別に記述します。

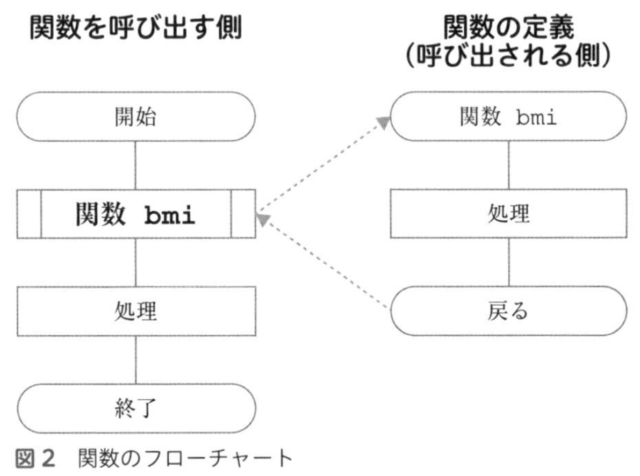

図2　関数のフローチャート

② 関数のプログラミング

共通テスト用プログラム表記での関数の定義および呼び出しの記述イメージは，次ページの図3のとおりです。

動画で確認

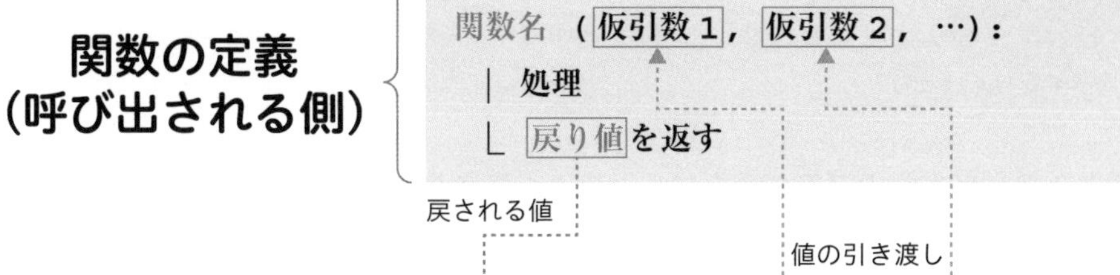

図3 関数の定義と呼び出し

図3の呼び出される側は図2の右側，図3の呼び出す側は図2の左側が対応しています。引数のうち，呼び出される側（関数の定義側）の引数を**仮引数**，関数を呼び出す側の引数を**実引数**といいます。ただ，一般的には両者をまとめて引数と表現することが多いです。引数が複数ある場合はカンマで区切ります。引数がない場合はカッコの中は空になります。

図2のフローチャートまではシンプルで理解できましたが，図3のように文字のプログラムにしたとたんに，わけがわからなくなりました。

実際に値を当てはめて，関数の処理を追っていきましょう。そうした練習を繰り返すうちに，徐々にこの記述形式に慣れてくるはずです。

具体的に，BMIを求める関数に体重（kg）と身長（m）の値を引き渡し，関数から計算結果を戻り値として受け取って表示するプログラムを作成していきましょう。このプログラムは，図3のとおり，関数の定義（呼び出される側）と関数を呼び出す側の2つのプログラムで構成されます。まずは関数の定義の側のプログラムです。

動画で確認

行	関数プログラム	説明
(1)	**bmi(weight,height)：**	関数名は「bmi」で，引数は「weight」と「height」
(2)	｜ keisan = weight / height ** 2	BMIを求めて結果を「keisan」に代入
(3)	└ **keisanを返す**	「keisan」の値を戻り値として返却

次に，関数を呼び出す側のプログラムを書きます。ここでは，体重は60kg，身長は1.65mとします。60と1.65が，関数bmiに引き渡す引数となります。

行	プログラム	説明
(1)	**kekka = bmi(60,1.65)**	関数bmiを呼び出し，戻り値を「kekka」に代入
(2)	表示する(kekka)	「kekka」の値を表示

実行結果：22.0385…（無限小数になるので，小数点以下はどこかで打ち切られる）

この例では，関数を呼び出す側で計算結果の表示の処理を行いましたが，この表示の処理を関数の定義の側で行うこともできます。その場合の関数の定義側のプログラムは，次のとおりです。

行	関数プログラム	説明
(1)	bmi(weight,height):	関数名は「bmi」で，引数は「weight」と「height」
(2)	│ keisan = weight / height ** 2	BMIを求めて結果を「keisan」に代入
(3)	└ 表示する(keisan)	「keisan」の値を表示

関数を呼び出す側のプログラムは，下のようになります。前掲の例と同様に，体重を60kg，身長を1.65mとし，60と1.65を引数としています。

行	プログラム	説明
(1)	**bmi(60,1.65)**	60と1.65を引数として，関数bmiに引き渡す

③ 大学入学共通テストに出る関数

大学入学共通テストでは，ユーザ定義関数について，それはどのような処理を行う関数かの説明があり，具体的な中身の計算式などは省略されることが考えられます。ここでは，情報Ⅰの試作問題などから，本試験で出そうと考えられる関数の例をいくつか紹介します（表1）。

表1　関数の例

関数	機能概要	説明
二乗（n）	指定された値nの2乗の値を返す関数	「y ＝ 二乗（3）」とした場合，3（引数）を2乗した値の9（戻り値）がyに代入される。
べき乗（m,n）	値mのn乗の値を返す関数	「y ＝ べき乗（2,3）」とした場合，2を3乗した値の8（戻り値）がyに代入される。この場合の2と3は引数。
乱数（m,n）	m以上n以下の整数をランダムに1つ返す関数	「y ＝ 乱数（1,6）」とした場合，1（引数）から6（引数）までの整数のうちいずれかが戻り値としてyに代入される。
奇数（n）	値nが奇数のときに「真」を返し，そうでないときは「偽」を返す関数	「y ＝ 奇数（3）」とした場合，3（引数）は奇数なので「真」（戻り値）がyに代入される。一方，「y ＝ 奇数（4）」とした場合，4（引数）は奇数ではないので，「偽」（戻り値）がyに代入される。
二進法で表示する（n）	指定された値nを2進法で表示する関数	「二進法で表示する（3）」とした場合，関数の定義側で3（引数）を2進法に変換した「11」が表示される。

いろいろあるのですね。すぐには覚えられません…。

このようなユーザ定義関数を扱った問題では，暗記しているかどうかではなく，その場で意味を理解してプログラムの中に実際に値を当てはめ，実行結果が出るところまでを追う力が問われます。

これからの授業で，今までのプログラミングの授業の内容をさらに掘り下げて複雑なプログラムを扱っていくので，徐々にその力もついていきますよ。

やってみよう　要点チェック問題3-11（ネット提供資料）

でる度 ★★★

3-12 探索プログラム

動画 第3章 ▶ 3-12_探索プログラム

きょうの授業はこんな話

① 線形探索

線形探索のアルゴリズムとプログラミングについて学ぼう。

② 二分探索

二分探索のアルゴリズムとプログラミングについて学ぼう。

③ 線形探索と二分探索の探索回数

線形探索と二分探索の探索回数が，データ数によってどのように変化するかを学ぼう。

きのう，脳トレゲームで，たくさんの文字の中から特定の文字を早く見つけ出すゲームをしました。探すの，けっこう大変ですね。

その脳トレ，コンピュータは得意そうです。探索アルゴリズムというものがありますからね。今回は，代表的な探索アルゴリズムの線形探索と二分探索について説明していきます。

① 線形探索

複数のデータの中から目的のデータを探し出すことを，探索といいます。コンピュータにおける探索の方法は何種類かありますが，まずは，線形探索について説明していきます。

線形探索は，配列の要素を先頭から順に見ていきながら，探索値に一致するデータを探し出す探索方法です。

たとえば，図1のような6つの要素がある配列を例として見ていきましょう。探索する値（探索値）を52とした場合，先頭から探索値と突き合わせていくと，3回目で一致し，探索値は添字2の場所にあることがわかります。

動画で確認

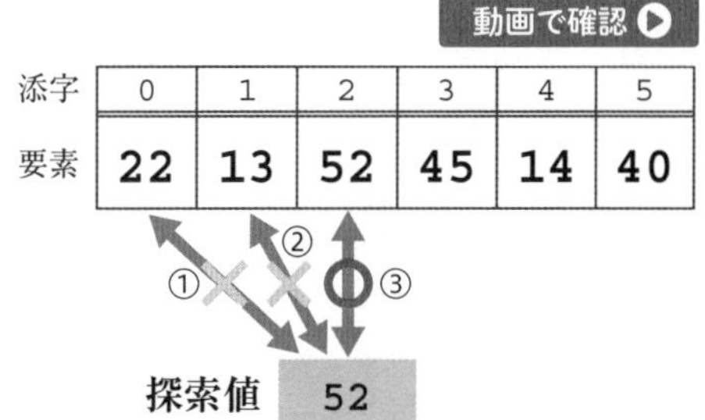

図1　線形探索イメージ

これをフローチャートで表すと，図2のようになります。ここでは，理解しやすいように，変数名は日本語にしています。また，配列名を「Data」，添字を変数 i で表しており，探索して一致するものが配列内に見つかった場合は「添字○と一致」と表示し，見つからなかった場合は「配列に未存在」と表示する仕組みにしています。ループ条件で「要素数 - 1」としているのは，添字が 0 から始まるためです。要素数が 6 個の場合，最後の添字は 5 になりますので，要素数から 1 を引くと，最後の添字と一致するのです。配列を先頭から順番に探索するので，最大ループ回数は，要素数の 6 回になります。探索値が見つかったらループの処理を抜け，見つかった位置の添字を表示します。

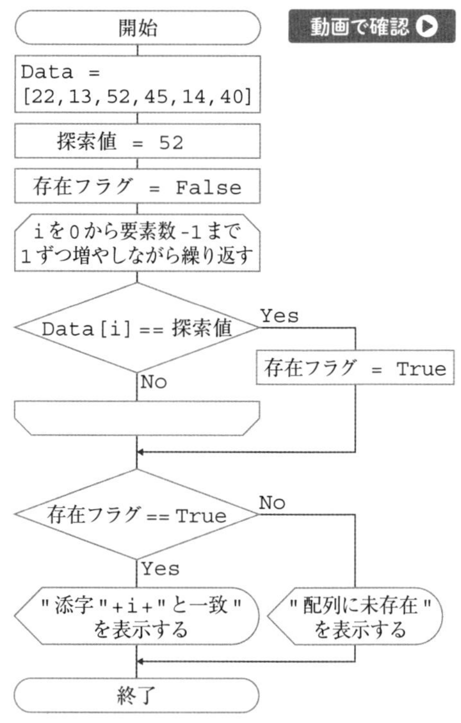

図2　線形探索フローチャート

フローチャート内にある「存在フラグ」って何ですか。

フラグ（flag）は日本語で「旗」という意味です。IT 業界では，「flag を立てる」という言葉が多く使われますが，それは，条件を満たす場合に True（真）を，条件を満たさない場合に False（偽）を設定することを意味します。

フラグの変数名は「○○_flag」と名づけることが多いです。「○○」の部分を満たせば「True」，満たさなければ「False」となります。今回は，配列に「探索値（tansakuchi）」が存在するか否かという意味で，「存在フラグ（sonzai_flag）」という名前にしています。初期値は「False」で，探索値が見つかった場合に「True」に更新します。

これを共通テスト用プログラム表記で表すと，次のようになります。

動画で確認

プログラム

```
Data = [22,13,52,45,14,40]
tansakuchi = 52
sonzai_flag = False
i を 0 から 要素数(Data) - 1 まで 1 ずつ増やしながら繰り返す：
 | もし Data[i] == tansakuchi ならば：
 | | sonzai_flag = True
 ⌊ ⌊ 繰り返しを抜ける
もし sonzai_flag == True ならば：
 | 表示する("添字",i,"と一致")
そうでなければ：
 ⌊ 表示する("配列に未存在")
```

実行結果：添字 2 と一致

(4) 行目の「要素数 (Data)」は引数として渡された配列の要素数を返す関数です。今回の配列 Data の要素数は 6 個なので，6 が返されます。つまり変数 i の値は，0 から 5（要素数 - 1）まで 1 ずつ増えていき，ループが 6 回繰り返されます。(5) 行目に「Data[i]」とあるので，変数 i は添字として使われていることがわかります。「もし Data[i] == tansakuchi ならば：」は，配列の要素と探索値を比較する処理です。一致すれば，(6) 行目で，変数 sonzai_flag を「True」に更新して，(7) 行目でループの処理を抜けます。(8) 行目で変数 sonzai_flag の値を確認し，「True」なら (9) 行目で存在位置の添字を表示し，「False」なら (11) 行目で「配列に未存在」を表示します。

とても難しい…。

今までのプログラミングの授業で扱った内容がすべて出ているので，かなり難しく感じると思います。共通テストでは，このレベルのプログラムを短時間で把握する力が必要になってきます。問題本文でプログラムの概要を理解し，変数に実際に値を当てはめて 1 行ずつ追う練習をすることで，徐々に他人の書いたソースコードを読み取る力がついてきますよ。

② 二分探索（にぶんたんさく）

二分探索は，配列の探索範囲を半分ずつ狭めながら，目的のデータを探し出す探索方法です。二分探索を行ううえで前提となるのは，データが何らかの規則で並んでいることです。

添字	0	1	2	3	4	5	6	7	8
要素	1	2	3	4	5	6	7	8	9

図 3　二分探索元データ

今回は，図 3 のように 1 から 9 まで昇順に並んだ配列を例にとり，説明していきます。探索値は 3 とします。

図 4 を見てください。この 1 から 9 までの配列の中で真ん中に位置する要素は 5 です。添字で表すと，一番左の添字の 0 と一番右の添字の 8 を足して 2 で割った添字 4 の場所です。まず，その添字 4 の要素である 5 と探索値の 3 を比較します。探索値のほうが小さいので，添字 4 の場所より左側に探索値があることがわかり，探索範囲が狭まります。

添字	0	1	2	3	4	5	6	7	8
要素	1	2	3	4	5	6	7	8	9

5 より左に探索値がある

探索値 3

図 4　二分探索（1 回目）

こんどはその狭めた範囲，添字 0 から 3 の間での中央を求めます（図 5）。先ほどと同様に (0 + 3) ÷ 2 を計算すると，1.5 と中途半端な数になります。そこで今回は，小数点以下を切り捨て，添字 1 の要素である 2 を中央値として比較対象とします。中央値の

添字	0	1	2	3	4	5	6	7	8
要素	1	2	3	4	5	6	7	8	9

対象外

探索値 3

図 5　二分探索（2 回目）

2と探索値の3を比較すると，探索値のほうが大きいので，添字1の場所より右側に探索値があることがわかります。

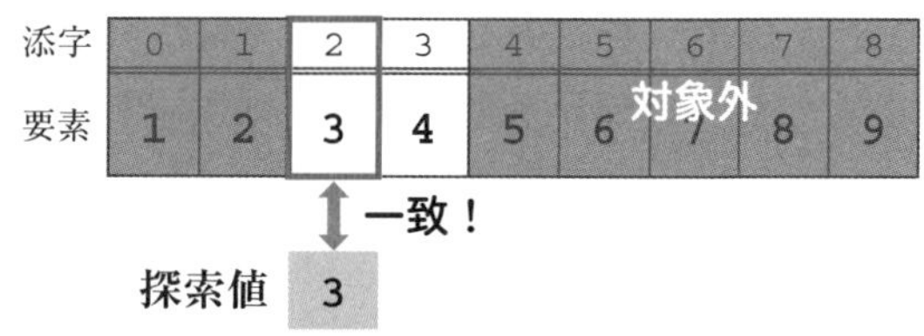

図6　二分探索（3回目）

次の比較対象は，図6のとおり，添字2から3の範囲となります。この範囲の中央は，前回と同様に小数点を切り捨てると添字2となり，その要素は3です。探索値の3と一致するので，探索値は添字2の場所にあるとわかります。

これをフローチャートで表すと，図7のようになります。

複雑なフローチャートですね。

これくらい複雑でも，実際に値を当てはめて処理を追う練習を繰り返しているうちに，慣れて短時間で理解できるようになりますよ。

これを共通テスト用プログラム表記で表現すると，次のようになります。

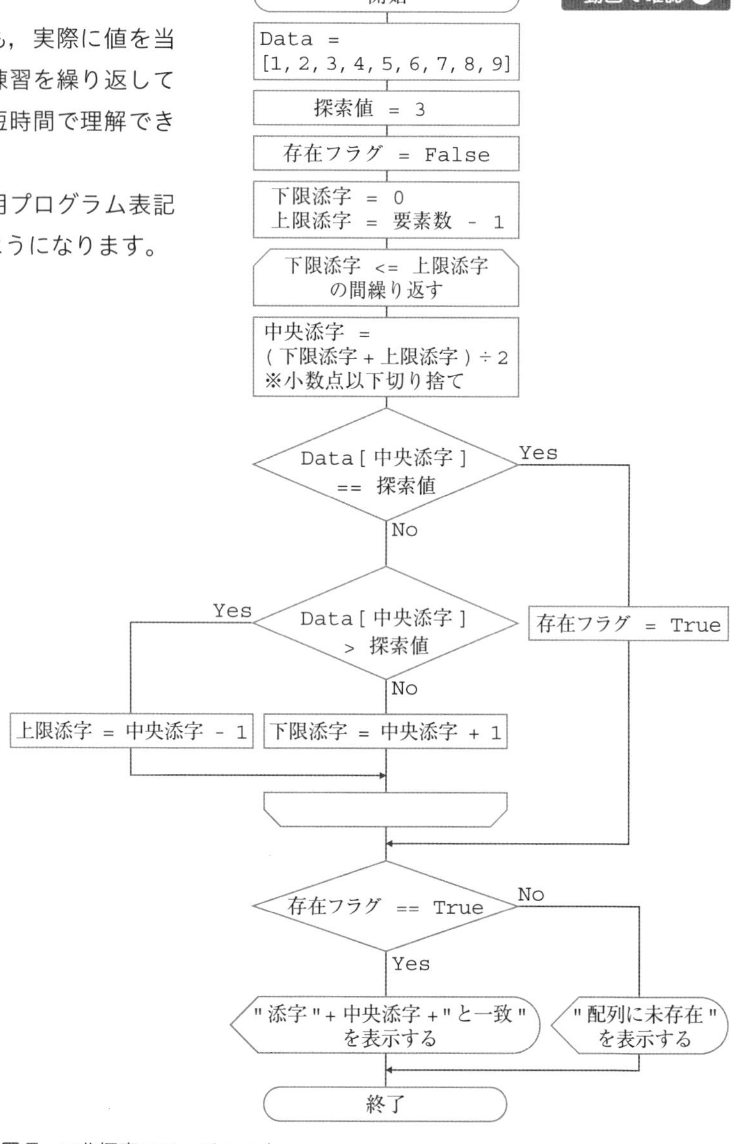

図7　二分探索フローチャート

動画で確認

```
Data = [1,2,3,4,5,6,7,8,9]
tansakuchi = 3
sonzai_flag = False
kagen = 0
jougen = 要素数(Data) - 1
kagen <= jougen の間繰り返す：
 | chuuou = (kagen + jougen) ÷ 2
 | もし Data[chuuou] == tansakuchi ならば：
 | | sonzai_flag = True
 | | 繰り返しを抜ける
 | そうでなければ：
 | | もし Data[chuuou] > tansakuchi ならば：
 | | | jougen = chuuou - 1
 | | そうでなければ：
 └ └ └ kagen = chuuou + 1
もし sonzai_flag == True ならば：
 | 表示する("添字",chuuou,"と一致")
そうでなければ：
 └ 表示する("配列に未存在")
```

実行結果：添字２と一致

③ 線形探索と二分探索の探索回数

線形探索と二分探索を比較すると，どちらが効率のよい探索方法でしょうか。データ数をnとした場合，探索回数は表１のようにまとめられます。

線形探索でも二分探索でも１回目の探索で探索値が見つかる可能性があるので，最小探索回数はどちらも１です。

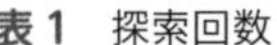

表１　探索回数

	最小探索回数	最大探索回数	平均探索回数
線形探索	1	n	$\frac{n+1}{2}$
二分探索	1	$[\log_2 n] + 1$	$\log_2 n$

式だけだと具体的にどう違うのかイメージが湧きません。

表１のnに実際に数を代入して計算した結果を，横軸をデータ数，縦軸を探索回数としてグラフで表すと，次ページの図８・９のようになります。

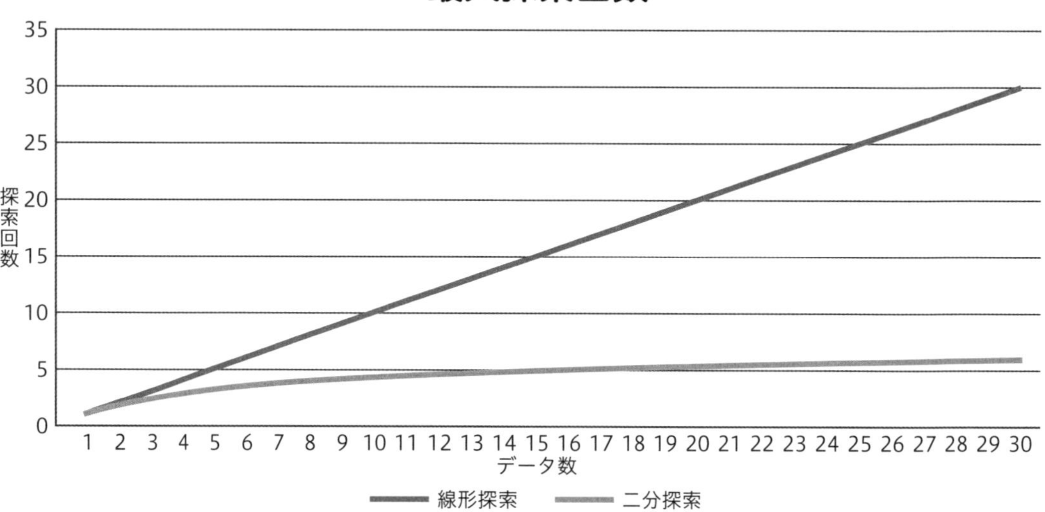

図8　最大探索回数のグラフ

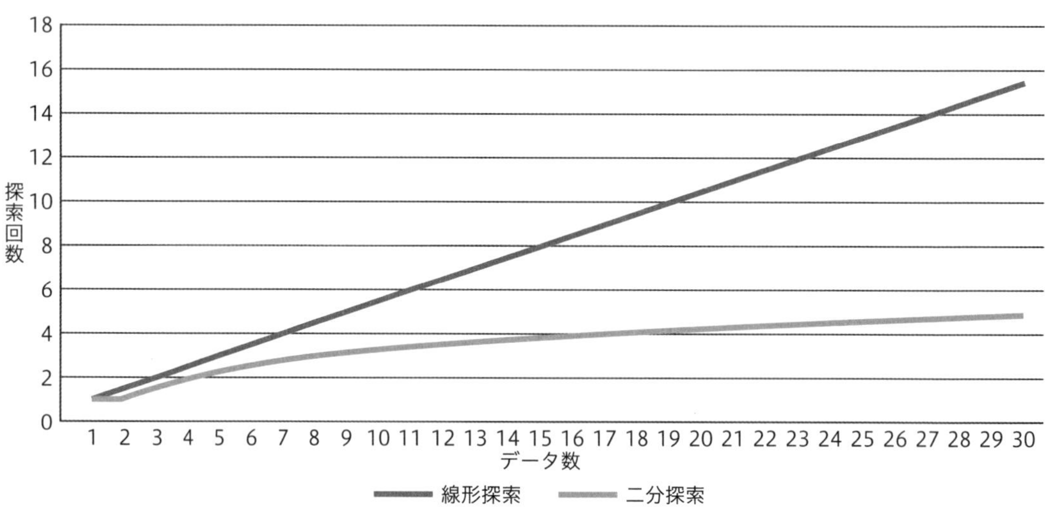

図9　平均探索回数のグラフ

線形探索だとデータ数に比例して探索回数が増えますが，二分探索では，データ数が多くなっても，探索回数はそれほど増えません。二分探索は，たとえデータが100,000個あったとしても探索回数は最大17回ほどとなり，とても効率がよいので，さまざまなプログラムで採用されています。

やってみよう　要点チェック問題3-12（ネット提供資料）

でる度 ★★★

3-13 整列プログラム 1（交換法）

動画 第 3 章 ▶ 3-13_整列プログラム 1（交換法）

きょうの授業はこんな話

① 整列と交換法（バブルソート）の概要

整列と，その主要な手法の一つである交換法のイメージをつかもう。

② 交換法のプログラム

交換法のプログラムの詳細について学ぼう。

この前の日曜日，部屋の模様替えをしたついでに，本棚の本を整理しました。どう並べるか迷ったのですが，結局，背の高さ順にしました。本棚の見た目がきれいになって満足しています。

なるほど。もっている本のジャンルがそんなに多様でない人なら，本棚の見た目重視で並べるのもいいでしょうね。

ところで，コンピュータの世界でも，何らかの目的で整列処理が行われることがよくあります。今回から 2 回にわたって，その整列処理について学びましょう。

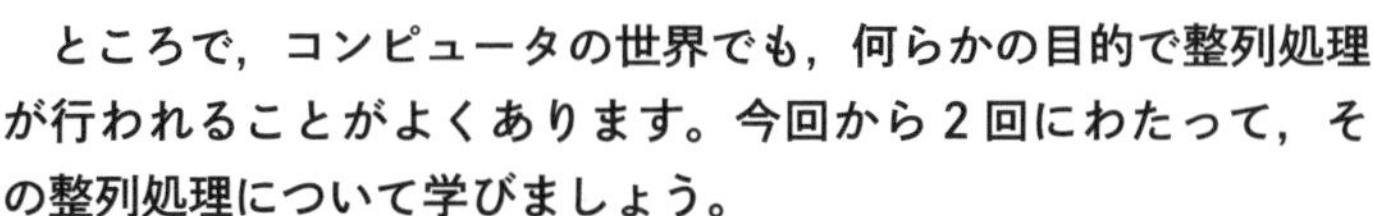

① 整列と交換法（バブルソート）の概要

整列とは，多くのデータを昇順または降順に並べ替えることで，ソートともいいます。昇順は値の小さいものからの順，降順は値の大きいものからの順ということです。

整列ができるのは数値だけですか。

数値だけでなく，大小や高低など，順序を決める根拠となる属性を備えたデータなら，整列できます。たとえば，アルファベットなら ABC…XYZ の順というように，コンピュータが登場するずっと前から歴史的・文化的に決まっている順序があり，文字コードの値や辞書にもそれが反映されています。これにより，たとえば，辞書に載っている順番に単語などの文字列を並べることができます。

復習 p.73

コンピュータで整列を行うアルゴリズムにはいくつか種類があります。今回は，代表的なものとして**交換法**を紹介します。

交換法は，配列の中の隣り合う 2 つの値について，順序を決める判定をした結果に応じて交換処理を行い，それを繰り返すことで整列する方法で，**バブルソート**ともいいます。

例として，「3，2，4，1」を，左から昇順に，つまり「1，2，3，4」の順に並べ替えることを考えてみましょう。

正しく昇順に並べ替えるには，左の値から順に，その右隣の値と大小を比較していきます。そして，「左側の値＞右側の値」の場合は，入れ替え処理（交換）を行います。次のような手順です。

- 一番左の3とその右隣の2を比較する。「3 ＞ 2」だから交換を行う。
  3 2 4 1 → 2 3 4 1
- 3とその右隣の4を比較する。「3 ＜ 4」だから交換を行わない。
  2 3 4 1 のまま
- 4とその右隣の1を比較する。「4 ＞ 1」だから交換を行う。4が一番右に来て，これが最大値だとわかる。
  2 3 4 1 → 2 3 1 4
- 2とその右隣の3を比較する。「2 ＜ 3」だから交換を行わない。
  2 3 1 4 のまま
- 3とその右隣の1を比較する。「3 ＞ 1」だから交換を行う。3が右から2番目に来て，これが2番目に大きな値だとわかる。
  2 3 1 4 → 2 1 3 4
- 2とその右隣の1を比較する。「2 ＞ 1」だから交換を行う。
  2 1 3 4 → 1 2 3 4 となって完成

この方法では，大きな値から順に（右から順に）確定していますが，反対に，小さな値から順に（左から順に）確定していくのであっても，隣り合う2つの値について交換処理を行うのであれば，交換法であることに変わりありません。その場合は，「右の値から順に，その左隣の値と大小を比較する→『左側の値＞右側の値』の場合は，交換を行う」という処理を繰り返すことになります。

② 交換法のプログラム

では，交換法での整列をコンピュータで行う場合のプログラムについて学んでいきましょう。ここでは，図1の配列を例として，大きな要素から順に（右から順に）確定していくこととします。

この交換法のフローチャートは次ページの図2のとおりで，それを共通テスト用プログラム表記で表したものを図2の直後に掲げていますが，これらを現時点で理解するのは難しいでしょう。

添字	0	1	2	3
要素	5	2	8	1

図1　今回，例として取り上げる配列（初期状態）

詳しくはあとで説明しますので，まずは，それぞれを 30 秒くらい眺めてみてください。

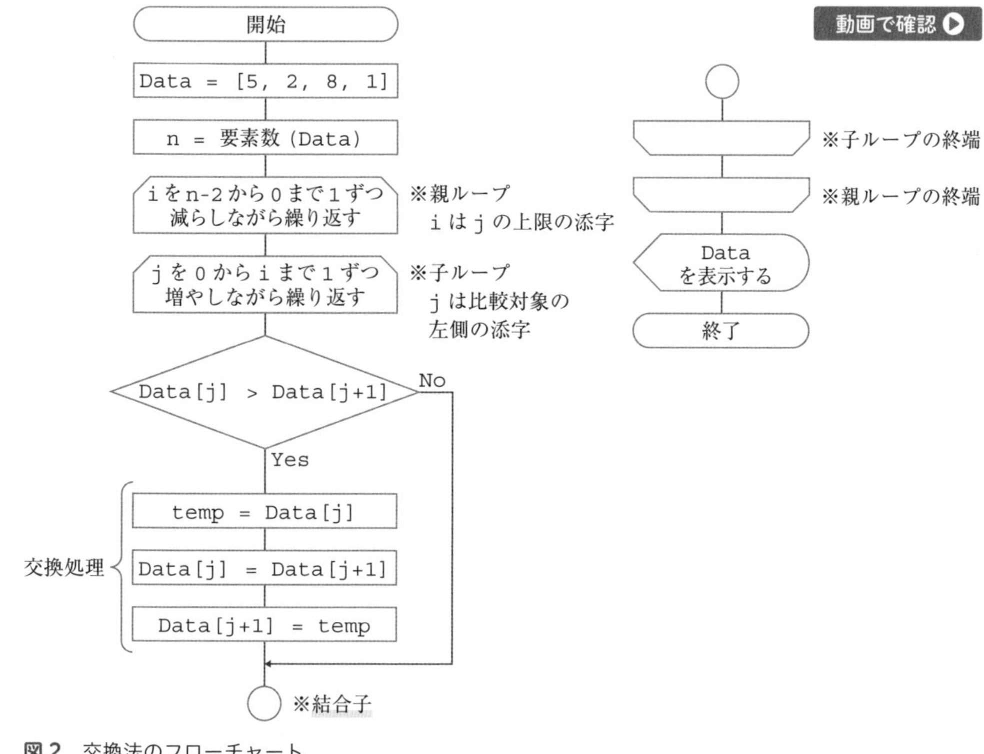

復習 p.139

図 2 交換法のフローチャート

動画で確認

行	プログラム
(1)	Data = [5,2,8,1]
(2)	n = 要素数(Data)
(3)	i を n - 2 から 0 まで 1 ずつ減らしながら繰り返す：
(4)	｜ j を 0 から i まで 1 ずつ増やしながら繰り返す：
(5)	｜ ｜ もし Data[j] > Data[j + 1] ならば：
(6)	｜ ｜ ｜ temp = Data[j]
(7)	｜ ｜ ｜ Data[j] = Data[j + 1]
(8)	⎿ ⎿ ⎿ Data[j + 1] = temp
(9)	表示する(Data)

ループが入れ子構造になっているので，ややこしいですね。

そうですね。入れ子の構造になっても，今までと同じように，変数に値を当てはめながら処理を追うことで理解できますよ。ここでは，外側のループを親ループ，内側のループを子ループとよぶこととします。

まず，プログラムの (1) 行目では，配列 Data の初期状態を定義しています。

(2) 行目の「要素数 (Data)」は，引数として渡された配列の要素数を返す関数です。

ここでは，配列Dataの要素数は4個なので，変数nには4が代入されます。

以上が，ループ処理が始まる前に完了する処理です。続いて，(3)～(8)行目のループ処理を見てみましょう。

1) 親ループ：1回目（i = 2），子ループ：1回目（j = 0）

(3)行目で，変数iに，変数nから2を引いた値である2が代入されます。(4)行目で変数jに0が代入されます。(5)行目に「Data[j] > Data[j + 1]」とあるので，変数jは添字を意味するとわかります。変数iの役割については，のちほど説明します。

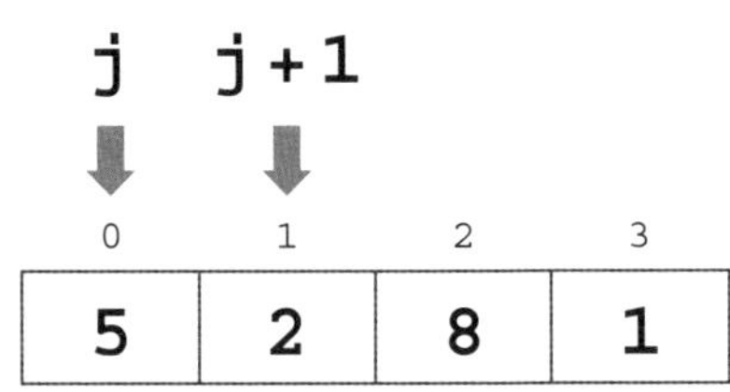

図3　1)(5)行目の判定対象

(5)行目の変数jに初回の値を当てはめると，「Data[0] > Data[1]」となります。そこで，添字0の要素である5と添字1の要素である2を比較します。「5 > 2」なので，(5)行目はTrue（真）となります（図3）。そして，(6)行目から(8)行目までで，交換処理が行われます（図4。以降の図において，要素の並び順は交換前の状態）。

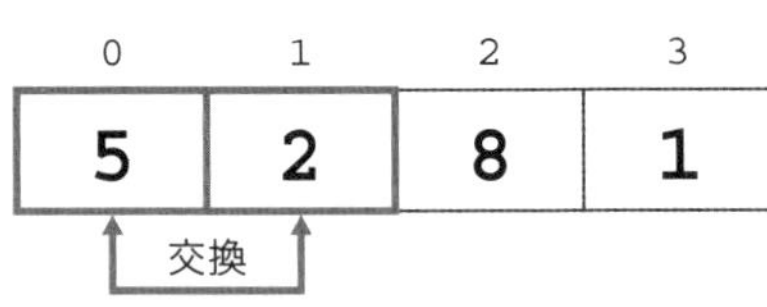

図4　1)(6)～(8)行目の交換処理

(6)行目と(8)行目に出てくる変数tempの役割は，交換処理のために値を一時退避させることです。たとえば，牛乳とお茶の入った2つのコップの中身を入れ替えるときには，どちらかを一度空のコップに移さなければなりません。変数tempは，その空のコップの一時領域を意味しています。tempは「一時領域」を意味する変数名です。temporary（一時的な）という英単語から来ています。

(6)行目の「temp = Data[j]」で「Data[0]」の要素である5が変数tempに代入されます。(7)行目の「Data[j] = Data[j + 1]」は交換を行う処理で，「Data[1]」の要素である2が「Data[0]」に代入され，その値が更新されます。そして，(8)行目の「Data[j + 1] = temp」で「Data[1]」に，変数tempの値として一時退避させられた5が代入され，「Data[1]」の値が更新されます。

この(6)～(8)行目は少しややこしく感じると思いますが，配列内で要素を交換するために行う一連の処理として，セットで理解しておきましょう。

2) 親ループ：1回目（i = 2），子ループ：2回目（j = 1）

親ループ1回目における子ループ2回目では，(4)行目の記述により，変数jは1になります。(5)行目で，添字1の要素である5と添字2の要素である8が比較され，False（偽）となります。そのため，(6)～(8)行目の交換処理は行われません（図5）。

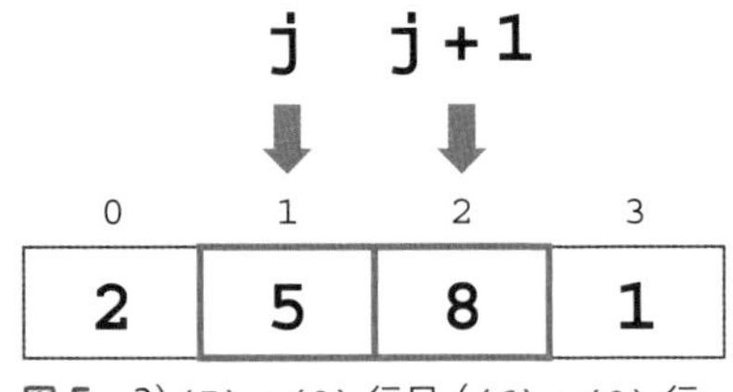

図5　2)(5)～(8)行目（(6)～(8)行目は実行されない）

3) 親ループ：1回目（i = 2），子ループ：3回目（j = 2）

親ループ１回目における子ループ３回目では，(4) 行目の記述により，変数 j は２になります。(5) 行目で，添字２の要素である８と添字３の要素である１を比較し，True(真)となります。そのため，(6)～(8) 行目の交換処理が行われます(図6)。

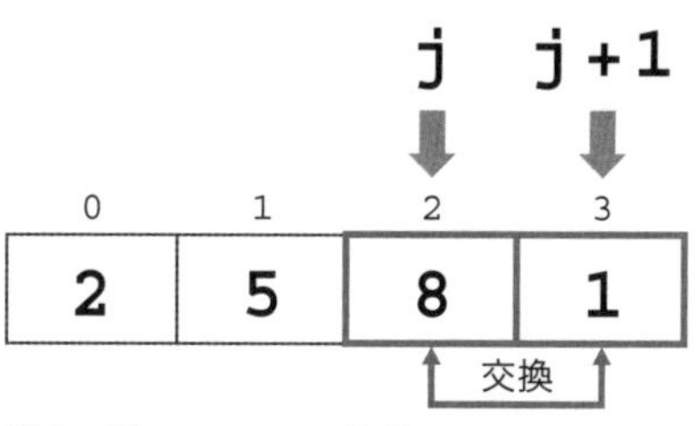

図６ 3)(5)～(8) 行目

ここで，一番大きな要素がわかり，その要素８が一番右に配置されました（図７）。

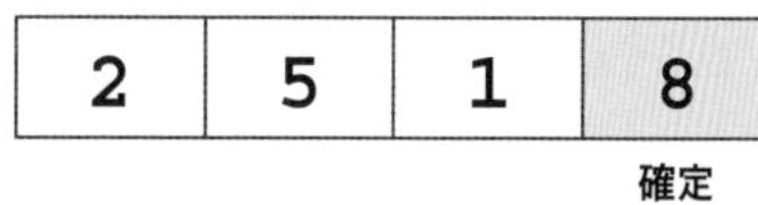

図７ 最大要素８を一番右に配置

注意したいのは，この整列において，変数 j に代入される上限の添字は，２だということです。この交換法では，そのときの処理の対象である要素（添字 j の要素）について，右隣の要素と大小を比較する判定処理（(5) 行目）が行われますが，右隣が存在しない添字３以上が j に代入されたら，その判定処理自体が成立しないのです。

加えて，位置が確定した要素を (5) 行目の判定処理の比較対象（Data[j + 1]）にしても意味がないということにも，注意しましょう。このことから，変数 j が実際に２になるのは一番右の要素が決まるときだけとし，それ以降，要素が右から１つ確定するごとに，変数 j の上限が１ずつ下がるようにしておくことが，この整列のプログラムとしては適切だといえます。

この処理が反映されているのが，(3)・(4) 行目です。(3) 行目の親ループ処理の定義において，変数 i を「n - 2 から」としていることから，i の初期値は２となります。そして，(4) 行目の子ループ処理の定義で「j を 0 から i まで１ずつ増やしながら繰り返す」としているため，一番右の要素が確定するときに，変数 j は上限の添字２に至り，確定したらその子ループをいったん抜けて，親ループ２回目に入ります。そのときに変数 i の値が１減って（(3) 行目），変数 j の上限も１下がる（(4) 行目），という仕組みになっているのです。

つまり，**変数 i の役割は，そのときの子ループにおける変数 j の上限設定であり，子ループの終了条件設定**だといえます。

そして今，変数 i の値は２で，変数 j も添字２となっていますので，子ループをいったん抜けて，親ループ２回目に入ります。

4) 親ループ：2回目（i = 1），子ループ：1回目（j = 0）

親ループ２回目における子ループ１回目では，(3) 行目の記述により変数 i に１が，(4) 行目の記述により変数 j に０が，それぞれ代入されます。(5) 行目で，添字０の要素である２と添字１の要素である５を比較し，False（偽）となります。そのため，(6)～(8) 行目の交換処理は行われません（図８）。

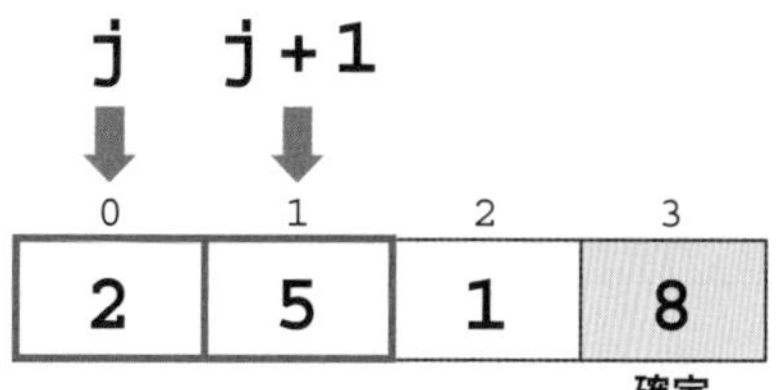

図８ 4)(5)～(8) 行目（(6)～(8) 行目は実行されない）

5) 親ループ：2回目（i = 1），子ループ：2回目（j = 1）

親ループ2回目における子ループ2回目では，(4) 行目の記述により，変数 j は 1 になります。(5) 行目で，添字 1 の要素である 5 と添字 2 の要素である 1 を比較し，True（真）となります。そのため，(6)～(8) 行目の交換処理が行われます（図9）。

ここで，2番目に大きな要素がわかり，その要素 5 が右から2番目に配置されました（図10）。

そして，変数 j の値が変数 i の値と一致したので，再度子ループを抜けて，親ループ3回目に入ります。

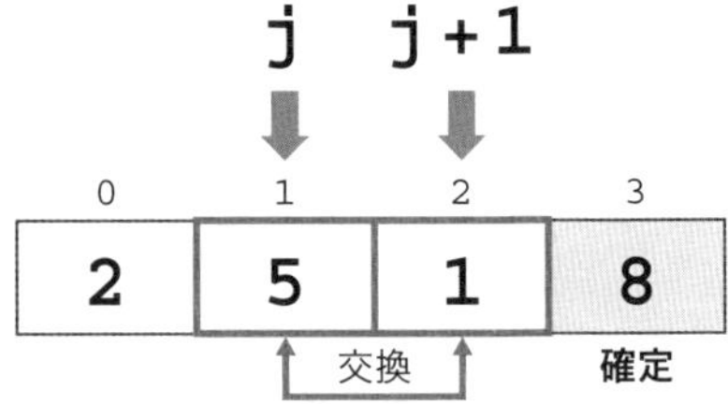

図9　5) (5)～(8) 行目

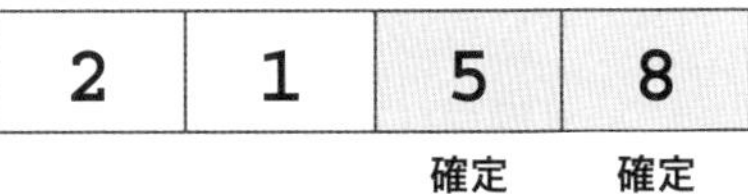

図10　2番目に大きな要素 5 を右から2番目に配置

6) 親ループ：3回目（i = 0），子ループ：1回目（j = 0）

親ループ3回目における子ループ1回目では，(3) 行目の記述により変数 i に 0 が，(4) 行目の記述により変数 j に 0 が，それぞれ代入されます。(5) 行目で，添字 0 の要素である 2 と添字 1 の要素である 1 を比較し，True（真）となります。そのため，(6)～(8) 行目の交換処理が行われます（図11）。

これで，最後に残った2つの要素の大小関係がわかり，それぞれがあるべき位置に配置されました（図12）。

また，変数 j = 0，変数 i = 0 となっており，子ループ，親ループともに終了条件に達したので，ループを抜けます。そして，(9) 行目の記述に従って，並べ替え後の配列の要素を表示します。

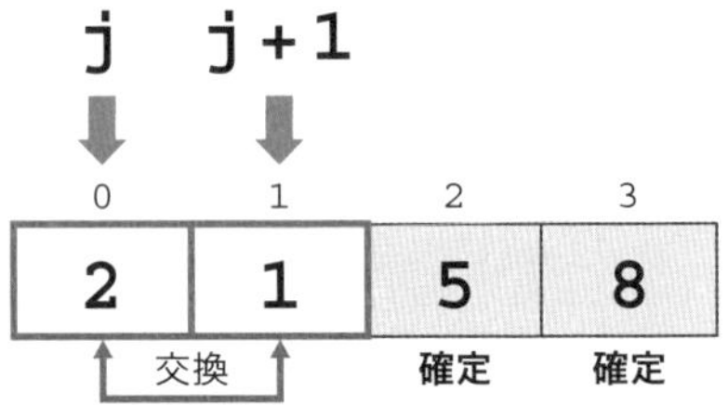

図11　6) (5)～(8) 行目

図12　整列の完成

おお！　確かに，変数に値を当てはめて，一つ一つ配列の動きを見ながら説明を聴くと，わかりやすいです！

問題集などで，自分でこのような問題に取り組むときも，こんなふうに丁寧に処理を追っていってください。最初のうちは時間がかかるでしょうが，練習を積み重ねているうちに，制限時間内に解けるようになるはずです。

やってみよう　要点チェック問題 3-13（ネット提供資料）

でる度 ★★★

3-14 整列プログラム 2（選択法）

動画 第 3 章 ▶ 3-14_整列プログラム 2（選択法）

きょうの授業はこんな話

① 選択法の概要

交換法と並んで整列の主要な手法の一つとなっている選択法のイメージをつかもう。

② 選択法のプログラム

選択法のプログラムの詳細について学ぼう。

③ 交換法と選択法の比較回数と交換回数

交換法と選択法のそれぞれにおける，要素の比較・交換回数について学ぼう。

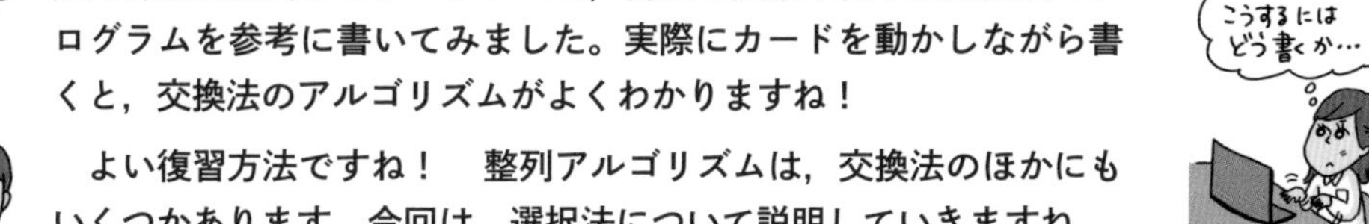

テキトーに抜いた 5 枚のトランプカードを，カードに載っている数の昇順に整列するプログラムを，前回の授業で習った交換法のプログラムを参考に書いてみました。実際にカードを動かしながら書くと，交換法のアルゴリズムがよくわかりますね！

よい復習方法ですね！　整列アルゴリズムは，交換法のほかにもいくつかあります。今回は，選択法について説明していきますね。

① 選択法の概要

選択法は，**選択ソート**ともよばれるもので，交換法と並ぶ整列の主要な手法の一つです。選択法では，配列の一番左か一番右を「先頭」と決め，先頭の要素とほかの要素を順に比較していき，入れ替える処理を繰り返すことで順序を確定していきます。先頭の値が確定したあとは，先頭位置をずらして比較処理を繰り返します。また，位置の組み合わせとして同じ比較は，1 度しか行いません（例：一番左と一番右の比較は，そこに配置されている値が変わっても 1 度しか行わない）。

交換法は「隣どうし」で比べましたが，選択法では「先頭とそのほか」を比べると理解すればよいでしょうか。

そうですね。まずはイメージをつかむために，交換法と同様に，「3，2，4，1」を左から昇順に並べ替えることを，選択法で行ってみましょう。ここでは，一番左を先頭として，その値よりも比較対象が小さければ，交換を行うこととします。

- 一番左の3とその右隣の2を比較する。「3 > 2」だから交換を行う。

  3 2 4 1 → 2 3 4 1
- 2と，そこから2つ右側にある4を比較する。「2 < 4」だから交換を行わない。

  2 3 4 1 のまま
- 2と一番右にある1を比較する。「2 > 1」だから交換を行う。

  2 3 4 1 → 1 3 4 2

  「一番左とその他」の比較はこれで完了。
- 左から2番目にある3と，その右隣の4を比較する。「3 < 4」だから交換を行わない。

  1 3 4 2 のまま
- 3と一番右にある2を比較する。「3 > 2」だから交換を行う。「1，2，4，3」の順になる。

  1 3 4 2 → 1 2 4 3

  「左から2番目とその他」の比較はこれで完了。
- 右側の2つの値を比較する。「4 > 3」だから交換を行う。

  1 2 4 3 → 1 2 3 4

  すべての位置の比較が行われ，昇順の整列が完成。

② 選択法のプログラム

では，選択法での整列をコンピュータで行う場合のプログラムについて学んでいきましょう。例として使用する配列は図1のとおりで，交換法のプログラムを学んだときと同じものです。

この選択法のフローチャートは次ページの図2のとおりで，それを共通テスト用プログラム表記で表したものを図2の直後に掲げていますが，これらもまた，交換法のフローチャートやプログラムと同様に，すぐに理解するのは難しいでしょう。詳しくはあとで説明しますので，まずは，それぞれを30秒くらい眺めてみてください。

添字	0	1	2	3
要素	5	2	8	1

図1　今回，例として取り上げる配列（初期状態）

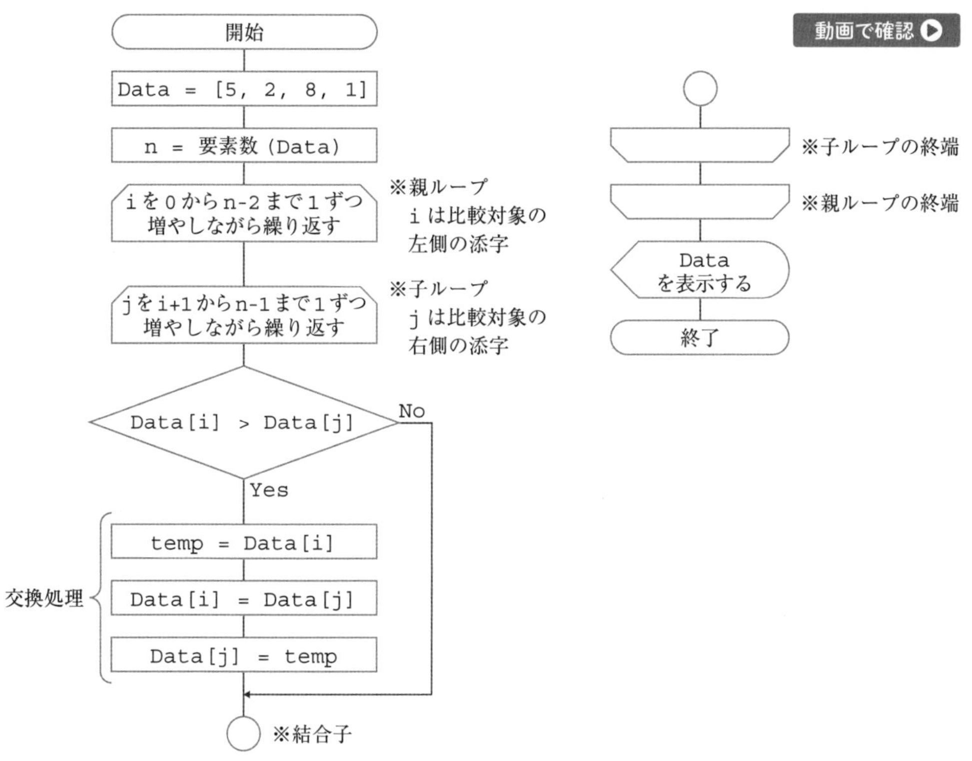

図 2 選択法フローチャート

動画で確認

行	プログラム
(1)	Data = [5,2,8,1]
(2)	n = 要素数(Data)
(3)	i を 0 から n - 2 まで 1 ずつ増やしながら繰り返す：
(4)	｜ j を i + 1 から n - 1 まで 1 ずつ増やしながら繰り返す：
(5)	｜ ｜ もし Data[i] > Data[j] ならば：
(6)	｜ ｜ ｜ temp = Data[i]
(7)	｜ ｜ ｜ Data[i] = Data[j]
(8)	└ └ └ Data[j] = temp
(9)	表示する(Data)

ぱっと見た感じでは，交換法と似ていますね。

そうですね。特に，交換法と同様に，ループが入れ子構造になっているのが目立ちますね。ここでも，外側のループを親ループ，内側のループを子ループとよぶこととします。

では，実際に変数に値を当てはめて，処理の様子を見ていきましょう。

まず，プログラムの (1) 行目では，配列 Data の初期状態を定義しています。

(2) 行目の「要素数 (Data)」は，引数として渡された配列の要素数を返す関数なので，変数 n には 4 が代入されます。

ループ処理が始まる前に完了するここまでの処理は，交換法と同じです。続いて，(3)～(8) 行目のループ処理を見てみましょう。

1) 親ループ：1回目 (i = 0)，子ループ：1回目 (j = 1)

(3) 行目の変数 i は，(5) 行目の記述から，このプログラムで比較される2つの要素のうち左側の要素の位置を表す添字であるとわかります。また，(4) 行目の変数 j は，(5) 行目の記述から，その2つの要素のうち右側の要素の位置を表す添字であるとわかります。

変数 i は，初期値が 0 で，親ループの回次が進むごとに「n - 2 = 2」まで1ずつ増やされる値です。変数 j は，初期値が「i + 1」で，子ループの回次が進むごとに「n - 1 = 3」まで1ずつ増やされる値です。

そして，(5) 行目に「もし Data[i] > Data[j] ならば」とあるので，それら2つの添字の要素が「変数 i の要素＞変数 j の要素」の関係にあるなら，(6)～(8) 行目の処理が行われることになります。(6)～(8) 行目は，交換法の (6)～(8) 行目とまったく同じ記述になっており，配列内で要素を交換するために行う一連の処理として，セットで理解しておきたいものです。

復習 p.176

さて，親ループ1回目における子ループ1回目では，(3) 行目の記述により変数 i に 0 が，(4) 行目の記述により変数 j に 1 が，それぞれ代入されます。

(5) 行目では，添字 0 の要素である 5 と添字 1 の要素である 2 の比較を行うことになります。すると，「5 > 2」で，(5) 行目は True（真）となります。そのため，(6)～(8) 行目の交換処理が行われます（図3。以降の図において，要素の並び順は交換前の状態）。

このあとは，i の位置（先頭）を固定して，j の位置を1つずつ右にずらしながら配列の要素を比較していきます。

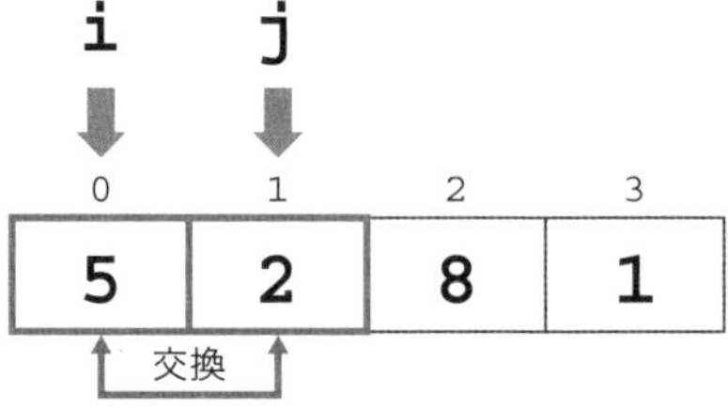

図3　1) (5)～(8) 行目

2) 親ループ：1回目 (i = 0)，子ループ：2回目 (j = 2)

親ループ1回目における子ループ2回目では，(4) 行目の記述により，変数 j は 2 になります。(5) 行目で，添字 0 の要素である 2 と添字 3 の要素である 8 を比較し，False（偽）となります。そのため，交換処理は行われません（図4）。

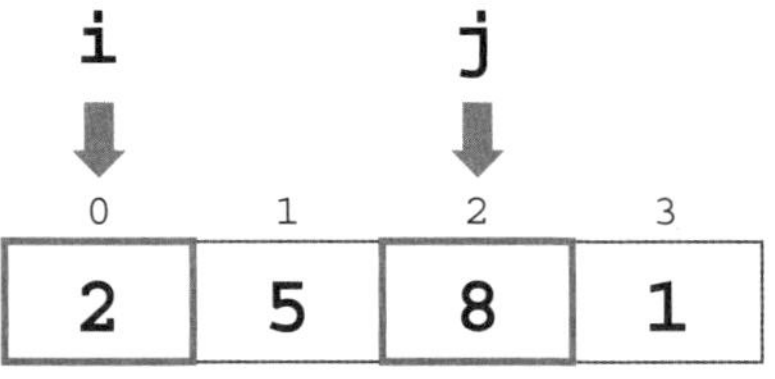

図4　2) (5)～(8) 行目（(6)～(8) 行目は実行されない）

3）親ループ：1 回目（`i = 0`），子ループ：3 回目（`j = 3`）

親ループ 1 回目における子ループ 3 回目では，（4）行目の記述により，変数 `j` は 3 になります。（5）行目の記述により，添字 0 の要素である 2 と添字 3 の要素である 1 を比較し，True（真）となります。そのため，（6）～（8）行目の交換処理が行われます（図 5）。

ここで，一番小さな要素がわかり，その要素 1 が一番左に配置されました（図 6）。

変数 `j` の値が「`n - 1 = 3`」となっており，子ループの終了条件に達しているので，いったん子ループを抜けて，親ループ 2 回目に入ります。

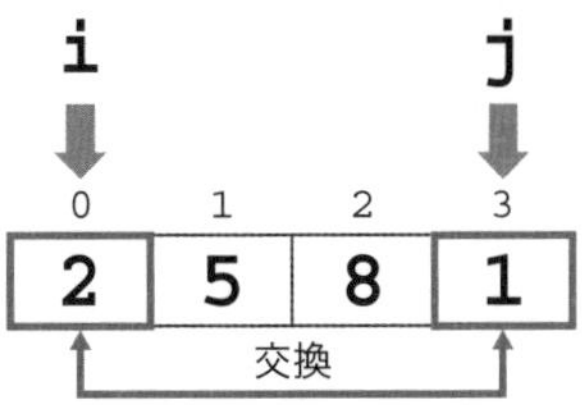

図 5　3）（5）～（8）行目

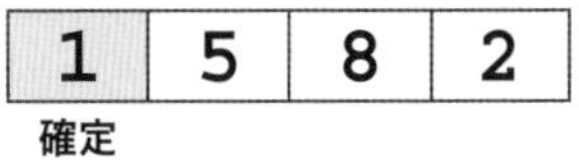

1	5	8	2
確定			

図 6　最小要素 1 を一番左に配置

4）親ループ：2 回目（`i = 1`），子ループ：1 回目（`j = 2`）

親ループ 2 回目における子ループ 1 回目では，（3）行目の記述により変数 `i` に 1 が，（4）行目の記述により変数 `j` に 2 が，それぞれ代入されます。（5）行目で，添字 1 の要素である 5 と添字 2 の要素である 8 を比較し，False（偽）となります。そのため，（6）～（8）行目の交換処理は行われません（図 7）。

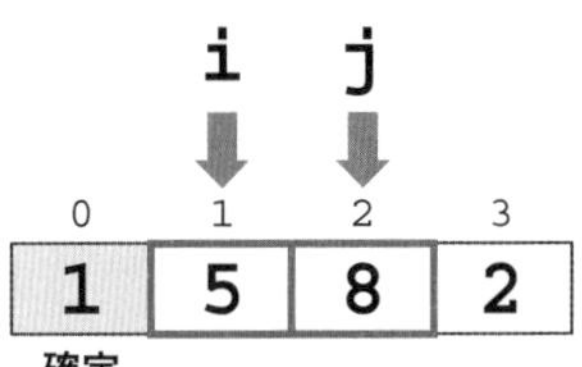

図 7　4）（5）～（8）行目（（6）～（8）行目は実行されない）

5）親ループ：2 回目（`i = 1`），子ループ：2 回目（`j = 3`）

親ループ 2 回目における子ループ 2 回目では，（4）行目の記述により，変数 `j` は 3 になります。（5）行目で，添字 1 の要素である 5 と添字 3 の要素である 2 を比較し，True（真）となります。そのため，（6）～（8）行目の交換処理が行われます（図 8）。

ここで，2 番目に小さな要素がわかり，その要素 2 が左から 2 番目に配置されました（図 9）。

変数 `j` の値が「`n - 1 = 3`」となっており，子ループの終了条件に達しているので，再度子ループを抜けて，親ループ 3 回目に入ります。

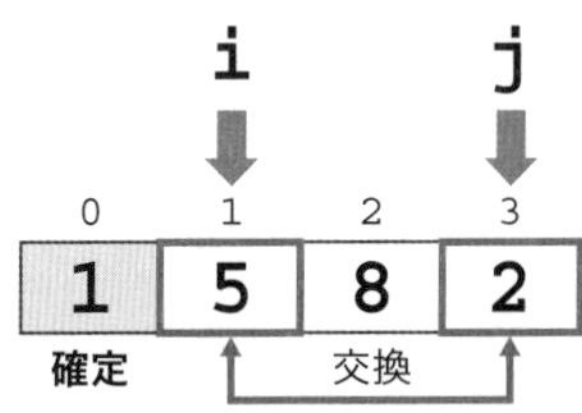

図 8　5）（5）～（8）行目

1	2	8	5
確定	確定		

図 9　2 番目に小さな要素 2 を左から 2 番目に配置

6) 親ループ：3回目（`i = 2`），子ループ：1回目（`j = 3`）

親ループ3回目における子ループ1回目では，(3) 行目の記述により変数 `i` に 2 が，(4) 行目の記述により変数 `j` に 3 が，それぞれ代入されます。(5) 行目で，添字 2 の要素である 8 と添字 3 の要素である 5 を比較し，True（真）となります。そのため，(6)～(8) 行目の交換処理が行われます（図10）。

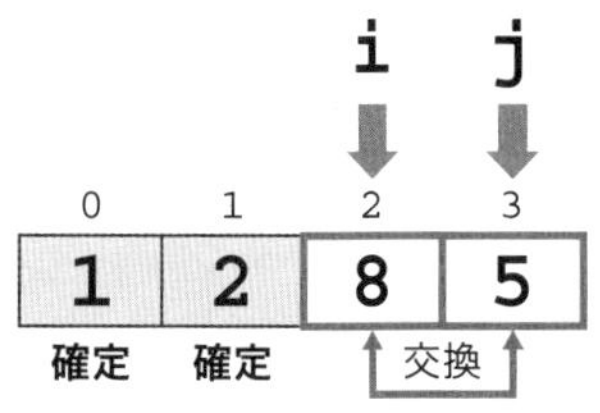

図10　6)(5)～(8) 行目

これで，最後に残った2つの要素の大小関係がわかり，それぞれがあるべき位置に配置されました（図11）。

また，変数 `i` は「`n - 2 = 2`」，変数 `j` は「`n - 1 = 3`」となっており，親・子両ループとも終了条件に達したので，ループを抜けます。そして，(9) 行目の記述に従って，並べ替え後の配列の要素を表示します。

1	2	5	8
確定	確定	確定	確定

図11　整列の完成

③ 交換法と選択法の比較回数と交換回数

交換法と選択法で n 個のデータを整列するときに必要となる比較回数と，最小・最大交換回数は，表1のとおりです。

最小交換回数の「0」回は，はじめから目指す並び順（昇順または降順）になっている場合を意味しています。また，最大交換回数が比較回数と一致するのは，比較するたびに交換が発生する場合を意味しています。

表1　交換法と選択法の比較回数と交換回数

	比較回数	最小交換回数	最大交換回数
交換法	$\frac{n(n-1)}{2}$	0	$\frac{n(n-1)}{2}$
選択法	$\frac{n(n-1)}{2}$	0	$\frac{n(n-1)}{2}$

これを数学の公式みたいに覚えておく必要があるのですか。

交換法と選択法それぞれにおける比較回数と交換回数を，表1のような式を提示せずに計算させる出題は，大学入学共通テストでは考えにくいです。しかし，このような式を提示したうえで，具体的な数値を入れて計算させたり，比較回数や交換回数をグラフ化したものについて考察させたりする出題は，考えられます。また，整列完成までに必要な要素の比較回数と交換回数は，交換法でも選択法でも同じになりますが，そのこと自体の知識を問う問題もありえます。そうした問題への対策や，問題文を読む時間の節約のため，この表1は覚えておくとよいでしょう。

やってみよう　要点チェック問題 3-14（ネット提供資料）

でる度 ★★★

3-15 応用プログラム

動画 第3章 ▶ 3-15_応用プログラム

きょうの授業はこんな話

① 乱数を用いたプログラミング

乱数を使ったガチャプログラムの作り方を学ぼう。

② スゴロクゲームプログラミング

共通テストで出題されるレベルのスゴロクゲームプログラミングを通して，機能拡張の仕方について学ぼう。

きのう，スマホゲームで，100連ガチャ無料チャレンジができて，レアアイテムが当たりました！

それはよかったですね。今までの授業で説明したプログラミング知識を組み合わせると，100連ガチャプログラムも作れます。きょうの授業で作ってみましょう！

① 乱数を用いたプログラミング

乱数とは，すべて同じ確率で現れるある一定の範囲の数です。たとえば，正六面体のサイコロを振ると，1から6までのそれぞれが出る確率は6分の1です。コンピュータの世界でも，このような乱数を生成することができます。

ただ，コンピュータは，その特質上，すべてを計算で行うため，人間のように無作為な選択はできません。よって，コンピュータが生成する乱数は，厳密には「擬似乱数」ということになるのですが，本書では，この擬似乱数も含めて「乱数」と表現します。

復習 p.164

さて，Python や JavaScript などのプログラミング言語では，乱数を生成する組み込み関数が用意されています。

ここでは，2022年11月発表の公開資料（令和7年度大学入学共通テスト試作問題「情報」の概要）を参考に，「乱数（m,n）」を，乱数を生成する組み込み関数とします。これは，戻り値としてm以上n以下の整数をランダムに1つ返す関数になります。たとえば，「y = 乱数（1,6）」とした場合，yに1から6までの整数のうちいずれかが代入されます。

そのことがガチャとどう関係するのですか。

実際にプログラムを見ればわかると思います。まずは，1回だけのガチャのプログラムを見てみましょう。

1から6までのいずれかの整数が返される乱数から，5以上の値が返されたら「当たり！」，それ以外は「はずれ！」と表示するプログラムは，次のようになります。

動画で確認

プログラム	説明
ransuu = 乱数(1,6)	1から6までのいずれかの整数をransuuに代入
もし ransuu >= 5 ならば：	
｜ 表示する("当たり！")	ransuuが5以上の場合に「当たり！」と表示
そうでなければ：	
⎿ 表示する("はずれ")	ransuuが5以上ではない（5未満の）場合には「はずれ」と表示

さて，これを100連ガチャにするには，どうすればよいでしょうか。

反復構造の中に分岐構造を入れたらできそうですね！

そのとおり！　ちゃんと前の授業の内容を覚えていますね。次のようにすれば100回繰り返されます。

動画で確認

```
i を 1 から 100 まで 1 ずつ増やしながら繰り返す：
 ｜ ransuu = 乱数(1,6)
 ｜ もし ransuu >= 5 ならば：
 ｜  ｜ 表示する("当たり！")
 ｜ そうでなければ：
 ⎿  ⎿ 表示する("はずれ")
```

注意すべき点は，乱数の生成を行う「ransuu = 乱数(1,6)」をループの外に出すと，ずっと同じ値で判定し続けてしまうということです。ループの都度，乱数を生成するように，ループ文の中に乱数の生成を行う関数の呼び出しを入れる必要があります。

② スゴロクゲームプログラミング

次は，スゴロクゲームを作成していきましょう。次ページの図1のように，プレイヤーの初期位置を0，ゴールの位置を15とします。

0 1 2 3 4 5 6 7 8 9 10 11 12 13 14 15

スタート

図1 スゴロクゲームのイメージ

プレイヤーがゴールするまでループを繰り返します。ここでは，簡単にするために，プレイヤーがピッタリ 15 に位置したときだけでなく，15 以上に到達したらゴールとします。これを共通テスト用プログラム表記で表すと，次のようになります。

動画で確認

行	プログラム	説明
(1)	player_ichi = 0	プレイヤーの初期位置の設定
(2)	goal_ichi = 15	ゴールの位置の設定
(3)	player_ichi < goal_ichi の間繰り返す：	
(4)	｜ ransuu = 乱数(1,6)	
(5)	｜ 表示する("サイコロの出目：",ransuu)	
(6)	｜ player_ichi = player_ichi + ransuu	プレイヤーの位置をサイコロの出目の分進める処理
(7)	｜ もし player_ichi >= goal_ichi ならば：	プレイヤーの位置がゴールの位置に達したら，「ゴールしました！」と表示し，まだゴールしていない場合は，現在の位置を表示
(8)	｜ ｜ 表示する("ゴールしました！")	
(9)	｜ そうでなければ：	
(10)	└ └ 表示する("現在の位置：",player_ichi)	

ただ進めるだけのスゴロクゲームでは，あまり面白くはないですね。

今のプログラムをベースとしていろいろな処理を追加することは可能で，共通テストでも，機能拡張やプログラムの修正は出題テーマになると考えられます。

では，到達したマスにおいて，指定されたマスの数だけ戻る処理を入れてみましょう。配列 Modori_masu（図 2）を準備して戻るマス数を入れます。

配列名：Modori_masu

0	1	2	3	4	5	6	7	8	9	10	11	12	13	14	15
0	0	0	3	0	0	0	0	4	0	0	2	0	0	1	0

図2 戻るマス数を定義した配列

もちろん進める処理や 1 回休みなどの処理を追加することもできますが，ここでは，理解しやすいように，戻る処理のみを入れることとします。プログラムは次のようになります。

動画で確認

```
行    プログラム
(1)  player_ichi = 0
(2)  goal_ichi = 15
(3)  Modori_masu = [0,0,0,3,0,0,0,0,4,0,0,2,0,0,1,0]
(4)  player_ichi < goal_ichi の間繰り返す：
(5)  ｜ ransuu = 乱数(1,6)
(6)  ｜ 表示する("サイコロの出目：",ransuu)
(7)  ｜ player_ichi = player_ichi + ransuu
(8)  ｜ もし player_ichi >= goal_ichi ならば：
(9)  ｜ ｜ 表示する("ゴールしました！")
(10) ｜ そうでなくもし Modori_masu[player_ichi] != 0 ならば：
(11) ｜ ｜ 表示する("残念！",Modori_masu[player_ichi],"マス戻る！")
(12) ｜ ｜ player_ichi = player_ichi - Modori_masu[player_ichi]
(13) ｜ ｜ 表示する("現在の位置：",player_ichi)
(14) ｜ そうでなければ：
(15) └ └ 表示する("現在の位置：",player_ichi)
```

(3) 行目で，戻るマス数を保持する配列 Modori_masu を定義しています。(10) 行目の「Modori_masu[player_ichi] != 0」は，戻る数字が 0 ではないという判定です。

今回のプログラムでは，「Modori_masu[player_ichi] != 0」を，「Modori_masu[player_ichi] > 0」のように，戻る数字が 0 より大きいことの判定に変えたとしても，同じ動きになります。みなさんならどちらで書くでしょうか。大学入学共通テストでは，他人の書いたプログラムの意図をすばやく理解する必要がありますので，たまにはこういったことも考えておきましょう。

続いて (12) 行目を見てください。「player_ichi = player_ichi - Modori_masu[player_ichi]」が実際に戻る処理で，プレイヤーが進んだ先から戻るマス数を引いて，プレイヤーの位置を更新しています。

ここまで，このスゴロクは１人用になっていますね。友だちと対戦するにはどうしたらいいですか。

友だちとそれぞれプログラムを実行して，ゴールするまでにサイコロを振った回数の少ないほうが勝ち，という勝負にするとよいでしょう。

せっかくなので，その回数が表示されるようにしたいですね。サイコロを振った回数を保持する変数 kaisuu を追加すると，次のようになります。

動画で確認

```
player_ichi = 0
goal_ichi = 15
kaisuu = 0
Modori_masu = [0,0,0,3,0,0,0,0,4,0,0,2,0,0,1,0]
player_ichi <= goal_ichi の間繰り返す：
 | ransuu = 乱数(1,6)
 | 表示する("サイコロの出目：",ransuu)
 | player_ichi = player_ichi + ransuu
 | kaisuu = kaisuu + 1
 | もし player_ichi >= goal_ichi ならば：
 |  | 表示する("ゴールしました！　サイコロを振った回数：",kaisuu)
 | そうでなくもし Modori_masu[player_ichi] != 0 ならば：
 |  | 表示する("残念！",Modori_masu[player_ichi],"マス戻る！")
 |  | player_ichi = player_ichi - Modori_masu[player_ichi]
 |  | 表示する("現在の位置：",player_ichi)
 | そうでなければ：
 └  └ 表示する("現在の位置：",player_ichi)
```

たった2行追加しただけで，ゴールするまでにサイコロを振った回数を表示できるようになりましたね！　これで友だちと勝負できます。

やってみよう　要点チェック問題3-15，章のまとめ問題③（ともにネット提供資料）

Note

第4章

情報通信ネットワークとデータの活用

この章のネット提供資料

https://informatics1.jp/login/index.php?n=4

- 本章の動画版
- セクションごとの要点確認→要点チェック問題 4-1～4-15
- 章の仕上げ→章のまとめ問題④
- 章の重要用語を覚える→聞き流し音声④

※「聞き流し音声④」の内容は，Webアプリ「でる語句」でも提供しています（該当用語番号：252~410）。ご利用にあたっては，下記サイトにアクセスしてください。
https://book.impress.co.jp/books/1122101163

でる度 ★★★

4-1 情報通信ネットワークの種類

動画 第4章 ▶ 4-1_情報通信ネットワークの種類

きょうの授業はこんな話

① 情報通信ネットワークの種類
情報通信ネットワークのLAN，WAN，インターネットの違いを理解しよう。

② 有線LANの接続の仕組み
有線LANで使われるケーブルのつなぎ方には,どのような形態があるかについて学ぼう。

③ 無線LANの接続の仕組み
無線LANの規格によって，速度や周波数帯がどのように違うかを学ぼう。

④ システム形態（分散処理と集中処理）
分散処理と集中処理のシステム形態の違いを理解しよう。

この前，友だちとカフェに行ったら，フリーWi-Fiがあったので，パケ代を節約できました！　ああいうカフェはすごくありがたいです。

そうですね。ただ，私の場合は，フリーWi-Fiがあるカフェで使うお金が，毎月かなりの額に及んでいます。ついつい長居して，コーヒーをおかわりしたり，おやつを頼んだりしてしまうので…。

それはさておき，今回は，フリーWi-Fiも含め，情報通信ネットワークについて学んでいきましょう。

① 情報通信ネットワークの種類

情報通信ネットワークとは，スマートフォンやパソコンなどの複数の機器を，通信ケーブルや無線電波などで接続し，情報通信ができるようにしたものです。情報通信ネットワークは，単に**ネットワーク**とよばれることもあります。

情報通信ネットワークは，範囲や接続形態などによって，大きく**LAN**（ラン），**WAN**（ワン），**インターネット**に分けられます。

LAN

LANは，Local Area Networkの略で，Localという言葉のとおり，家庭内や同じ学校内といった限られた範囲のネットワークです。図1のとおり，LANには大きく**有線LAN**と**無線LAN**の2種類があります。

有線LANには，後述のとおり4つの接続形態がありますが，現在主流の接続形態では，ケーブル（**LANケーブル**）でつながった機器が，お互いに通信を行います。このとき，LANの内部では，複数のケーブルを集約したり延長したりするハブとよばれる装置（集線装置）が使われます。

無線LANは，ケーブルの代わりに無線電波でデータをやりとりするものです。無線LANアクセスポイントがハブの役割を果たします。有線LANと無線LANのそれぞれについては，のちほど詳しく説明していきます。

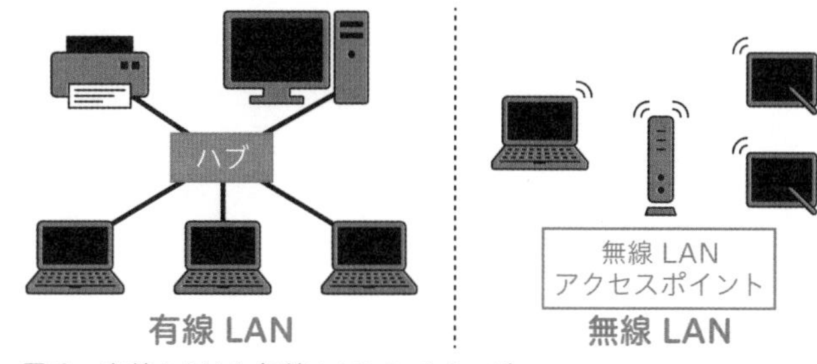

図1　有線LANと無線LANのイメージ

WAN

WAN（図2）は，Wide Area Networkの略で，学校間や会社間のように，LANとLANとを接続した広い範囲のネットワークです。広域ネットワークともいいます。

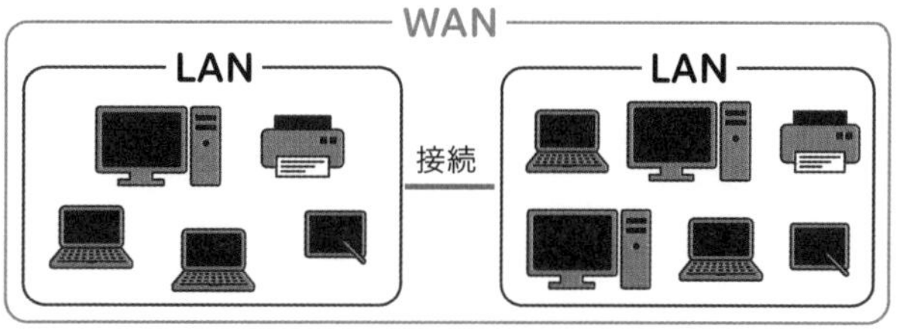

図2　WANのイメージ

インターネット

インターネット（図3）とは，一つ一つのネットワークであるLANが，世界中のネットワークとつながるようにした仕組みを指します。LANを超えて外部のネットワークと接続するには，**ルータ**とよばれる機器が必要です。ルータは，ネットワーク間を中継する装置で，ネットワーク上を流れるデータの交通整理の役割も果たしま

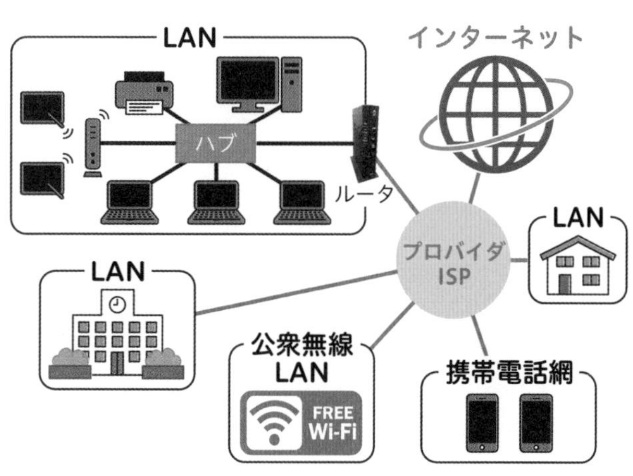

図3　インターネットのイメージ

す。このとき，**ISP** とよばれる企業が，ルータからインターネットまでの接続を仲介します。ISP は Internet Service Provider の略で，単に**プロバイダ**とよばれることもあります。

なお，スマートフォンなどのモバイル端末でもインターネットにアクセスできますが，その際は，携帯電話のネットワークである**携帯電話網**をもつ NTT や KDDI やソフトバンクなどといった企業が，ISP の役割を果たしています。

インターネットが LAN と LAN とをつないだものであるなら，WAN とどう違うのでしょうか。

インターネットは，世界中のネットワークとつながっているのに対し，WAN は同一組織の施設間など，インターネットに比べて範囲が狭いです。しかし，LAN どうしを接続することではあるので，**インターネットは広い意味では WAN の一つ**だといえます。そのため，ネットワークは LAN と WAN（インターネットを含む）の 2 種類に分けられる，と説明している教科書もあります。

ちょっと深掘り

実際のルータを見てみよう！

ここまで，ルータとハブと無線 LAN アクセスポイントを分けて説明してきました。そうすると，家にはルータしかないのに，なぜ複数の機器を接続できるのだろう？と疑問に思った人も多いのではないでしょうか。実はルータには，写真のように，ハブや無線 LAN アクセスポイントの役割を果たすものもあるのです。

写真にある**ポート**とは，ケーブルの差し込み口で，集線装置であるハブに必須の部位です。WAN ポートはインターネット側と通信を行うためのケーブルの差し込み口で，LAN ポートは有線でパソコンなどの機器とつなげるためのケーブルの差し込み口です。写真のルータの場合，4 つの LAN ポートで 4 台の機器を有線で直接接続できるほか，これらのポートからほかのハブやほかの無線 LAN アクセスポイントにつなげることもできるので，間接的にはもっと多くの機器と接続することが可能です。

無線 LAN アクセスポイントの
アンテナは内蔵されており，
外からは見えない
LAN ポート
WAN ポート

② 有線 LAN の接続の仕組み

有線 LAN の特徴はケーブルが使われていることです。ケーブルのつなぎ方（接続形態）は，次ページの表 1 のように 4 つに分類されますが，現在は，ほとんどの LAN でスター型が採用されています。

表1 有線 LAN の接続形態

スター型	バス型
ハブを中心に放射状にコンピュータをつなぐ形態。 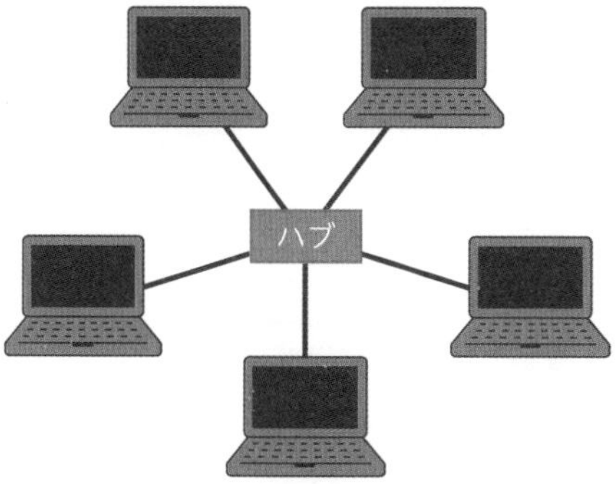 ハブ	ターミネータという2つの終端装置の間を同軸ケーブルという高速なケーブルでつなぎ，その途中にコンピュータをつなぐ形式。 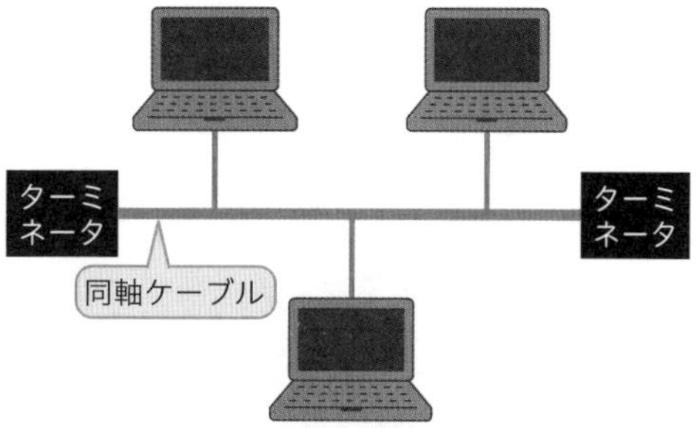 ターミネータ　ターミネータ　同軸ケーブル
リング型	**メッシュ型**
ケーブルがリング状になっており，各コンピュータがリングにつながっている形態。1つの線が断線すると，全機器に影響する。 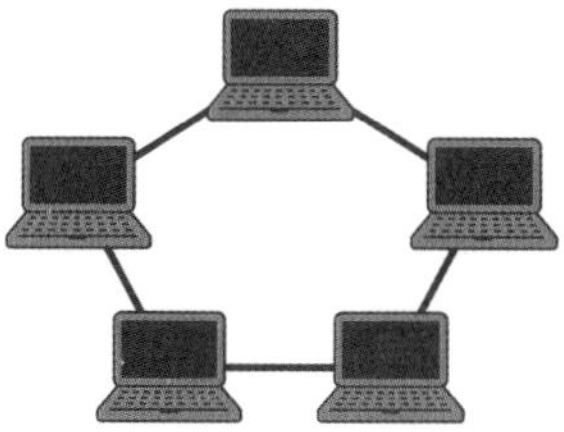	網目状に各コンピュータをつなぐ形態。1つの線が断線してもほかの迂回路が使える。 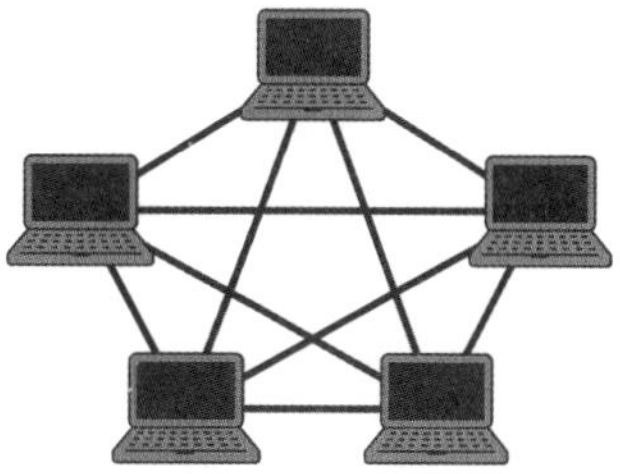

③ 無線 LAN の接続の仕組み

この授業の冒頭で話題になったフリーWi-Fi が使えるカフェや駅などは，今では数多くあります。このような，無線 LAN によるインターネットへの接続を多数の利用者（公衆）に提供するサービスを，**公衆無線 LAN** といいます。無線 LAN には規格がいくつかありますが，主要な規格の一つが **Wi-Fi** であり，Wi-Fi のうち無料（Free）で使えるものがフリーWi-Fi です。

フリーWi-Fi が使える場所では，図4のような掲示をよく見かけます。この **SSID** というのは，無線 LAN アクセスポイントの識別名です。こうした掲示がある場所でスマートフォンなどの端末機器の Wi-Fi 設定画面を見ると，次ページの図5のように接続可能な SSID が表示され，その中に，掲示と一致する SSID があるはずです。その掲示と一致する SSID を選び，パスワードを入力すれば，インターネットに接続できます。

図4 フリーWi-Fi スポットにある掲示の例

また，図4のような掲示なしで提供されるアクセスポイントもあります。その場合は，「ローマ字書きした提供者名などのわかりやすい文字列が SSID になっていて，図5の画面に表示される→ Wi-Fi 設定画面でその SSID を選ぶと，インターネットへの仮接続が成立する→正式な接続までの手順を案内する提供者の Web ページが表示される→その案内に従って端末を操作する」という流れでインターネットに接続できるのが一般的です。

ここで注意したいのは，アクセスポイントの中には，通信している情報を盗み見ることが可能なものもあるということです。対策としては，信頼できる提供者によるものだと確認できないアクセスポイントは利用しない，インターネット接続までの手順を案内する Web ページが信頼できる提供者によるものかをよく確認する，といったことが有効です。

図 5　スマートフォンに表示された SSID

無線 LAN の規格

無線 LAN は，国際標準化団体の IEEE（アイトリプルイー）の **IEEE802.11**（ハチゼロニーテンイチイチ）で規格化されています。通信速度の単位は **bps**（bit per second）です。bps は 1 秒あたりに通信できるデータ量を表します。たとえば，「11Mbps」なら，1 秒間に 11 メガビットのデータを通信できるという意味です。

表 2 で下にあるものほど速度が速く，現在は IEEE802.11ac や IEEE802.11ax の利用が拡大しています。技術の発展とともに，新しい規格が追加されています。

表 2　主な無線 LAN の規格

規格	周波数帯	最大速度
IEEE802.11b	2.4GHz	11Mbps
IEEE802.11g	2.4GHz	54Mbps
IEEE802.11a	5GHz	54Mbps
IEEE802.11n	2.4GHz／5GHz	600Mbps
IEEE802.11ac	5GHz	6.93Gbps
IEEE802.11ax	2.4GHz／5GHz	9.61Gbps

周波数は前に出てきたのでわかるのですが，周波数「帯」とは何でしょうか。

対応している周波数に少し幅があるので，そうよばれます。

高い周波数は直進性が強く，反射・散乱しやすい，つまり障害物に弱い性質があります。よって，表 1 に載っている 5GHz と 2.4GHz を比較すると，**障害物に対して 5GHz 帯は弱く，2.4GHz 帯は強い**といえます。ただし，2.4GHz 帯は，電子レンジなどのほかの電子機器でも利用されているため，それらと同時に使用すると通信が不安定になる（電波干渉を起こす）可能性があります。5GHz 帯は，無線 LAN 専用の周波数帯なので，電波干渉を起こしにくいです。

無線 LAN のセキュリティ

無線電波は有線に比べて容易に傍受できるので，傍受されても，通信の内容がわからないようにしなければなりません。データの内容を第三者にわからなくすることを**暗号化**といいます。無線 LAN の主な暗号化の規格（セキュリティの種類）には，**WEP**（ウェップ），**WPA**，**WPA2**，**WPA3** があります。この順序は，暗号化したものが解除されやすいものから解除されにくいものとなっています（WPA3 が最も解除されにくい）。WEP は歴史が古く，暗

号化したものが第三者に解除される方法が見つかっているため，現在は推奨されていません。公衆無線 LAN に接続する際は，暗号強度が高いアクセスポイントを利用するようにしましょう。

なお，暗号化の方法については「4-5 暗号化方式とデジタル署名」で説明します。

SSID:	UEGAKI_SPOT_5G
プロトコル:	Wi-Fi 5 (802.11ac)
セキュリティの種類:	WPA2-パーソナル
製造元:	Intel Corporation
説明:	Intel(R) Wi-Fi 6E AX211 160MHz
ドライバーのバージョン:	22.230.0.8

図 6 無線 LAN のセキュリティの種類（WPA2 で接続したときのネットワーク詳細画面の例）

④ システム形態（分散処理と集中処理）

コンピュータは，ネットワークを利用して複数台がつながり，１つのシステム（仕組み）として使われることがよくあります。

現在，ネットワークを利用したコンピュータシステムの多くは，クライアントサーバシステムという形態です。**クライアントサーバシステム**とは，サービスを提供する**サーバ**と，サービスを要求する**クライアント**とで，**役割を分担したシステム**です。サーバにはさまざまな種類があり，要求するサービスの内容に応じてクライアントが通信する相手となるサーバは異なります。クライアントサーバシステムの構成イメージは，図７のようになります。

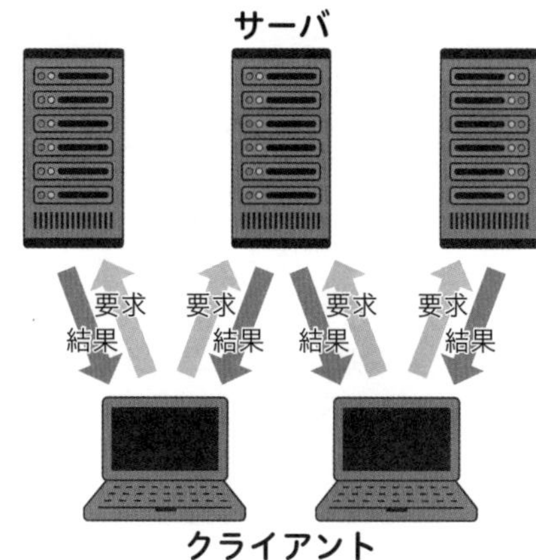

図 7 クライアントサーバシステムのイメージ

主なサーバの種類には，次のものがあります。

表 3 主なサーバの種類

サーバの名称	概要
Web サーバ	Web ページのデータなどを管理・提供するサーバ
アプリケーションサーバ（AP サーバ）	アプリケーションソフトウェアを実行・提供するサーバ
データベースサーバ（DB サーバ）	データを蓄積・管理するサーバ
メールサーバ	メールの送受信機能を提供するサーバ
ファイルサーバ	ファイル共有機能を提供するサーバ
ストリーミングサーバ	音楽や動画などを配信するサーバ
プリントサーバ	印刷処理を行うサーバ
プロキシサーバ	通信の仲介を行うサーバ ウイルスチェックや，通信データに不正な内容が含まれていないかなどのチェックを行う。

たとえば，スマートフォンで Web ページを閲覧する際は，スマートフォンがクライアントとなり，Web サーバに対して Web ページのデータを要求し，Web ページのデータを受け取ります。また，スマートフォンでのメールの送受信の際は，スマートフォン（クライアント）がメールサーバとデータのやりとりをします。

クライアントサーバシステムでは，クライアントとサーバの間に上下関係があります（どちらが「上」でどちらが「下」かは，人によって解釈が異なりますが）。これに対して，接続されている機器が対等な関係にあるシステム形態を，**ピア・ツー・ピアシステム**（図 8）といいます。LINE 電話や IP 電話は，端末どうしが直接通信できるソフトウェアを使ったピア・ツー・ピアシステムの一つです。

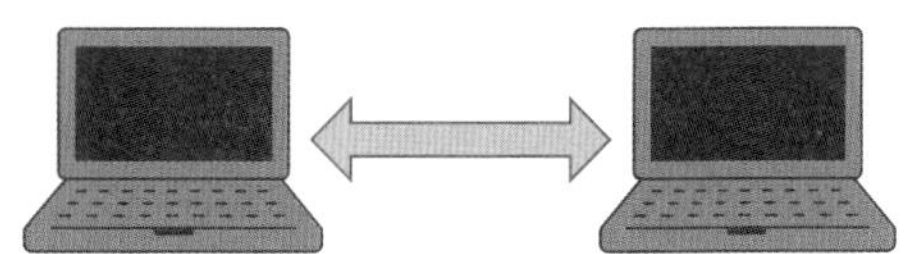

図 8　ピア・ツー・ピアシステムのイメージ

クライアントサーバシステムおよびピア・ツー・ピアシステムは，ともに，ネットワークを利用して，それぞれの端末やサーバで役割を分担していることから，まとめて**分散処理システム**とよばれます。

一方，ホストコンピュータとよばれる，すべての処理を行うコンピュータに，要求だけを行う複数台の端末機器を接続する形態を，**集中処理システム**（図 9）といいます。

集中処理システムでは，ホストコンピュータは，各端末機器を動かすためのソフトウェアやデータを内部で一元管理し，ほぼすべての処理を行います。端末機器が行うことは，画面表示などごくわずかです。そのため，集中処理システムは，管理やメンテナンスが容易です。しかし，その裏返しとして，ホストコンピュータに障害が発生すると，システム全体が停止するという問題があります。

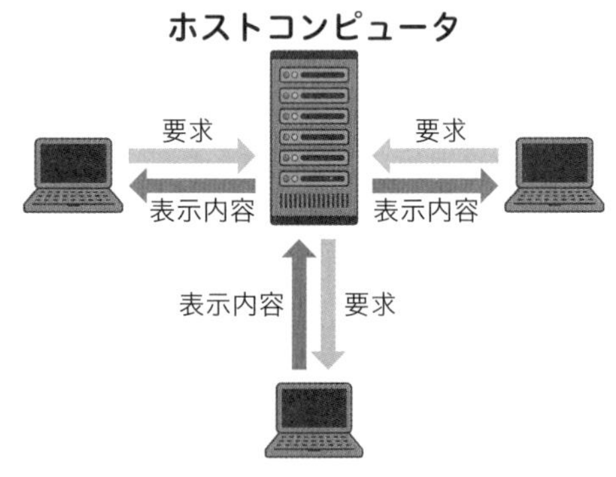

図 9　集中処理システムのイメージ

なお，ネットワークを利用しないで単体で動作するコンピュータも，システムであることにかわりはありません。コンピュータ 1 台だけで完結するシステム形態は，**スタンドアロン**とよばれます。

やってみよう　要点チェック問題 4-1（ネット提供資料）

でる度 ★★★

4-2 IP アドレスと通信方式

動画 第 4 章 ▶ 4-2_IP アドレスと通信方式

きょうの授業はこんな話

① IP アドレス

IP アドレスを使った通信がどのように行われるかを学ぼう。

② 通信の方式

回線交換方式とパケット交換方式の特徴について学ぼう。

田舎に住んでいる祖母が，宅配便で贈り物をしてくれました。お菓子がいっぱい入っていました！

それはよかったですね。宅配便が家に届くのは，伝票に住所が書かれているからですね。情報通信ネットワークの世界でも，住所の役割を果たす IP アドレスというものがあります。

① IP アドレス

IP アドレスは，「アドレス」という言葉のとおり，**ネットワーク上の機器の住所**のようなものです。IP アドレスは，192.168.0.1 のように，ドットを境に 4 つのブロックに分けられ，各ブロックには **0 から 255 の範囲の整数が**割り当てられます。各ブロックの名称は，ドットを境に左から**第 1 オクテット**，**第 2 オクテット**，**第 3 オクテット**，**第 4 オクテット**といいます。

コンピュータは，10 進法の整数で示される IP アドレスの各ブロックを，2 進法に変換して扱います。図 1 のように，各ブロックは **8 ビット**で表され，それが 4 ブロックあるので，**合計 32 ビット**で表されることになります。10 進法では 0 から 255 の範囲なので，2 進法 8 ビットでは **00000000 から 11111111 の範囲**となります。

	第 1 オクテット		第 2 オクテット		第 3 オクテット		第 4 オクテット
10進法	192	.	168	.	0	.	1
2進法 32ビット	11000000	.	10101000	.	00000000	.	00000001

図 1　IP アドレスの 2 進法変換

プライベート IP アドレス

機器の接続関係と IP アドレスを図で表すと，次ページの図 2 のようになります。**IP アドレス**は，LAN 内部で使われる**プライベート IP アドレス**と，インターネットの世界で使わ

れる**グローバル IP アドレス**の2つに分かれます。

プライベート IP アドレスは，1つの LAN の内部で使われる IP アドレスです。LAN 内部では，同じプライベート IP アドレスを割り当てることはできませんが，ほかの LAN のプライベート IP アドレスと重複するのは問題ありません。

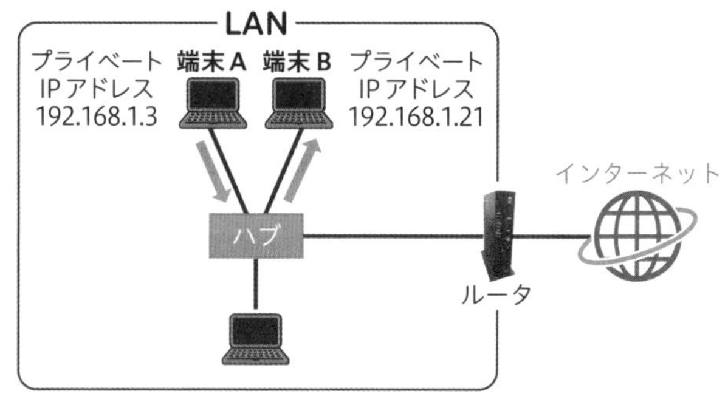

図2　プライベート IP アドレス

さて，図2のように端末 A が端末 B と通信するときには，端末 A は端末 B のプライベート IP アドレスである 192.168.1.21 を指定します。

ある端末との通信ができるかを確かめるコマンド（命令）として，ping コマンドがあります。Windows の場合は，CUI でさまざまなコマンドを扱えるコマンドプロンプトというアプリケーションを起動し，図3のように ping のあとに半角スペースを入れて，通信したい端末のプライベート IP アドレスを入力すれば，その確認ができます。図3の左は指定した端末からの応答があったときの，右は応答がなかったときの，ping コマンドの実行結果です。

復習 p.101

応答あり

```
C:\>ping 192.168.1.21

192.168.1.21 に ping を送信しています 32 バイトのデータ:
192.168.1.21 からの応答: バイト数 =32 時間 =3ms TTL=128
192.168.1.21 からの応答: バイト数 =32 時間 =2ms TTL=128
192.168.1.21 からの応答: バイト数 =32 時間 =2ms TTL=128
192.168.1.21 からの応答: バイト数 =32 時間 =3ms TTL=128
```

応答なし

```
C:\>ping 192.168.1.21

192.168.1.21 に ping を送信しています 32 バイトのデータ:
要求がタイムアウトしました。
要求がタイムアウトしました。
192.168.1.3 からの応答: 宛先ホストに到達できません。
192.168.1.3 からの応答: 宛先ホストに到達できません。
```

図3　ping コマンド

応答がなかった場合は，指定した端末の電源が OFF になっている，通信経路上の機器が故障しているなどの原因で，通信が成立していないと考えられます。また，セキュリティ上の都合で ping に応答しないように設定している場合もあります。

自宅や学校で無線 LAN のアクセスポイント（SSID）を設定した覚えはありますが，プライベート IP アドレスを設定した覚えはありません。誰が住所を決めているのですか。

いい質問ですね。実は，ルータにプライベート IP アドレスを自動で割り振る機能が備わっていることが多いのです。この機能を **DHCP** といいます。そのため，普段は，プライベート IP アドレスをあまり意識せずに通信ができています。

ちょっと深掘り

MAC アドレス

LAN 内の端末間の通信では，プライベート IP アドレスに加えて **MAC アドレス**というものも使われています。**MACアドレス**は，パソコンやルータなどのネットワーク上の各機器につけられている世界で唯一の識別番号です（機器の購入後にユーザ側でMACアドレスを変更することができ，変更した場合に既存のMACアドレスと同じになる可能性もありますから，厳密には「世界で唯一」とは言い切れませんが，通常，ユーザ側ではMACアドレスを変更しません）。それゆえ，「アドレス」とはいうものの，人間でいえば住所よりもマイナンバーやパスポート番号などの，個人を特定する番号のイメージに近いものだといえます。

MACアドレスの表記には，「FF:AB:CD:EF:12:34」のように，0〜9およびA〜Fの16進法を使います。コロン（:）は2桁ごとの区切り文字の役割を果たしています。区切り文字にはハイフン（-）やスペースが使われることもあります。16進法の1桁は2進法の4桁にあたり，4ビットなので，「FF:AB:CD:EF:12:34」は**48ビット**で表されていることになります。

前半の24bitは**OUI**という，機器メーカーごとに割り当てられる番号です。たとえば，Apple社のOUIの一つは00-1B-63です。後半の24bitはそのメーカーが機器ごとにつける番号です。

LAN内部の通信では，通信の相手をプライベートIPアドレスで呼び出すと，その相手のMACアドレスを教えてもらえます。そのあとは，その相手をMACアドレスで呼び出せるようになります。このやりとりは，ユーザからは見えないところで行われています。

グローバルIPアドレスとアドレス変換

グローバルIPアドレスは，プライベートIPアドレスとは違い，LANの外部，つまりインターネットで使われるIPアドレスです。各グローバルIPアドレスは世界に1つしか存在できません。グローバルIPアドレスはICANN（アイキャン）という組織で管理されており，各ISPなどに割り振られます。

たとえば，インターネット上にあるWebページを閲覧するとき，コンピュータ内部では，グローバルIPアドレスを指定して通信が行われています。

ルータには図4のように，LAN内部で使えるプライベートIPアドレスとインターネットの世界で使えるグローバルIPアドレスの両方が割り当てられています。そして，ルータには，LAN内に接続されている各機器のプライベートIPアドレスを自らのグローバルIPアドレスに変換し，LAN全体の機器を代表してインターネットとやりとりする機能が備わっています。

以下で，グローバルIPアドレスを使った通信の流れを説明していきます。

あるWebサイトを「見せてほしい」という要求の送信元（端末A）はプライベートIPアドレスしかもっておらず，インターネットと直接通信できないので，ルータが送信元のプライベートIPアドレスを自ら

動画で確認

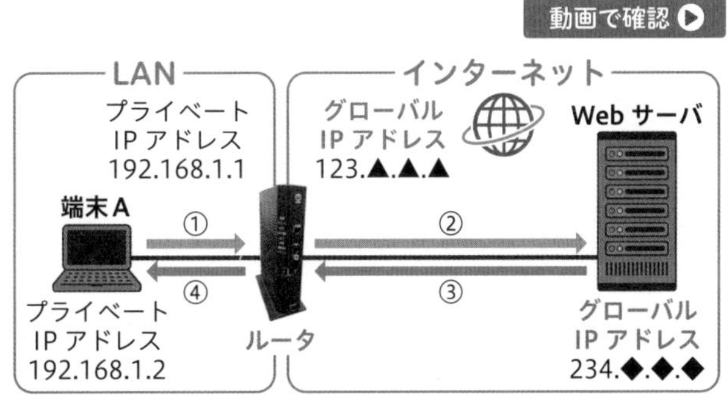

図4 IPアドレス変換 （注）▲や◆は何らかの数字を表す。

のグローバルIPアドレスに変換し，Webサーバへの要求送信を代行します（図4の①②）。

依頼を受け取ったWebサーバは，ルータのグローバルIPアドレスを宛先にして，Webページのデータを送信します（同③）。ルータは，宛先を端末Aのプライベート IPアドレスに変換して，端末Aにデータを転送します（同④）。

このような，グローバルIPアドレスとプライベートIPアドレスをひもづけて変換する技術を，**NAT**（ナット）や**NAPT**（ナプト）といいます。**NAT**は，グローバルIPアドレスとプライベートIPアドレスを1対1で変換するものです。**NAPT**は，1つのグローバルIPアドレスに対して，複数のプライベートIPアドレスをひもづけられるため，LAN内の機器が複数台ある場合に使われます。

ちょっと深掘り

グローバルIPアドレスの枯渇問題（IPv4とIPv6）

グローバルIPアドレスには複数のバージョンが存在します。今回の授業で扱われているグローバルIPアドレスは，**IPv4**（アイピーブイフォー）です。**IPv4**は，32ビットなので2^{32}で約43億個のグローバルIPアドレスを生成できます。しかし，世界の人口は2022年時点で約80億に及び，1人でモバイル端末やパソコンなどを複数台所有していたり，何台ものルータが使われたりする昨今では，この数では足りなくなってきています。

この問題を解決するために，桁数を拡大した**IPv6**（アイピーブイシックス）の利用が広まりつつあります。IPv6は128ビットもあるので，2^{128}個（≒43億の4乗個）のIPアドレスを生成できます。これなら枯渇することはなさそうです。

IPv6は，人にもコンピュータにもわかりやすいように，128ビットを16進法で表し，4桁（16ビット）ごとにコロン（:）で区切って表記します。

《IPv6の表記例》

2400:4050:ada2:e200:2cf6:6f07:e85c:bf6c

② 通信の方式

代表的な通信の方式として，**回線交換方式**と**パケット交換方式**があります。

回線交換方式

回線交換方式（図5）は，2点間が直接つながれ，接続が確立されてから通信を行うもので，スマートフォンも含む一般的な電話で使われている方式です。接続が確立された回線は，その

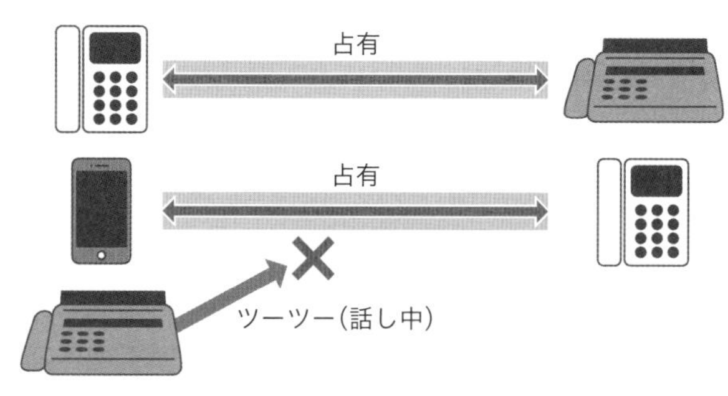

図5　回線交換方式

ときの利用者によって占有され，通信がほかの利用者に影響されることはありません。

パケット交換方式

パケット交換方式（図6）は，データを**パケット**とよばれる小さな単位に分割して，宛先に送る方式です。回線交換方式と異なり，同じ回線に異なる宛先のパケットを混在させることができます。

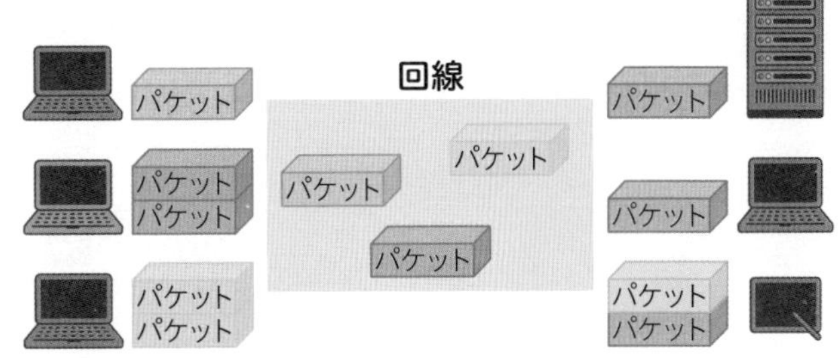

図6　パケット交換方式

回線交換方式においては，110番や119番などによる緊急連絡が優先されたり，早くに成立した通信に回線が占有されたりしますが，多くの人が同時に同一回線を利用できる，SNSやメールなどのパケット通信では，そのようなことは起こりません。そのため，パケット交換方式は，災害時でも利用できる可能性が高いです。

パケット交換方式の通信の流れについて，もう少し掘り下げて説明していきます。

インターネットの世界では，ルータどうしが網目のように接続されていて，パケットが宛先に届くまでには，複数のルータを経由します。ルータには，隣接するルータなどの経路情報が登録されていて，パケットを目的の宛先まで届けてくれる機能があります。これを**ルーティング**（図7）といいます。

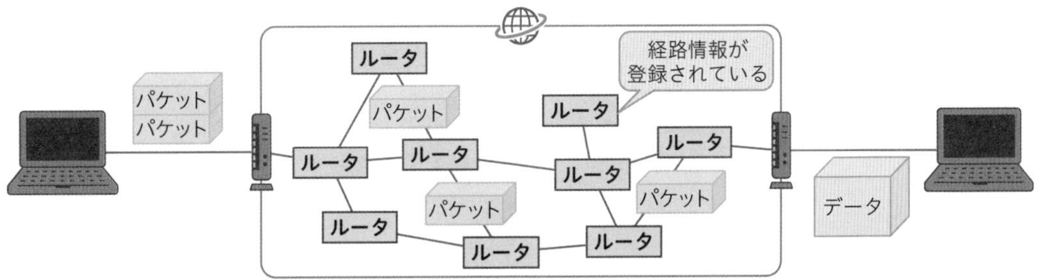

図7　ルーティング

パケット交換方式では，同じ宛先のパケットでも，回線の混雑状況などから，別の経路で届けられることはよくあります。別々に送られたパケットは，受信側で結合されます。

個々のパケットには順番情報（ヘッダ情報）が付与されています。そのため，伝送経路ごとの混雑状況の差などにより，パケットが受信側に順番どおりに届かなかったとしても，順番情報を頼りに，もとのデータに復元することができます。

やってみよう　要点チェック問題4-2（ネット提供資料）

でる度 ★★★

4-3 プロトコルとTCP/IP

動画 第4章 ▶ 4-3_プロトコルと TCP/IP

きょうの授業はこんな話

① プロトコルと TCP/IP の概要

プロトコルと，インターネット通信で用いられる TCP/IP の概要を，Web ページ閲覧の流れを通して学ぼう。

② TCP/IP を構成する 4 つの階層

TCP/IP の各層のプロトコルにはどのようなものがあるかについて学ぼう。

きょうは祖父の誕生日です。きのう，プレゼントをコンビニから送りました。

おじいさんが喜んでくれるといいですね。

コンビニから送ったということは，宅配便ですね？　コンビニでは，項目やレイアウトが決まっている伝票に記入をしたと思います。運送会社の人は，伝票に記載された配送先の住所などを見て，荷物を確実に届けてくれます。

コンピュータでの通信の世界にも，宅配便伝票のような役割を果たすものがあります。今回はそれについて学んでいきましょう。

① プロトコルと TCP/IP の概要

通信に関する取り決めを，**プロトコル**といいます。プロトコルでは，情報を伝達して処理するための手順や形が定められています。

「取り決め」「手順」「形」というのは抽象的で，イメージしにくいですね…。

そうですね。実際，通信におけるプロトコルというのは非常に広い概念で，また，プロトコルとそうでないものの区別を厳密に行おうとすると，とてもややこしくてマニアックな話になってしまいます。そのため，マニアではない（であろう）みなさんには，プロトコルに関してはざっくり「取り決め」と理解しておいて，細かいことは，TCP/IP という具体的なプロトコルを通して学ぶことをオススメします。

さて，その **TCP/IP** は，インターネットでよく使われるプロトコルです。単独のプロトコルではなく，アプリケーション層，トランスポート層，インターネット層，ネットワークインタフェース層とよばれる 4 つの階層に対応する各プロトコルを束ねたものとなっています。

プロトコルの「階層」というのがまた，理解しにくいです。

大丈夫です。焦らずにいきましょう。

通信というのは，つまり，「データのやりとり」ですよね。そのため，通信は，「もののやりとり」の運送にたとえると理解しやすくなります。そして，TCP/IP は，宅配便の伝票にあたると考えればよいでしょう。

宅配便を送るときは，図 1 のように，伝票に品名（何を）や住所（どこからどこへ）などを記入します。これがないと，荷物をどこに，どのように届けるかといったことが，わかりませんね。

サービス種別番号	□□109 大型便：109　普通便：219　簡易便：329	
品名	組み立て式ロボット　通常・(ワレモノ)・冷凍・冷蔵	何を
個口数	4 個	どれくらい
配送先住所	東京都足立区○○○○3 − 6	どこからどこへ
配送元住所	大分県中津市○○○○5 − 8	
輸送方法	空輸・陸送・(船便)	どのような方法で

図 1　宅配便の伝票の例

TCP/IP は，データをどこに，どのように届けるかなどを取り決めるプロトコルです。その取り決めの例を宅配便伝票風にまとめると，図 2 のようになります。

ポート番号	□□443	
アプリケーション	Web ページ（暗号化）　(HTTPS)・HTTP・SMTP	アプリケーション層（何を）
順番とデータ量	2 番目のパケット（1 バイト）	トランスポート層（どれくらい）
送信先 IP アドレス	192.168.12.●●	インターネット層（どこからどこへ）
送信元 IP アドレス	182.23.23.▲▲	
送信媒体	(有線 LAN（Ethernet）)・無線 LAN	ネットワークインタフェース層（どのような方法で）

図 2　TCP/IP での取り決めの例を宅配便伝票風にまとめたイメージ

この中の**アプリケーション層**というのは，「何を」が定義される部分です。選択されている **HTTPS** はこの層のプロトコルで，これが採用されていると，送られるデータが暗号化された Web ページのデータだと決まります。また，プロトコルごとにアプリケーションを識別するための**ポート番号**という番号が割り振られ，HTTPS の場合は，一般的に 443 番と決まっています。

トランスポート層は，データをパケットに分割したうえで，「どれくらい」という数量を示す部分です。また，そのパケットが何個目かということも示され，それにより，分割されたデータをもとに戻す順序も明らかになります。TCP/IP の **TCP** というのは，このトランスポート層における取り決めの名前です。図 2 では，この層で，送られてきたパケットが 2 番目のパケットで 1 バイトある，ということがわかるようになっています。

インターネット層は，「どこからどこへ」が定義される部分です。送信元 IP アドレスが Web サーバの IP アドレスで，送信先 IP アドレスが Web ページのデータを受け取る側の IP アドレスです。TCP/IP の **IP** というのは，このインターネット層における取り決めの名前です。

ネットワークインタフェース層は，「どのような方法で」にあたる送信媒体が定義される部分です。図 2 では，有線 LAN（**Ethernet**（イーサネット））を使ってデータを送信することがわかるようになっています。

宅配便で荷物に宅配便伝票を貼り付けるように，TCP/IP でも，図 2 の宅配便伝票風のものが，送りたいデータに貼り付けられるのですか。

そのイメージで問題ありません。Web ページのデータの送受信においては，Web サーバ側で TCP/IP の各層での取り決めがヘッダ情報としてデータに付加されて送信され，クライアントマシン側で受信する際にヘッダ情報が読み込まれ，それに応じた処理が行われます。この様子を図で表すと，図 3 のようになります。

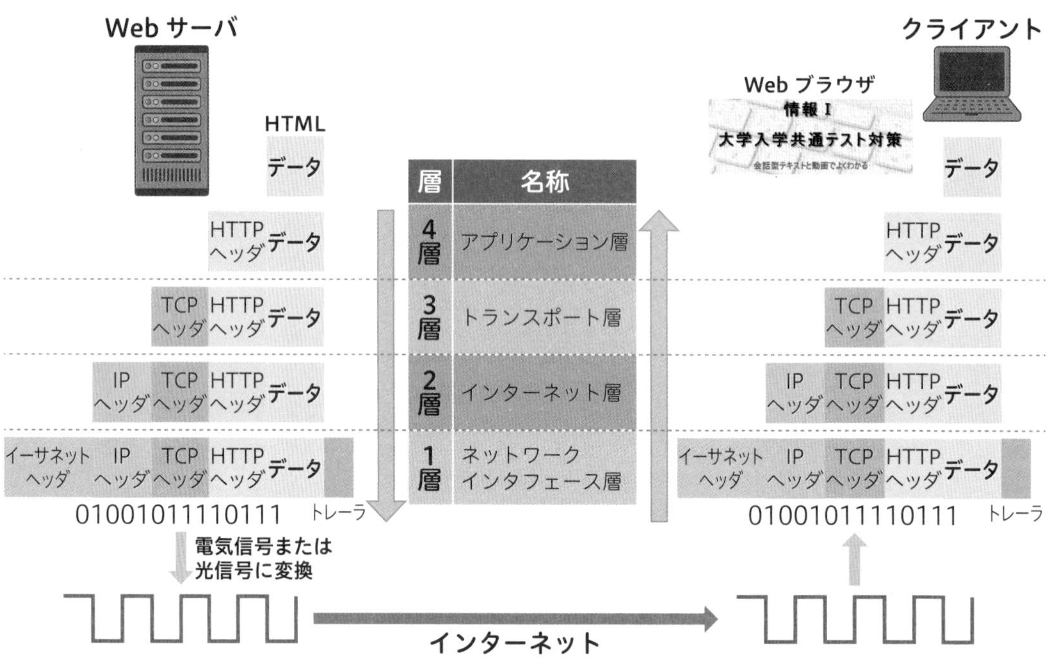

図 3　各階層でヘッダ情報が付加されるイメージ（Web ページのデータ送信）

まず，データの送信側では，図 3 の左側のように，階層の上から下への順で，ヘッダ情報が各層で付加されていきます。宅配便伝票が上から順に記入されていくイメージです。

また，ネットワークインタフェース層では，ヘッダ情報だけでなく，データのエラーをチェックするための**トレーラ**という情報も付加されます。

データの受信側では，図 3 の右側のように，ヘッダ情報が階層の下から上への順に読み込まれ，それに応じた処理がなされます。処理が終わったヘッダ情報から順次取り除かれて，次の上位の階層にデータが渡されるのです。

図 3 の処理は，Web サーバとクライアントマシンだけで行えるのですか。前々回の授業で出てきたルータとかが，何かをしているような気がするのですが…。

復習バッチリで，勘もさえていますね！　厳密にいえば，これらすべてのヘッダ情報のやりとりを Web サーバとクライアントマシンが直接行うわけではなく，お互いの間にあるルータなどいろいろな機器の助けを借りるのですが，それは専門性の高い話です。大学入学共通テストレベルでは，Web サーバで 4 層から 1 層の順にヘッダ情報が付加され，クライアントマシンで 1 層から 4 層の順に解読されるというイメージで捉えておけば，問題ありません。

すでに習ったこととの関連でいえば，押さえておいてほしいことがもう 1 つあります。それは**信号の変換**です。

送信側のネットワークインタフェース層では，ヘッダとトレーラを含む，0 と 1 のビット列でできた全データが，電気信号または光信号に変換されます。そして，受信側のネットワークインタフェース層で，その電気信号または光信号が，0 と 1 のビット列に戻され，データに誤り（エラー）がないかのチェックが行われます。そのうえで，受信側のより上位の階層にデータが送られるのです。

② TCP/IP を構成する 4 つの階層

先ほどは，TCP/IP を使った Web ページの閲覧の流れのイメージを説明しました。TCP/IP は，Web ページの閲覧以外にも，メールの送受信，動画の配信，ファイルの送信など，さまざまな通信で使われます。TCP/IP の各層で使われているプロトコルについて，さらに詳しく見ていきましょう。

アプリケーション層（第 4 層）

アプリケーション層は，送信されるデータについて，人間が取り扱う際に使用する Web ブラウザなどのアプリケーションに応じて，通信の形式や手順を定める部分です。次ページの表 1 のとおり，p.205 で説明した HTTPS のほかにも，さまざまなプロトコルがあります。

表1　アプリケーション層の主なプロトコル

名称	ポート番号	説明
HTTP	80	Web ページの転送に利用するプロトコル。HTML で記述された文書などを送受信するときに用いる。
HTTPS	443	Web ページの転送を暗号化して実行するプロトコル。
SMTP	25	電子メールの送信やメールサーバ間でのメールの転送に使われるプロトコル。
POP	110	電子メールの受信で使われるプロトコル。メールサーバにあるメールを，受信者の端末にダウンロードする。
IMAP	143	電子メールの受信で使われるプロトコル。メールサーバにメールを保存したままメールを閲覧する。

SMTP，POP，IMAP は電子メール関連のプロトコルですが，メールの送受信については「4-4　DNS の仕組み」でもう少し詳しく説明します。

トランスポート層（第 3 層）

データは，伝送されるとき，通信経路を効率的に使うために，パケットに小分けするなどの処理が行われます。この処理を担うのがトランスポート層です。トランスポート層のプロトコルには，表 2 のとおり，「**信頼性**」を優先する TCP と，「**即時性**」を優先する UDP があります。UDP は，動画のライブ配信のように，ダウンロードしながら順次再生する方式（**ストリーミング配信**）でよく使われます。

表2　トランスポート層の主なプロトコル

名称	説明
TCP	データをパケット単位で管理し，送信中にデータが欠損しても，それを検出して送信元にデータの再送を行わせ，通信を成り立たせる。
UDP	データをパケット単位で管理し，途中でデータが欠損しても再送はさせずに，信頼性よりスピード（効率）を重視する。

インターネット層（第 2 層）

インターネット層（表 3）では，ネットワークの住所である IP アドレスをもとに，データの通信経路の選択などが行われます。

表3　インターネット層の主なプロトコル

名称	説明
IP	データのパケットがネットワークを経由して正しい宛先に到達できるように，ルーティング（経路選択）を行う。

ネットワークインタフェース層（第 1 層）

ネットワークインタフェース層（表 4）では，物理的に接続されている通信媒体に適合した電気信号や高速な光信号にデータを変換すること，およびその逆の変換と，データを送受信する処理が行われます。**リンク層**ともいいます。

表 4　ネットワークインタフェース層の主なプロトコル

名称	説明
イーサネット（Ethernet）	LAN ケーブルなどを使って，パソコンなどの機器を**有線接続**する際の通信規格。
IEEE802.11	無線 LAN アクセスポイントなどを使って，スマートフォンなどの機器を**無線接続**する際の通信規格。

ちょっと深掘り

OSI 参照モデル

TCP/IP とは別の，体系的にまとめられた国際標準モデルに，OSI 参照モデルがあります。OSI 参照モデルは 7 階層ですが，TCP/IP の 4 階層に当てはめることができます。

階層	階層名	主な役割	対応する TCP/IP の階層
7 層	アプリケーション層	アプリケーションの種類を規定する。	アプリケーション層
6 層	プレゼンテーション層	文字コードや圧縮方法などのデータの表現方法を規定する。	
5 層	セッション層	通信の開始と終了を管理する。	
4 層	トランスポート層	データ転送の信頼性を確保するための管理をする。	トランスポート層
3 層	ネットワーク層	IP アドレスを管理する。	インターネット層
2 層	データリンク層	機器どうしの通信方法を管理する。	ネットワークインタフェース層
1 層	物理層	物理的なネットワーク機器の接続方法や伝送方法を管理する。	

現在，広く使用されているのは TCP/IP であり，OSI 参照モデルは，プロトコルに関するより詳しい理解の仕方として，通信にかかわる技術者に共有されています。

やってみよう　要点チェック問題 4-3（ネット提供資料）

でる度 ★★★

4-4 DNS の仕組み

動画 第 4 章 ▶ 4-4_DNS の仕組み

きょうの授業はこんな話

① URL の構造

URL の構造について学び,Web ページのデータがどこにあるか読み取れるようになろう。

② ドメイン名の構造

ドメイン名の構造と IP アドレスとの関係について理解しよう。

③ メールの送受信

メールアドレスの構造について学び，メールの送受信の流れを理解しよう。

前々回習った IP アドレスについて，復習しました！　でも，Web ページを閲覧するときに，IP アドレスらしきものが見つからないのですが…。

きちんと復習していて偉いですね！　実は，IP アドレスが Web ブラウザ上に表示されることはほとんどありません。ユーザからは見えないところに Web サイトの IP アドレスを取得する仕組みがあるのです。今回の授業で詳しく説明していきますね。

① URL の構造

Web ブラウザで Web ページを閲覧すると，Web ブラウザの上部に，図 1 のように文字列が表示されます。この文字列を **URL** (Uniform Resource Locator) といいます。URL には，Web ページ等の位置やデータの送受信方法などが表されています。

表示する Web ページをかえると，この文字列も変化します。文部科学省の URL (図 2) を例に用い，URL の構造を詳しく説明していきます。

「https」の部分は**スキーム名**といい，通

図 1　ブラウザの URL 欄

https://www.mext.go.jp/a_menu/a002.htm
スキーム名 (プロトコル名)　ドメイン名　フォルダ名　ファイル名

図 2　URL の構造

信方式（プロトコル名）を指定しています。httpsは通信経路を暗号化してデータを送受信する通信方式です。https通信については，「4-5　暗号化方式とデジタル署名」で詳しく説明します。

「www.mext.go.jp」の部分は**ドメイン名**といい，インターネット上に存在するコンピュータなどの住所を識別するための名前です。ドメイン名についてはこのあと説明します。

「a_menu」はWebページのデータが格納されているフォルダの名前，「a002.htm」はWebページのファイル名です。

URLの文字列の意味はわかったのですが，このような文字列を指定すると何が起こるのかイメージが浮かんできません。

まとめると，図3のとおりです。端末から，このURLをブラウザの上部に入力して実行すると，「https」というプロトコルを使って，「www.mext.go.jp」という住所にあるWebサーバの，「a_menu」フォルダの中にある「a002.htm」というファイルをください，という命令が送られたことになるのです。

動画で確認

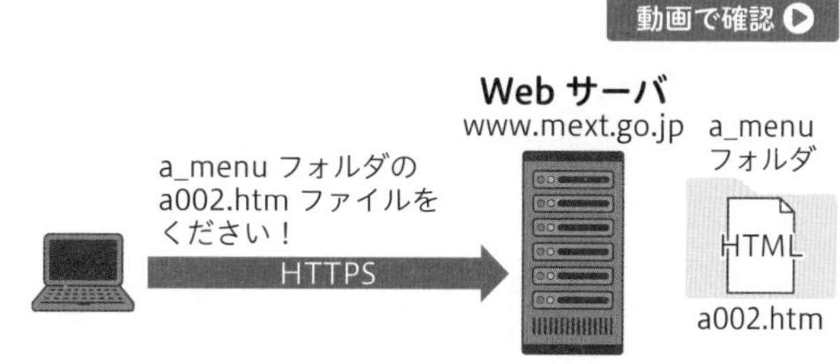

図3　URLを指定したときのWebページ取得イメージ

② ドメイン名の構造

先ほどの文部科学省のドメイン名である「www.mext.go.jp」を例に，ドメイン名の構造を掘り下げて説明していきます（図4）。

ドメイン名は，ドットの区切りごとに右から順に，**トップレベルドメイン，第2レベルドメイン，第3レベルドメイン，第4レベルドメイン**といいます。

図4　ドメイン名の構造

トップレベルドメインの「jp」は国名を表します。jpはJapanの略であり，このWebサイトが日本のものであることを示しています。ドメインは，表1のように各国に割り振られていて，これを**国別コードトップレベルドメイン，ccTLD**（Country Code Top Level Domain）とよびます。

表1　国別コードトップレベルドメイン（ccTLD）の例

ccTLD	国名（日本語）	国名（英語）
us	アメリカ合衆国	United States of America
uk	イギリス	United Kingdom
kr	韓国	Korea
cn	中国	China

あれ？　YouTube のドメイン名を見ると「www.youtube.com」になっていますが，com はどこの国を表しているのですか。

いい質問です。表 2 のような，国を表さないトップレベルドメインも存在します。これを**汎用トップレベルドメイン**，または **gTLD**（generic Top Level Domain）といいます。

表 2　汎用トップレベルドメイン（gTLD）の例

gTLD	用途
com	商業組織用（commercial）
net	ネットワーク用（network）
org	非営利組織用（organization）

第 2 レベルドメインの「go」は**組織種別**（表 3）を表します。go は government の略であり，この Web サイトが政府機関のものであることを示しています。

表 3　組織種別の例

組織区分	意味	英語
co	企業	company
go	政府機関	government
ed	学校	education
ac	大学などの教育機関	academic

なお，「www.youtube.com」のように組織種別がないドメイン名もあります。

第 3 レベルドメインの「mext」は**組織名称**を表します。この部分はドメインを取得する人が自由に決められる部分です。ただし，ドメイン名は住所の役割を果たすので，すでに使われているドメイン名はつけられません。

第 4 レベルドメインの「www」は**ホスト名（コンピュータ名）**を表します。World Wide Web の略の「www」という名前が，Web サーバ一般についていると考えてください。このホスト名は，最近は省略されることもあります。本書のネット提供資料入手先 Web サイトも，URL を入力する手間を軽減するために，「http://informatics1.jp」という，ホスト名と組織区分がないドメイン名にしてあります。

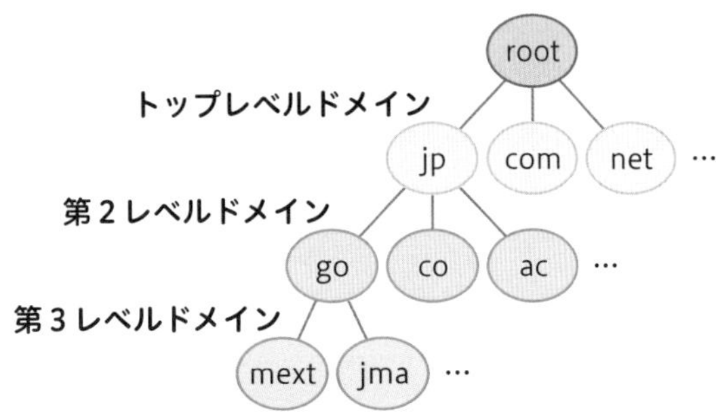

図 5　ドメインの階層

ドメイン名は，図 5 のように，root ドメイン→トップレベルドメイン→第 2 レベルドメインというように，階層構造で管理されています。root ドメインは，この階層構造全体をまとめるために設定された，名前のない空のドメインです。

IP アドレスもネットワーク上の住所のようなものだと覚えました。ドメイン名とはどう違うのですか。

「192.168.11.2」のような数字で表現された IP アドレスでは，どの組織の住所なのかがわかりません。それを文字列でわかりやすくしたものがドメイン名です。

確かに，ドメイン名なら，住所だけでなくどのような Web サイトなのかもわかりやすいです。ただ，それなら，必要なのはドメイン名だけであり，IP アドレスは不要なのでは？という疑問が浮かびます。

コンピュータにとっては 2 進法へ変換しやすい IP アドレスは管理しやすいので，人間にとってわかりやすいドメイン名と両方が使われています。

そうすると，ドメイン名を IP アドレスに変換する仕組みが必要になります。その仕組みを **DNS**（Domain Name System）といい，その機能をもつサーバを **DNS サーバ**といいます。

DNS サーバには，あらかじめ，ドメイン名と IP アドレスの対応表のようなものが準備されており，図 6 のように，ドメイン名が IP アドレスに変換されます。このようにドメイン名を対応する IP アドレスに変換することを，**名前解決**といいます。

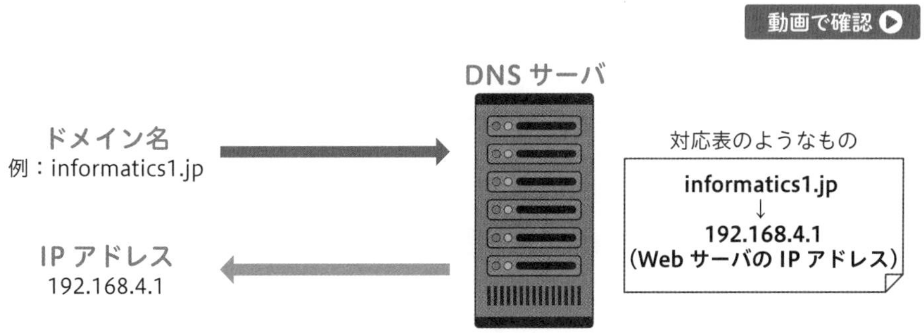

動画で確認

DNS サーバ

ドメイン名
例：informatics1.jp

IP アドレス
192.168.4.1

対応表のようなもの

informatics1.jp
↓
192.168.4.1
(Web サーバの IP アドレス)

図 6 DNS サーバの名前解決の流れ

Web サーバも含めて名前解決の流れを表すと，図 7 のようになります。

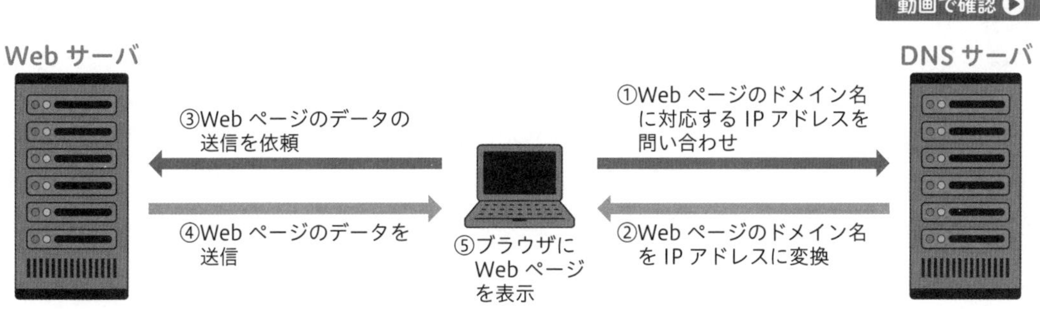

図 7 Web サーバを含めた名前解決の流れ

図6・7では，理解しやすいようにDNSサーバを1台としましたが，先ほど説明したようにドメイン名は階層構造となっており，各階層で名前解決をするために，一般的には複数のDNSサーバが使われています。複数のDNSサーバによる名前解決は，図8のように，クライアントマシンが，ISP等が管理するDNSサーバに問い合わせ，その DNS サーバに情報がない場合は，上の階層にあるDNSルートサーバから順次問い合わせることで行われます。この名前解決は時間がかかるように見えるかもしれませんが，実は一瞬で終わります。

復習 p.194

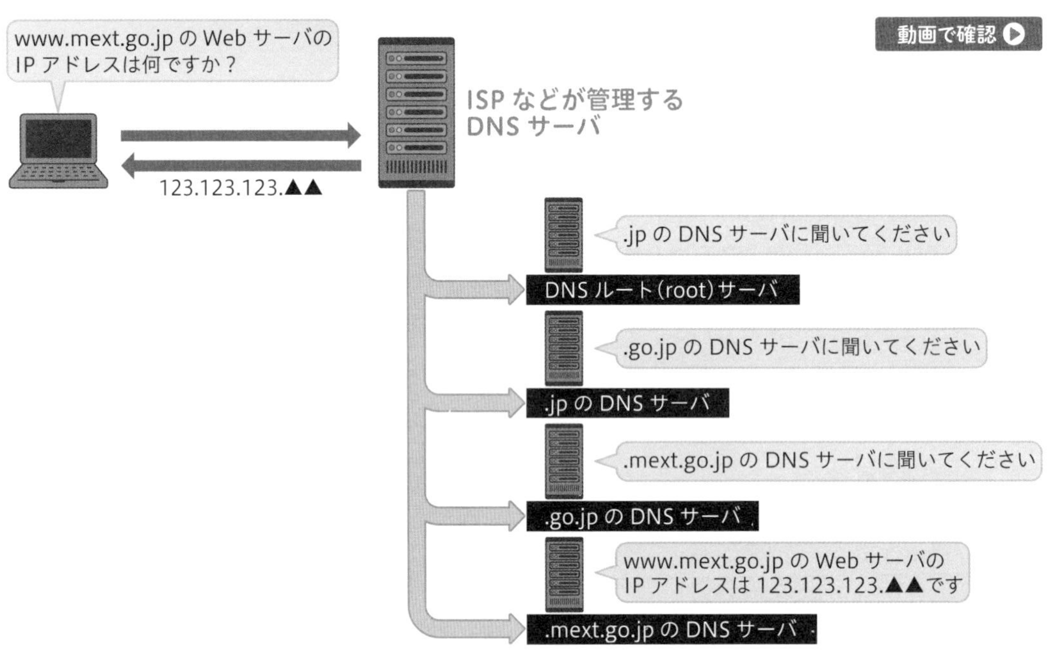

図8　階層構造の名前解決の流れ

③ メールの送受信

メールアドレスは「xxxx@informatics1.jp」のように表記され，@（アットマーク）以降にドメイン名が使われます。ドメイン名は，URLではWebサーバの住所にあたりますが，メールアドレスではメールサーバの住所です。メールを送信する際も，DNSサーバにドメイン名を渡して，送信先のメールサーバのIPアドレスを取得する必要があります。

復習 p.208

メールの送受信では，送信（転送）プロトコルとして**SMTP**，受信プロトコルとして**POP**（ポップ）や**IMAP**（アイマップ）が使われます。DNSサーバを含めたメールの送受信の流れは，次ページの図9のとおりです。

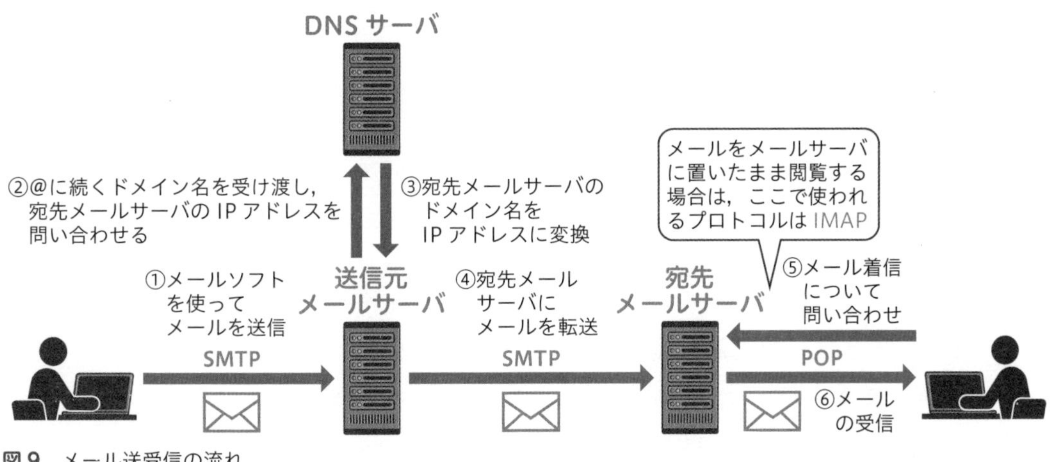

図9　メール送受信の流れ

メールを作成・送信する際は，Outlookなどのメールソフトや，Web上でメールを作成・送受信できるGmailなどのWebメールのサービスを使います。そのときに宛先メールアドレスの入力が必要になりますが，その入力欄は，図10のように大きくTO（宛先），CC，BCCに分けられます。

TO，CC，BCCのそれぞれの概要は，表4のとおりです。

図10　Microsoft Outlookのメール作成画面

表4　TO，CC，BCC

種別	説明
TO	メールを送りたい主要な宛先のメールアドレスを入力する。
CC	主要な宛先ではないが，「この人にもメールのコピーを送信したい」という相手がいるなら，そのメールアドレスを入力する。 CC欄のメールアドレスはメールを受信した人全員に知られるので，それでもよい場合にだけこの欄を用いる。
BCC	主要な宛先ではないが，「この人にもメールのコピーを送信したい」という相手がいるなら，そのメールアドレスを入力する。 BCC欄のメールアドレスはほかの人に知られることはないので，ほかの受信者に知られたくない宛先メールアドレスは，この欄に入力する。

やってみよう　要点チェック問題4-4（ネット提供資料）

でる度 ★★★

4-5 暗号化方式とデジタル署名

動画 第 4 章 ▶ 4-5_暗号化方式とデジタル署名

きょうの授業はこんな話

① 共通鍵暗号方式と公開鍵暗号方式
代表的な暗号方式の，共通鍵暗号方式と公開鍵暗号方式の違いについて学ぼう。

② ハッシュ値とハッシュ関数（改ざんの検知）
改ざん検知に使われるハッシュ値とハッシュ関数について学ぼう。

③ デジタル署名
デジタル署名がどのようなもので，どのように使われるのかを理解しよう。

④ HTTPS と SSL/TLS
Web ページの暗号化が行われる HTTPS 通信の処理の流れについて学ぼう。

先日，父がスマートフォンを機種変更しました。契約書に署名しなければならないので，店員さんの説明をしっかり理解する必要があるのですが，父はなかなか理解できなくて，同じ話を何度もしてもらったそうです。

契約書に署名するのは重いことなので，それくらい慎重な姿勢がよいですね。

ところで，情報通信の世界にも，署名や押印の役割を果たすデジタル署名というものが存在します。今回は，デジタル署名，およびそれと共通の技術が使われる，Web ページの暗号化について学んでいきましょう。

① 共通鍵暗号方式と公開鍵暗号方式

デジタル署名や Web ページの暗号化について学ぶには，前提として，「暗号」「ハッシュ値」「ハッシュ関数」についての知識が必要です。まずは暗号の話から始めます。

図 1 を見てください。データの内容を第三者にわからないようにすることを，**暗号化**といいます。暗号化されていないデータは**平文**（ひらぶん），暗号化されたデータは**暗号文**とよばれます。暗号文を平文に戻すことを**復号**といいます。暗号化

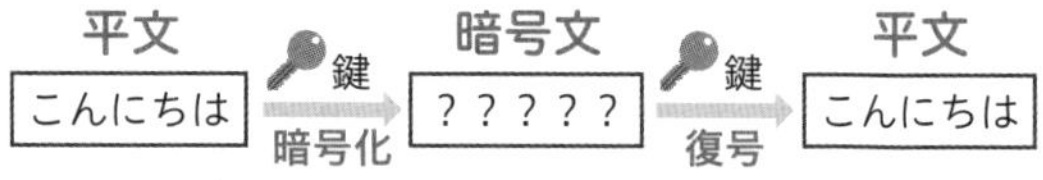

平文	鍵	暗号文	鍵	平文
こんにちは	暗号化 →	？？？？？	復号 →	こんにちは

図 1　暗号化と復号の概要

には鍵というものを用います。それは物理的な鍵ではなく，暗号化や復号を行うための手順やデータです。

この暗号化の代表的な方式に，**共通鍵暗号方式**と**公開鍵暗号方式**があります。

共通鍵暗号方式

共通鍵暗号方式は，**暗号化に使う鍵と復号に使う鍵が同じ**方式です。共通鍵は第三者に漏らしてはいけない情報です。

図2のように，送信者（暗号化を行う側）と受信者（復号を行う側）は何らかの方法でお互い同じ鍵（共通鍵）を共有しておきます。送信者は共通鍵を使って文書を暗号化し，送信します。暗号文を受け取った受信者は，共通鍵を使って暗号文を復号します。

図2 共通鍵暗号方式

共通鍵というのは，具体的にはどんなものなのですか。

最も単純で有名な共通鍵暗号方式として，**シーザー暗号**があります。これは，暗号化するときに，アルファベット順に決められた数だけ後ろ（右）にずらし，復号するときにもとに戻すという方法です。共通鍵の情報は何文字ずらすかという情報です。たとえば，図3のように，3文字ずらすという共通鍵の場合，「AI」を暗号化すると「DL」となります。

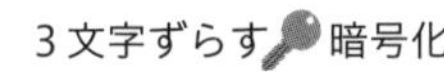

A B C D E F G H I J K L M N O P Q R S T U V W X Y Z

図3 シーザー暗号（3文字ずらすパターン）

公開鍵暗号方式

公開鍵暗号方式は，**暗号化と復号で使う鍵が異なる**方式です。秘密鍵と公開鍵という，対をなす2つの鍵が使われます。公開鍵で暗号化したデータを復号できるのは秘密鍵だけです。**秘密鍵は鍵を発行した本人以外に漏らしてはいけない情報**ですが，**公開鍵は第三者に知られてもよい情報**です。

公開鍵暗号方式を使ったデータの送受信の流れは図4のとおりです。まず，受信者（復号を行う側）は秘密鍵と公開鍵を生成します。公開鍵は公開情報なので鍵の受け渡しは容易です。送信者は公開鍵を使ってデータを暗号化し，送信します。暗号文を受け取った受信者は，受信者自身の秘密鍵を使って暗号文を復号します。

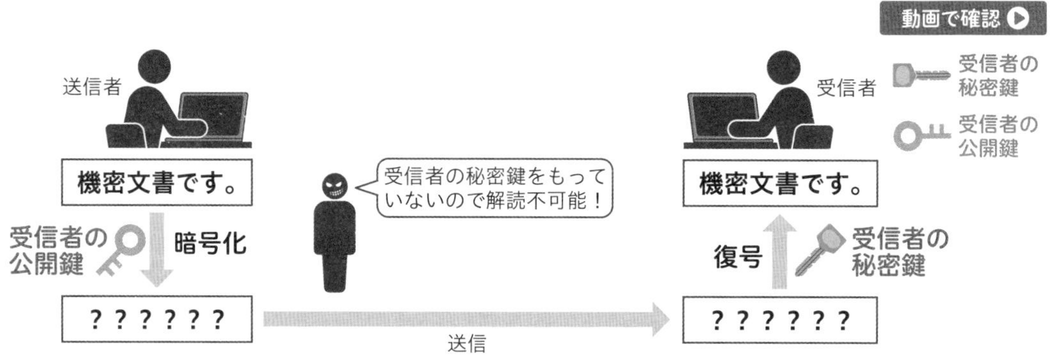

図4　公開鍵暗号方式

公開鍵や秘密鍵が具体的にはどんなものなのかも知りたいです。

共通鍵のシーザー暗号のような単純な例があればいいのですが，公開鍵や秘密鍵はそういうものではなく，コンピュータによる高度な数学的処理を経てできるものです。大学入学共通テストレベルでは，それらの鍵によって，人間には解読不能なほど複雑な暗号文を生成したり復号したりできる，という理解で問題ないでしょう。

共通鍵暗号方式と公開鍵暗号方式は，表1のとおり，それぞれにメリットとデメリットがあり，場面に応じて使い分けられています。

表1　共通鍵暗号方式と公開鍵暗号方式の比較

	共通鍵暗号方式	公開鍵暗号方式
メリット	・公開鍵暗号方式に比べて，暗号化と復号が高速に行える。	・公開鍵は公開情報なので，受け渡しが容易。
デメリット	・第三者に知られることなく共通鍵を相手に渡すのが難しい。 ・複数人で暗号文をやりとりするときに，人数分の異なる共通鍵が必要で，鍵管理の難度が高い。	・共通鍵暗号方式に比べ，暗号化と復号に時間がかかる。

公開鍵暗号方式でできることとして，データの暗号化・復号のほかに，もう1つ覚えておきたいことがあります。それは，**デジタル署名**のやりとりです。デジタル署名のやりとりでは，秘密鍵は所有者が1人に限られている印鑑のように，公開鍵はその形に関する情報（印影）として，使用されます。

このようにいうと，みなさんの中には暗号化・復号を行う公開鍵暗号方式が，どのようにしてデジタル署名にも使えるようになるのか，と疑問に思う人もいるでしょう。しかし，その理解にはとても高度な技術的知見が必要です。大学入学共通テストレベルの理解としては，「公開鍵暗号方式を使うと，データの暗号化・復号とは別に，デジタル署名のやりとりもできる」というもので問題ありません。デジタル署名の際の公開鍵暗号方式の使われ方については，このあと詳しく説明します。

② ハッシュ値とハッシュ関数（改ざんの検知）

次に，デジタル署名やWebページの暗号化について学ぶときの前提知識その2として，「ハッシュ値」および「ハッシュ関数」を押さえましょう。

「ハッシュ」とは，「ハッシュドポテト」や「ハッシュドビーフ」の「ハッシュ」のことで，切り刻むことを意味する単語です。データを文字どおり切り刻むようにして，もとに戻すことが困難な状態にする関数を**ハッシュ関数**といい，その関数にデータを代入することで出力される値を，**ハッシュ値**（図5）といいます。

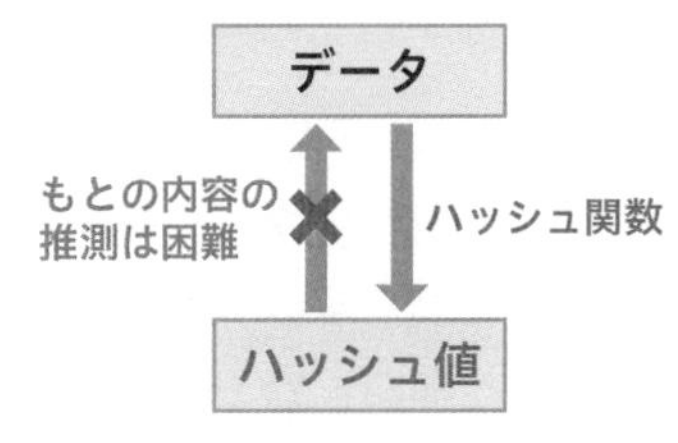

図5　ハッシュ値

また，ハッシュ値は，**メッセージダイジェスト**（要約文）ともいいます。

「要約文」という名前なのにもとの内容を推測できないって，なんか変ですね。

そうですね。でも，逆に印象に残りやすいんじゃないでしょうか。

ハッシュ値は，**入力値が同じなら必ず同じ値となります**が，**入力値を少しでも変えるとまったく違う値となります**。そのため，**改ざんの有無の確認**に役立ちます。

図6の流れ図を見てください。送信者は，送信したい文書のデータをハッシュ関数に入れてハッシュ値を求めます（図6の①）。送信者は，文書とハッシュ値を受信者に送信します（同②）。しかし，途中で悪い人によって文書が改ざんされたとします（同③）。受信者は，届いた文書をハッシュ関数に入れてハッシュ値を求めます（同④）。その求めたハッシュ値と送られてきたハッシュ値が不一致ならば，文書が改ざんされたということがわかります（同⑤）。

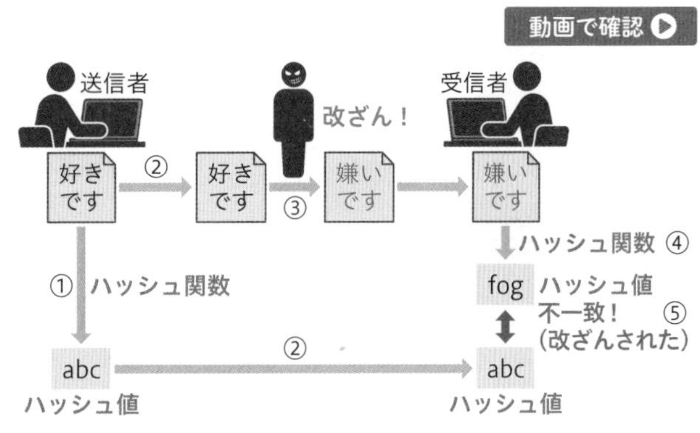

図6　ハッシュ値を用いた改ざん検知

③ デジタル署名

デジタル署名は，ハッシュ値・ハッシュ関数，公開鍵暗号方式を組み合わせた技術で，この技術により，**送信されてきたデータがまちがいなく本人（送信者）のものであること，および，改ざんされていないことが証明できます**。デジタル署名のやりとりにおいては，

先ほど述べたように，秘密鍵は印鑑として，公開鍵は印影のようにして使います。デジタル署名は，「**秘密鍵による印鑑が押されたハッシュ値**」のようなものだと理解してもらえばよいでしょう。

以上の説明ではわかりにくいと思いますので，今から，デジタル署名についても，文書データの送受信の流れを追いながら説明していきます。デジタル署名自体の説明をわかりやすくするために，ここでは，送信する文書の暗号化はしません。送信者はあらかじめ，秘密鍵と公開鍵を生成しているものとします。

あれ？　さっき，秘密鍵と公開鍵は受信者が生成すると聞いたような…？

はい。暗号文のやりとりにおける秘密鍵は，復号を行う人しかもたないものなので，受信者が生成し，保持します。それに対してデジタル署名は，送信文に対する署名として秘密鍵を使いますので，その秘密鍵は送信者が生成するのです。自分の意思などを表す文書に押印してほかの人に送るとき，自分の印鑑を使うのと同じです。

また，公開鍵は，秘密鍵と必ずセットで生成されるものなので，暗号文のやりとりにせよデジタル署名にせよ，秘密鍵と同じ人がもつことになります。

図7を見てください。送信者は送信するデータをハッシュ関数に入れてハッシュ値を求めます（図7の①）。求めたハッシュ値に送信者の秘密鍵を使って署名（押印）します（同②）。この秘密鍵が，本人しかもっていない印鑑の役割で，その印鑑をハッシュ値に押すイメージです。そして，文書とデジタル署名と送信者の公開鍵を受信者に送ります（同③）。受信者は送られてきた公開鍵を使って署名を検証します（同④）。このとき，公開鍵は印影の役割を果たし，デジタル署名に押されている印の形と一致すれば，受信した文書が送信者本人によるものであると判断できます。また，送られてきた文書のデータをハッシュ関数に入れてハッシュ値を求め，デジタル署名のハッシュ値と一致すれば，改ざんされていないと判断できます（同⑤）。

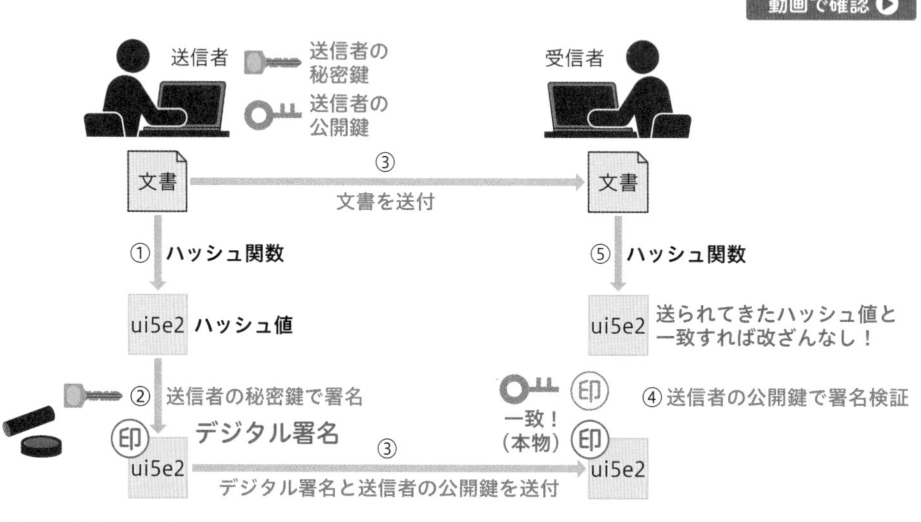

図7　デジタル署名

秘密鍵と公開鍵のセットは誰でも作れるものですよね？　だとしたら，誰かになりすまして偽物のデジタル署名を送ることもできるのでは？

第三者機関が「この公開鍵は本物（正規の送信者のもの）ですよ」と証明する仕組みがあります。その仕組みによる証明書は，**公開鍵証明書**や**電子証明書（デジタル証明書）**とよばれます。現実世界でいえば，この印鑑は本人が所持しているものですよと証明する意味で，役所が発行する印鑑証明書のようなものです。この公開鍵証明書を発行する機関を，**認証局（CA）**といいます。

公開鍵証明書を取得したい人（本人確認をされる側）は，認証局に対して発行を依頼します。認証局は本人確認などを行い，問題がなければ公開鍵証明書を発行します。この証明書は，一度取得すると一定期間有効です。

送信者は，認証局から発行された公開鍵証明書を図 7 の③のときに送ります。受信者は，図 7 の④の署名検証時に公開鍵証明書を確認すれば，認証局お墨つきの本人の公開鍵だということがわかります。

このような，デジタル署名が本人のものであることを，電子証明書により第三者が証明する技術を，**電子認証**といいます。

④ HTTPS と SSL/TLS

近年，閲覧者が ID やパスワード，個人情報を入力する Web ページが多くなってきています。第三者がそれらを見ることができないようにするために，現在は，Web ページのデータの送受信の際に，やりとり全般を暗号化できる HTTPS プロトコルを使うのが一般的です。

復習 p.205

Web ページにアクセスするとき，ブラウザの URL 欄に「https://～」と一緒に，図 8 のように鍵（南京錠）マークが表示されているのを見たことはありませんか。この鍵マークは，その Web ページとのデータのやりとり全般が暗号化されることを表しています。

https://informatics1.jp

図 8　鍵マーク

URL の先頭の https は，HTTPS プロトコルを表していますが，このプロトコルでは，SSL/TLS という技術で Web ページが処理されます。**SSL/TLS** は，データの暗号化，改ざんの検知，認証の機能を提供する，一連の流れをなす技術です。

SSL と TLS は別物で，**TLS** は SSL の後継技術です。SSL は，暗号化したデータの復号方法がわかっているため，現在はほぼ使われておらず，TLS が主流です。しかし，SSL はかなり長い歴史をもっているので，TLS が使われていても SSL とよばれたり，SSL/TLS と併記されたりします。

TLS にはいくつかのバージョンがあります。ここでは，大学入学共通テストで問われる可能性の高い，共通鍵暗号方式と公開鍵暗号方式の 2 つを用いている SSL/TLS 技術を紹介します。

この 2 つの方式は，具体的には，データの暗号化に共通鍵暗号方式，暗号化に使う共通鍵の受け渡しに公開鍵暗号方式，というように使い分けられています。

データの暗号化は処理が高速な共通鍵暗号方式のほうが適していますが，その共通鍵を安全に相手に渡す配送方法が問題です。そのまま共通鍵を送ったら第三者に漏れてしまう可能性があります。そこで，公開鍵暗号方式を使って共通鍵を相手に送付する方法が用いられます。このような，2つの暗号方式を，それぞれメリットを考慮したうえで組み合わせて使う手法を，**ハイブリッド暗号方式**といいます。

Webサーバが Webページのデータを暗号化して，クライアントに送るときの流れは，図9のとおりです。ここでは，Webサーバは公開鍵証明書を認証局から発行してもらっているものとしています。

動画で確認

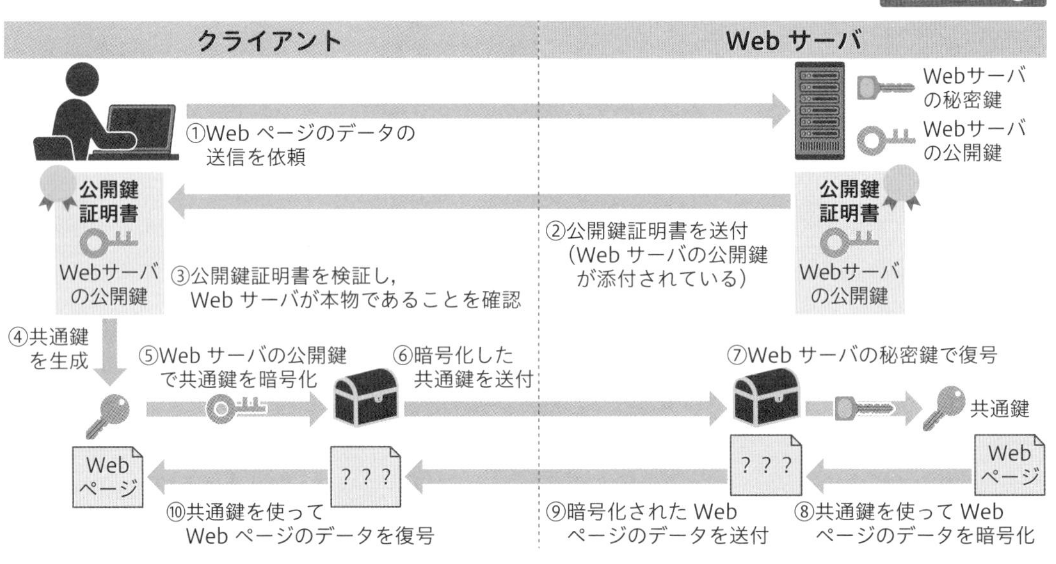

図9　SSL/TLS 通信の流れの例

URL が https で始まる Web ページをみなさんが閲覧するとき，実は，このような複雑なやりとりが，見えないところで行われているのです。

ブラウザの鍵マークアイコンをタップまたはクリックすると，図10のような，認証局が発行した公開鍵証明書を見ることができます。

図10　www.informatics1.jp の公開鍵証明書

やってみよう　要点チェック問題 4-5（ネット提供資料）

でる度 ★★★

4-6 安全を守るセキュリティ技術

動画 第 4 章 ▶ 4-6_安全を守るセキュリティ技術

きょうの授業はこんな話

① **認証とアクセス制御**

認証の概要とその種類，およびアクセス制御について理解しよう。

② **ファイアウォール**

ファイアウォールの種類と役割について学ぼう。

③ **VLAN**

仮想的にネットワークを分割する VLAN 技術とはどのようなものか，理解しよう。

④ **コンテンツフィルタリング**

コンテンツフィルタリングの役割と代表的な方式について学ぼう。

⑤ **誤り検出符号**

ノイズなどによってデータが書き換えられた場合の検出方法について学ぼう。

好きなアイドルグループのコンサートチケットを手に入れることができました！　こんどの日曜日に行ってきます。

それは楽しみですね！

ところで，情報通信の世界にも，チケットのように，許可された人だけが入場（ログイン）できるようにする技術があるんですよ。今回はその技術について学びましょう。

① 認証とアクセス制御

認証とは，対象が本当にそれであることを証明したり確認したりする行為です。ここでいう対象とは，人，サーバ，クライアントパソコンなどさまざまで，対象が人なら本人確認ということになります。

対象を特定する方法には，**知識・生体・所持**の 3 種類があります。

知識認証

知識認証とは，本人しか知りえない情報をもとに認証することです。代表例として，図1のような，IDとパスワードによる認証方法があります。

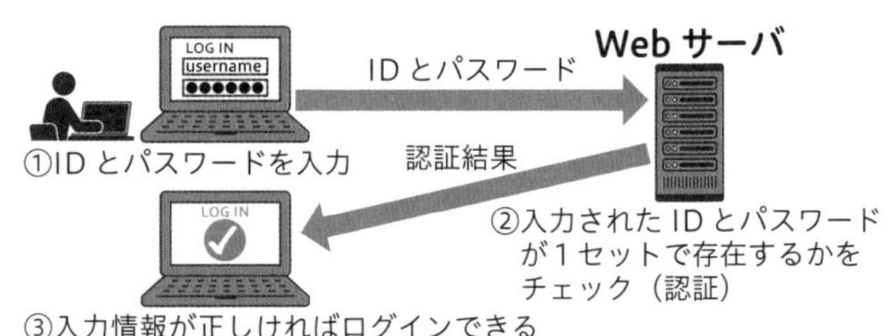
LOG IN
username
IDとパスワード
Webサーバ
①IDとパスワードを入力
認証結果
LOG IN
②入力されたIDとパスワードが1セットで存在するかをチェック（認証）
③入力情報が正しければログインできる

図1　知識認証の例

生体認証

生体認証とは，**身体的特徴**や行動的特徴（癖）についての情報をもとに認証することです。身体的特徴には，指紋や顔，DNA，目の虹彩（こうさい）（図2），音声などがあります。

行動的特徴には，まばたきや歩行などの動きの癖や筆跡があります。

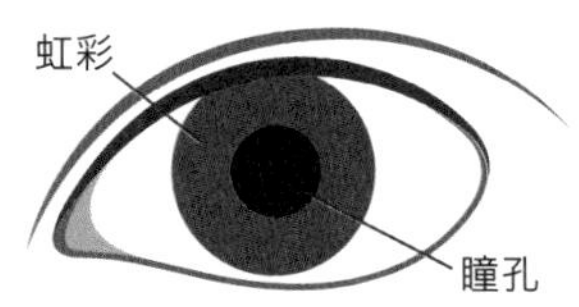
虹彩
瞳孔

図2　目の虹彩

身近な生体認証の例に，あらかじめ登録しておいた指紋によって，スマートフォンのロックを解除する，図3のような認証がありますね。

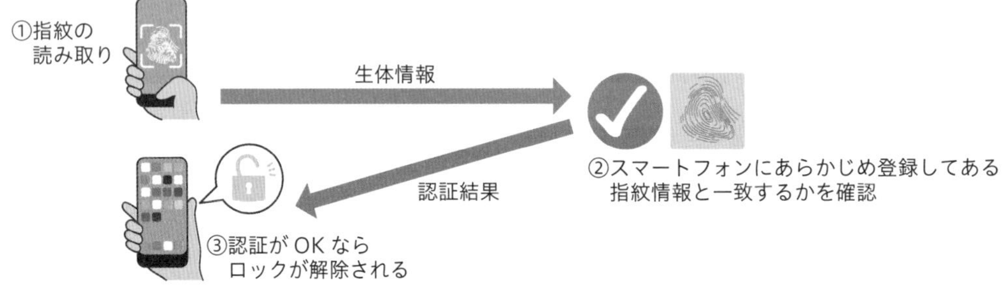
①指紋の読み取り
生体情報
②スマートフォンにあらかじめ登録してある指紋情報と一致するかを確認
認証結果
③認証がOKならロックが解除される

図3　生体認証の例

所持認証

所持認証は，本人しかもっていない物を用いて行う認証です。たとえば，あるWebサイトへのログインを許可する際に，（本人しかもっていない）スマートフォンの電話番号に認証コードを送って，それを入力させるという，図4のような認証があります。

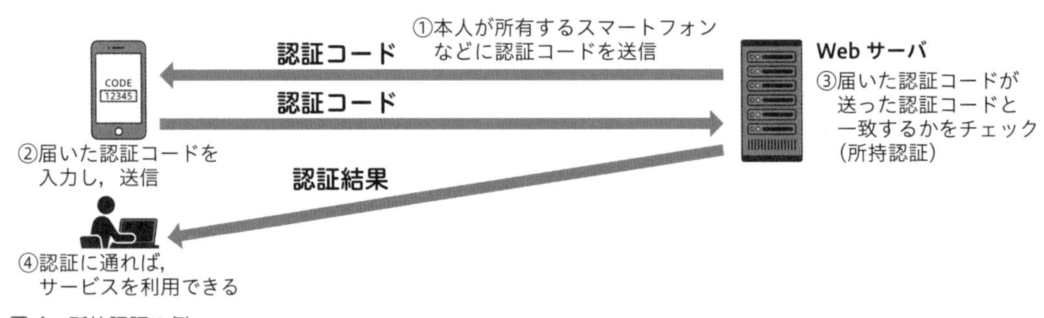
CODE
12345
認証コード
①本人が所有するスマートフォンなどに認証コードを送信
Webサーバ
認証コード
③届いた認証コードが送った認証コードと一致するかをチェック（所持認証）
②届いた認証コードを入力し，送信
認証結果
④認証に通れば，サービスを利用できる

図4　所持認証の例

この前，ショッピングサイトで買い物をしたとき，IDとパスワード（知識認証）だけでなく，スマートフォンに届いた認証コードも入力（所持認証）しました。

それは二要素認証ですね。知識・生体・所持のうちの2つの要素を組み合わせる認証を，**二要素認証**といいます。最近は，不正に入手したIDとパスワードで，本人になりすましてログインするなどの事件が増えています。不正なログインを防ぐために，複数の認証を組み合わせることが多くなってきているのです。なお，2つ以上の要素を組み合わせる認証を，**多要素認証**といいます。2つの場合もこれに当てはまるので，**二要素認証は多要素認証に含まれます。**

また，2つの段階に分かれている認証を，**二段階認証**といいます。たとえば，IDとパスワードによる知識認証と，本人しか知らない秘密の質問に対して答える知識認証の組み合わせは，二要素認証ではありませんが，二段階認証に該当します。

なお，認証が通ったとしても，人によって扱えるデータなどを分ける必要がある場合があります。たとえば，学校で成績を閲覧できるシステムの場合，Aさんの成績のデータはAさんと先生のみがアクセスでき，BさんからはAさんの成績は閲覧できないようにしないといけません。また，成績のデータは，先生には閲覧だけでなく，編集もできる権限を与える必要があります。このように，データに対して誰がどんな権限をもってアクセスできるのか（**アクセス権**）をコントロールすることが行われており，これを**アクセス制御**といいます。

② ファイアウォール

ファイアウォールとは，ネットワークにおいて，ある通信をさせるかどうかを判断し，許可または拒否する仕組みです。ファイアウォールにはいくつか種類があります。たとえば，**パーソナルファイアウォール**は，主に個人利用のパソコンやタブレットなどを対象とし，外部からコンピュータへの不正アクセスやコンピュータ内部から外部ネットワークへの通信を検知し，危険と判断した場合に遮断するファイアウォールです。

また，図5のようにLAN（内部ネットワーク）とインターネット（外部ネットワーク）の境界に置かれるファイアウォールもあります。

図5　ファイアウォール

③ VLAN

同一LAN内における通信は，お互いに容易に通信ができる反面，内部でのセキュリティが確保しづらいというデメリットがあります。たとえば，学校で先生が試験の情報などをやりとりしているネットワークに，生徒のパソコンがアクセスできたら試験の情報が漏れてしまうかもしれません。

こうしたことへの対策として，仮想的にネットワークを分割する手法を，**VLAN**（ブイラン）（Virtual Local Area Network）といいます。

復習 p.193

LANケーブルの集線装置をハブと説明しましたが，そのハブの一種（機能を拡張したもの）であるスイッチングハブにVLANの機能がついていれば，図6のようにネットワークグループを分割することができ，セキュリティの確保につながります。

利用者単位でフォルダやファイルにアクセス権を設定することもできますが，このように，LAN内部でグループに分割してアクセス制御をする方法もあるのです。

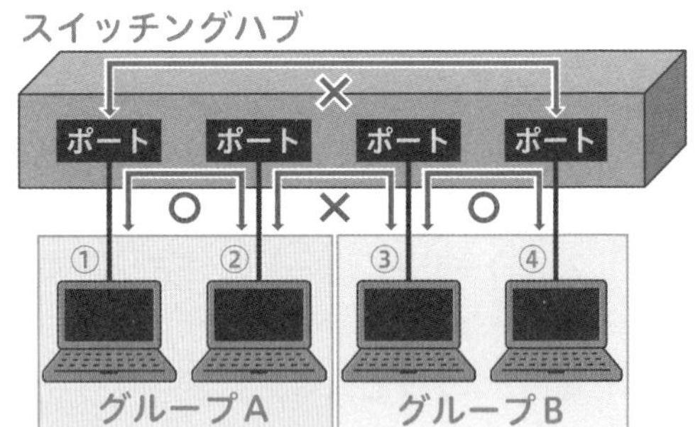

図6 VLANのイメージ

④ コンテンツフィルタリング

コンテンツフィルタリングとは，好ましくないWebサイトの閲覧や利用を制限する仕組みです。代表的なフィルタリング方式に，ブラックリスト方式とホワイトリスト方式があります。

ブラックリスト方式（図7）は，好ましくないサイトの一覧を作成し，そのリストのサイトを見られなくする方式です。

ホワイトリスト方式（図8）は，有益なサイトの一覧を作成し，そのリストに存在するサイトだけを閲覧可能とする方式です。

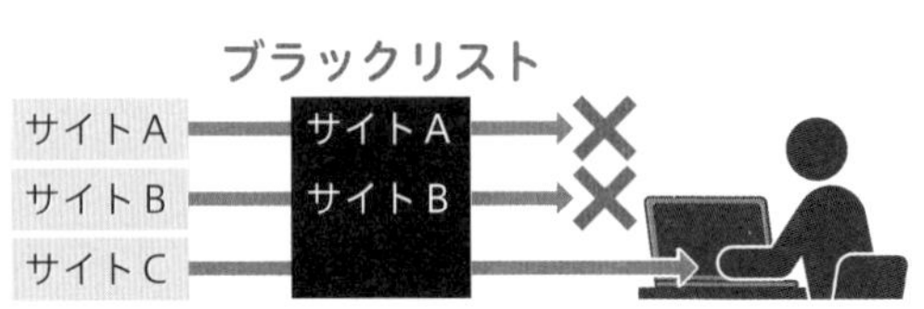

図7 ブラックリスト方式

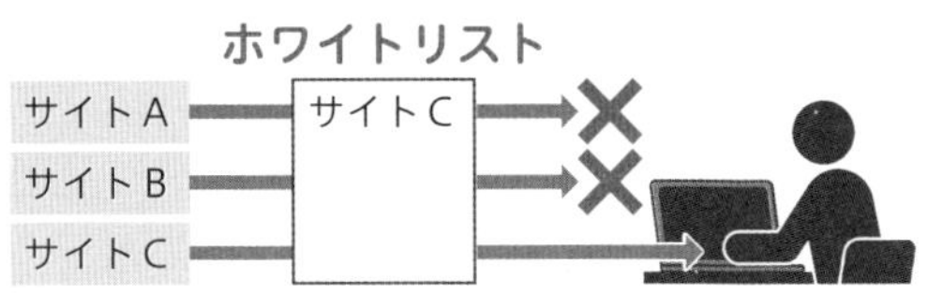

図8 ホワイトリスト方式

⑤ 誤り検出符号

データは，伝送されるときにOFF（0）かON（1）かの電気信号に変換されるので，ノイズ等によりデータが途中で書き換えられる可能性があります。そのようなことが起こると，送信したデータと受け取ったデータが異なるものになってしまいます。

悪意のある人に改ざんされるパターンへの対策は習いましたが，自然現象で勝手に変わってしまうこともあるんですね。

そうですね。このようなデータの誤りを検出するには，そのための付加データである**誤り検出符号（チェックデジット）**が有効です。

たとえば，**パリティビット**とよばれる1ビットの誤り検出符号（0か1）を付加することで，データの誤りを検出することができます。図9のように1001001という7ビットのデータに対して，パリティビットを付加します。パリティビットを含めた1の個数を偶数にするか奇数にするかをあらかじめ決めておきます。偶数にする場合，10010011となります。データの送信中に1ビット書き換わってしまった場合，1が奇数個になるので，誤りを検出することができます。この方法では，1ビットまでの誤りを検出可能です。

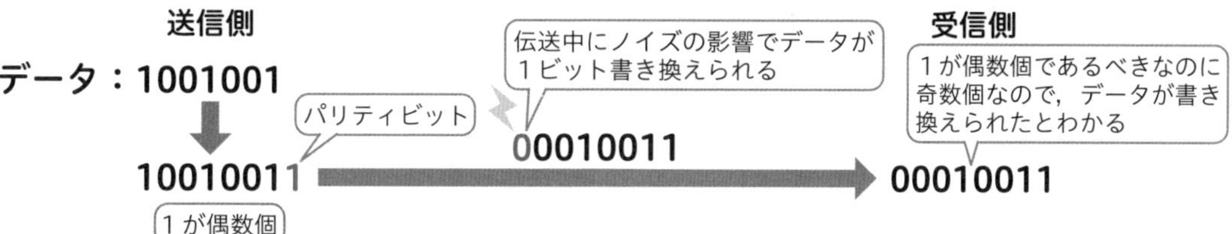

図9 パリティチェックの例

ちょっと深掘り

電子透かしとは？

著作物の不正コピーは，著作者の利益・権利にかかわる問題であり，セキュリティ問題の一つとみなすことができます。そして，この分野のセキュリティ技術に電子透かしがあります。

Webページに掲載された画像等のデータは，簡単に複製ができるため，著作権が侵害される可能性があります。このような権利侵害を可視化する仕組みが，**電子透かし**です。これを利用することで，透かし情報として著作者名などの情報を画像に埋め込むことが可能になります。

電子透かしは，通常の状態では人の目には見えませんが，電子透かし読み取り用のアプリケーションを利用することで，見えるようになります。

やってみよう **要点チェック問題4-6（ネット提供資料）**

でる度 ★★★

4-7 情報システムの種類

動画 第 4 章 ▶ 4-7_情報システムの種類

きょうの授業はこんな話

① いろいろな情報システム

身の回りにある情報システムの代表例について学ぼう。

② 電子商取引

電子商取引の形態である B to B，B to C，C to C の違いと具体例について学ぼう。

③ WebAPI

WebAPI の役割と活用例について学ぼう。

④ 情報技術が社会に与える光と影

情報技術の発展が社会にもたらす影響を知ろう。

先生は正門前のコンビニが毎月新作スイーツを発売してるの，知ってます？　今月のものがきのう出たのですが，すごくおいしいですよ。

そうなんですか。そんなにおいしいなら，授業が終わったら買いにいってみます。

コンビニにはいろいろな商品がバランスよくそろえられていますね。その品ぞろえを支えるのは，POS システムという情報システムです。今回は，社会における情報システムのあり方や課題について学んでいきましょう。

① いろいろな情報システム

ネットワークに接続された情報機器がお互いに連携しながら，さまざまな機能を提供する仕組みを，**情報システム**といいます。代表的な情報システムの一つとして，コンビニを含む小売業界で広く導入されている **POS システム（販売時点情報管理システム）**が挙げられます。POS システムは，「いつ・どの商品が・どんな価格で・いくつ売れたか」などを管理し，その情報を活用するシステムです。

POS システムを図で示すと，次ページの図 1 のようになります。

動画で確認

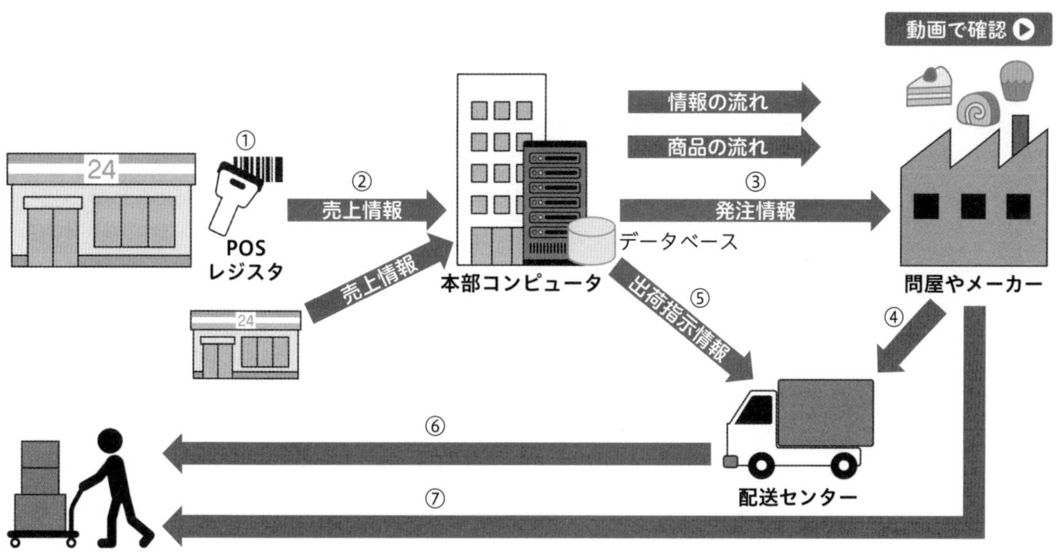

図 1　POS システム

まず，POS システム専用のレジスタ（POS レジスタ）で商品のバーコードを読み取ります（図 1 の①）。店舗の売上情報は本部のコンピュータに送られ，データベース※1 で管理されます（同②）。本部のコンピュータでは，情報の収集・分析が行われます。そして，在庫の補充が必要な場合は，問屋や商品メーカーに発注を行います（同③）。問屋やメーカーは商品を配送センターに納品します（同④）。本部は出荷指示をコンピュータで行います（同⑤）。その商品が各店舗に届けられます（同⑥）。問屋やメーカーから直接店舗に届けられる場合もあります（同⑦）。

POS システムでは，商品購入者の年齢層や性別などの情報が入力されることもあり，そうした情報は，売上傾向の把握や販売戦略の立案などに役立てられています。

POS 以外にも，情報システムにはさまざまなものがあり，私たちの生活を支えています。表 1 のシステムが代表的です。

表 1　業種ごとの情報システムの例

業種	情報システム名	説明
金融	インターネットバンキング	パソコンやスマートフォンからインターネットを通して残高照会や振込を行えるシステム
通信	SNS	情報の拡散・収集，人と人との交流が行えるシステム
交通	高度道路交通システム（ITS）	ETC（自動料金収受システム）やカーナビゲーションシステムなどの，交通の輸送効率や快適性の向上に寄与するシステムの総称
教育	e ラーニングシステム	教育教材の提供，テストにおける出題・採点，学習履歴にもとづく指導の支援などを行うシステム
気象	緊急地震速報システム	地震発生時に情報を広くすばやく提供して早期避難を促し，被害の拡大を抑止するシステム

※1　p.239 参照。

また，行政においても情報システムの利活用が進んでいます。たとえば，マイナンバーカードを利用して，コンビニで住民票などの公文書を受け取ったり，Web から公文書の発行申請をしたりするシステムが挙げられます。このように，情報通信技術（IT）を行政のあらゆる分野に活用することで，事務負担の軽減や利便性の向上などを図り，効率的・効果的な政府や自治体を実現しようとする取り組みを**電子政府**および**電子自治体**といいます。バルト三国の一つのエストニアは，行政サービスの 99%がオンラインで完結しているといわれており，**電子国家**として注目を集めています。

② 電子商取引

インターネットなどの情報通信ネットワーク上で行う，契約や決済といった商取引を，**電子商取引**，**e コマース**，または **EC**（Electric Commerce）といいます。電子商取引は，表 2 のように，大きく **B to B**，**B to C**，**C to C** の 3 つに分けられます。B は Business（企業）の略で，C は Consumer（消費者）または Customer（客）の略です。

表 2　電子商取引の形態

形態	説明
B to B (Business to Business)	企業間取引 例：住宅工務店が，建材を建材製造企業に発注する。
B to C (Business to Consumer)	企業と消費者（個人）の取引 例：企業が自社製品を，Amazon や Yahoo! ショッピング，楽天市場などを通して販売する。
C to C (Consumer to Consumer)	個人間取引 例：個人が，商品をヤフオク！やメルカリを通して，別の個人に販売する。

また，商品の代金を支払う際に，クレジットカードや電子マネーなどを利用して，現金以外で精算する**キャッシュレス決済**が行われることも，多くなってきています。

電子マネーは私も使っています！　交通系の IC カードは電車やバスに乗るときに使えるだけでなく，お金の代わりになるから便利です。

そうですね。**電子マネー**は，貨幣価値を電子的なデータで表現したものです。現金を使わずに店頭で買い物をしたり，インターネット上で決済したりするときに使われます。電子マネーには，スマートフォンを用いた電子決済を行えるものや，IC チップに貨幣価値データを記録した IC カード型電子マネーがあります。

IC チップとアンテナを一体化したものを **IC タグ**といいます。そして，電波によって非接触で IC チップのデータを読み書きする技術の総称を **RFID** といいます。

IC タグは，トレーサビリティシステムでも多く使われています。**トレーサビリティシステム**は，商品の産地や，店頭に並ぶまでにたどってきた道のりの記録をとり，その情報を管理して消費者に提供するシステムです。

③ WebAPI

レストランの中には，パンやケーキを近くの専門店に作ってもらっているお店があります。その背景には，パンやケーキはほかのおいしいお店に任せて，レストランならではの仕事（前菜やメインメニューを作ったり接客したりすること）をがんばるほうが効率がよいし，お客さんにも喜んでもらえるだろう，などのような考え方があるのでしょう。

コンピュータシステムの世界でも，これと同じようなことが行われています。図2のような**API**という仕組みにより，あるシステムが，別のシステムに処理を依頼して，その結果を受け取るということが可能になるのです。

API（Application Programming Interface）とは，簡単にいえば，システムが外部とやりとりするときの窓口（接点，インタフェース）の役割を果たすものです。システムがもっている機能の一部を，API を通して外部に向けて公開することで，ほかのシステムがそれを利用できるようになります。

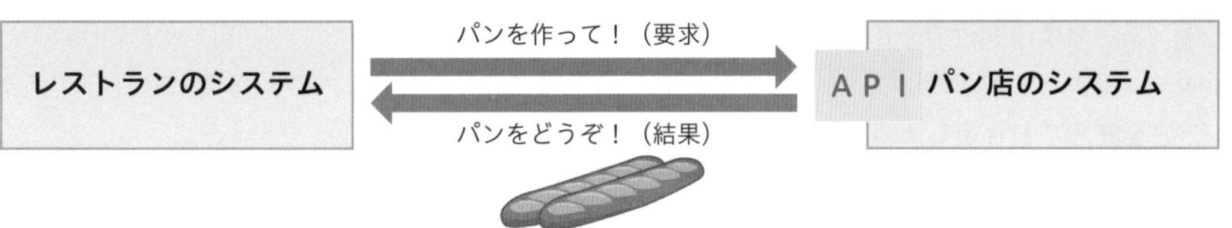

図2 APIのイメージ

API の仕組みは，1つの LAN の中でも，WAN の中でも，またインターネットにおいても実現可能ですが，インターネットで公開されているものは，**WebAPI**（Web Application Programming Interface）といいます。

Yahoo! JAPAN の，降水量の実績値・予測値データを取得し，外部に提供する WebAPI の場合，データを得たい地点の緯度と経度を，WebAPI を通して渡せば，そのデータは JSON または XML という形式で提供されます。そして，データの提供を依頼した側は，自らのシステムの内部で，そのデータを展開するのです。たとえば，農家のシステムの中に農場周辺の天気がピンポイントでわかる仕組みを組み込む，ということが可能になります。

次ページの表3に示すのは，私が Yahoo! Japan から，ある場所のある時点の降水量の実績値・予測値データを取得したときに，実際に提供された JSON および XML のデータです。なお，これは参考程度に見ておけばよいものであり，大学入学共通テスト対策としては，覚える必要はありません。

表 3　XML 形式と JSON 形式

XML 形式（一部抜粋）	JSON 形式（一部抜粋）
<WeatherList> <Weather> <Type>observation</Type> <Date>202304160920</Date> <Rainfall>0.0</Rainfall> </Weather> <Weather> <Type>forecast</Type> <Date>202304160930</Date> <Rainfall>0.0</Rainfall> </Weather>	"Weather":[{"Type":"observation","Date":"202304160915","Rainfall":0.0},{"Type":"forecast","Date":"202304160925","Rainfall":0.0},{"Type":"forecast","Date":"202304160935","Rainfall":0.0}

Rainfall のあとにある数字が降水量を表すということは，何となくわかりますが，複雑な構造ですね。

確かに人の目にはわかりづらいと思いますが，多くのプログラミング言語には，この XML や JSON 形式のデータを読み取るための機能が，組み込み関数として用意されていて，簡単に実行できます。

復習 p.164

XML や JSON 形式は，プログラミング言語では加工・編集しやすい形式ということまでを覚えておきましょう。

④ 情報技術が社会に与える光と影

情報システムは，私たちの生活を便利で豊かなものにしてくれます。しかし，同時に課題も生じています。たとえば，近年よく取り上げられる課題として，インターネットやコンピュータを使える人と使えない人との間に生じる格差を意味する，**デジタルデバイド（情報格差）**があります。デジタルデバイドには，先進国と開発途上国といった国家間で生じるものから，年齢・学歴・収入などの違いにより集団間や個人間で生じるものまで，さまざまあります。また，不十分な教育，インフラの不整備，貧困などの理由で情報通信技術の利用が困難になっている人たちがいます。そのような人たちを**情報弱者**といいます。

確かに，お年寄りが情報システムを使いこなすのは大変そうですね。反対に，ぼくは SNS などの情報システムがないと，生きていけないかもしれません。

多くの人にとって，スマートフォンやタブレットなどの情報機器は，なくてはならないものとなっています。特に，**VDT 症候群**や**テクノストレス**には気をつけなければなりません。

VDT 症候群（VDT 障害）とは，情報機器を長時間操作したことによって引き起こされる肩こりや目の疲れなどの身体的な症状を指します。

テクノストレスとは，情報機器の使用によって感じる，いらいらや不安感などの精神的なストレスです。

また，インターネットを見ていないと不安になり，いつでもどこでも操作して，学業や日常生活をおろそかにしてしまうなど，自分自身をコントロールできない状態に陥っている人々も，数多くいます。こうした症状を**ネット依存**といいます。

心と体の健康にも気を配りながら，日常生活を豊かにするために，情報システムを活用していきたいものですね。

ちょっと深掘り

VR（Virtual Reality）と AR（Augmented Reality）

2010 年ごろから普及し始め，現在，多くの人に楽しまれている情報システムに，VR と AR があります。

VR（Virtual Reality）とは，仮想現実ともよばれ，コンピュータによって創り出された仮想的な空間を現実であるかのように疑似体験できる仕組みです。専用の VR ゴーグルをつけることで，コンサートのライブ観賞やスポーツ観戦，疑似旅行など，あたかも自分がその場にいるような体験ができます。数多くのプロジェクタのスクリーンに囲まれた環境の中に人が入って，疑似体験をする VR もあります。

AR（Augmented Reality）とは，拡張現実ともよばれ，現実世界に仮想世界を重ね合わせて表示する技術です。カメラで読み取られた物体や画像に情報を付加する仕組みが主流です。

VR が仮想的な空間を作り出すのに対し，AR は，カメラなどを通して見ている現実の一部に情報を付加して表示するものです。

《AR のイメージ》

【Scharfsinn / PIXTA（ピクスタ）】

やってみよう　要点チェック問題 4-7（ネット提供資料）

4
情報通信ネットワークとデータの活用

でる度 ★★★

4-8 情報システムの信頼性

動画 第4章 ▶ 4-8_情報システムの信頼性

きょうの授業はこんな話

① 機器の故障や人の誤操作への事前対処

機器の故障や人の操作ミスを想定し，事前にできる対処について学ぼう。

② システム障害を考えた構成とデータのバックアップ

システム障害発生時の被害が最小限になるシステム構成について学ぼう。

③ 情報システムの信頼性の指標

情報システムの信頼性や，障害の起こりやすさの指標について学ぼう。

④ ブロックチェーン

暗号資産（仮想通貨）などで使われているブロックチェーンの技術の概要について理解しよう。

システム障害の影響で，スマートフォンが数時間インターネットに接続できなくなったってニュースが，今朝出ていましたね！

情報システムは，さまざまな機器やプログラムが連携して成り立つ複雑なものであるため，障害が100％起こらないとはいえません。多くの情報システムは，障害に迅速に対応できるように構成されており，またそのような対応を可能とするための人的体制によって支えられています。

① 機器の故障や人の誤操作への事前対処

情報システムを含む機械全般の，故障が起きた場合を想定した対策として，**フェイルセーフ**と**フェイルソフト**があります。

フェイルセーフは，故障が発生したときに被害が拡大しないように，その状態で停止して安全性を確保するように設計することです。例としては，故障すると赤の状態で停止する信号機，倒れると自動的に火が消えるストーブなどが挙げられます。

フェイルソフトは，故障が発生した場合に，システム全体を停止させるのではなく，一部の機能を切り離すなどして，規模を縮小してでも動作を継続するように設計することです。例としては，エンジンが2つ搭載されていて1つが壊れても飛び続けることができる航空機，停電してもバッテリー運転に切り替わり，電源が切れないようにする機器などが挙げられます。

パソコンの中の大事なデータをまちがって消しそうになったときに，「本当に削除しますか？」というメッセージが出て動作が止まり，助かったことが，何度かあります。これもフェイルセーフでしょうか。

大事なデータを消さずに済んでよかったですね。そのような人の誤操作への対策は，フェイルセーフではなく，**フールプルーフ**です。例としては，削除の確認メッセージのほか，ドアを閉めないと加熱できない電子レンジや，電池のプラス極とマイナス極の位置が合っていないと電流が流れない電池ボックスなどが挙げられます。

② システム障害を考えた構成とデータのバックアップ

膨大な量のアクセスに耐えなければならない情報システムの場合は，フェイルソフトに近い設計として，**冗長化（二重化，多重化）**がよく行われます。たとえば，図 1 のように同じ内容のアプリケーションサーバを 2 台用意して，負荷を振り分ける方法があります。この場合，片方のサーバに障害が起きても，修理が完了するまでもう一方のサーバが役割を肩代わりしてくれます。ユーザは障害が起きたと知ることなく，継続してサービスを利用することができるのです。

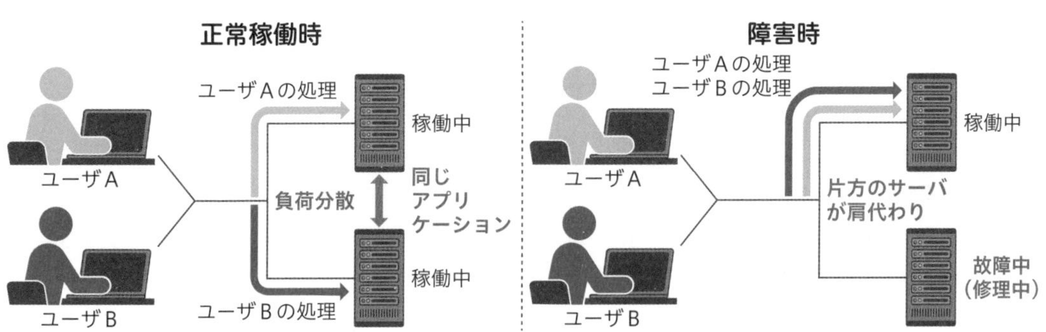

図 1 冗長化の例

冗長化のための機器を増やせば，ほぼ 100％障害が起きないことになりますね。

そのとおりなのですが，機器を増やせば，それだけ，初期導入費用のみでなく，維持・管理にお金（コスト）がかかります。システム設計時に，障害発生について考え，どのような構成で，どのくらいコストをかけるのかなどを検討することが大切です。

また，記録されているデータが，記録媒体の故障などで誤って削除・更新されることもあります。そうした事態への対策として，もとの状態に復旧できるように，一定間隔でデータの複製を行う**バックアップ**が行われます。バックアップには，次ページの表 1 のような方式があります。この表では，例として，ある月曜日を初日として金曜日まで毎日バックアップをとった様子が示されています。色のついた部分が当日のバックアップ分です。

表１　バックアップの方式

方式	イメージ	説明
フルバックアップ	月　火　水　木　金	ディスク内のすべてのデータを毎回バックアップする方式。木曜日のデータに戻したい場合は，木曜日のバックアップデータのみあればよい。すべてを毎回バックアップするため，大容量のバックアップ媒体が必要になる。
差分バックアップ	月　火　水　木　金	初回と比較して増えた分だけバックアップする方式。木曜日のデータに戻したい場合は，月曜日と木曜日のデータを合わせればよい。初回との差分をバックアップするので，フルバックアップほどバックアップ媒体の容量を必要としない。
増分バックアップ	月　火　水　木　金	前回のバックアップ分からの増分だけをバックアップする方式。木曜日のデータに戻したい場合は，月曜日から木曜日までのデータが必要。バックアップ媒体の容量は３つの中で最も少なくて済むが，復旧時には，前回との差分をすべて集めなければならないため，ほかの方式に比べて時間がかかることがある。

③ 情報システムの信頼性の指標

情報システムの信頼性を示す指標に**平均故障間隔**，**平均修理時間**，**稼働率**があります。

平均故障間隔とは，使用を開始してから，または修理後に使用を再開してから，次の故障までの，平均的な間隔です。**MTBF**（Mean Time Between Failure）ともいいます。総稼働時間÷故障回数で求められます。

平均修理時間とは，故障の発生から修理が完了するまでの時間の平均値です。**MTTR**（Mean Time To Repair）ともいいます。総修理時間÷故障回数で求められます。

稼働率とは，全時間の中でシステムが稼働している割合です。計算式は，次のとおりです。

稼働率（%）＝平均故障間隔÷（平均故障間隔＋平均修理時間）× 100

大学入学共通テストでは，稼働率などを具体的に計算する問題が出るのでしょうか。

そうですね。私が出題者なら出したくなります。では，理解を深めるためだけでなく，そうした問題への対策のためにも，具体例を見てみましょう。

あるシステムが，たび重なる故障に見舞われ，次ページの図２のように，稼働と修理を繰り返しているとします。このシステムの平均故障間隔，平均修理時間，稼働率を，それぞれ求めていきましょう。

稼働中 35時間	修理中 12時間	稼働中 55時間	修理中 8時間	稼働中 85時間	修理中 10時間	稼働中 95時間

図2　システムの稼働状況

まず，平均故障間隔は，総稼働時間÷故障回数で求めます。したがって，この場合は，(35 + 55 + 85 + 95) ÷ 3 より，90 時間となります。

次に，平均修理時間は，文字どおり，一度の修理にかかる時間の平均です。この場合は，(12 + 8 + 10) ÷ 3 より，10 時間となります。

最後に稼働率を求めます。今まで求めた値を，平均故障間隔÷（平均故障間隔＋平均修理時間）× 100 という式に当てはめると，90 ÷ (90 + 10) × 100 となります。これを計算すると，稼働率は 90%と出ます。

④ ブロックチェーン

最近は，ビットコインなどの**暗号資産**（仮想通貨）が話題になっています。日本円や米ドルなど通常のお金の場合は，政府やその国の中央銀行が価値を保証しています。だからこそ，みんながそれらを信頼できるものとして使用できるのですが，暗号資産の価値の保証には政府や中央銀行は関与していません。暗号資産の信頼性は，分散型台帳および**ブロックチェーン**という技術によって支えられています。

分散型台帳（図 3）は，情報を分散した形で記録し，管理するシステムの一つです。たとえば，普通の銀行でお金の預け入れや引き出しをしたときに，銀行のデータベースに取引実績が登録されます。大昔であれば，紙の帳簿に，そうした実績が記録されたでしょう。この帳簿（今はデータベース）が**台帳**です。銀行では，銀行ごとに専用のデータベースを構築してデータを管理しますが，暗号資産で使われる分散型台帳では，この仕組みに参加している世界中のコンピュータで分散して，台帳を管理しています。インターネット上でお互いのコンピュータが，台帳の内容を監視し合う仕組みとなっているため，不正や改ざんを行うことが難しく，データの信頼性が保たれています。

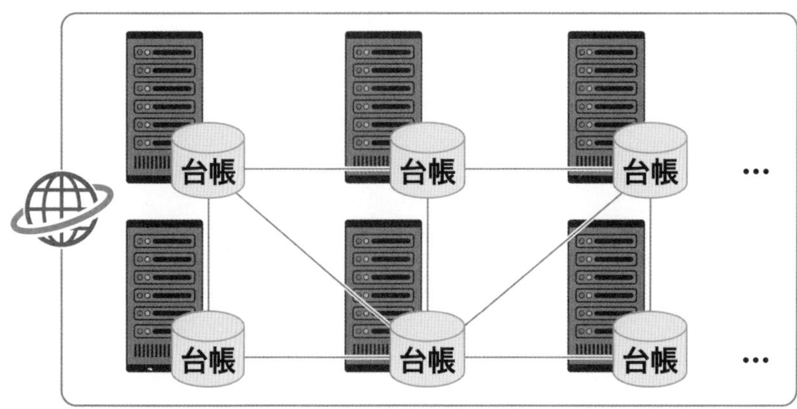

図3　分散型台帳のイメージ

ブロックチェーン（図 4）は，**分散型台帳**の仕組みが使われています。ブロックチェーンの「ブロック」は台帳の 1 ページを表します。

ブロックチェーンでは，台帳を分散するだけではなく，取引データが記録されたブロックを時系列でチェーンのようにつなげて管理することから，ブロックチェーンとよばれています。暗号資産における「取引データ」とは，通常の通貨（米ドル，円，ユーロ…）との交換実績などのことで，これによって，その時々の暗号資産の価値が決まります。各ブロックには，前のブロックのハッシュ値が記録されているため，前のブロックの情報が改ざんされた場合，改ざんされたブロックのハッシュ値と記録しているハッシュ値が合わなくなり，改ざんを検知することができます。

復習 p.219

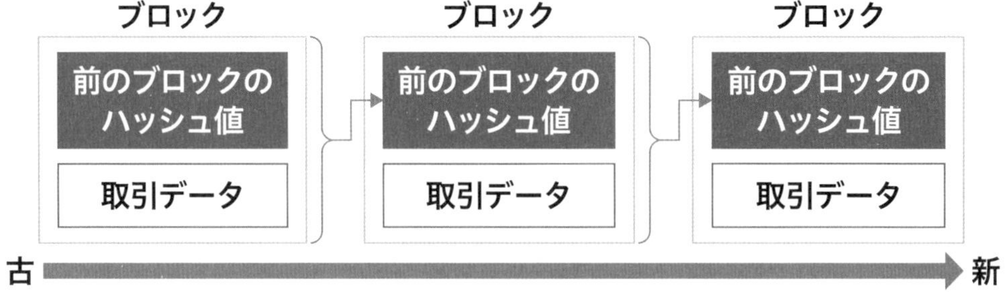

図 4　ブロックチェーンのイメージ

やってみよう　要点チェック問題 4-8（ネット提供資料）

でる度 ★★★

4-9 データベース

動画 第4章 ▶ 4-9_データベース

きょうの授業はこんな話

① データベースとは

代表的なデータベースの構造について理解しよう。

② データベース管理システム（DBMS）

データベースの作成，運用，管理を行うシステムの機能について理解しよう。

③ リレーショナルデータベースのデータ操作

リレーショナルデータベースにおけるデータの抽出法について学ぼう。

④ その他のデータベース（NoSQL）

NoSQLには，どのようなものがあるかについて学ぼう。

こんど，評判のよいラーメン屋さんに友だちと行くことになりました。口コミサイトで見つけたお店です。口コミサイトは，評価の高い順に並べたり，地域を絞り込んだりできるので便利です。

ラーメンが食べたくなってきちゃいました。

さて，今回のテーマは「データベース」ですが，Webページに表示される評価や口コミなどの情報は，データベースで管理されているのですよ。

① データベースとは

データベースとは，集めたデータの検索や追加などが簡単にできるように，整理したものです。たとえば，ショッピングサイトでは，商品データ，購入履歴データ，ユーザデータなどの大量のデータが利用しやすい形で管理されています。このような，データを一定の形式に整理して蓄積する仕組みを，**データモデル**といいます。

データモデルを用いた代表的なデータベースとしては，**階層型データベース**，**ネットワーク型データベース**，**リレーショナルデータベース**などが挙げられます。リレーショナルデータベースは，**関係型データベース**ともいいます。

階層型データベース

階層型データベースは，データを階層構造で表す階層型データモデルを採用したデータベースです。階層型データベースは，親データと子データという関係でできており，データを階層の上から下へと見ていくと構造がわかりやすいです。

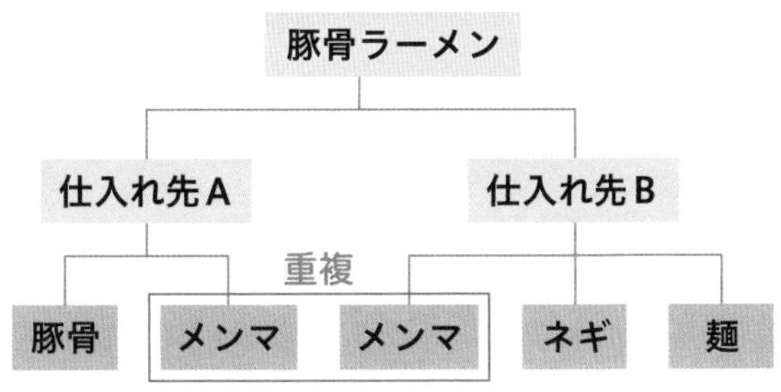

図1　階層型データベースの例

図1は豚骨ラーメンの材料と仕入れ先を階層型データベースで表したものです。ここでは，メンマが子データとして2箇所で出ていますが，これは，メンマは2つの仕入れ先の両方から仕入れていることを表しています。

ネットワーク型データベース

ネットワーク型データベースは，網目のようにつながっている構造でデータを表す，ネットワーク型データモデルを採用したデータベースです。図2は，豚骨ラーメンと味噌ラーメンの仕入れ先と材料を，ネットワーク型データベースで表したものです。階層型データベースで重複していた，メンマのデータが1つになり，同じデータを複数の仕入れ先にひもづけることができます。

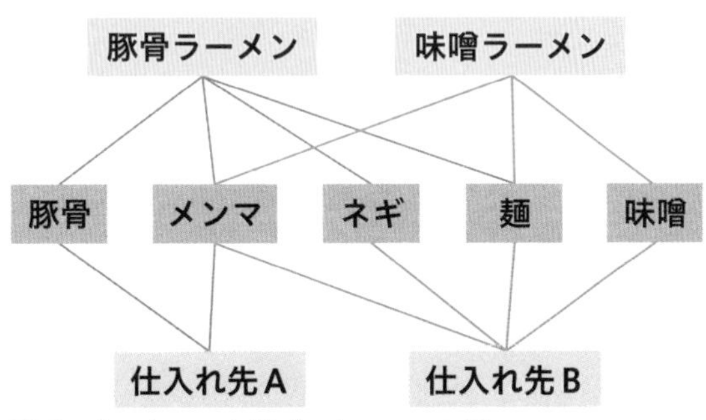

図2　ネットワーク型データベースの例

リレーショナルデータベース（関係型データベース）

リレーショナルデータベースは，データを表（**テーブル**）で管理する関係型データモデルを採用したデータベースです。表は行（**レコード**）と列（**フィールド**）の二次元で構成されています。行を一意に特定するための項目を**主キー**といいます。さらに，ほかの表と関連づけるための項目を**外部キー**といいます。現在，データベースの多くは，リレーショナルデータベースとなっています。

次ページの図3を見てください。これは，書籍を管理するテーブルを書籍テーブル，著者を管理するテーブルを著者テーブルとしたリレーショナルデータベースです。書籍テーブルの主キーは書籍IDで，たとえば，A002という値を指定すれば，レコードが一意に特定できます。また，外部キーは著者IDで，著者テーブルとひもづいており，T002という値を指定すれば，著者テーブルにおいて福沢諭吉という著者名が特定できます。

書籍テーブル

書籍 ID	書籍名	著者 ID
A001	坊っちゃん	T001
A002	学問のすすめ	T002
A003	こころ	T001
A004	走れメロス	T003
A005	吾輩は猫である	T001

著者テーブル

著者 ID	著者名
T001	夏目漱石
T002	福沢諭吉
T003	太宰治

図 3　リレーショナルデータベース

どうして書籍テーブルと著者テーブルを分けるのですか。1 つのテーブルのほうがわかりやすいと思うのですが。

データの不整合を防ぐためです。1 つのテーブルでも管理することは可能ですが，著者名が重複する可能性があります。すると，図 4 のように，著者名をまちがえて入力した場合，データに不整合が生じてしまいます。

書籍 ID	書籍名	著者 ID	著者名
A001	坊っちゃん	T001	夏目漱石
A002	学問のすすめ	T002	福沢諭吉
A003	こころ	T001	夏目漱石
A004	走れメロス	T003	太宰治
A005	吾輩は猫である	T001	秋目漱石

図 4　1 つのテーブルでの管理で不整合が生じた例

外部キーを使ってテーブルを分けて管理することで，著者名を繰り返し入力する必要がなくなり，不整合が起こりにくくなります。また，著者が改名をした場合，改名した著者 1 人につき，著者テーブルにおいて名前を 1 つ更新すればよいだけなので，更新管理がしやすいといえます。

システム開発においては，このように，テーブルの構造をどのようにすればデータの管理がしやすくなるかを十分に検討することが大切です。

図 3 では，書籍 ID（主キー）のみでレコードを一意に特定できました。しかし，複数の項目を組み合わせて初めて特定ができることもあります。たとえば，図 5 の生徒のテーブル（同姓同名の生徒もいる）の場合，学年，クラス，出席番号の 3 つの項目をあわせて初めて，レコードが一意に特定されます。

複合キー

学年	クラス	出席番号	氏名
1	A	1	山田太郎
1	A	2	山田花子
1	B	1	鈴木一郎
2	A	1	佐藤次郎
2	A	2	山田太郎

図 5　複合キー

このように，複数の項目でレコードが一意に特定される構造のテーブルの場合，それらの項目を，**複合キー**または**複合主キー**といいます。

② データベース管理システム（DBMS）

データベースの作成・運用・管理を行うシステムを，**データベース管理システム**または**DBMS**（DataBase Management System）といいます。DBMS の代表的な機能として，データに備わっているべき表１の性質の確保が挙げられます。

表１　DBMS によって確保される性質

確保される性質	説明
データの一貫性	複数のユーザ間でデータを共有でき，別々に，かつ同時にデータが更新されても矛盾が生じないようにする。
データの整合性	データの重複や不正なデータ登録・更新を防ぐ。
データの独立性	データベースとそれを利用するプログラムを別々に管理する。
データの機密性	データベースへのアクセス権を設定したり，ユーザを認証したりする。
データの可用性	障害時に備えてデータをバックアップしたり，バックアップデータを使って更新前の状態に戻したり（リストア），更新履歴が書き込まれたファイルなどの情報をもとに，ある時点の状態に戻したりする。

DBMS のうち，リレーショナルデータベースを管理するためのシステムを，**リレーショナルデータベース管理システム（RDBMS）**といいます。また，この RDBMS においてデータの操作や定義を行うための言語を，**SQL**（Structured Query Language）といいます。

リレーショナルデータベースへのアクセスは，図６のように，すべて RDBMS を介して行われます。

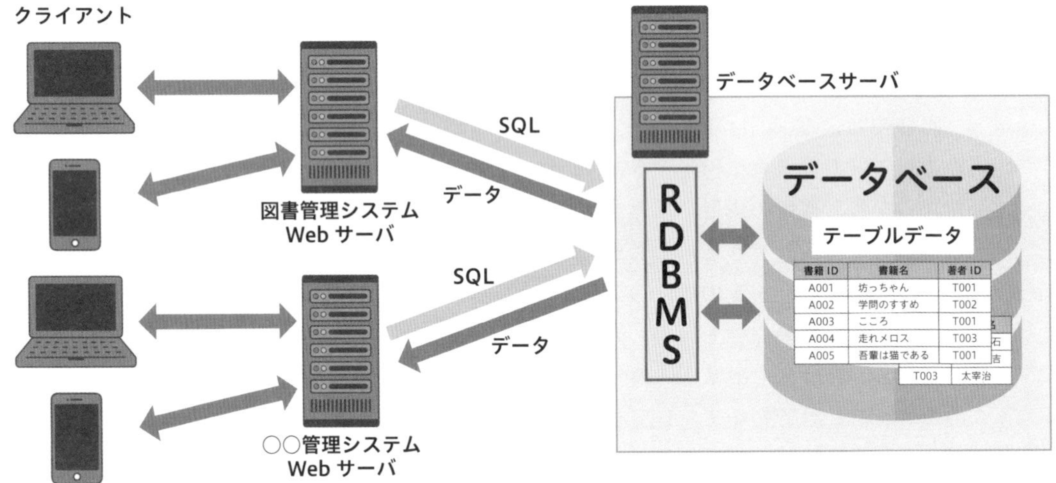

図６　RDBMS

③ リレーショナルデータベースのデータ操作

リレーショナルデータベースにおける代表的なデータの操作に，**選択**，**射影**，**結合**の3つがあります。

操作ということは，さっき話していたSQLを使うのですね。

そのとおりです。ただ，大学入学共通テストの対策としてはSQLを覚える必要はありません。今から説明する3つの操作の内容を押さえておけば大丈夫です。

選択

選択は，図7のように，テーブルから条件を満たすレコードを抽出する操作です。

書籍テーブル

書籍ID	書籍名	著者ID
A001	坊っちゃん	T001
A002	学問のすすめ	T002
A003	こころ	T001
A004	走れメロス	T003
A005	吾輩は猫である	T001

選択
著者IDがT001のレコード

書籍ID	書籍名	著者ID
A001	坊っちゃん	T001
A003	こころ	T001
A005	吾輩は猫である	T001

図7　選択

射影

射影は，図8のように，テーブルから一部のフィールドを取り出す操作です。

書籍テーブル

書籍ID	書籍名	著者ID
A001	坊っちゃん	T001
A002	学問のすすめ	T002
A003	こころ	T001
A004	走れメロス	T003
A005	吾輩は猫である	T001

書籍名
坊っちゃん
学問のすすめ
こころ
走れメロス
吾輩は猫である

図8　射影

結合

結合は，図9のように，複数のテーブルを1つにする操作です。

書籍テーブル

書籍ID	書籍名	著者ID
A001	坊っちゃん	T001
A002	学問のすすめ	T002
A003	こころ	T001
A004	走れメロス	T003
A005	吾輩は猫である	T001

著者テーブル

著者ID	著者名
T001	夏目漱石
T002	福沢諭吉
T003	太宰治

→ 結合 →

書籍ID	書籍名	著者ID	著者名
A001	坊っちゃん	T001	夏目漱石
A002	学問のすすめ	T002	福沢諭吉
A003	こころ	T001	夏目漱石
A004	走れメロス	T003	太宰治
A005	吾輩は猫である	T001	夏目漱石

図9　結合

これら3つの操作は，図10のように，組み合わせることも可能です。

書籍テーブル

書籍ID	書籍名	著者ID
A001	坊っちゃん	T001
A002	学問のすすめ	T002
A003	こころ	T001
A004	走れメロス	T003
A005	吾輩は猫である	T001

→ 選択＋射影　著者IDがT001　書籍名のフィールド →

書籍名
坊っちゃん
こころ
吾輩は猫である

図10　選択＋射影

④ その他のデータベース（NoSQL）

現在，ほとんどの人がスマートフォンなどの情報機器を所有しています。そのため，たとえば，SNSを運営したければ，膨大な数の投稿を管理するための処理速度などが求められます。そのような大容量のデータを扱う場合，RDBMSの処理速度が低下して，端末での表示速度が落ちることなどが懸念されます。

その解決のため，**NoSQL**（ノーエスキューエル）とよばれるデータベース管理システムが開発されました。これは，Not Only SQL（SQLだけではない）を略した名称で，代表的なデータモデルに，**キー・バリュー型**，**カラム指向型**，**グラフ指向型**があります。

キー・バリュー型

キー・バリュー型（図11）は，項目（キー）と値（バリュー）の2つの要素を組み合わせたシンプルなデータモデルです。キーとバリューは1対1で管理されており，単純な格納と抽出のみができる構造です。

キー	バリュー
魚	（タイ，ヒラメ，イワシ，アジ）
野菜	（キャベツ，トマト，レタス）
肉	（牛，豚，鶏）

図11 キー・バリュー型

カラム指向型（列指向型）

カラム指向型（図12）は，キー・バリュー型の1つのキーが複数のバリューを保持できるようにしたデータモデルです。それぞれのバリューは1つのカラム（列）で表されます。列は，「フィールド」のほか，「カラム」とよばれることもあります。

キー	バリュー 学年	組	部活
鈴木花子	1	A	放送部
山田太郎	1	A	テニス部
佐藤一郎	2	B	

図12 カラム指向型

グラフ指向型

グラフ指向型は，データとデータの複雑な関係を保持するのに適したデータモデルで，SNS等において複数のユーザどうしの関係を管理する目的などで使用されます。グラフ指向型には，**ノード（頂点）**，**エッジ（辺）**，**プロパティ（属性）**の3要素があります。図13は，X（旧Twitter）のフォロー関係をグラフ指向型で示したものです。CとDは相互にフォローしています。BはCをフォローしていますが，CはBをフォローしていません。AとD，BとDは矢印がないので無関係です。

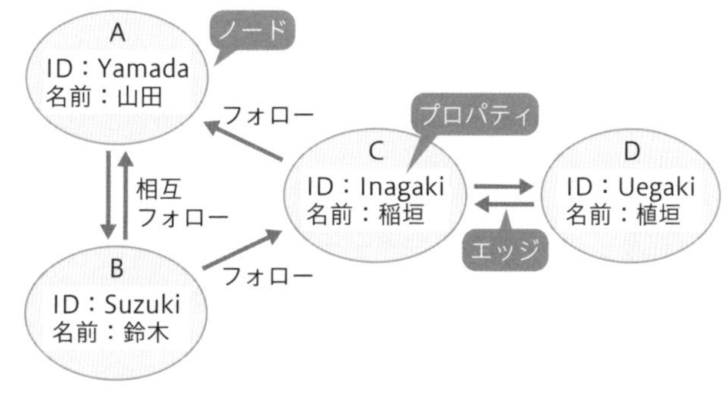

図13 グラフ指向型

グラフ指向型の図って，作るのが楽しそうですね。

実際にXで自分や友だちのアカウントについて調べて，グラフ指向型の図を作ってみると，面白いですし，よい練習になりますよ。

やってみよう **要点チェック問題4-9（ネット提供資料）**

でる度 ★★★

4-10 データの収集・整理・可視化

動画 第 4 章 ▶ 4-10_データの収集・整理・可視化

きょうの授業はこんな話

① データの分類

データを正しく整理・分析するには，集めたデータがどんな性格をもつものなのかを把握しておく必要がある。性格別のデータの分類について学ぼう。

② オープンデータ

オープンデータの概要と具体例について学ぼう。

③ 欠損値・外れ値，バイアス

データの収集・整理の際に考慮しなければならない，欠損値や外れ値，バイアスがどのようなものかを理解しよう。

④ クロス集計表とさまざまなグラフ（データの可視化 -1）

データから得られた情報を相手にわかりやすく伝える方法を学ぼう。

⑤ データマイニング（データの可視化 -2）

データマイニングの概要と具体例について学ぼう。

さっき，保健室の身長計で測ってみたら，今年の身体測定の結果から，身長が 1cm だけ伸びていました！

身体測定からあまり日が経っていませんから，それは誤差の範囲でしょう。高 3 男子だと，身長の伸びは終わりに近いですし。あ，でも，その猫背を治すと，もう少しいけるかも？

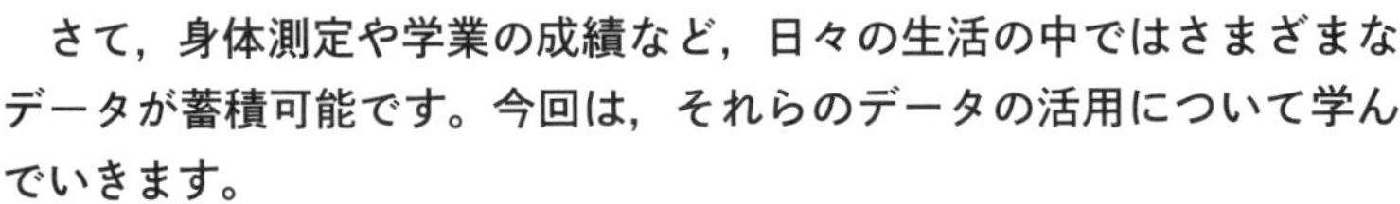

さて，身体測定や学業の成績など，日々の生活の中ではさまざまなデータが蓄積可能です。今回は，それらのデータの活用について学んでいきます。

① データの分類

データは，整理・分析の過程を経て，未来の予測や新たなサービスの考案などに役立てられます。そして，データを適切に整理・分析するには，集めたデータがどんな性格をもつものなのかを把握しておく必要があります。

一般にデータは，次のページの表 1 のように，量的データと質的データに分けられます。

量的データとは，意味のある演算ができる数値のデータです。**質的データ**とは，意味のある演算ができない数値や，文字情報などで表されるデータです。さらに，データの値を決める際の基準である**尺度**には，**間隔尺度**，**比例尺度（比率尺度）**，**名義尺度**，**順序尺度**があり，そのうちのどの尺度で値が決まるかによって，データはより細かく分けられます。これら4つの尺度をまとめて**尺度水準**といいます。

表1　データの分類

データの種類	尺度水準	説明
量的データ	間隔尺度	数値の間隔（差）が等間隔で，各値は数量としての意味をもつが，比率には意味がない。たとえば，気温（℃）については，「10℃と20℃の差は10℃」といえるが「20℃は10℃の2倍暑い」とはいえない。
	比例尺度（比率尺度）	数値の間隔とともに比率にも意味がある。 たとえば，長さ（m）は，「20mと10mには10mの差があり，20mは10mの2倍の長さ」というように，差や比率に意味をもたせることができる。
質的データ	名義尺度	それぞれの値には，ほかの値と区別されるということ自体のほかには意味がない。たとえば，血液型の「A型」「O型」「B型」「AB型」という値がこれにあたる。
	順序尺度	分類の順序に意味があるが，間隔は一定ではない尺度。たとえば，徒競走の順位については，1位，2位…という順序（順位）に意味をもたせることができるが，各順位の間隔は一定ではない。

この表は丸暗記するべきでしょうか。

校内の定期テストでは，データ分析や考察の前提として大切だという意図で，この表についての知識を問う出題が考えられますので，その対策としては，この表を，意味を理解したうえで丸暗記したほうがいいでしょう。しかし，大学入学共通テストの対策としては，これらの各種データの特徴を，ポイントを絞って押さえておくことが大切です。特に重要なのは，各種データの代表値の特徴です。

中央値・最頻値・平均値のような，データ全体を代表する値を，**代表値**といいます。**中央値**とは，データの値を大きさ順に並べたときに中央の順位に来る値です。**最頻値**とは，最も多く出てくる値です。表2のように，尺度によっては値に意味がない場合もあるので，データの整理を行う際は，尺度を意識する必要があります。

表2　比較に適する代表値と尺度の関係（○…意味のある値　×…意味のない値，または計算できない値）

尺度水準	最頻値	中央値	平均値
間隔尺度	○	○	○
比例尺度	○	○	○
名義尺度	○	×	×
順序尺度	○	○	×

たとえば，データの平均値を求める場合，間隔尺度である温度は平均値を求めることができます。一方，名義尺度である血液型は，数値ではないので平均値を求めることはでき

ません。また，数値であっても，1 は「はい」，0 は「いいえ」などと対応づけしたデータの場合，ほかの値と区別されるということ自体のほかには意味がない数値（名義尺度）なので，平均値を求めても意味がありません。

② オープンデータ

オープンデータとは，国や地方公共団体，事業者などが保有するデータで，次の 3 点すべてに該当する形で公開されているデータです。

- **営利目的，非営利目的を問わず二次利用可能なルールが適用されている**
- **機械判読に適している（CSV 形式など，コンピュータが処理しやすい形式のファイルである）**
- **無償で利用できる**

オープンデータの具体例としては，どんなものがありますか。

身近な例に，気象庁が提供している過去の気象情報（図 1）があります。

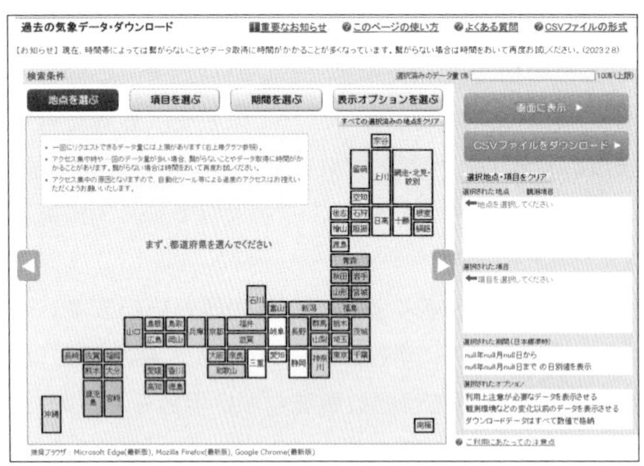

	A	B	C	D
1	ダウンロードした時刻：2023/10/04 16:51:21			
2				
3		東京	東京	東京
4	年月日	平均気温(°C)	平均気温(°C)	平均気温(°C)
5			品質情報	均質番号
6	2023/1/1	6.6	8	1
7	2023/1/2	6.2	8	1
8	2023/1/3	5.8	8	1
9	2023/1/4	5.6	8	1
10	2023/1/5	5.9	8	1
11	2023/1/6	5.3	8	1
12	2023/1/7	6	8	1
13	2023/1/8	7	8	1
14	2023/1/9	8	8	1

図 1　気象庁提供のオープンデータ【https://www.data.jma.go.jp/gmd/risk/obsdl/index.php】

たとえば，お店の人が，売上データと気象庁のオープンデータを見比べて，売上とデータの関係性を分析し，「雨の日は売上が低いから，特別なキャンペーンをする」などといった戦略を立てることが考えられます。

ほかにもオープンデータはありますが，ここでは，政府統計の総合窓口の e-Stat（次ページの図 2）を紹介しておきましょう。

大学入学共通テストの試作問題の第 4 問（データ活用）は，この e-Stat で手に入る「生活時間の実態に関する統計調査」をもとに分析した結果について考察する問題となっています。

図 2　e-Stat【https://www.e-stat.go.jp/】

③ 欠損値・外れ値，バイアス

収集したデータの中には，図 3 のように，ほかのデータと比べて大きく離れた値である**外れ値**や，外れ値のうち測定ミスや故障など，そのような値になった原因がわかっている**異常値**，データが欠けている**欠損値**が含まれる場合があります。

外れ値や欠損値を含んだままデータ分析を行うと，分析結果が不正確なものとなるおそれがあります。それを防ぐには，欠損値が発生しないようにデータ収集の際に注意することのほか，データを整理する段階で，外れ値や欠損値となっているデータを特定して，必要に応じて修正や削除を行う，といった処理が求められます。この処理を**データクレンジング**といいます。

日付	売上(円)	
8月1日	25000	
8月2日	952000	外れ値
8月3日	34000	
8月4日	29000	
8月5日		欠損値
8月6日	30000	

図 3　外れ値・欠損値のイメージ

また，先入観や差別，事前に立てた仮説を立証したいという気持ちなど，データの適切な収集や分析の障害となりうる認知のゆがみを，**バイアス**といいます。たとえば，「B 型はマイペース」という仮説を立証したいという気持ち（バイアス）をもったデータ収集者が，血液型占いを信じている人だけにアンケートを実施する，といったことが考えられます。このようにして集められたデータから正しい分析結果が出るかどうかは，かなり疑わしいといえます。

データ収集の際には，バイアスが反映される収集手法を採用していないかをチェックしましょう。また，データの整理を行う際には，バイアスによって得たデータが含まれていないかを確認することが大切です。

④ クロス集計表とさまざまなグラフ（データの可視化 -1）

情報としての価値をもち，人に伝わる形でデータを表現するには，文章にするという方法のほか，表形式で整理したり，グラフにして可視化したりするという方法があります。

クロス集計表

データを可視化するための代表的な表に，図４のような**クロス集計表**（**分割表**）があります。**クロス集計**とは，２つ以上の属性や質問項目などを掛け合わせて，それぞれの選択肢に該当する度数（データの個数）を集計する方法です。

	非常に満足	満足	どちらとも言えない	不満	合計
A店	20	35	10	5	70
B店	15	25	20	10	70
合計	35	60	30	15	140

図４　クロス集計表の例（通販サイトの利用者満足度アンケート　単位：人）

さまざまなグラフ

データをグラフにして可視化するという方法もあります。主なグラフとその特徴を，次の一覧にまとめて紹介します。

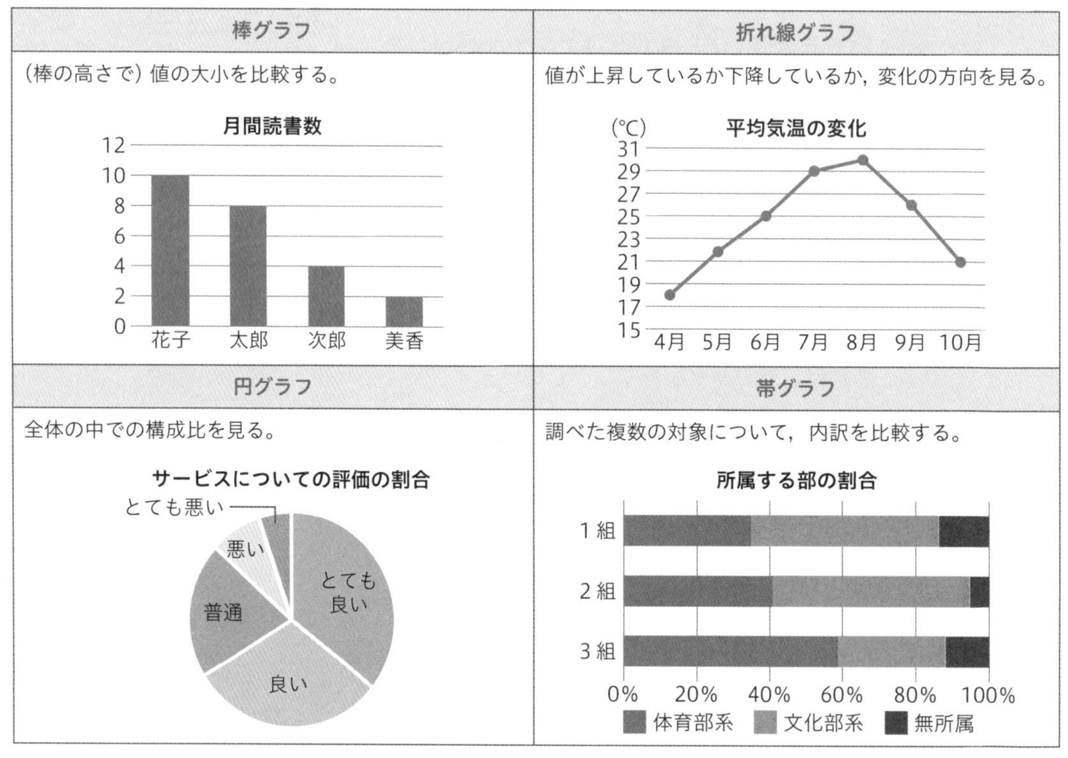

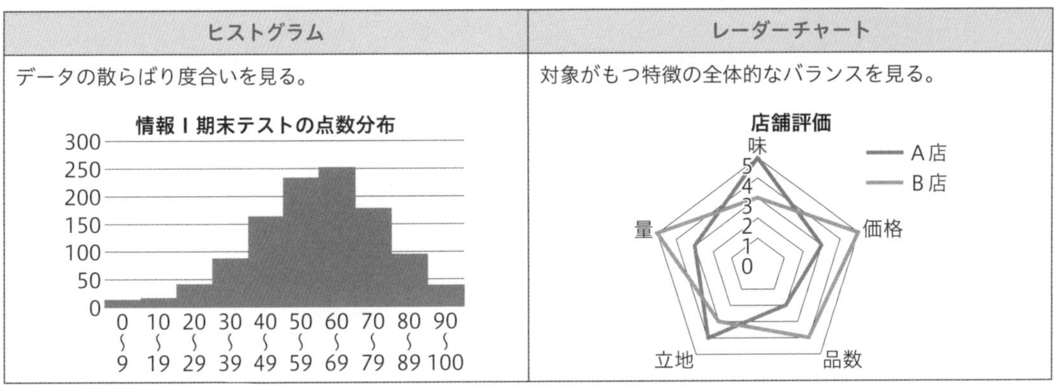

ヒストグラム	レーダーチャート
データの散らばり度合いを見る。	対象がもつ特徴の全体的なバランスを見る。

⑤ データマイニング（データの可視化 -2）

データマイニングは，大量のデータから有用な情報を抽出して可視化し，傾向やパターンを発見しようとすることです。

データマイニングのうち，特にテキストデータ（文字列）を対象としたものを，**テキストマイニング**といいます。テキストマイニングを行った一例として，私が教育実習の終わりに生徒からもらった色紙をテキストマイニングツールにかけた結果を紹介しましょう（図 5）。使用したのは，「ユーザーローカル AI テキストマイニング」という無料で使えるテキストマイニングツールです。

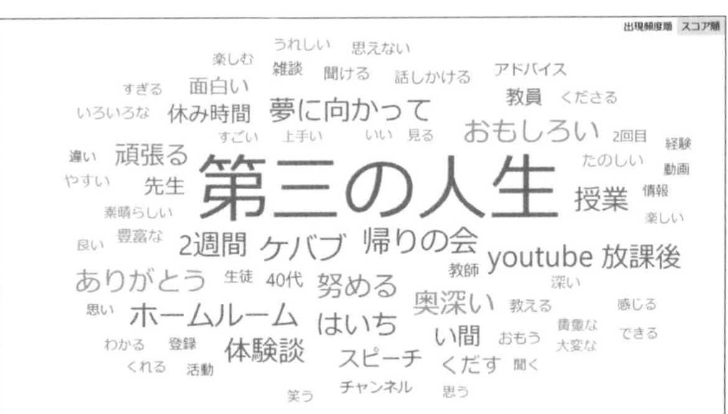

図 5　ユーザーローカル AI テキストマイニングによる分析
【https://textmining.userlocal.jp/】

AI が重要だと判断したキーワードほど，真ん中のほうに大きな文字で表示されています。品詞や出現頻度などの分析も行ってくれます。

なお，これは複数のクラスの数百人分の寄せ書きをもとにした例ですが，何万人分もの書き込みがあったとしても，このように，1 つの画面に集計されます。

これは面白いですね！　「第三の人生」のために教員免許の取得を目指していたこと，教育実習期間が 2 週間であったこと，ケバブの話が生徒の印象に残ったことなどが，推測できますね。

そうですね。このようなデータマイニングツールを活用することで，小説，SNS での投稿，アンケートの自由記述欄などについて，さまざまな分析を効率的に行うことができます。

やってみよう 要点チェック問題 4-10（ネット提供資料）

でる度 ★★★

4-11 相関関係，回帰分析，時系列分析

動画 第4章 ▶ 4-11_相関関係，回帰分析，時系列分析

きょうの授業はこんな話

① 相関と散布図

散布図や散布図行列の読み取り方を学ぼう。

② 相関関係と因果関係

相関関係はあっても，因果関係があるとは限らない。両者の違いを理解しよう。

③ 単回帰分析

未知の値の予想などに役立つ回帰直線や回帰式について学ぼう。

④ 時系列分析（移動平均法）

時系列データの傾向を調べるのに役立つ移動平均法について学ぼう。

この前の実力テストの採点結果がすべて出ました！　情報と数学の点数がよかったです！　次のテストもがんばります。

よい意気込みですね！　クラス全体で見ても，情報と数学の点数には，「正の相関」がありそうです。きょうの授業では，その「相関」というものについて学んでいきましょう。

① 相関と散布図

一方が変化すれば他方も変化するような関係を，**相関**といいます。一方が高ければもう一方も高くなる傾向にあるものを**正の相関**，一方が高ければもう一方は低くなる傾向にあるものを**負の相関**といいます。

この相関の有無を，点の散らばりから確認する手法として，散布図があります。

散布図とは，縦軸と横軸に2種類のデータ（2変数）の大きさや量をとり，その関係を表す点を打ったグラフです。

たとえば，次ページの図1は表1を散布図にしたものですが，情報の点数が高ければ数学の点数も高くなるという傾向（正の相関）がある場合，散布図は右肩上がりになります。

表 1　正の相関があるデータ

	情報	数学
A さん	55	58
B さん	60	70
C さん	65	69
D さん	70	72
E さん	76	74
F さん	88	79
G さん	95	92

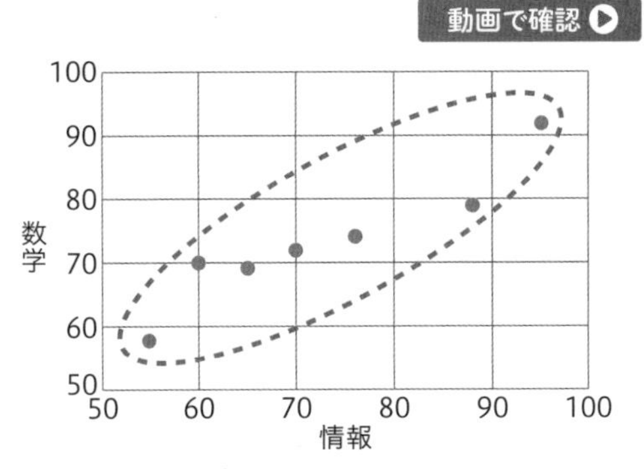

図 1　正の相関がある散布図

一方，図 2 のように情報の点数が高ければ数学の点数は低くなるという傾向（負の相関）がある場合，散布図は右肩下がりになります。

表 2　負の相関があるデータ

	情報	数学
A さん	55	92
B さん	60	79
C さん	65	74
D さん	70	72
E さん	76	70
F さん	88	69
G さん	95	58

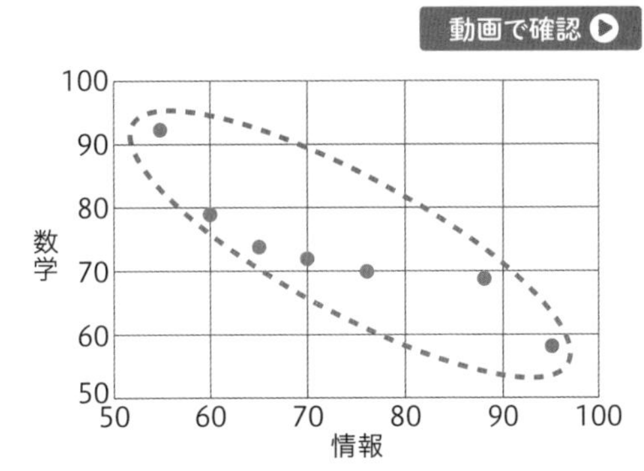

図 2　負の相関がある散布図

相関には強さがあり，2 変数間の相関が強くなるほど一直線に近づいていきます（図 3）。

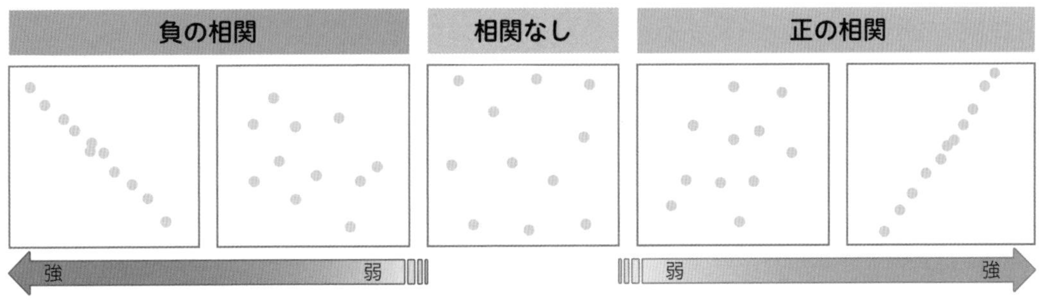

図 3　相関の強さと散布図

弱い相関の場合は，散布図をぱっと見ただけでは相関があるのかないのか，判断が難しそうですね。

そうですね。でも，次ページの図 4 のような**相関係数**という数値によって，相関の強さをわかりやすく表すことができます。

相関係数は，2 種類のデータの関係性の強さを－ 1 から＋ 1 の間で表す数値です。＋ 1 に近いほど正の相関が強いと考えられ，散布図における点の並びが右肩上がりの一直線に近くなります。反対に，－１に近いほど負の相関が強いと考えられ，散布図における点の並びが右肩下がりの一直線に近くなります。また，0 に近いほど相関は弱いと考えられ，散布図における点の並びがランダムに近くなります。

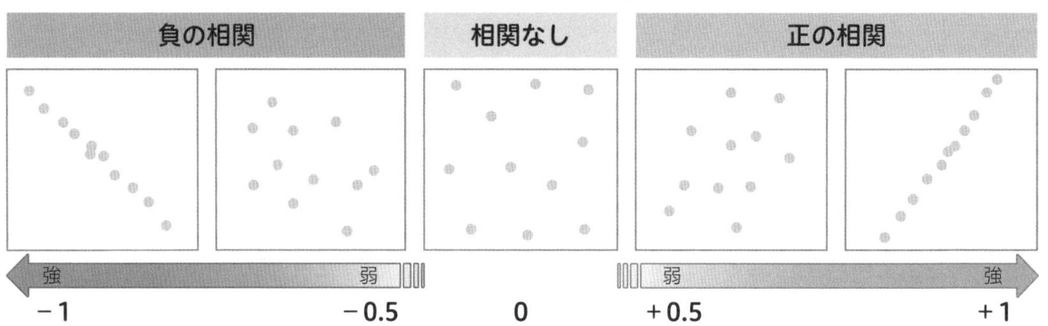

図 4　相関係数

一般的に，相関係数が ± 0.7～ ± 1 の場合は，強い相関と判断されます。

相関係数は，表計算アプリを使うことで簡単に求められます。Excel の場合は，図 5 のように，「CORREL 関数」という機能を使って 2 種類のデータを範囲指定するだけです。このことは，参考程度に押さえておいてください。

動画で確認

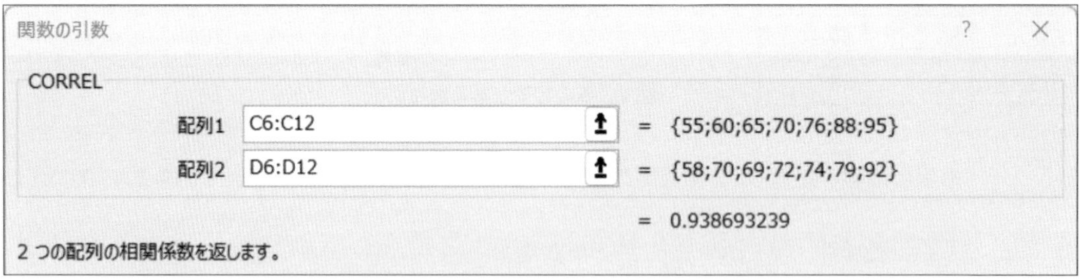

関数の引数

CORREL

配列1　C6:C12　= {55;60;65;70;76;88;95}

配列2　D6:D12　= {58;70;69;72;74;79;92}

= 0.938693239

2 つの配列の相関係数を返します。

図 5　Excel で相関係数を求める関数（CORREL 関数）

ためしに表 1 と表 2 の相関係数を求めてみたところ，それぞれ約 0.94，約－ 0.90 と出ました。

大学入学共通テストで相関係数を計算させる問題が出るのですか。

情報 I の試験問題としては出ないでしょう。むしろ，図や表などとあわせて，すでに計算されている値について考察させる出題がありえます。

具体的には，次ページの図 6 のような図を提示したあと，この図から読み取れることを答えさせる問題です。この図は，ある店舗のおでん，肉まん，かき氷の日々の 1 か月間の売上データをまとめたものです。ここでは，散布図，ヒストグラム，相関係数が 1 つに組み合わさっています。このような，散布図とほかのグラフや図，値を組み合わせたものを，散布図行列といいます。

この図において，ヒストグラムは売上金額（横軸）ごとの日数（縦軸）を表していて，散布図は，2品目の日ごとの売上金額分布を表しています（各点が，縦軸・横軸それぞれの品目の売上金額を表します）。

見方がよくわかりません…。

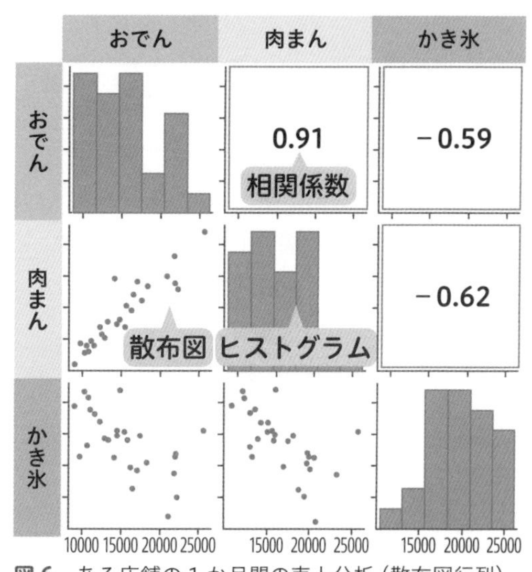

図6 ある店舗の1か月間の売上分析（散布図行列）

対応関係を図示すると，図7のようになります。

たとえば，相関係数0.91は，おでんと肉まんの売上の相関係数です。散布図と相関係数は対角線上，または対角線と平行な線上に対応しています。この図から何が読み取れますか。

おでんと肉まんの相関係数が0.91なので，おでんが売れれば，肉まんも売れるという強い正の相関があることがわかります。そのほかの組み合わせは，負の数なので，かき氷が売れれば，おでんや肉まんは売れなくなるということが読み取れます。－0.59と－0.62なので，まあまあの負の相関関係がある，ということになるでしょうか。

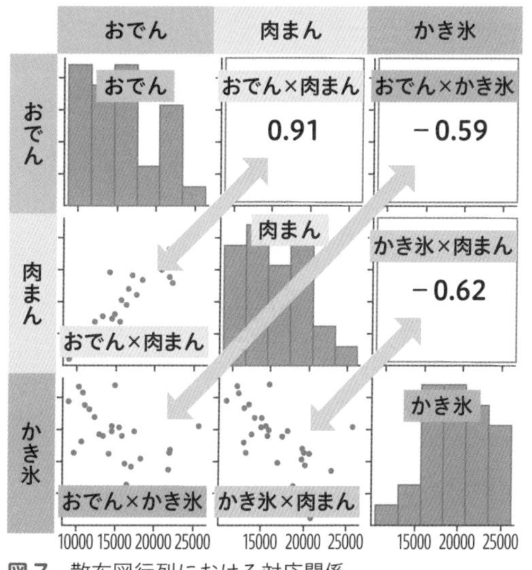

図7 散布図行列における対応関係

そのとおり！　あと，ヒストグラムに注目すると，かき氷は，おでんや肉まんに比べて売上の多い日の割合が多いことが読み取れますね。

② 相関関係と因果関係

一方が原因となり他方が結果となるという2変数間の関係を，**因果関係**といいます。ここで大切なことは，**相関関係があっても因果関係があるとは限らない**ということです。

たとえば，気温が上昇したという原因に対して，熱中症患者が増えたという結果があったとします。同じように，気温が上昇したという原因に対して，図書館の来館者が増えたという結果があったとします。この場合，熱中症の患者数と図書館の来館者数の間にも，相関関係があるように見えます。しかし，熱中症患者が増えた（原因）から図書館の来館者が増えた（結果）とはいえません。

このような見かけ上の相関を，**擬似相関**といいます。また，このように，一方が原因で他方が結果と見られる2つの事象があるけれども，実はそれは擬似相関だという場合において，結果と見られた事象の本当の原因を，**交絡因子**（こうらくいんし）といいます。図8の場合，「図書館の来館者数の増加」という結果の交絡因子は，「気温の上昇」だといえます。

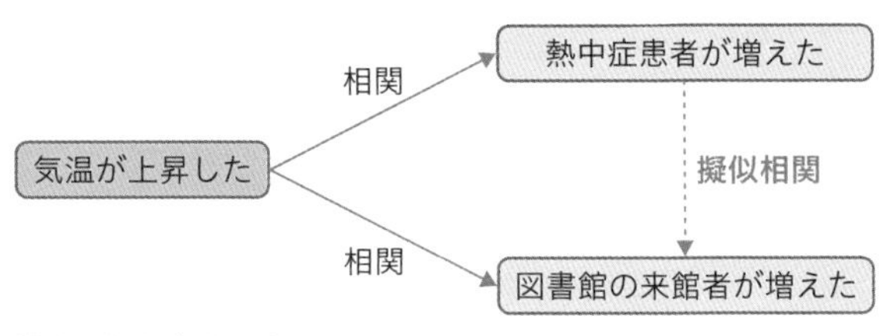

図8　擬似相関の例

③ 単回帰分析

散布図の点の分布に近いものとなるように引いた直線を，**回帰直線**といいます。回帰直線は具体的には図9のようになり，2組のデータの中心的な分布傾向を表す線となります。回帰直線を引くことで，まだ出ていない値を予測することができます。

ところで，みなさんは，一次関数の式を覚えていますか。

はい！　$y = ax + b$ ですよね！

そのとおりです！　そして，回帰直線の式（**回帰式**）も $y = ax + b$ なのです。また，中学では，一次関数 $y = ax + b$ における a の呼び名を「傾き」と習いましたが，回帰直線 $y = ax + b$ における a は**回帰係数**とよばれるということも，覚えておきましょう。なお，b は，一次関数でも回帰直線でも同じ呼び名で，**切片**といいます。切片は，x が0のときの y の値を表します。

動画で確認

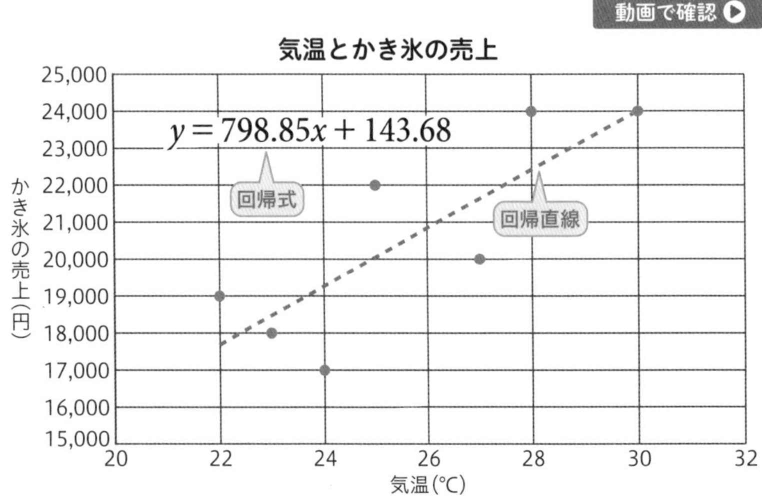

図9　回帰式と回帰直線

たとえば，図 9 の散布図では，気温を x，かき氷の売上を y とすると，回帰式は $y = 798.85x + 143.68$ となります。

気温が 35℃の場合，$x = 35$ として回帰式に当てはめて，$y = 798.85 \times 35 + 143.68$ を計算すると，$y = 28103.43$ となります。これは，気温が 35℃の場合，かき氷の売上は約 28,103 円になると予想できることを表しています。

このような，2 つの事柄の関係性を数式の形で表す手法で，1 つの従属変数 (y) を 1 つの独立変数 (x) で予測するものを，**単回帰分析**といいます。独立変数は原因となる変数，従属変数は結果となる変数です。

回帰直線を自分で引いたり，回帰式を求めたりする問題が，大学入学共通テストで出るのでしょうか。

情報Ⅰの試験問題としては出ないでしょう。出そうなのは，回帰式と x または y の一方の値を与えたうえで他方の値を答えさせるとか，複数の回帰直線を選択肢として与えて，その中から状況に合う正しい回帰直線はどれかを答えさせるといった問題です。

また，正しい回帰直線を選ぶ問題の場合も，選択肢の回帰直線は，回帰係数や切片がお互いに大きく異なっていて，ぱっと見で区別がつくものとなるはずです。

そのため，正確な回帰直線の引き方や回帰式の求め方は，大学入学共通テストの対策としては知らなくてもよいのですが，回帰直線を引いたり回帰式を求めたりする手法の背景にある考え方だけは，しっかり押さえておきましょう。

回帰直線の引き方には，**最小二乗法**とよばれるものがあります。これは，回帰直線を，各点との y 軸方向のずれがトータルで最も小さくなるように描く手法です。図 10 でいえば，矢印のところに見られる誤差（残差）が最小となるように線を引くというのが最小二乗法による回帰直線の引き方であり，その線を数式化したものが回帰式であるといえます。

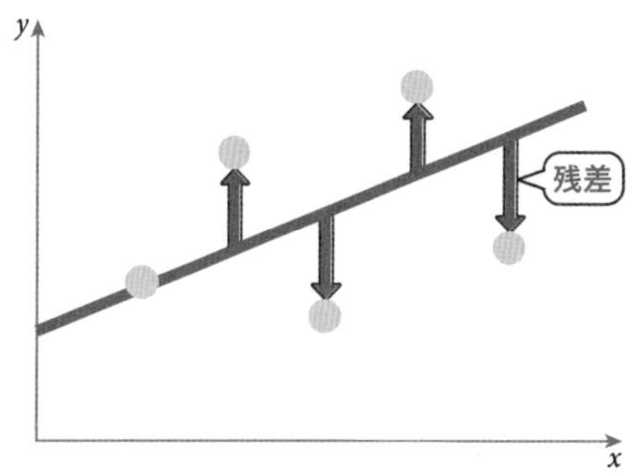

図 10 最小二乗法の考え方

なお，残差が最小となるような直線を引く過程で，残差の二乗の和が最小となる一次関数の式を求めます。「最小二乗法」の「二乗」は，このことから来ています。

ある散布図について回帰直線を引くことや回帰式を求めることは，Excel などの表計算アプリのグラフ機能で，簡単にできるようになっています。そのやり方が大学入学共通テストに出ることはありませんが，表計算アプリをもっている人は，理解を深めるために，やってみるとよいでしょう。

④ 時系列分析（移動平均法）

気温の変化のように，時間とともに変動する値を，記録した順に並べたものを，**時系列データ**といいます。時系列データを分析することで，全体的な傾向を捉え，将来どうなるかの予測に役立てることができます。

傾向を調べるには，細かな変動を取り除いて，動きの本質を明らかにする**平滑化**という処理が役立ちます。そして，平滑化の主要な手法として，一定の時間の範囲におけるデータの平均値を代表値とし，その代表値の動きを見る**移動平均法**があります。

表３は，ある飲食店の2022年１月から2023年上半期末（６月）までの月ごとの売上データで，一番右の列は，３か月を１つの単位とする移動平均を求めたものです。その列の一番上の75（万円）は2022年１月から同年３月までの平均値で，次の77（万円）は2022年２月から同年４月までの平均値です。グラフにすると図11のようになり，移動平均の線は比較的滑らかです。この移動平均の線により，売上が上昇傾向にあることが，よりわかりやすくなっています。

表３　売上の移動平均（３か月単位）

年	月	売上（万円）	移動平均（３か月単位）
2022年	1月	90	
	2月	80	75
	3月	55	77
	4月	95	72
	5月	65	90
	6月	110	82
	7月	70	100
	8月	120	93
	9月	90	112
	10月	125	105
	11月	100	113
	12月	115	115
2023年	1月	130	118
	2月	110	127
	3月	140	123
	4月	120	140
	5月	160	140
	6月	140	

動画で確認

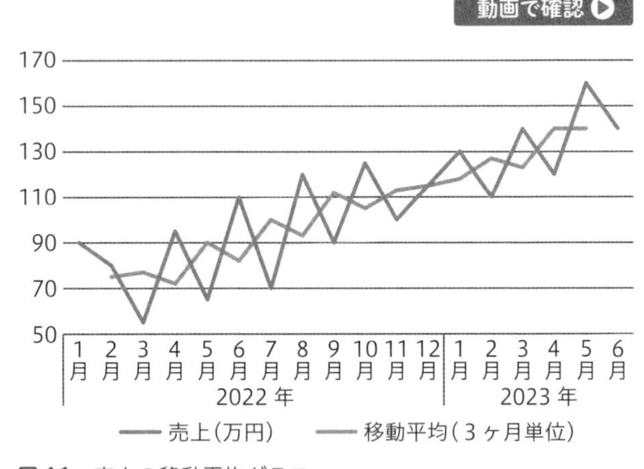

図11　売上の移動平均グラフ

やってみよう　要点チェック問題 4-11（ネット提供資料）

でる度 ★★★

4-12 データの散らばり度合い

動画 第4章 ▶ 4-12_データの散らばり度合い

きょうの授業はこんな話

① データの散らばり度合いを測ることの意味

「データの散らばり度合い」がわかりやすく示されると，どのようなことに役立つのかを理解しよう。

② 四分位数と箱ひげ図

四分位数と箱ひげ図について学び，箱ひげ図の見方を理解しよう。

③ 箱ひげ図での外れ値の表し方

外れ値を，四分位数を使って求め，箱ひげ図上で表現する方法を学ぼう。

④ 度数分布表とヒストグラム

度数分布表から作成したヒストグラムの読み取り方を学ぼう。

⑤ 分散と標準偏差

分散と標準偏差の関係について学び，それらの数値の意味を理解しよう。

1週間のスマートフォンの利用時間を取得する宿題，やってきました。ぼくの場合，1日平均125分も利用していました。もちろん，これにはYouTube動画などで勉強する時間も含まれています！

それに関してはほかの人たちのデータも集まっています。今回は，その集まったデータを例にとり，箱ひげ図や標準偏差などの，データの散らばり度合いを測る方法について学んでいきましょう。

① データの散らばり度合いを測ることの意味

まずは，**データの散らばり度合い**を測ることの意味を，例を用いて説明します。

たとえば，「1」が50個，「100」が50個ある場合の100個のデータの平均値と，「1」から「100」までの整数の値のデータが1個ずつある場合の平均値は，ともに「50.5」です。両者は，最小値が「1」，最大値が「100」という点でも同じです。しかし，この両者の間では，個々の値についての評価が異なります。「1」は前者において「100個中50個もある値」ですが，後者においては「最小かつ唯一の値」です。

つまり，平均値・最小値・最大値が同じでも，データの散らばり度合いは大きく異なることがあり，その度合いによって，個々の値の意味は変わってきます。

データの散らばり度合いは，このように，生じた現象や個体が正常（ありふれている）か異常（珍しい）か，正常だとして正常な範囲のどこに位置づけられるか，異常だとしてどのくらい異常なのかといったことをわかるようにしてくれますので，成績の評価や健康の管理，製品の品質管理などに役立ちます。

こうした意味のあるデータの散らばり度合いを測り，わかりやすく示す手法について，以下で学んでいきましょう。

② 四分位数と箱ひげ図

データの散らばりを示す最も基本的な図は，中学で習った**箱ひげ図**です。箱ひげ図を作るには，**四分位数**がわかっていなければなりません。

四分位数とは，データを**昇順（小さい順）に並べたときに，その個数の4等分の位置にあたる区切り値**です。下位から25%の位置にあるデータを第1四分位数（Q1），50%（真ん中）の位置にあるデータを第2四分位数（Q2）または**中央値**，75%の位置にあるデータを第3四分位数（Q3）といいます。ここでは，例として，図1のような10個の数値を昇順に並べたものを取り上げて説明していきます。

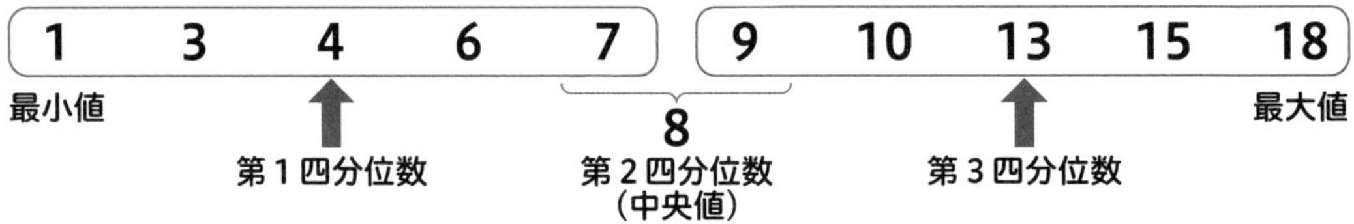

図1　四分位数

四分位数は，第2から求めていくとよいでしょう。

データの数が10個なので，第2四分位数は左から5個目と6個目の間，つまりこの例だと7と9の中間の値で，8となります。このように，四分位数は，データ列に存在しない値となることもあります。

第1四分位数（全体で25%の位置）は左側のグループの中で中央に位置する値なので4，第3四分位数（全体で75%の位置）は右側のグループの中で中央に位置する値なので13です。

箱ひげ図（図2）は，最大値・最小値・四分位数の情報を表現したグラフで，データの分布（散らばり）を表したものです。箱ひげ図において平均値を示す場合は，「×」印を使います。

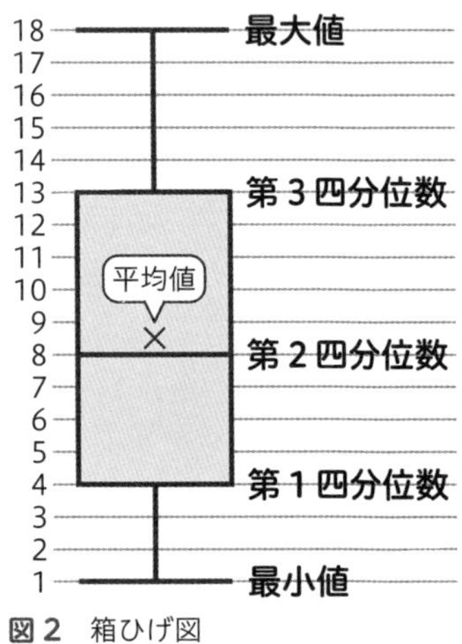

図2　箱ひげ図

なお，箱ひげ図は，あとの図5のように，横方向に描いてもかまいません。

四分位数の求め方や箱ひげ図の描き方が，大学入学共通テストの情報Ⅰで出題されるのでしょうか。

いえ，そういった問題ではなく，箱ひげ図で表現されたデータについて，どんなことがいえるかを考えさせる問題などがありそうです。

この授業のために，3 年 A 組と 3 年 B 組のそれぞれ 40 人について，1 日のスマートフォンの利用時間のデータを収集しておきました。そして，各組のデータから得られた箱ひげ図を，比較しやすいように並べたところ，図 3 のようになりました。

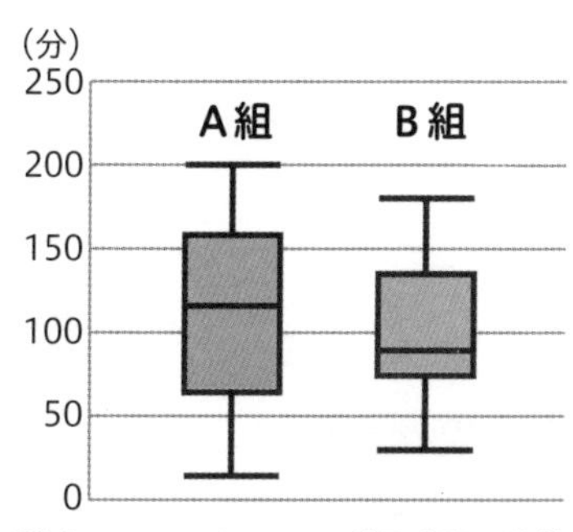

図 3 スマートフォン利用時間の比較

第 2 四分位数の線に着目すると，A 組は 100 分を超えていますが，B 組は超えていません。つまり，1 日 100 分以上のスマートフォン利用者が，A 組では半数以上を占めているのに対して，B 組では半数に満たないとわかります。

また，箱ひげ図の長さを比較すると，A 組より B 組のほうが短いことから，B 組のほうがデータの散らばり度合いが小さいとわかります。

③ 箱ひげ図での外れ値の表し方

加えて，外れ値を求めるときに四分位数を利用することがあり，その場合は箱ひげ図において外れ値を表現することができるということも，押さえておきましょう。

復習 p.249

四分位数を利用して外れ値を求める場合，一般的には，次の 2 つのいずれかに該当する値が外れ値とされます。

- **「第 1 四分位数 − 1.5 ×四分位範囲」以下の値**
- **「第 3 四分位数 + 1.5 ×四分位範囲」以上の値**

四分位範囲とは，第 3 四分位数から第 1 四分位数を引いた値です。

具体例が欲しいです。

では，図 4 を例にとり，四分位数で外れ値を求めていきましょう。

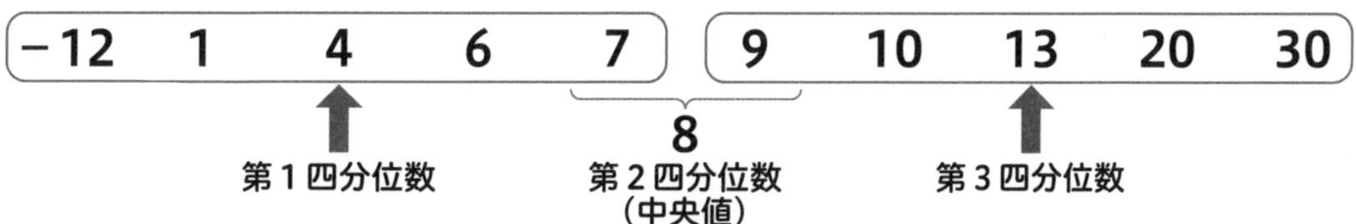

図 4 四分位数（外れ値を含む）

まず，四分位範囲は「第３四分位数－第１四分位数」なので，13 － 4 ＝ 9 です。

下振れの外れ値は，「第１四分位数－ 1.5 ×四分位範囲」以下の値なので，4 － 1.5 × 9 ＝ － 9.5 以下の値となります。一方，上振れの外れ値は，「第３四分位数＋ 1.5 ×四分位範囲」以上の値なので，13 ＋ 1.5 × 9 ＝ 26.5 以上の値となります。つまり，図４では－ 12 と 30 が外れ値となります。

箱ひげ図で外れ値を表す場合は「○」または「×」の記号を使います。図５では「○」を使っています。

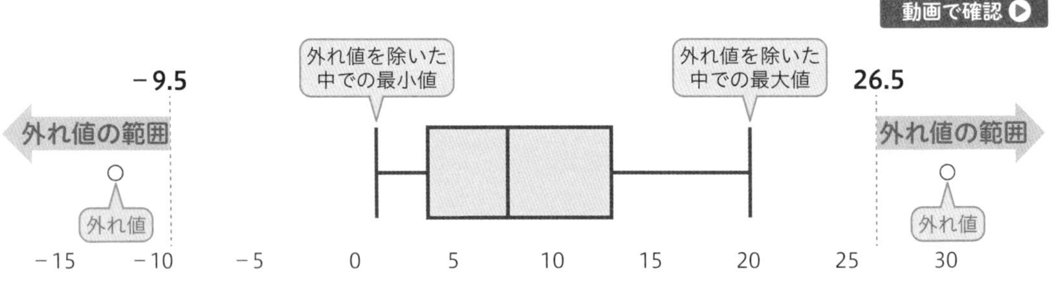

図５　外れ値（箱ひげ図）

④ 度数分布表とヒストグラム

度数分布表は，データをいくつかの階級に分け，階級ごとにその度数（データの個数）を示して分布の様子を表したものです。この表も，データの散らばりをわかりやすく示してくれるものだといえます。また，度数分布表の内容を，縦軸に度数，横軸に階級をとって柱状のグラフで表したものが，ヒストグラムです。

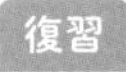
復習 p.251

もう一度，３年Ａ組と３年Ｂ組の，１日におけるスマートフォンの利用時間のデータを使いましょう。表１は，利用時間を階級に分けて，各階級の人数を表した度数分布表です。そして，次ページの図６は，その内容をヒストグラムで表したものです。

表１　スマートフォン利用時間についての度数分布表

時間（分）	Ａ組（人）	Ｂ組（人）
0〜9	0	0
10〜19	2	0
20〜29	0	0
30〜39	3	1
40〜49	0	2
50〜59	3	1
60〜69	2	2
70〜79	1	6
80〜89	1	3
90〜99	4	7

時間（分）	Ａ組（人）	Ｂ組（人）
100〜109	1	0
110〜119	6	0
120〜129	2	1
130〜139	2	9
140〜149	2	0
150〜159	3	4
160〜169	1	2
170〜179	2	1
180〜189	2	1
190〜200	3	0

この度数分布表とヒストグラムから，どのようなことが読み取れるでしょう？

箱ひげ図と同様に，B 組に比べて A 組のほうが，データが幅広く分布していることがわかります。また，B 組の 90～99 分 や 130～139 分 の よ う に，データが集中しているところがわかりやすいですね。

はい，そのとおりです。

動画で確認

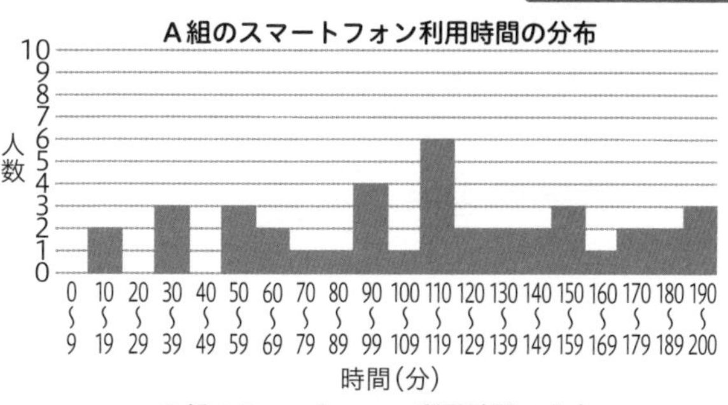

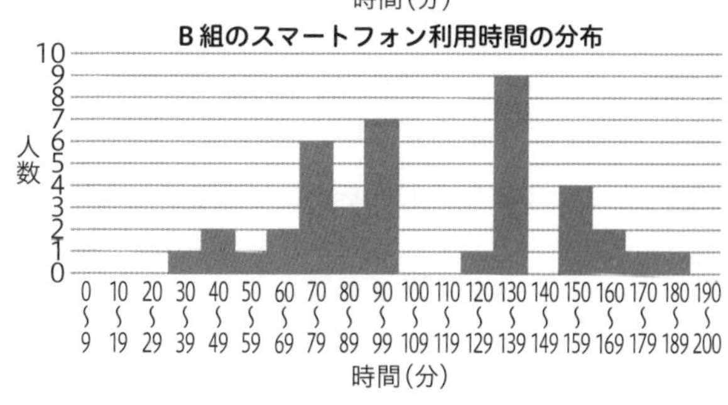

図 6　スマートフォン利用時間についてのヒストグラム

⑤ 分散と標準偏差

データの散らばり度合いをわかりやすく示す手法として最後に取り上げたいのは，**分散**と**標準偏差**の算出です。

世の中には，物体の重さのような物理現象，降水量などの自然現象，人口の増減などの社会現象など，いろいろな現象がありますが，多くの現象は，グラフで表現すると**正規分布**に近い形となります。正規分布とは，平均値の発生頻度が最も高く，それを中心に左右対称で発生頻度が低くなる分布です。そのようなデータの散らばり度合いを測るのに，分散と標準偏差はとても有効です。

図 7 は，分散・標準偏差を正規分布のグラフにおいてイメージできるようにした図です。あるひとまとまりのデータ群に関して，「分散は〇〇だ」「標準偏差は××だ」というとき，「〇〇」や「××」には数値が入ります。この数値が小さいほど，平均値付近の山の幅が狭く，山の斜面が急になります。反対に，この数値が大きいと，平均値付近の山の幅が広く，山の斜面はなだらかになります。そして，前者よりも後者の場合のほうが，データの散らばり度合いは大きいといえます。

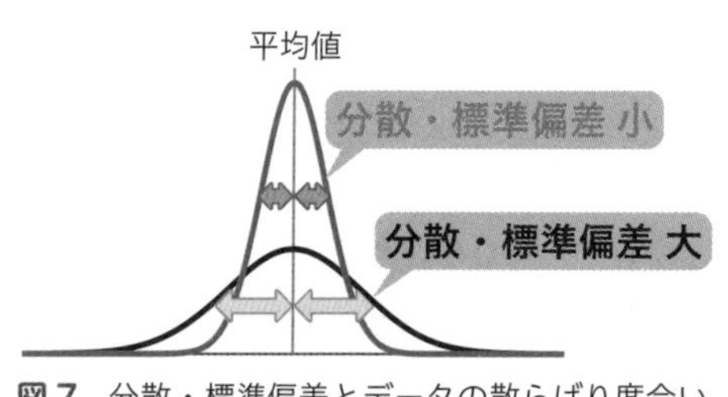

図 7　分散・標準偏差とデータの散らばり度合いのイメージ

分散と標準偏差は次の式で求めることができます。

$$分散 = \frac{(各データの値 - 平均値)^2 の和}{データ数}$$

$$標準偏差 = \sqrt{分散}$$

この式を見て，分散と標準偏差を求めるにあたってどんな計算をしているか，何となく想像できる人はいますか。

ざっくりとしかわからないのですが，「各データの値と平均値の距離」の平均を計算している，という感じでしょうか。

いいですねえ！　そのとおりです。そして今「ざっくりとしかわからない」と言ってくれましたが，それはおそらく，分散を求める式の分子のところで，「各データの値－平均値」をなぜ2乗しているかがわからないから，ですよね？

はい。きっちり当てられちゃいましたね…。つけ加えると，なぜわざわざ分散の平方根である標準偏差を求めるのかも，わかりません。

すばらしい！　疑問のもち方として100点満点です！

まずは，分散を求める式の分子のところで，「各データの値－平均値」をなぜ2乗しているかを説明しましょう。

各データの値と平均値の距離は，引き算で求められますが，引かれる値が引く値である平均値より小さい場合，その距離を表す値は負の数になり，反対に，引かれる値が平均値より大きい場合は正の数になります。これらの値を2乗する前に足し合わせてしまうと，マイナスの値とプラスの値が相殺（そうさい）されて，「各データの値と平均値の距離」の平均が，正しく求められません。これが，「各データの値－平均値」を2乗する理由です。

しかし，このように求められた分散の値は，「各データの値と平均値の距離」の平均を表すものとして，わかりやすいとはいえません。このわかりにくさは，計算の途中で数値を2乗していることから来ています。2乗したことで，分散として求められた値は，グラフ上の値（各データの値，平均値，グラフの目盛りの値など）とは異なる尺度になってしまうのです。

この分散のわかりにくさを解消した値が，標準偏差です。分散の値の平方根である標準偏差は，グラフ上の値と同じ尺度で「各データの値と平均値の距離」の平均を示すので，データの散らばりを表す値として，よりわかりやすいものだといえるでしょう。

別の視点からいえば，データの散らばり度合いを知るために欲しい値は標準偏差だけれども，それを計算する過程で必ず分散も求まる，ということですね？

そのとおり！　では，簡単な例で，実際に標準偏差を求めていきましょう。

50点，55点，65点，70点の4つのデータの平均値は60点です。まずは，各データの平均値との差を求めます。たとえば，50点の場合は，50 － 60 ＝ － 10です。分散は，各データの平均値との差を2乗した値の和を求めて（①），それをデータ数で割る（②）ことで出てくる値です。①の計算は，次ページの表2のようになります。

そして，②の計算をすると 62.5 となり，これが分散の値です。標準偏差はこれの平方根ですから，$\sqrt{62.5}$ です。$\sqrt{62.5}$ の近似値は 7.9056…で，約 7.9 です。

標準偏差は各データの値と同じ尺度の値ですから，「各点数から平均点までの平均距離は，約 7.9 点だ」と理解して問題ありません。

なるほど！　すごくわかりやすいです！

表 2　平均との差の 2 乗の和

点数	平均との差	平均との差の 2 乗
50	− 10	100
55	− 5	25
65	5	25
70	10	100
	合計	250

データの特徴を見出したり，今あるデータから未知の値を推測したりする，統計学という学問があります。その研究成果として，標準偏差に関して面白いことが 1 つわかっており，定説となっていますので，最後に紹介しておきます。

データの分布が正規分布に従う場合，図 8 のように，平均値から「± 標準偏差 1 個分」の範囲に含まれるデータの個数は，全体の約 68％を占めます。また，平均値から「± 標準偏差 2 個分」の範囲に含まれるデータの個数は，全体の約 95％を占めます。

たとえば，100 個のデータが正規分布に従って存在しており，その平均値が 60，標準偏差が 10 である場合，平均値から「± 標準偏差 1 個分」離れている値は，60 ± 10 です。つまり，50～70 の範囲に，約 68％のデータ（約 68 個）が存在しているということになります。また，平均値から「± 標準偏差 2 個分」離れている値は 60 ± 20 ですから，40～80 の範囲に，約 95％のデータ（約 95 個）が存在しているということになります。

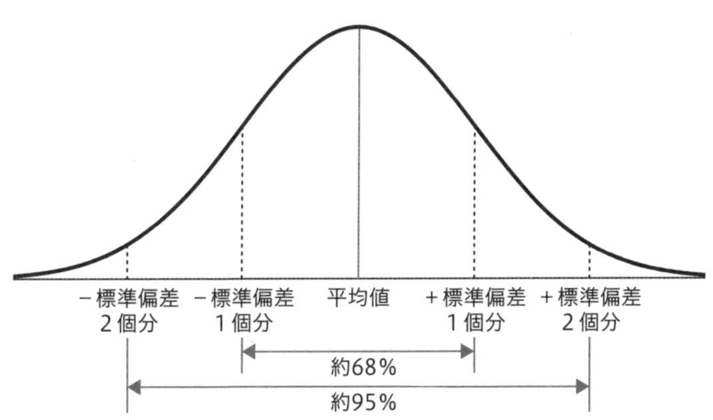

図 8　標準偏差とデータの個数の関係

やってみよう　**要点チェック問題 4-12（ネット提供資料）**

でる度 ★★★

4-13 標本調査と仮説検定の考え方

動画 第4章 ▶ 4-13_標本調査と仮説検定の考え方

きょうの授業はこんな話

① 母集団と標本，推定

母集団と標本の違いについて学び，標本調査について理解しよう。

② 仮説検定の考え方

母集団がどのような値をもっているかということについて，標本データから得られた仮説を立証するときの考え方を学ぼう。

最近肌荒れがひどいです。30％増量キャンペーン中だからって，兄が大量に買ってきたスナック菓子を，食べ過ぎてしまったからだと思います。

増量キャンペーンでオトナ買いする気持ち，わかります。

ところで，製品の内容量について，当然，メーカーはきちんと管理をしています。前回取り上げた統計学の知見は，そうした管理に役立ちます。今回は，具体例を通して，「標本調査」と「仮説検定」について学んでいきましょう。

① 母集団と標本，推定

調査や観察の対象とする集団全体を，**母集団**といいます。母集団から抽出した部分集合を，**標本**（サンプル）といいます。

母集団のすべての個体を調べることを**全数調査**といいます。一方，母集団から標本として**無作為に抽出**した一部の特徴は，全体の特徴や傾向と大きく違ってはいないということを前提として，それらの標本について調べることを，**標本調査**といいます。全数調査は，標本調査よりも誤差を小さくできる（ゼロにできるかもしれない）と期待できる手法ですが，母集団が多いと実施が現実的ではなくなります。

たとえば，これから，普段は内容量100gで売り出しているスナック菓子を，キャンペーンで30％増量して10,000個売り出そうというとき，本当にすべて内容量が130gになっているかどうかを確認するための最も確実な手法は，10,000個全部の内容を量ることです。しかし，それだと時間と手間がかかりすぎます。そこで，10,000個の中から無作為に抽出した一定数の個体の内容量を量るという標本調査をします。

標本調査は中学の数学で出てきたので覚えています。ここまでは，そんなに難しい話ではないですね。

そうですね。でも，これからだんだん高校の情報Ⅰらしい話になっていきます。

さて，今，スナック菓子のキャンペーン中のあるべき内容量を130gとしていますが，現実世界では製造した日時の湿度や温度，原材料の状態などが影響しますので，すべての個体の内容量がピッタリ130gになるというのは，10,000個の全数調査ではもちろんのこと，標本調査でも，ちょっと現実的ではありません。

そこで，標準量というものを考えます。これは，統計学的には測定結果の平均値だと考えて問題ありません。現実世界では，ほとんどの場合，この平均値を中心として，各個体のデータが正規分布に近い形で分布します。

図1を見てください。母集団の平均値を**母平均**といい，標本調査の結果得られた値の平均を**標本平均**といいます。標本のデータは，その個数が母集団の個数に近づくほど，平均や標準偏差（分散）の点で，母集団を正確に表すものになっていきますが，全数調査をしているわけではないので，母集団のデータとのずれが生じます。このずれを**標本誤差**といいます。

また，標本をもとにして調査を行い，母集団がどのような値をもっているかを確率的に推測することを**推定**（図2）といいます。

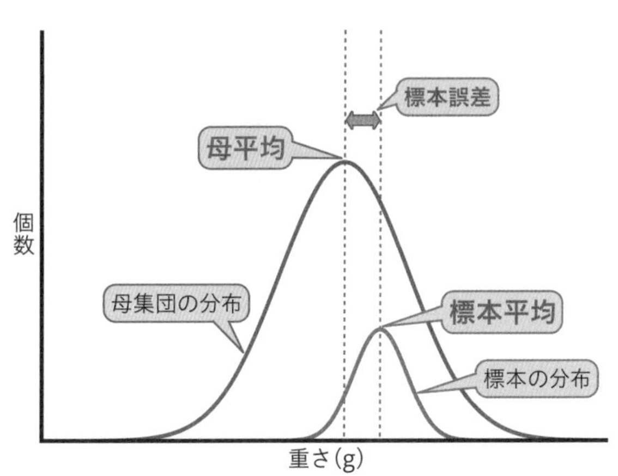

図1　母集団の分布と標本の分布（正規分布）

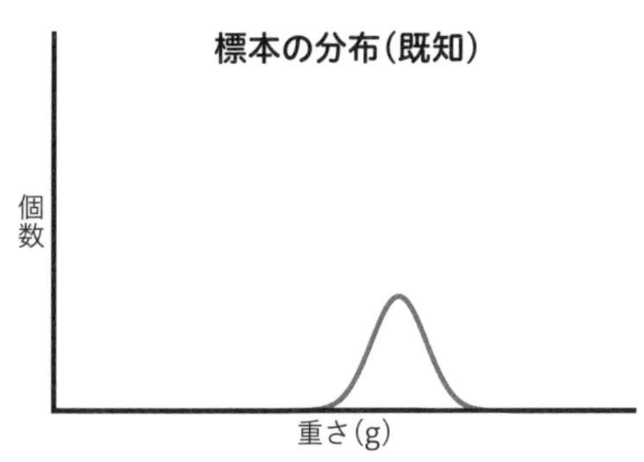

推定

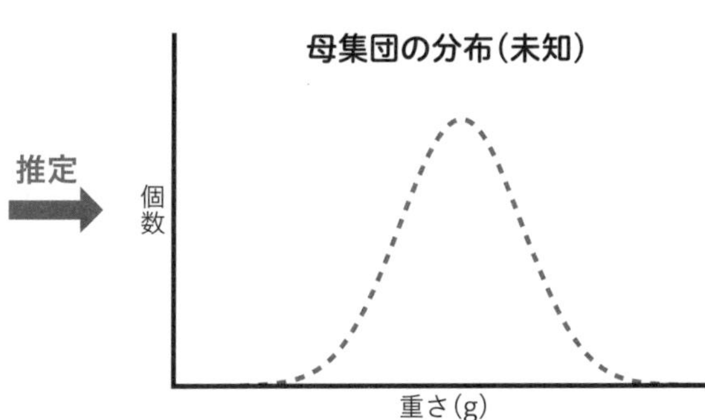

図2　推定

推定には，点推定と区間推定の2種類があります。**点推定**は，母平均＝130gのように1点で表します。**区間推定**は，128g ≦母平均≦ 132gのように一定の幅をもたせて表します。

以上を踏まえ，このあと，正しくスナック菓子を30%増量できているかどうかを例にとり，**仮説検定**について見ていきましょう。

② 仮説検定の考え方

標本データから母集団に関する仮説の真偽を判断する手法を，**仮説検定**といいます。

たとえば，あるメーカーが，普段は内容量100gで売っているスナック菓子を30%増量し，130gとして10,000個売り出すキャンペーンを開催すると決めたとします。原材料を手配し，製造に関係する機械を調整し，試作品として100個作ってみてそれらについて全数調査をしたら，多少ばらつきはあったものの，内容量の平均値はちゃんと130gになりました。

そして，念のため，128g以下または132g以上の個体を検知したら，それを異常値と認めてアラート（警報）を鳴らすセンサーを，製造ラインの終点近くにとりつけました。そのうえで，いよいよ10,000個の製造開始です。

ところが，量産開始初日から，アラートが思っていたよりもよく鳴ります。そこで，アラートが鳴った個体，鳴らなかった個体をよく混ぜてから30個無作為に抽出し，標本調査を行った結果，重量の標本平均は128.5gでした。この結果からいえるのは，「平均の内容量は130gより少ない」ということです。

この例では，128.5gという値は，1つの個体の内容量としては正常です。とはいえ，標本調査の結果としては少々問題です。このまま放置すると，数多くの廃棄すべき不良品を出してしまうことになりかねません。面倒ではありますが，機器が正しく動作しているかなど，製造工程の点検が必要な場面かもしれません。

しかし，ここで工場長が，「いや，10,000個の全数調査をしたら，平均は130gになるはず。だから，製造工程の点検は不必要。このまま，センサーがアラートを鳴らした個体を，その都度取り除くことを続ければいいだけだ」と主張したとします。

このとき，「平均の内容量は130gより少ない」という，標本調査をした人が立証したい仮説を**対立仮説**といい，対立仮説に反対する仮説（ここでは「平均の内容量は130g」）を**帰無仮説**といいます。

仮説検定では，**帰無仮説が正しいという前提において**，対立仮説の根拠となっている標本調査の結果はどのくらいの確率で起こりうるのかを計算します。この確率を**p値（有意確率）**といいます。p値が低く「普通は起きないこと」と判断されたら，それが標本調査で起きたのは問題である，という話になります。

ということは，p値には，「普通は起きないこと」と判断するかしないかの分かれ目があるのですね？

はい。統計学の世界では，**一般的に，p値が5%未満の場合は，帰無仮説の提起時点で普通は起きないとしたことが，標本調査の結果として起きたという考えのもと，対立仮説が正しいと判断します**。このことを，「**帰無仮説を棄却する**」といいます。

p値が5%未満なら，対立仮説の根拠となっている調査結果について「有意性がある」ということができ，この5%の基準を**有意水準**といいます。

p値が5%以上だと，対立仮説の根拠となっている調査結果は，帰無仮説から想定できる範囲の事象とされ，帰無仮説は棄却されません。

この例では，量産前に実施した母集団（試作品）の全数調査で，内容量の平均値はピッタ

リ 130g と出ています。また，この全数調査の結果から標準偏差を求め，表計算アプリで正規分布のグラフを作成したところ，図 3 のようになりました。

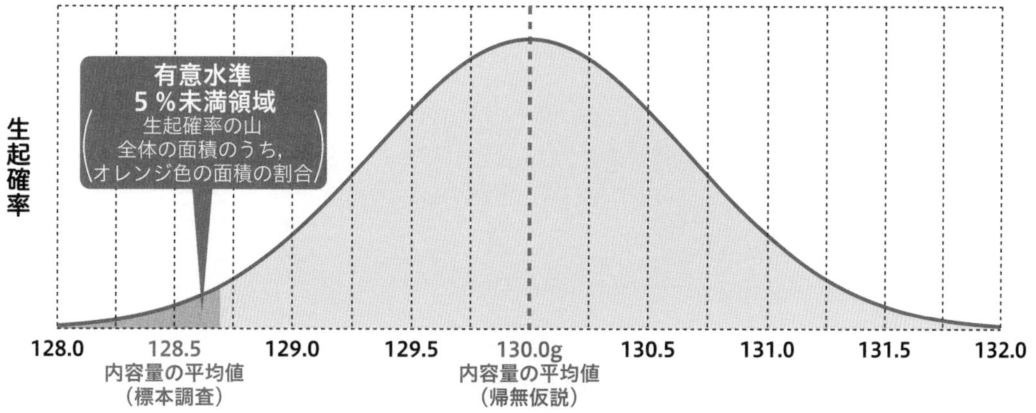

図 3　帰無仮説の根拠となっている生起確率の分布（過去の全数調査の結果）

すると，この場合，128.5g は有意水準 5%未満の領域内にありますから，帰無仮説「平均の内容量は 130g」は棄却され，対立仮説「平均の内容量は 130g より少ない」が採択されます。製造工程の点検をすぐに行うべきだといえるでしょう。

なお，今回の対立仮説は「130g より少ない」なので，有意水準は左の片側 5%を基準にしました。反対側の「130g より多い」なら，有意水準は右の片側 5%を基準にします。これらを**片側検定**といいます。対立仮説が「130g ではない」なら，大きい値の側，小さい値の側の両方を確認する必要があります。その場合は 5%を左右で按分（あんぶん）して，左右 2.5%ずつを有意水準とします。これを**両側検定**といいます。

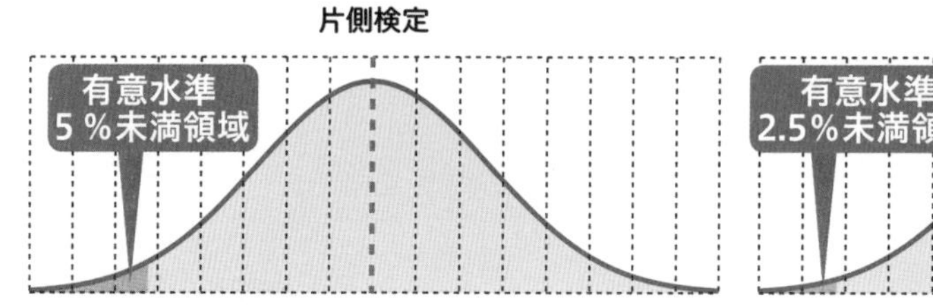

図 4　片側検定と両側検定

こういうことを仕事にするのって，面白そうですね。

そんなふうに興味をもってもらえると，うれしいです。今回は，大学入学共通テストで問われそうな手法だけを紹介しましたが，仮説検定には，ほかにもいろいろな手法があり，欠陥商品の調査のほか，アンケート結果の有意性など，さまざまな場面で行われています。ぜひ，大学で詳しく学んでください。

やってみよう　**要点チェック問題 4-13（ネット提供資料）**

でる度 ★★★

4-14 モデル化とシミュレーション

動画 第4章 ▶ 4-14_モデル化とシミュレーション

きょうの授業はこんな話

① モデルとモデル化の手順

モデルとは何かということと，モデル化の手順について学ぼう。

② モデルの分類

具体例を参照しながら，モデルにどのような種類があるかを学ぼう。

③ シミュレーション

身近な具体例を通して，シミュレーションとはどのようなものかを学ぼう。

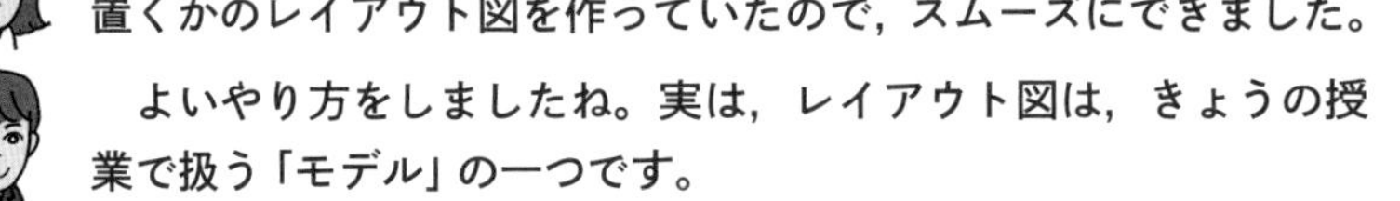

この前，部屋の模様替えをしました！　あらかじめどこに何を置くかのレイアウト図を作っていたので，スムーズにできました。

よいやり方をしましたね。実は，レイアウト図は，きょうの授業で扱う「モデル」の一つです。

① モデルとモデル化の手順

モデルとは，複雑な実物や事象の，本質的な形状や法則性を**抽象化**して，単純化したものです。**抽象化**とは，物事の本質的な部分を取り出し，それ以外の細かい部分を無視して単純化することです。図1のようにしてモデルを作成することを，**モデル化**といいます。

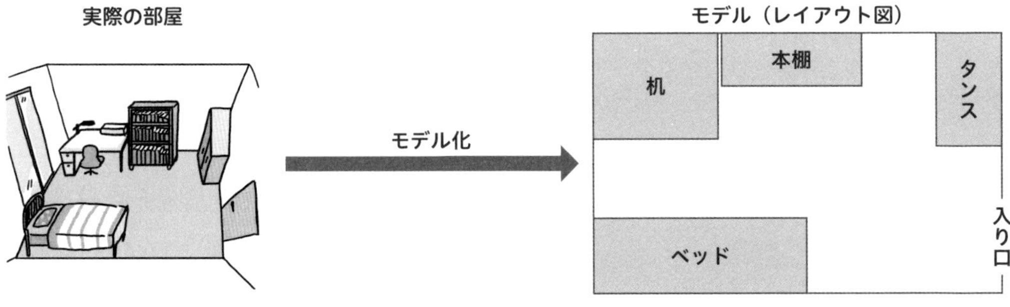

図1　モデル化の例（部屋のレイアウト図）

次ページの図2を見てください。モデル化のために最初に行うべきなのは，何のためにモデル化を行うのか（モデル化の目的）を明確にすることです。そのうえで，モデルの構造を決定し，レイアウト図や設計図など，目的に合ったモデルでわかりやすく表現します。

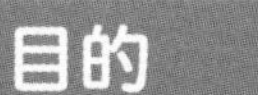

目的	→	構造	→	図式化
部屋のレイアウト変更を効率的に行う		事前にどこに家具を配置するかわかるようにする		部屋や家具の大きさを測定し，レイアウト図を作成する

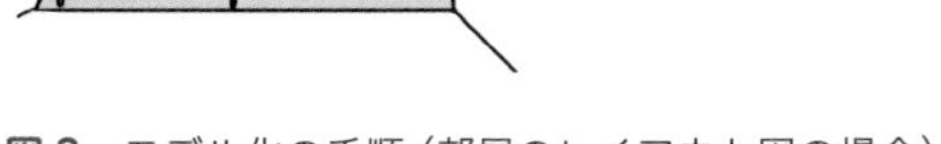
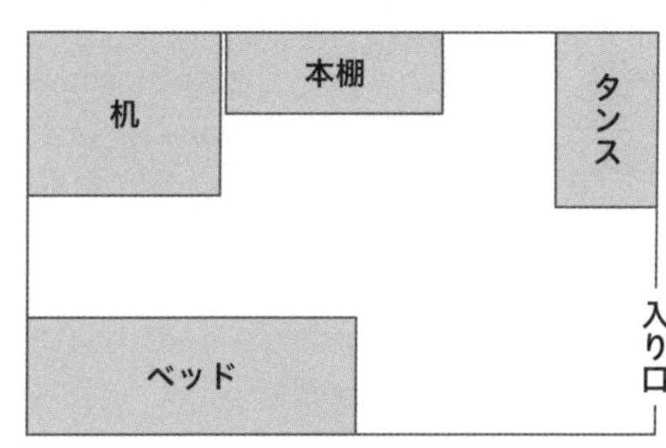

図 2　モデル化の手順（部屋のレイアウト図の場合）

② モデルの分類

モデルは，対象の特性や表現形式などにより分類することができます。以下で，代表的な分類について説明していきます。

表現形式によるモデルの分類

表現形式によるモデルの分類（図 3）として，**実体モデル**，**図的モデル**，**数式モデル**があります。

実体モデルとは，実物を模したモデルです。実体モデルは，**物理モデル**や**縮尺モデル**ともいいます。対象の大きさによって**拡大モデル**，**実物大モデル**，**縮小モデル**に細分化できます。**拡大モデル**は実物より大きなモデルで，例として細胞模型があります。**実物大モデル**は実物と同じ大きさのモデルで，例としてモデルルームがあります。**縮小モデル**は実物より小さなモデルで，例として地球儀があります。

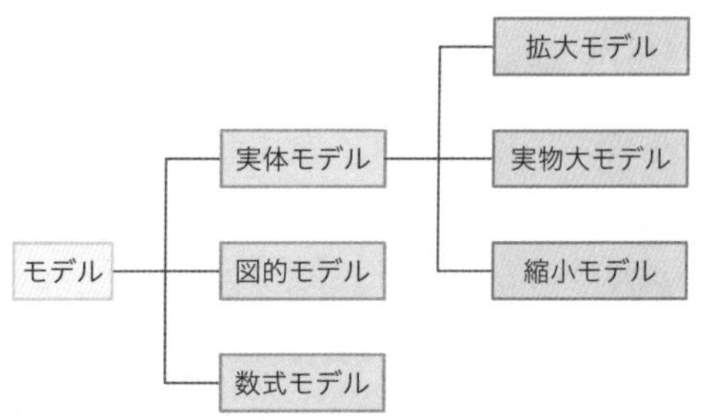

図 3　表現形式によるモデルの分類

図的モデルとは，対象の構造や状態の変化などを視覚的な図で表現したモデルで，例としてフローチャート（流れ図）があります。

復習 p.138

数式モデルとは，対象の構造や状態の変化などを数式や論理式で表現したモデルで，例として「距離＝速さ×時間」などの式があります。**数理モデル**ともいいます。

私たちの身の回りにはさまざまなモデルが存在するのですね。

そうですね。それぞれのモデルの例は，今挙げたもの以外にもたくさんあるので，身の回りにあるモデルがどれにあたるか，考えてみるとよいでしょう。

対象の特性によるモデルの分類

対象の特性によるモデルの分類（図4）として，**静的モデル**と**動的モデル**があります。両者は，時間的要素を含むかどうかで分けられます。

静的モデルとは，時間が経過しても変化しない状態をモデル化したものです。例として，回路図や，円の半径と面積の関係があります。

動的モデルとは，時間の経過とともに変化する現象をモデル化したものです。動的モデルは，**確定的モデル**と**確率的モデル**に細分化されます。確定的モデルは，規則的に変化する現象のモデルです。例として，同じ速度で走る車における時間と移動距離の関係があります。確率的モデルは，不規則な動作・現象や，偶然的な要素によって決まる現象のモデルです。例としてサイコロの出目のパターンがあります。

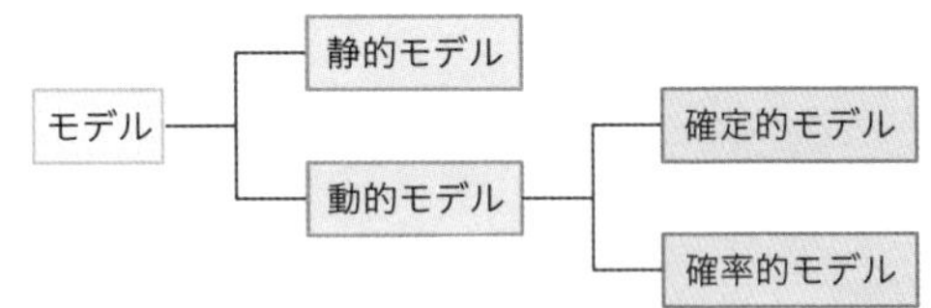

図4　対象の特性によるモデルの分類

③ シミュレーション

シミュレーションは，実物や実世界を表現したモデルを使って，条件を設定して試行・実験することです。

よく聞くし，何気なく使っていた言葉でもあるのですが，あらためて定義を聞かされると，とても難しいことのように思えます。

シミュレーションは私たちが生活するうえでなくてはならないものですから，よく聞きますよね。定義については具体例を知れば理解できるでしょう。

身近な具体例に天気予報があります。天気を予想する現場には，過去の膨大なデータからできた，各地の気圧変化や降雨量，風の吹き方などを表現できるモデルがあり，そのモデルに入力された条件に応じたシミュレーションが行われます。私たちは，そのシミュレーションの結果を天気予報として受け取っているのです。

シミュレーションのほかの例として，人形を使った自動車の衝突実験があります。その結果を分析することは，より安全性の高い自動車の開発につながります。また，生活習慣についての問診票から，その人が見舞われやすい病気について注意を促す仕組みがありますが，問診票から注意喚起のメッセージを出すまでの間に，蓄積されたデータからできたモデルを利用したシミュレーションが行われています。

このように，世の中ではいろいろなシミュレーションが行われていますが，各シミュレーションに求められるモデルはさまざまです。たとえば，日本全国の天気を予測するためのモデルと，人の顔写真からその人の30年後の顔を予測して表示する，エンターテイメントのアプリに求められるモデルでは，必要になるデータの量や多様性がまったく異なります。

目的に合ったモデル化を行い，シミュレーションの結果と現実に起こったことを突き合わせてみるなどして，必要に応じてモデルの修正を行い，改善していくことが大切です。

シミュレーションというテーマで，大学入学共通テストでは，どんな問題が出ると考えられるでしょうか。

試作問題などの資料から予測すると，銀行に預けたお金がx年後にいくらになっているかや，待ち行列の人数が時間経過とともにどう変化するかを考察する問題が出るかもしれません。次回の授業で，大学入学共通テストで出そうなシミュレーションの具体例を見ていくことにしましょう。

シミュレーションに欠かせないスーパーコンピュータ

一般的なパソコンの数十万倍の，非常に高い計算能力をもつコンピュータを，**スーパーコンピュータ**といいます。シミュレーションの中には，非常に複雑で多くの計算を必要とするものがあります。たとえば，世界規模の気象予報ということになると，地球上のあらゆる地域の気象の動きをシミュレーションするために，大量のデータと複雑な数式を用いる必要があります。スーパーコンピュータは，そうしたシミュレーションを効率よく，短時間で行うために採用されています。

スーパーコンピュータに関しては，世界中のIT企業で性能向上の競争が行われています。たとえば，富岳(ふがく)は，富士通が開発した世界最高レベルの性能を誇るスーパーコンピュータです。2020年6月には，国際スーパーコンピュータ会議が発表したランキングで，性能面で世界1位となりました。

やってみよう　要点チェック問題 4-14（ネット提供資料）

でる度 ★★★

4-15 シミュレーションの実践

動画 第4章 ▶ 4-15_シミュレーションの実践

きょうの授業はこんな話

① 複利法シミュレーション

複利法における預金額の推移を可視化した表やグラフを具体例として，確定的モデルのシミュレーションについての理解を深めよう。

② 待ち行列シミュレーション

待ち行列がどうなるかを可視化した図を具体例として，確率的モデルのシミュレーションについての理解を深めよう。

③ 確率の近似値がわかるシミュレーション（モンテカルロ法）

$\pi \fallingdotseq 3.14$ の正しさを確認する作業を通して，確率の近似値がわかるシミュレーションについて学ぼう。

きのう，スーパーの特売日で母と一緒に買い物に行ったのですが，レジ前の行列がすごかったです！

特売日にはたくさん人が来ますよね。

レジ待ち行列のような，人の集まり具合による待ち時間の長さに関するシミュレーションは，大学入学共通テストでねらわれると考えられます。きょうは，実際に問題の題材になりやすいシミュレーションを具体例として取り上げ，それらがどのように行われるかを見ていきましょう。

① 複利法シミュレーション

復習 p.272

もらったお小遣いを銀行などに預けている人もいると思いますが，一定期間預けると預けたお金に対して利息（利子）がつくことがあります。元金（預入金）によって生じた利息を次期の元金に組み入れる方式を，複利法といいます。複利法は，変動する要素がなく，結果が１つに定まる**確定的モデル**に該当します。

１年ごとに更新される１年複利の場合，利息と次期の金額は，以下の計算式で表すことができます。

次期の金額＝現在の金額＋利息

利息＝現在の金額×利率（年利）

計算式だけだと，どれくらいお金が増えるのか，イメージが湧きません。

Excel などの表計算ソフトを使って，このまま預け続けたら将来の預金残高がどうなるかをシミュレーションすることができます。

図 1 は，元金 100 万円，年利 5%の場合のシミュレーション結果です。図 2 は，同じ元金で年利を 0.001%とした場合のシミュレーション結果です。ここでは，元金と年利の数値を入力すると自動で計算されて，計算結果が預金残高欄と利息欄に表示されるようにしてあります。

動画で確認

	A	B	C
1	元金（円）	年利(%)	
2	1,000,000	5%	
3			
4	年数	預金残高	利息（円）
5	0	1,000,000	0
6	1	1,050,000	50,000
7	2	1,102,500	52,500
8	3	1,157,625	55,125
9	4	1,215,506	57,881
10	5	1,276,282	60,775
11	6	1,340,096	63,814
12	7	1,407,100	67,005
13	8	1,477,455	70,355
14	9	1,551,328	73,873
15	10	1,628,895	77,566

図 1　年利 5%のシミュレーション

	A	B	C
1	元金（円）	年利(%)	
2	1,000,000	0.001%	
3			
4	年数	預金残高	利息（円）
5	0	1,000,000	0
6	1	1,000,010	10
7	2	1,000,020	10
8	3	1,000,030	10
9	4	1,000,040	10
10	5	1,000,050	10
11	6	1,000,060	10
12	7	1,000,070	10
13	8	1,000,080	10
14	9	1,000,090	10
15	10	1,000,100	10

図 2　年利 0.001%のシミュレーション

数値だけだと違いがピンと来ないかもしれませんが，図 3 のようにグラフにすると，金利の違いによるお金の増え方の違いが，視覚的によくわかるようになります。

動画で確認

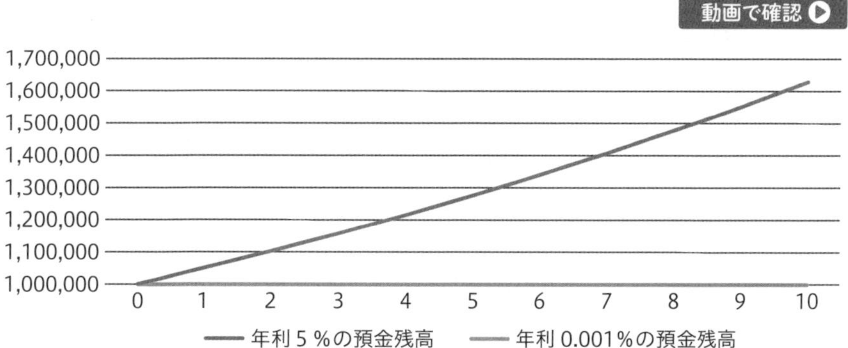

図 3　年利 5%と 0.001%の比較

すごい違いですね！　年利0.001％だとほとんど元金と変わりませんが，5％だと銀行に預けているだけで，9年目には元金の1.5倍を超えるんですね。

そうですね。昭和の時代には，日本の銀行の普通預金で5％の金利がついていたこともあったそうです。すごい時代ですよね。

さて，今，「9年目には元金の1.5倍を超える」という発言がありましたが，それは，シミュレーション結果を読み取れているから出てくるものですよね。そのような「読み取る力」が，大学入学共通テストでは問われます。また，表の一部が空欄になっていて，その部分を計算するような問題も，考えられます。

② 待ち行列シミュレーション

復習 p.272

復習 p.185

次に，今回の授業の冒頭で話題になったレジ待ち行列について，シミュレーションをしていきましょう。待ち行列は**確率的モデル**です。レジに人が来るのは一定間隔ではありません。ここでは，あるお客さんが来るとき，その前のお客さんが来てからどれだけ時間が経っているか（**到着間隔**）を，仮に，表1のとおりとします。この到着間隔を決めるのには，実際のレジ待ち行列をいくつか短時間観察してみて現実的と思える時間の範囲（「0〜3分」など）において，乱数のプログラミングを使う方法が考えられます。

レジ係は1名で，お客さん1名あたりの対応（**サービス時間**）に平均2分かけるものとします。縦軸を人数，横軸を時間（分）として青色を対応時間，赤色を待ち時間とすると，図4のようなシミュレーション結果となります。

表1　到着間隔

レジに来た順（人目）	到着間隔（分）
1	0
2	1
3	0
4	3
5	2
6	1
7	0
8	1
9	2
10	3

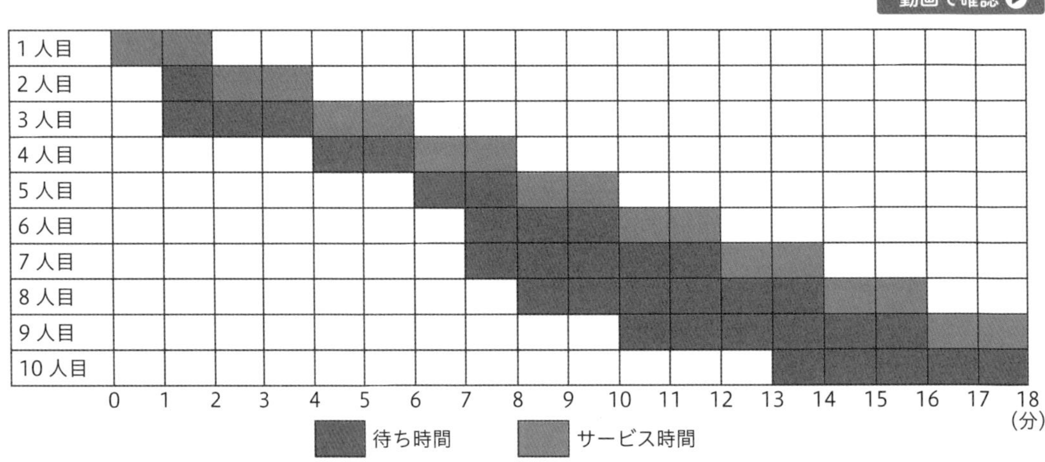

図4　レジ待ち行列シミュレーション（サービス時間2分）

シミュレーション結果の見方がいまいちわかりません。

1人目は0分目でレジに到着して，待っている人がいないのですぐに対応してもらえます。2人目は1人目の1分後に到着し，同時に，前の人との到着間隔が0分の3人目も到着します。しかし，1人目がレジで会計中なので2人が行列を作ることになります。つまり，赤マスの縦並びの数が，行列人数にあたります。

さて，ここで，大学入学共通テストで問われそうなことを考えてみましょう。レジ係を1名増やして2名で対応したら，どうなるでしょうか。

これは，2つのレジの前に1つの行列ができ，先頭の人は空いているほうに進んで会計してもらう，という流れです。この場合，列の進み具合（つまり待ち時間）に限っていえば，レジ係が1名のままで，サービス時間が半分の1分になったのと同じです。そのシミュレーション結果は，図5のとおりです。

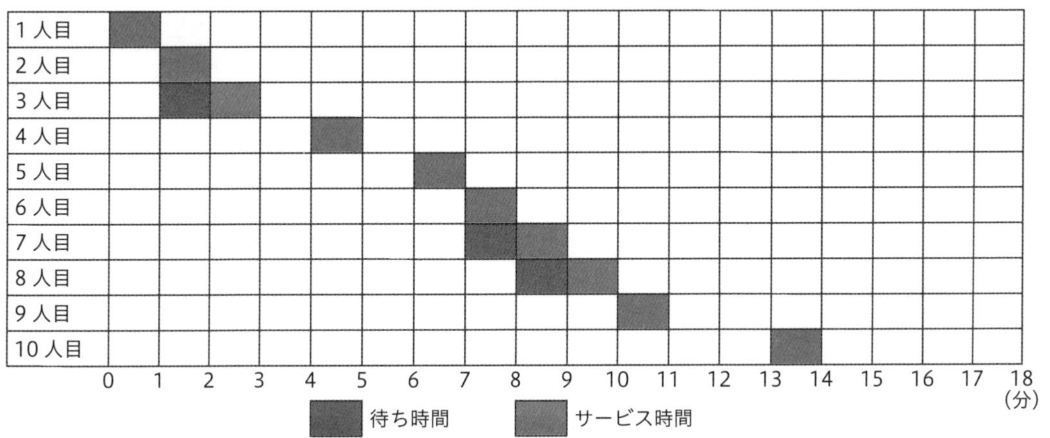

図5 待ち行列シミュレーション（サービス時間1分）

赤マスがほとんどなくなったので，レジ係を2名にすることで行列ができづらくなったとわかりますね。

ただ，これって列の進み具合のシミュレーションとして正しいだけですよね？　実際に1人のレジ係が1人のお客さんに対応するサービス時間は，2分で変わらないわけですから…。

よく気づきましたね！　この場合，**待ち時間を表す赤マスは図5のとおりで正しいのですが，サービス時間も含めたシミュレーションとして本当に正しいものとするには，図5のそれぞれの青マスの右隣を1つずつ青く塗る必要があります。**

③ 確率の近似値がわかるシミュレーション（モンテカルロ法）

小学校の算数で，円周率は約 3.14 だと習いましたね。乱数を使って値を見積もる**モンテカルロ法**というシミュレーション手法で，この 3.14 という数字のおおよその正しさを確かめることができます。

ところで，円の面積を求める公式を覚えていますか。

はい。小学校で「半径×半径× 3.14」だと習いました。

そうですね。文字を使った式だと，図 6 のように，面積が S，半径が r，円周率 3.14 が π で，**$S = \pi r^2$** となります。

この式において r ＝ 1 とすると，S ＝ π となり，面積と円周率が一致します。

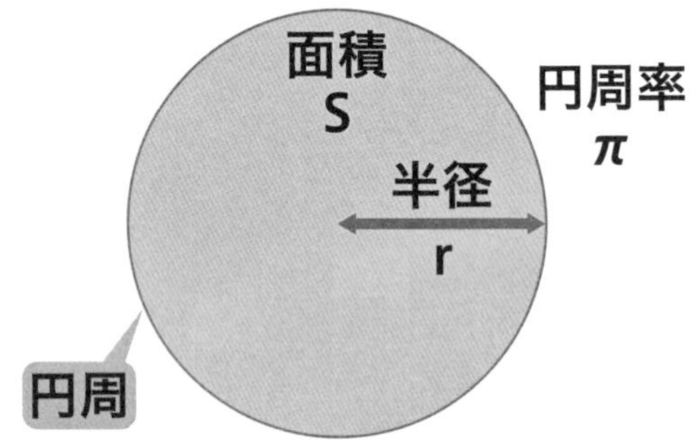

図 6　円の半径・円周・面積

さて，ここで，半径が 1 の円の 4 分の 1 の扇形に，1 辺の長さが 1 の正方形を，図 7 のように重ねたとします。そして，この正方形の中に 20 個**ランダムに点を打ちました**。その結果，点が扇形の内側に 15 個，外側に 5 個打たれたとします。

「扇形の中に打たれた点：正方形の中に打たれた点＝ 15：20」となっているのですが，これは点がランダムに打たれた結果ですから，この比率は両者のおおよその面積比をも表している，と考えられます。

図 7 において，このことと，正方形の面積は 1 × 1 ＝ 1 であることを考え合わせると，扇形の面積は 1 ×（15 ÷ 20）であり，円全体の面積はその 4 倍ですから，1 ×（15 ÷ 20）× 4 ＝ 3 となります。

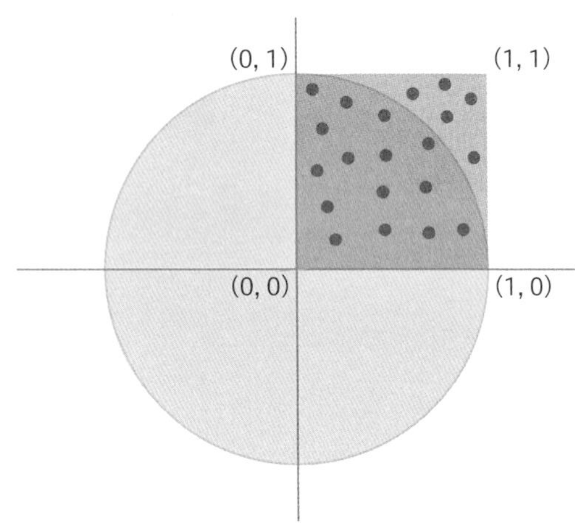

図 7　20 個の点を正方形の中にランダムに打ったイメージ

この 3 は，半径が 1 だった場合の円の面積にあたるので，$S = \pi r^2$ に当てはめると $3 = \pi \times 1^2$ となります。ということは，円周率 π は，図 7 から求める限りでは，3 だといえます。

理解しやすいように今回は少ない点で見ていったので，π は 3 になったのですが，点の数を多くしていって同じ手法で π を求めると，3.14 に近づいていきます。

私の手元で，実際に Python で，図 7 と同じ正方形の中に，ランダムに 4,000 個の点を打ち，扇形の内側に打たれた点は赤色で，扇形の外側に打たれた点は青色で着色するプログラムを作って実行したところ，図8のようになりました。

ここでは，π は3.155と出ています。だいぶ3.14に近づきましたね。

点はランダムに打たれますので，プログラムを実行するたびに値のずれが生じますが，それでも，毎回3.14に近い数字が出るはずです。また，打つ点を5,000個，6,000個…と増やすにつれて，どんどん3.14に近づいていきます。

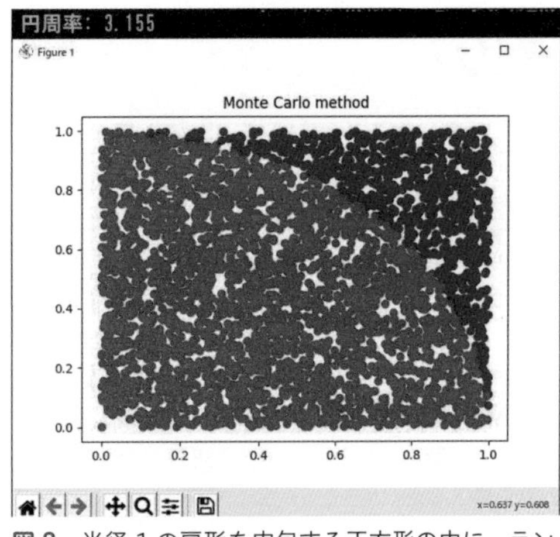

図8 半径1の扇形を内包する正方形の中に，ランダムに4,000個の点を打った結果

モンテカルロ法について，大学入学共通テストでは，どんな問題が出るのでしょうか。

モンテカルロ法の本質は，確率の近似値を，乱数を用いたシミュレーションで求めるということです。大学入学共通テストで，モンテカルロ法が題材になるとしたら，この本質がわかっているかどうかが問われるでしょう。

具体的な出題例を挙げるなら，正方形などわかりやすい形の中にランダムに打たれた点のうち，ある範囲に打たれた点が占める割合から，その範囲の形を考えさせたり，偶然で勝ち負けが決まるゲームを何度も行ったときの勝率から，それがどんなゲームなのかを推測させたりする問題が考えられます。

やってみよう　要点チェック問題4-15，章のまとめ問題④（ともにネット提供資料）

索引

記号・数字

アルファベット

あ行

か行

さ行

た行

な行

は行

ま行

や行

ら行

わ行

Profile

■著者

植垣 新一（うえがき・しんいち）

情報教育人気ユーチューバー（YouTube チャンネル「情報処理技術者試験・高校情報教科対策の突破口ドットコム」運営者）。大分県出身。
大分大学教育福祉科学部卒業。卒業論文は「Web アニメーション技術を利用したインタラクティブな高校物理教材のプログラミング開発」。
大学卒業後，地元教育関連企業のパソコンインストラクターとして活動。「IT 教育」というテーマへの関心を強めると同時に，高い技術的知見を備えた教育者を志し，修行の一環として IT 業界の門を叩く。以後，技術者として 15 年近く IT 企業に勤め，さまざまなシステム開発プロジェクトに携わった。
退職後，IT 教育者としての活動を再開。情報処理技術者試験対策教材を制作・販売する「突破口ドットコム」を主宰し，ユーチューバーとして活動を開始。高等学校教科「情報」が大学受験教科としての存在感を増す動きがみられた 2021 年末ごろより，高校生に楽しんで IT を学んでもらいたいとの思いを強め，高等学校教諭一種免許状（情報）を取得。以降は教材制作者およびユーチューバーとしての活動の重きを同教科に置いている。
本書発刊時点では帝京大学大学院理工学研究科（情報科学専攻）に在籍。教育工学に関する研究を進めている。
情報処理関連の保有資格は，情報処理安全確保支援士，プロジェクトマネージャ，システムアーキテクトなど多数。
情報教育者としての実績に，情報 I デジタル教材（ベネッセコーポレーション）の問題執筆・解説動画制作，プロクラ「情報 I」教材（安藤 昇 監修／KEC Miriz）の大学入学共通テスト対策問題執筆・解説動画制作などがある。

■監修者

稲垣 俊介（いながき・しゅんすけ）　https://inagaki-shunsuke.jp

博士（情報科学）。東北大学大学院情報科学研究科博士後期課程修了。
山梨大学教育学部准教授として情報科の教員の育成をしている。また、東京都立の高等学校にて情報科の教員として 15 年以上にわたり情報教育の実践を続けてきた。
東京都高等学校情報教育研究会情報 I 大学入試専門委員会委員長。第 16 回全国高等学校情報教育研究会全国大会（東京大会／2023 年 8 月開催）事務局長。
情報入試委員会，情報科教員・研修委員会，会誌編集委員会専門委員会教育分野（以上情報処理学会）委員。情報科教育連携強化委員会（情報科教育学会）委員。
主な著作は，共著『新・教職課程演習 第 21 巻』(協同出版)，同「情報モラルの授業」シリーズ（日本標準）など。また，文部科学省検定済教科書『情報 I 図解と実習』（日本文教出版）の編集・執筆に参画。そのほか多くの参考書や問題集等の作成に携わり，新聞，雑誌，Web 等のメディアへの寄稿，講演活動を行っている。

STAFF

編集	森下 洋子（株式会社トップスタジオ）
	飯田 明
	瀧坂 亮
校正協力	株式会社カルチャー・プロ
表紙デザイン	沢田 幸平（happeace）
表紙制作	鈴木 薫
本文デザイン	阿保 裕美（株式会社トップスタジオ）
イラスト	えのき のこ
図版制作	株式会社シーアンドシー
編集長	玉巻 秀雄

■商品に関する問い合わせ先

このたびは弊社商品をご購入いただきありがとうございます。本書の内容などに関するお問い合わせは、下記の URL または二次元バーコードにある問い合わせフォームからお送りください。

https://book.impress.co.jp/info/

上記フォームがご利用いただけない場合のメールでの問い合わせ先

info@impress.co.jp

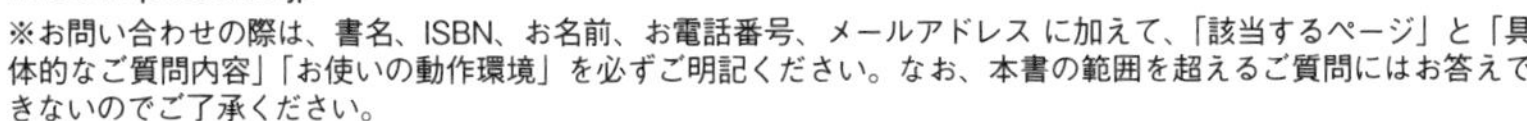

※お問い合わせの際は、書名、ISBN、お名前、お電話番号、メールアドレス に加えて、「該当するページ」と「具体的なご質問内容」「お使いの動作環境」を必ずご明記ください。なお、本書の範囲を超えるご質問にはお答えできないのでご了承ください。

- 電話や FAX でのご質問には対応しておりません。また、封書でのお問い合わせは回答までに日数をいただく場合があります。あらかじめご了承ください。
- インプレスブックスの本書情報ページ　https://book.impress.co.jp/books/1122101163 では、本書のサポート情報や正誤表・訂正情報などを提供しています。あわせてご確認ください。
- 本書の奥付に記載されている初版発行日から 3 年が経過した場合、もしくは本書で紹介している製品やサービスについて提供会社によるサポートが終了した場合はご質問にお答えできない場合があります。

■落丁・乱丁本などの問い合わせ先

FAX　03-6837-5023

MAIL　service@impress.co.jp

※古書店で購入されたものについてはお取り替えできません。

情報Ⅰ 大学入学共通テスト対策 会話型テキストと動画でよくわかる

2024 年　1 月 21 日　初版発行
2024 年　7 月　1 日　第 1 版第 3 刷発行

著　者　植垣 新一

監　修　稲垣 俊介

発行人　高橋 隆志

発行所　株式会社インプレス
〒 101-0051　東京都千代田区神田神保町一丁目 105 番地
ホームページ　https://book.impress.co.jp/

印刷所　株式会社暁印刷

ISBN978-4-295-01811-7 C7004

Printed in Japan